Gabriele Schweller

Ziel B2

Deutsch als Fremdsprache

Lehrerhandbuch

Band 1
Lektion 1–8
Niveau B2/1

Hueber Verlag

Abkürzungen

TN = Teilnehmerin / Teilnehmer / Teilnehmerinnen / Teilnehmer
KL = Kursleiterin / Kursleiter / Kursleiterinnen / Kursleiter
UE = Unterrichtseinheit / Unterrichtseinheiten

4. 3. 2. | Die letzten Ziffern
2014 13 12 11 10 | bezeichnen Zahl und Jahr des Druckes.
Alle Drucke dieser Auflage können, da unverändert,
nebeneinander benutzt werden.
1. Auflage

Umschlaggestaltung: Marlene Kern, München
Druck: Ludwig Auer GmbH, Donauwörth
Printed in Germany
ISBN 978-3-19-131674-7

Einleitung

Das Lehrwerk *Ziel* und der Gemeinsame europäische Referenzrahmen
Das Lehrwerk Ziel umfasst mit den Bänden Ziel B2, Band 1 und Band 2, sowie Ziel C1, Band 1 und Band 2, die Niveaustufen B2 und C1 des Gemeinsamen europäischen Referenzrahmens. Das heißt, die TN erreichen nach Bearbeitung der einzelnen Bände die jeweils auf dem Buch angegebene Niveaustufe. (Beschreibung des Niveaus B2 siehe Box *Niveaubeschreibung,* Seite 117)

Kurzer Überblick über die Niveaustufen des Gemeinsamen europäischen Referenzrahmens:

A		B		C	
elementar		selbstständig		kompetent	
A1	A2	B1	B2	C1	C2
		Ziel B2/1, B2/2		Ziel C1/1, C1/2	

In Ziel B1+ wird der Stoff des Niveaus B1 wiederholt.

Zum Aufbau des Kursbuchs
Die Kursbücher Ziel B2, Band 1, und Ziel B2, Band 2, enthalten jeweils acht Lektionen. In Band 1 finden Sie die Lektionen 1–8, in Band 2 die Lektionen 9–16.
Jede Lektion umfasst 12 Seiten sowie eine Fotodoppelseite mit Anregungen für Projektarbeit. Dazu kommen 15 Seiten zusätzliche Texte im Anhang. Darüber hinaus enthält der Anhang auch die Lösungen zu den Fokus-Grammatik-Seiten.

Zum Aufbau einer Kursbuchlektion
Einstiegsseite / Assoziationsseite
Jede Lektion beginnt mit einer *Einstiegsseite*, die sich assoziativ mit dem Lektionsthema beschäftigt, die Lernziele präsentiert und die in der Lektion bearbeiteten Textsorten auflistet.
Die einzelnen Lektionsabschnitte sind mit Großbuchstaben gekennzeichnet, die Buchstaben neben den Fotos auf der Einstiegsseite verweisen auf diese Abschnitte. Das dazugehörige Foto hat thematisch mit dem Inhalt des jeweiligen Abschnitts zu tun.

Der Abschnitt A
Der *Abschnitt A* ist immer ein Einstieg in das Lektionsthema. Er dient vor allem dazu, thematisches Vorwissen zu aktivieren. Hier wird der Kenntnisstand der TN aber noch nicht systematisch erweitert.

Die Abschnitte B, C, D ...
In den folgenden *Abschnitten B, C, D ...* werden die verschiedenen, zum übergeordneten Thema der Lektion passenden Lernziele vermittelt. Jeder Abschnitt beginnt mit einer Einstiegsaufgabe und endet mit einer Anwendungsaufgabe.
Der letzte Abschnitt
Der *letzte Abschnitt*, der oben in der Leiste nicht mit einem Foto, sondern mit einem Symbol gekennzeichnet ist, enthält die abschließende Anwendungsaufgabe, die sich am Gesamtlernziel der Lektion orientiert.

Die Übersichtsseiten
Die Übersichtsseiten *Wendungen und Ausdrücke* und *Grammatik* fassen den Lernstoff der jeweiligen Lektion in einer Übersicht zusammen.

Die Fotodoppelseite
Den Abschluss der Lektion bildet jeweils eine *Fotodoppelseite.* Ausführliche Aufgaben und Projekte sind in diesem Lehrerhandbuch (Auswahl) oder im Internetservice zu finden.

Verweise im Kursbuch
In den Abschnitten *B, C, D ...* sind Verweise auf das Arbeitsbuch enthalten, wo Sie vielfältige Übungen und Aufgaben zu den einzelnen Sprachphänomenen sowie zu den produktiven Fertigkeiten angeboten bekommen.
In einigen Abschnitten wird darüber hinaus auf den Anhang verwiesen, wo die TN Informationen und Aufgaben zur kommunikativen Arbeit im Kurs finden.

Zum Aufbau des Arbeitsbuchs
In den Arbeitsbuchlektionen finden die TN Aufgaben und Übungen zu den einzelnen Lernzielen der Kursbuchabschnitte: Die TN können hier – je nach ihrem individuellen Sprachstand – ihren WORTSCHATZ festigen und verbessern. Unter der Rubrik GRAMMATIK wird die Grammatik auf dem Niveau B2 gefestigt und erweitert.
Die Übungen SÄTZE BAUEN und TEXTE BAUEN trainieren die produktiven Fertigkeiten Sprechen und Schreiben. In TEXTE LESEN wird zusätzlich das Leseverstehen geübt, ÜBUNG ZU PRÜFUNGEN macht die TN allgemein mit Prüfungsaufgaben auf dem Niveau B2 vertraut. PHONETIK bietet ausgewählte Aufgaben und Übungen zur Intonation. (siehe Box *Arbeitsbuch,* Box *Binnendifferenzierung,* S. 105)

Zur Lerner-CD-ROM (Ausgabe Arbeitsbuch mit Lerner-CD-ROM)
Auf der Lerner-CD-ROM finden die TN alle *Hörtexte* des Arbeitsbuchs als MP3-Dateien. Das *Lerner-Portfolio* begleitet die TN auf ihrem Lernweg, unterstützt sie bei der Bewusstmachung von Lernerfolgen, Lernzielen, Lernhindernissen und beim Überwinden spezifischer Schwierigkeiten, die die Ausgangssprache mit sich bringt.
Eine ausführliche *Grammatikübersicht*, eine *Sammlung aller Wendungen und Ausdrücke* sowie der ausgewiesene *Lernwortschatz* stellen eine zusätzliche Unterstützung für den Lerner dar. Die Wortlisten zu den einzelnen Lektionen dienen dem individuellen Wortschatzerwerb. Außer den *Lösungen zum Arbeitsbuch* stehen alle Dateien auch als freie Textdateien zur Verfügung, die von den einzelnen TN oder zum Teil auch vom gesamten Kurs bearbeitet werden können.

Zum Aufbau des Lehrerhandbuchs
Das Lehrerhandbuch führt Sie sicher durch jeden Abschnitt einer Lektion. Darüber hinaus erhalten Sie zu einzelnen Lernschritten wertvolle Hinweise. Die Informationen zur Sprachanwendung und zur Landeskunde runden diese *methodisch-didaktischen Hinweise* ab. Die *methodisch-didaktischen Boxen* erläutern, wie zum Beispiel Binnendifferenzierung, Leseverstehen usw. im Lehrwerk umgesetzt werden, oder geben allgemeine Tipps zur Gruppenbildung, zur Auswertung von Gruppenarbeit usw. Zudem enthalten sie Informationen zu Themen wie Sozial- und Arbeitsformen o. Ä. Die *Transkriptionen* der Hörtexte im Kurs- und im Arbeitsbuch sowie die *Lösungen* zum Kursbuch vervollständigen das Lehrerhandbuch.
Zur zeitsparenden, effizienten Unterrichtsvorbereitung sei auf das *interaktive Lehrerhandbuch* verwiesen.

Kurze Hinweise zu weiteren Bestandteilen
2 Audio-CDs zum Kursbuch / 1 Audio-CD zum Arbeitsbuch enthalten alle Hörtexte des Kurs- und Arbeitsbuchs.

Extra-CD-ROM
Die *Extra-CD-ROM* enthält Aufgaben und Übungen, die von den TN zu Hause zur individuellen zusätzlichen Förderung oder im Rahmen des Kurses durchgeführt werden können.

Lehrwerkservice
Der Lehrwerkservice (www.hueber.de/ziel) enthält neben wichtigen *Informationen zur Erweiterung des Produktkranzes* Kopiervorlagen für den Unterricht sowie Online-Übungen für die TN.

DVD
Die DVD zu den Lehrwerken Ziel B2, Band 1 und Band 2, enthält kurze Filme oder Filmausschnitte, die zu den Lernzielen einer oder mehrerer Lektionen passen. Daneben befinden sich auf der DVD Arbeitsblätter.

Berufssprachliche Materialien
Hier finden Sie im Sinne der Binnendifferenzierung ein reichhaltiges Angebot an Aufgaben und Übungen zu bestimmen Lernzielen des Kursbuchs, die sich auf den beruflichen Alltag beziehen. Die Arbeitsblätter sind zum Teil auch als Selbstlernmaterial, zum Teil als reines Kursmaterial konzipiert.

Prüfungsvorbereitung
Die Einzelhefte mit jeweils einer Musterprüfung inklusive Lösungen helfen den TN bei der gezielten Vorbereitung.

Diktate
Das Training zur Rechtschreibung richtet sich ganz gezielt an TN, die das Niveau B2 erreichen möchten und sich der Anforderung gegenübersehen, dass auch die Rechtschreibung zunehmend an Bedeutung gewinnt. Es ist als Selbstlern- oder auch als Kursmaterial zu verwenden.

Lektion 1 Erlebt

Worum geht es in der Lektion?

Lernziel: Kontroverse Gespräche mit vertrauten Menschen führen

Abschnitt **A**: Was sollte man **„einmal im Leben"** erlebt haben?
Fertigkeiten: Hören und Sprechen
Die Kursteilnehmerinnen und -teilnehmer (TN) kommentieren gehörte Statements positiv oder negativ.

Abschnitt **B**: Thema **„jung' und ‚alt'"**
Fertigkeiten: Lesen und Sprechen
Lernziel: Anhand von statistischen Angaben lernen die TN, Überraschung auszudrücken.

Abschnitt **C**: Thema **„Erbstücke"**
Fertigkeiten: Lesen, Schreiben, Sprechen
Lernziel: Mittels der Erzählung „Geplatzter Traum" wird schrittweise an Textzusammenfassungen herangeführt. Die TN stellen Vermutungen an und begründen diese.

Abschnitt **D**: **„Liebesglück heute"** thematisiert die Partnersuche im Internet anhand eines Zeitungsartikels und von E-Mail-Zuschriften.
Fertigkeiten: Lesen und Sprechen
Lernziel: Die TN lernen, wie man auf die Meinungsäußerungen anderer mit Verständnis reagieren und Einschränkungen ausdrücken kann.

Abschnitt **E**: **„So war das damals"** behandelt noch einmal die Themenkomplexe „alt", „jung", „Liebe" mittels eines Interviews über das Kennenlernen in den 1920er-/1930er-Jahren.
Fertigkeiten: Hören und Sprechen
Lernziel: Im Rollenspiel üben die TN, wie man während eines Gesprächs Interesse signalisiert.

Abschnitt **F**: In **„Mitten im Leben"** thematisiert ein Lesetext (Artikel/Online-Magazin) das Lebensgefühl der heutigen Generation der 25- bis 30-Jährigen.
Fertigkeiten: Lesen und Sprechen
Lernziel: Die TN beurteilen, ob der Autor eine positive oder eine negative Meinung zu bestimmten Themen vertritt. Die TN lernen, für die Ansichten anderer Verständnis zu zeigen und ihre eigene Meinung zu einem Thema zu äußern.

Abschnitt **G**: Eine Diskussion über das Thema **„Freunde fürs Leben"**
Fertigkeit: Sprechen
Lernziel: Zusammenfassung der Lektion. Die TN benutzen die in der Lektion erlernten Wendungen und Ausdrücke.

Fokus Grammatik:
1. *dass* und *weil* im Kontext verstehen
2. konzessive Angaben – etwas einschränken

Thematischer Einstieg: Assoziationsseite, S. 10

Hinweis zu den Assoziationseinheiten im Unterricht

Wenn Sie einen Kurs mit vergleichsweise wenigen Unterrichtseinheiten (UEs) haben, steigen Sie gleich mit dem Abschnitt A in den Unterricht ein.

Wenn Sie in Ihrem Kurs ausreichend UEs zur Verfügung haben, bearbeiten Sie die Aufgaben 1 und 2 auf der Assoziationsseite.

Wenn Sie einen Kurs mit ausreichend Zeit haben und die Lerner ein besonderes Interesse an ihren Lernzielen (Kannbestimmungen) haben, besprechen Sie mit ihnen die zu erwartenden Lernziele und Textsorten (Hinweise zu den Wortnetzen, zur Grammatik sowie zu den Wendungen und Ausdrücken finden Sie jeweils auf den Seiten 6–9 im Kursbuch).

Für Kurse, die mit großem Engagement arbeiten möchten oder können, empfehlen wir den Einstieg mithilfe des Arbeitsblattes (im Anhang). In diesem Fall besteht die Möglichkeit, das thematische Spektrum der Lektion mithilfe von TN-Beiträgen und der Extra-CD-ROM zu erweitern.

AB, Kopiervorlage, S. 156

Aufgabe 1

▪ Einzelarbeit:
Die TN öffnen die Bücher und betrachten die Fotos. Folgende Fragen können den TN helfen, die Aufgabe zu lösen. Schreiben Sie sie an die Tafel:
Was / Wen sehen Sie auf den Fotos?
Was erleben die Menschen gerade?
Welche Erlebnisse symbolisieren die Dinge und Situationen auf den Fotos?

▪ Partnerarbeit:
Die TN suchen gemeinsam Antworten auf die angeschriebenen Fragen.
▪ Plenum:
Die Ergebnisse werden verglichen / besprochen.

Aufgabe 2

▪ Plenum:
Fragen Sie: „Was fällt Ihnen noch zu dem Thema „erlebt" ein?" – „Welche Fotos könnte man noch ergänzen?"

Einstiegsaufgabe A: „Einmal im Leben ...", S. 11

A1 (kursorisches Hören)

▪ Plenum:
Mögliche Vorentlastung (vor allem, wenn die Assoziationsseite nicht bearbeitet wurde): Die TN beschreiben die Fotos im Plenum und überlegen, welche Erlebnisse sie darstellen könnten. Schreiben Sie Begriffe an die Tafel, die die TN in diesem Zusammenhang nennen und die evtl. für den weiteren Verlauf der Aufgabe interessant sein könnten.
CD 1.2: Die TN hören die Statements und ordnen die Fotos den Sprechern zu. Danach tauschen sich die TN mit ihrer Sitznachbarin bzw. ihrem Sitznachbarn aus.

Sprachgebrauch: „Statement" bedeutet Verlautbarung; mögliche Synonyme: „Meinung", „Aussage" – dabei handelt es sich eher um eine schnell dahingesagte, unreflektierte Aussage. Das Wort kommt aus dem Englischen.

Die TN hören die Hörtexte noch einmal, vergleichen eventuell erneut ihre Lösungen und besprechen die Ergebnisse dann im Plenum.

Hinweis: Die Sprecher haben z. T. eine regional gefärbte Sprache (Österreich). Weisen Sie die TN darauf hin, dass sie wirklich nur die für die Lösung der Aufgabe wichtigen Schlüsselwörter (Informationen) verstehen müssen.

A2 (über Erfahrungen / Erlebnisse sprechen)

A2a

▪ Einzelarbeit:
Jeder TN überlegt kurz für sich, welche der in A1 beschriebenen Situationen man einmal im Leben erlebt haben sollte.

Hinweis: Stellen Sie sicher, dass die Bedeutung von „erlebt haben sollte" richtig verstanden wurde. Erklären Sie gegebenenfalls, dass es sich dabei um einen Ausdruck handelt, der das Besondere an dem Erlebnis betont. (Vermeiden Sie eine Wiederholung von *sollte* im Sinne eines Ratschlags.)

A2b

▪ Kleingruppen:
Gespräch: Die TN diskutieren über die in A1 gehörten Beiträge. Vielleicht gibt es noch andere Dinge, die man aus Sicht der TN schon einmal erlebt haben sollte, sicher gibt es auch interkulturelle Unterschiede zum Kursbuch / innerhalb der Gruppe. Auch diese sollen die TN in die Unterhaltung einbringen.
Sprechblasen: Um die Diskussion in Gang zu bekommen, könnten Sie mit einem TN ein Beispiel vorspielen. Geben Sie dazu Ihre Meinung analog zur linken Sprechblase wieder. Fragen Sie einen TN, was er davon hält. Alternativ können Sie die Sprechblasen auch von zwei TN vorlesen lassen.
▪ Plenum:
Möglicher Abschluss: Fragen Sie: „Wie viele von Ihnen denken, man sollte A schon einmal erlebt haben, d. h. schon einmal unter freiem Himmel übernachtet haben?" Machen Sie eine Strichliste.

Verfahren Sie genauso mit Beitrag B–E. Fragen Sie zum Schluss nach zusätzlichen Ideen zu diesem Thema. Gibt es im Kurs einen Konsens, oder haben alle unterschiedliche Meinungen?

☐ **Box: Ideen zur Gruppenbildung, S. 112** ☐

B „jung" und „alt", S. 11

☐ **Box: Ideensammlung mithilfe von „Brainstorming" und „Assoziogramm", S. 114** ☐

B1

▪ Einzelarbeit:
Die TN machen ein kurzes Brainstorming und ergänzen selbst die beiden Wortigel.

▪ Plenum:
Schreiben Sie die beiden Wortigel an die Tafel und ergänzen Sie diese auf Zuruf der TN.
Hier ein paar Ideen:
„jung": Freunde, Spaß, Zukunft, Pläne, unbeschwert sein
„alt": Familie, Enkel, Falten, in Pension sein, Rentner, Zeit für Hobbys, Erinnerungen, Weisheit, Vergangenheit

B2

B2a (statistische Angaben lesen)

▪ Vorbereitung:
Evtl. kopieren Sie die Lösungen zu Text 1 und zu Text 2.

▪ Einzelarbeit:
Erklären Sie den TN die Vorgehensweise. Zuerst werden Paare gebildet, dann entscheiden sich die Partner jeweils für das Thema „alt" oder „jung". Die TN lesen in Einzelarbeit den entsprechenden Text hinten im Buch und lösen dort die Aufgaben. Gegebenenfalls erklären Sie die einzelnen Schritte der Aufgaben:
a Erst lesen die TN und markieren ihren subjektiven Kommentar (ankreuzen). b Dann ergänzen sie die Wendungen mit den Inhalten aus a. Die TN arbeiten nicht zusammen, weil sie sich später (B2b) gegenseitig die Textinhalte erzählen sollen.
Gegebenenfalls bekommt jeder TN seine Lösungen.

B2b (über statistische Informationen sprechen / Überraschung zeigen)

▪ Partnerarbeit:
Ein Partner berichtet darüber, was er gelesen hat. Der andere Partner kommentiert das Gehörte mit den jeweils angegebenen Wendungen und Ausdrücken, wie in der Sprechblase dargestellt. (Evtl. wurden die Wendungen und Ausdrücke im AB schon geübt, s. u.)
Führen Sie exemplarisch mit einem TN einen Minidialog vor. Geben Sie dazu Ihre Meinung analog zur linken Sprechblase wieder. Fragen Sie einen TN, was er davon hält. Alternativ können Sie die Sprechblasen auch von zwei TN vorlesen lassen.

B2 c

▪ Gruppenarbeit:
Je nach Zusammensetzung des Kurses bieten sich hier mehrere alternative Vorgehensweisen an.
Gibt es mehrere TN pro Herkunftsland, fassen Sie dieselben Nationalitäten in einem Team zusammen. In jeder Gruppe werden dann die Ideen zum Thema „Wie leben ältere und junge Menschen im jeweiligen Heimatland?" zusammengetragen. Die TN jeder Gruppe schreiben ihre Ideen auf ein Plakat, das nach Beendigung der Gruppenphase aufgehängt wird. Die Gruppe (ein Sprecher der Gruppe) stellt im Plenum das Resultat der Gruppenarbeit vor. (Korrigieren Sie hier die Präsentation noch nicht, das kommt erst in den Lektionen in Band 2.)
Gibt es sehr viele unterschiedliche Nationalitäten im Kurs, lassen Sie multikulturelle Kleingruppen bilden. Die TN erzählen einander die Situation in ihrem jeweiligen Heimatland. Ermuntern Sie die TN, möglichst auch persönliche Beispiele aus dem wirklichen Leben zu erzählen. Es fällt oft leichter, über „meine Oma" oder „meine Cousine" zu sprechen, als allgemeingültige abstrakte Behauptungen über das Heimatland aufzustellen. Für die anderen TN ist diese Erzählweise oft auch spannender.
Wenn Sie eine homogene Gruppe unterrichten, bilden Sie Kleingruppen. Jede Gruppe sammelt ihre Ideen zum Thema „Wie leben ältere und junge Menschen in unserem Heimatland?" auf einem Plakat. Die Gruppe (ein Sprecher der Gruppe) stellt im Plenum das Resultat der Gruppenarbeit vor. Oder wählen Sie eine andere Möglichkeit, Gruppenarbeit vorzustellen (siehe *Auswertung von Gruppenarbeit*, S. 114).

Hinweis Arbeitsbuch: Das Arbeitsbuch enthält Übungen und Aufgaben, die einzelne Fertigkeiten, Lernziele des jeweiligen Abschnitts gesondert üben. Diese können je nach Lernstand im Kurs bearbeitet werden oder aber von den Lernern zu Hause.

☐ **Box: Arbeitsbuch-Übungen als Hausaufgabe, S. 120** ☐

Sie können frei entscheiden, ob Sie das Arbeitsbuch im Kurs einsetzen. Die folgenden Vorschläge beziehen sich auf den Einsatz im Kurs.
Jederzeit ist der Einsatz des Arbeitsbuchs möglich, wenn eine der Arbeitsgruppen möglicherweise viel schneller fertig ist als andere oder Partner schneller fertig sind als andere. Der Hinweis auf die Übungen hilft Ihnen bei der schnellen Auswahl.
Sie können das Arbeitsbuch aber auch einsetzen, wenn Sie merken, dass die Lerner die Lernziele und Fertigkeiten üben müssen, bevor sie die Aufgaben im Kursbuch lösen können.
In diesem Fall empfehlen wir, die Übungen oder einige der Übungen zwischen B1 und B2 zu machen, da

sonst der Unterrichtsablauf ungünstig unterbrochen wird.

◁ **Arbeitsbuch, S. 6 / Übung 1** ▷

Hinweis: Statistiken sind für TN erfahrungsgemäß schwierig, werden aber in einigen Prüfungen und in vielen beruflichen sowie universitären Situationen benötigt. Auf dem Niveau B2 sollte der Umgang mit Statistiken jedoch bereits kein allzu großes Problem mehr darstellen. Hier bietet sich die Gelegenheit, dieses Thema kurz zu wiederholen, ohne zu sehr ins Detail zu gehen.

▪ Plenum:
Bevor die TN das Arbeitsbuch öffnen, aktivieren Sie bereits vorhandenes Wissen, indem Sie eine Prozentzahl (z. B. 50 %) anschreiben und fragen, wie man anders dazu sagen kann (z. B. die Hälfte, jeder Zweite). Ermuntern Sie die TN, weitere bekannte Begriffe zu nennen, oder schreiben Sie weitere Prozentangaben an die Tafel.
▪ Einzelarbeit:
Die TN lösen Übung 1, vergleichen erst mit der Partnerin / dem Partner, dann folgt die Korrektur im Plenum.

◁ **Arbeitsbuch, S. 6 / Übung 2a** ▷

Hinweis: Die Übungen 2 a und b dienen der Binnendifferenzierung. In Kursen mit TN, die sich für den wirtschaftlichen oder den naturwissenschaftlichen Bereich interessieren oder die eine Prüfung mit Statistiken ablegen wollen, empfehlen wir diese AB-Übungen. Ansonsten auch für sehr gute Lerner zu Hause. Da Grafiken in den B2-Prüfungen Goethe-Zertifikat B2, Österreichisches Sprachdiplom B2 und Telc B2 nicht vorkommen, sind diese Übungen für Ihre TN möglicherweise nicht nötig.

▪ Einzelarbeit:
Die TN lesen nur den Kasten mit der Grafik und den relevanten Informationen.
▪ Plenum:
Fragen Sie, worum es in der Statistik geht („Alle Kinder erhalten die gleichen Bildungschancen") und in welchen Kategorien die Antworten der Personen zusammengefasst sind (von „Sehr einverstanden" bis „Überhaupt nicht einverstanden").

Hinweis: Auch wenn dieses langsame Vorgehen hier fast unnötig erscheint, ist es wichtig, die TN immer wieder dafür zu sensibilisieren, die Aufgabenstellung zu beachten. Viele Fehler entstehen nämlich dadurch, dass die Aufgaben nicht genau genug durchgelesen werden.
▪ Einzelarbeit:
Die TN lösen die Aufgabe selbstständig. Korrektur im Plenum.

◁ **Arbeitsbuch, S. 6 / Übung 2b**
Gehen Sie vor wie in 2a. ▷

Hinweis: Die Diagrammform nennt man Tortendiagramm.

◁ **Arbeitsbuch, S. 7 / Übung 3** ▷

Hinweis zu SÄTZE BAUEN: In diesen Übungen lernen die TN, die Wendungen und Ausdrücke anzuwenden. In diesen Übungen geht es also nicht um Grammatik oder Wortschatz, sondern darum, mithilfe des bisher Gelernten und der neuen Wendungen und Ausdrücke Inhalte zu formulieren. Diese Übungen sind in der Regel zunächst stark gelenkt, wie in Übung 4 a und b, dann zunehmend freier und der eigenen Einschätzung überlassen, wie in Übung 4c. Deshalb gibt es bei dieser Art von Übungen mehrere mögliche Lösungen. Das gilt zum Beispiel auch für die Aufgabe 7, die in der inhaltlichen Bewertung ganz frei ist.

Hinweis: Die folgenden Übungen sind eine gute Vorbereitung auf das Gespräch, das die TN in Aufgabe B2b (Kursbuch S.11) führen sollen. Die TN können sie selbstständig zu Hause lösen. Wenn Sie die Übungen im Unterricht bearbeiten lassen, dann bevor Sie die Aufgabe B2 machen.

◁ **Arbeitsbuch, S. 8 / Übung 4a + b Einzelarbeit, Binnendifferenzierung: Übung c** für schnelle TN ▷
◁ **Arbeitsbuch, S. 9 / Übung 5a** Einzelarbeit;
5b Lassen Sie die TN laut nachsprechen. ▷

Hinweis: TN auf dieser Niveaustufe in deutschsprachigen Ländern dürfte die Modalpartikel „ja" geläufig sein. Weisen Sie trotzdem noch einmal darauf hin, dass „ja" hier keine zusätzliche Bedeutung hat, sondern nur der lebendigeren Sprachgestaltung dient und die Überraschung des Sprechers unterstreicht.

◁ **Arbeitsbuch, S. 9 / Übung 6 a** Einzelarbeit:
Die TN lösen die Aufgabe allein und vergleichen ihre Ergebnisse dann mit der Partnerin / dem Partner. Danach Kontrolle und Diskussion im Plenum.
6 b Hören und lautes Nachsprechen. ▷

Hinweis: Erklären Sie den TN, dass der Gebrauch der Modalpartikeln idiomatisch ist und dass sie den Gebrauch weiterer Partikeln lernen werden. TN, die schon eine Weile in deutschsprachigen Ländern leben, wird dieses Phänomen weniger Probleme bereiten. Am besten gewöhnen sich die TN an, ganze Sätze oder Teilsätze zu lernen.

◁ **Arbeitsbuch, S. 9 / Übung 7** ▷

Hinweis: Machen Sie den TN deutlich, dass sie hier die Aussagen lesen und dann mithilfe der Wendungen und Ausdrücke ihre eigene Meinung äußern sollen. Es gibt in dem Sinne kein sachliches, inhaltliches Richtig oder Falsch, sondern nur ein sprachliches.

☐ **Box: Auswertung von Gruppenarbeit, S. 114** ☐

Sprachgebrauch / Landeskunde: „ältere" bzw. „alte" Menschen
Da die Gesellschaft in den deutschsprachigen Ländern derzeit im Begriff ist zu überaltern, ist das Thema „ältere Menschen" in all seinen Facetten in den Medien sehr präsent. Gleichzeitig sind die Senioren im Vergleich mit 60, 70 Jahren noch erstaunlich aktiv und fit. Man bezeichnet deshalb diese Altersgruppe nie als „alt" sondern als „älter". Für Deutschlerner ist das unlogisch, da „älter" der Komparativ von „alt" ist. „Älter" ist hier jedoch losgelöst von „alt" zu betrachten und vergleichbar mit dem englischen Wort „elderly". Niemand möchte als „alt" gelten, weil das Wort im aktuellen Sprachgebrauch oft negativ besetzt ist. Im besten Fall hat es die Bedeutung von „hochbetagt", „sehr alt". Oft wird für ältere Menschen heutzutage auch das Wort „Senioren" benutzt.

Landeskunde: „Wohnen im Alter"
Im Gegensatz zu vielen anderen Kulturen ist die deutsche Gesellschaft von Individualismus und Selbstständigkeit geprägt. Das manifestiert sich nicht nur in der Kindererziehung, sondern auch im Umgang miteinander innerhalb der Familien. Jedes Familienmitglied möchte und darf eigene Ziele verfolgen, sein Leben so gestalten, wie es dies möchte. Das ist auch im Alter noch so. Deshalb leben ältere Menschen auch selten in den Familien ihrer Kinder, solange sie noch körperlich fit sind. Sie möchten ihre Eigenständigkeit nicht oder möglichst spät aufgeben und in der eigenen Wohnung leben. Geht das aus gesundheitlichen Gründen nicht mehr, gibt es verschiedene Möglichkeiten, Hilfe in Anspruch zu nehmen:
Haushaltshilfe, Putzhilfe, Zugehfrau, Putzfrau, Raumpflegerin: Diese Hilfe ist meist privat organisiert. Eine stundenweise bezahlte Person (meistens eine Frau) kommt in die Wohnung und macht sauber (nicht nur ältere Menschen, auch viele Familien, die es sich leisten können, nehmen diesen Dienst in Anspruch). Kosten pro Stunde: 10–15 Euro.
„Essen auf Rädern": Dieser Service bringt das gekochte Mittagessen warm in Aluschalen nach Hause. Man kann das Essen täglich oder an ausgewählten Tagen bestellen. Auch dieser Dienst ist nicht auf alte Menschen beschränkt. Wenn z. B. in einer Familie alle Mitglieder gleichzeitig krank sind und es niemanden gibt, der sie versorgen würde, kann man sich das Essen liefern lassen. Kosten: ca. 5,- Euro pro Mahlzeit.
ambulanter Pflegedienst: Ausgebildetes Personal kommt in die Wohnung und hilft der Patientin / dem Patienten bei allen Dingen, die diese / dieser nicht mehr allein durchführen kann: z. B. waschen, Medikamente einnehmen, einfache medizinische Versorgung wie Verbände wechseln.
betreutes Wohnen: Die Senioren leben in eigenen Wohnungen, die aber speziell für ältere Personen ausgerüstet sind (barrierefreie Duschen, Sitzbadewannen etc.). Über eine Klingel sind die Apartments mit einem Pflegeheim, einem Arzt oder einem Pflegedienst verbunden. Diese Einrichtungen sind oft teuer, manchmal sogar exklusiv und werden häufig mit wohlklingenden Namen wie „Seniorenresidenz" oder sogar „Seniorenparadies" (!) geschmückt.
Altersheim, Altenheim, Seniorenheim: Für Senioren, die nicht mehr allein leben können, gibt es spezielle Heime. Man verfügt dort über ein Zimmer mit Bad/WC. In Gemeinschaftsräumen treffen sich die Bewohner dann zu Freizeitbeschäftigungen und zum Essen. Manchmal müssen aus finanziellen Gründen auch zwei Personen ein Zimmer miteinander teilen. Diese Institutionen haben nach wie vor keinen besonders guten Ruf und werden nur als letzter Ausweg gesehen.
Pflegeheim: wie ein Altersheim, aber für kranke, pflegebedürftige, oft bettlägerige Personen. Dort arbeiten Pfleger und Pflegerinnen, die die Patienten versorgen. Solange die älteren Menschen nämlich an keinen akuten Erkrankungen leiden, werden sie nicht in einem Krankenhaus aufgenommen.
Familienbetreuung: Trotz der oben genannten Möglichkeiten kümmern sich oft auch Familienmitglieder um ihre Angehörigen. Sie betreuen ihre hilfsbedürftigen Verwandten persönlich, wenn diese krank sind oder an Demenz leiden und deshalb nicht mehr allein leben können. Besonders in kleineren Städten oder ländlichen Gegenden, wo der Familienzusammenhalt noch stärker ist und man auch mehr Platz in den Häusern hat, werden die alten Menschen in den Familien ihrer Kinder aufgenommen und gepflegt. Damit die pflegenden Familienangehörigen (manchmal auch die Ehepartner) für kurze Zeit entlastet werden, gibt es die
Kurzzeitpflege/Tagespflege: Pflegebedürftige Menschen können tage- und wochenweise hier betreut werden, solange sich die Familienangehörigen von der oft körperlich und psychisch schweren Arbeit der persönlichen Betreuung erholen.
Pflegeversicherung: Der gesamte Bereich der Pflege ist sehr kostspielig. Deshalb wurde in Deutschland die Pflegeversicherung eingeführt. Sie ist Pflicht. Wenn der Pflegefall eintritt, wird der Betroffene von Arzt und Krankenkasse in eine „Pflegestufe" (1–4) eingestuft. Nach dieser Klassifizierung richten sich die finanziellen

Zuwendungen. Österreich hat ein Pflegevorsorgesystem. Je nach Pflegestufe wird Pflegegeld gezahlt. Dieses soll dazu beitragen, dass Pflegebedürftige so lange wie möglich zu Hause gepflegt werden können. In der Schweiz wird eine medizinische Betreuung und Pflege von der normalen Grundversorgung über die Krankenkasse gezahlt, die Unterkunft und die Betreuungspflege müssen privat finanziert werden.

Demografische Entwicklung: siehe Ziel B2, Lektion 15

C Erbstücke, S. 12

C1

Hinweis: Hier handelt es sich um eine kurze Einstiegsphase.

▪ Plenum:
Die Bücher bleiben geschlossen. Schreiben Sie das Wort „erben" an die Tafel und fragen Sie, was es bedeutet. Verfahren Sie ebenso mit dem Wort „Erbstück". Schreiben Sie dann „etwas erben" und „jemandem etwas vererben" an die Tafel. Fragen Sie die TN zunächst, ob Sie den Unterschied kennen. Erklären Sie gegebenenfalls die gegensätzlichen Perspektiven, die die beiden Verben ausdrücken (z. B. Ich erbe ein Haus. / Meine Oma vererbt mir ein Haus).

Hinweis: Hier bietet sich auch ein kurzer Exkurs zu den Familienbeziehungen an. Aktivieren Sie das vorhandene Wissen der TN, gehen Sie nicht zu sehr ins Detail (z. B.: Cousine zweiten oder dritten Grades ...). Klar sollten jedoch folgende Begriffe sein: Großtante, Großonkel. Diese Wörter kommen im Lesetext von C2 vor.

Die Bücher werden geöffnet. Mögliche Einstiegsfrage: Was sind das für Erbstücke, die auf den Fotos abgebildet sind? Die TN betrachten die Fotos und antworten.
Fragen Sie: „Gibt es in Ihrer Familie Dinge, die immer wieder weitervererbt werden?" TN antworten.

C2

C2a (detailliertes Lesen)
▪ Plenum:
Ein TN liest die Fragen 1–3 laut vor. Klären Sie, falls erforderlich, unbekannten Wortschatz.
▪ Einzelarbeit:
Die TN lesen den Text still, ohne Wörterbuch.

Hinweis: Erklären Sie den TN, dass sie den Text im Hinblick auf die Fragen 1–3 lesen sollen. Sie brauchen nicht jedes Wort zu verstehen, beim ersten Lesen müssen sie auch die Details noch nicht verstehen. Achten Sie darauf, dass die Lerner relativ zügig lesen.

C2b
▪ Einzelarbeit:
Die TN lesen den Text noch einmal still, markieren beim Lesen Wörter oder Passagen, die Antworten auf die Fragen liefern.
▪ Partnerarbeit:
Die TN beantworten die Fragen mündlich. Haben sie die gleichen Informationen? Sie vergleichen dann, was sie markiert haben.
▪ Einzelarbeit:
Die TN machen Notizen zu den Fragen 1–3. Falls die TN noch ein wenig Hilfe benötigen, sammeln Sie im Plenum exemplarisch Notizen zur ersten Frage an der Tafel. Bitten Sie dann die TN, allein mit den Fragen 2 und 3 fortzufahren.
Möglicher Tafelanschrieb:
Was erfährt man über das Geburtstagsgeschenk?
Ring mit großem rotem Stein
Familie denkt, ein Rubin, sehr wertvoll
stammt von der Großtante, möglicherweise von 1897
Mutter trug ihn immer
Autorin bekommt ihn zum 18. Geburtstag

Hinweis zur Binnendifferenzierung: Wenn die TN große Probleme mit den Notizen haben, fragen Sie sie nach ihren Notizen zu den Fragen 2 und 3. Schreiben Sie diese dann an die Tafel.

1

C3 (Schreiben: Inhalte wiedergeben / gelenkte Textzusammenfassung)
Hinweis zur Binnendifferenzierung: Wenn Sie den Eindruck haben, dass Ihr Kurs im Schreiben noch ungeübt ist, bauen Sie an dieser Stelle folgende Übungen ein:

◁ **Arbeitsbuch, S. 10 + 11 / Übungen 11–13** im Unterricht ▷
◁ **Arbeitsbuch, S. 12 / Übung 14** selbstständig zu Hause ▷

Hinweis: In versierteren Kursen machen die TN die Übungen komplett zu Hause. Weisen Sie in jedem Fall darauf hin, dass es in Aufgabe 11 um wichtige, interessante Ausdrücke geht, die man sich einprägen sollte. Zur produktiven Anwendung genügt es, wenn man sich zwei bis drei davon merkt.

C3a
▪ Einzelarbeit:
Die TN schreiben mithilfe der vorher angefertigten Notizen eine Textzusammenfassung. Dazu können sie die in C3a angebotenen Sätze übernehmen, müssen dies aber nicht tun.

Hinweis: Erklären Sie, dass die TN zudem ihre Notizen aus Aufgabe C2b benutzen sollen. Erklären Sie auch, dass die Fragen in C2a deshalb gestellt wurden, damit es den TN leichter fällt, den Text zusammenzufassen. Die Zusammenfassung soll kurz sein und nur einige Sätze umfassen.

C3b

▪ Plenum:
Fragen Sie, welche TN gern ihre Lösung vorlesen möchten. Bitten Sie die TN, so zu lesen, dass die anderen TN den Text verstehen. Bitten Sie dann einen weiteren freiwilligen TN um seine Variante. Nachdem einige TN ihre Texte vorgelesen haben, fordern Sie das Plenum auf, eine gemeinsame Version zu diktieren. Schreiben Sie selbst die Kursvariante an die Tafel / auf eine OHP-Folie oder lassen Sie dies durch freiwillige TN erledigen. Danach verfahren Sie ebenso mit den Abschnitten zu den Fragen 2 und 3.

◁ **Arbeitsbuch, S. 10 / Übungen 8–10** ▷

Hinweis zu Übung 8: „Presse" bedeutet hier: alle gedruckten Zeitungen und Zeitschriften (manchmal auch als Synonym für Journalisten/-innen, die bei einer Zeitung arbeiten, verwendet, aber nicht auf dem Niveau B2); „Stück" = Theaterstück

C4

Vorbereitung / Binnendifferenzierung:

◁ **Arbeitsbuch, S. 15 / Übungen 20 + 21** ▷

Hinweis: Diese Übungen können gemeinsam im Unterricht gemacht werden. Wichtig ist, dass sie dann vor den Übungen C4a gemacht werden. Die Arbeitsbuch-Übungen bereiten die Anwendung der Wendungen und Ausdrücke in C4a vor. Sonst klären Sie die unbekannten Wörter in den Wendungen und Ausdrücken.

C4a

▪ Plenum:
Bevor die TN die Übung erledigen, sollten Sie klären, ob die Begriffe „Trotz", „Pflichtgefühl", „Gewohnheit" bekannt sind. Wenn nicht, erklären Sie bzw. lassen Sie die TN die Bedeutung dieser Wörter z. B. mithilfe eines Wörterbuchs herausfinden.
▪ Einzelarbeit:
Die TN ergänzen die Sätze schriftlich.
▪ Plenum:
Sammeln Sie im Kurs zu jedem Satzanfang eine mögliche Fortsetzung. Die TN fragen, wenn eine Konstruktion unklar ist.
Geben Sie gegebenenfalls jeweils ein Beispiel an.

◁ **Arbeitsbuch, S. 10 / Übungen 16, 17a und 18** im Unterricht ▷

Wiederholen Sie gemeinsam an der Tafel die wichtigsten Regeln. Anschließend korrigieren die TN gegebenenfalls ihre Lösungen selbstständig.

C4b

▪ Partnerarbeit / Kleingruppen:
Die TN tauschen ihre Meinungen aus und benutzen möglichst die Wendungen aus C4a. Die Sprechblasen dienen als Beispiel.

C4c

▪ Plenum:
Ein TN liest den Text auf S. 124 laut vor oder die TN lesen den Text selbstständig. Helfen Sie den TN beim Sprechen gegebenenfalls mit folgenden Fragen: Waren Ihre Vermutungen richtig? Was war Ihre Vermutung? Überrascht Sie das Ende? (Hier können die TN die Wendungen und Ausdrücke aus B nochmals anwenden.) Die TN antworten frei.

C5

▪ Kleingruppen / Partnerarbeit:
Die TN tauschen sich in den Gruppen aus. Damit es nicht langweilig wird, achten Sie darauf, dass sich jetzt andere Paare/Gruppen zusammenfinden als in Übung C4b. Lesen Sie die Frage laut vor und betonen Sie das Wort *würden*. Weisen Sie die TN mit einem Augenzwinkern darauf hin, dass es sich hier um Hypothesen handelt und man in diesem Fall den Konjunktiv II (*würde* + Infinitiv) benutzt. Wiederholen Sie aber nicht systematisch den Konjunktiv II. Die TN sprechen frei.

Hinweis: In späteren Lektionen wird der Konjunktiv II wiederholt und der Niveaustufe entsprechend vertieft.

Hinweis: Grundsätzlich liegt es in Ihrem Ermessen bzw. an der Anzahl der zur Verfügung stehenden UEs, wie viele Arbeitsbuch-Übungen Sie im Unterricht aktiv bearbeiten.
Das Arbeitsbuch ist so ausgerichtet, dass die TN damit eigenständig arbeiten können. Unterstützt werden sie dabei von der eingelegten Lerner-CD-ROM oder von den Lösungen, die man separat kaufen kann.

◁ **Arbeitsbuch, S. 13 / Übung 16** ▷

Hinweis: Kausalsätze mit *weil* sollten auf dieser Niveaustufe eigentlich bekannt sein. Auch diese einfache Struktur des Nebensatzes müsste bekannt sein. Fragen Sie die TN am besten, ob sie die Struktur wiederholen möchten. Lassen Sie die TN Übung 16 selbstständig erledigen. Kontrollieren Sie gegebenenfalls die Lösungen.

◁ **Arbeitsbuch, S. 13 / Übung 17a** Einzelarbeit, Kontrolle mit Lösungen ▷
◁ **Arbeitsbuch, S. 13 / Übung 17b** ▷

Thematisieren Sie vor Erledigung der Aufgaben kurz die Präposition *wegen* und die beiden Möglichkeiten der Ergänzung (Dativ in der gesprochenen Sprache,

Genitiv in der geschriebenen Sprache). Bitten Sie die TN, Ihnen die Genitivformen von drei Nomen (je eins maskulin, feminin, neutrum) zu nennen. Schreiben Sie diese an die Tafel, zuerst mit Definitartikel, dann mit Indefinitartikel. Bitten Sie die TN, die Nomen jeweils um ein Adjektiv zu ergänzen.
Möglicher Tafelanschrieb:

r Ring	des	(wertvollen)	Rings
	eines	(wertvollen)	Rings
e Liebe	der	(großen)	Liebe
	einer	(großen)	Liebe
s Geschenk	des	(schönen)	Geschenks
	eines	(schönen)	Geschenks
Pl. die Freunde	der	(guten)	Freunde
		netter	Freunde
	meiner	(netten)	Freunde

Hinweis: Die TN müssen erst auf der C1-Stufe Texte schreiben, in denen diese Konstruktionen vorkommen können. Jedoch muss ihnen von der Rezeption her der Genitiv als solcher bekannt sein. Deshalb hier die Möglichkeit der Wiederholung.

◁ **Arbeitsbuch, S. 13 / Übung 15** Einzelarbeit für bessere Lerner ▷
◁ **Arbeitsbuch, S. 14 / Übung 18** Einzelarbeit, evtl. im Unterricht ▷

Hinweis: In dieser Übung werden feste Ausdrücke in die Beispielsätze eingebaut. Die Übungsform sollte unbedingt eingehalten werden, weil es für die Lerner auf diesem Niveau keine Anwendungsregeln und Bildungsregeln gibt. Für interessiertere Lerner gibt die folgende Übung 19 eine weitere Verstehenshilfe. Die sollte auf keinen Fall in eine Bildungshilfe umgearbeitet werden. Es gibt zu viele Wörter, mit denen diese Formen nicht gebildet werden können!

◁ **Arbeitsbuch, S. 14 / Übung 19** Vertiefungsübung, siehe Hinweis zu Übung 18. Die TN beschreiben die vier dargestellten Situationen. Sie erkennen, dass die Situationen in Satz 1 und 4 jeweils spontane Reaktionen beschreiben. Ganz anders in Satz 2 und 3, in denen es um lang anhaltende Zustände, Motive geht. ▷

Fokus Grammatik: *dass* und *weil* im Kontext verstehen, S. 14

Hinweis: In Ziel B2, Band 1 und Band 2, gibt es insgesamt 32 Fokus-Grammatik-Seiten. Dies ist ein zusätzliches Grammatikangebot mit dem Ziel, bestimmte Phänomene der Sprache noch einmal zusammenzufassen, auf den Punkt zu bringen und in der Regel auf das Niveau B2 hin zu erweitern. Diese Erweiterung bezieht sich je nach Thema auf das rezeptive Vermögen der TN, auf das erweiterte Sprachverständnis, eine Sensibilisierung für Intentionen und auf die Erweiterung des Sprachregisters. Im Sinne der Binnendifferenzierung sind diese Seiten für TN, die auf der Niveau-Stufe C1 weiterlernen wollen oder nach der Niveaustufe B2 ein Studium oder ein Praktikum in einem deutschsprachigen Unternehmen anstreben, sehr zu empfehlen. Angeordnet sind die Fokus-Grammatik-Seiten so, dass sie ein Phänomen aufgreifen, das im vorangehenden Abschnitt vorgekommen ist. Sie können aber wahlweise am Ende der Lektion oder dann, wenn das Thema von den TN problematisiert wird, aufgegriffen werden, auch im Rückgriff. Die blauen Übungen im Arbeitsbuch dekken alles ab, was im Hinblick auf Grammatik gelernt werden muss. Ein Weglassen oder partielles Weglassen der Fokus-Grammatik-Seiten in lernschwächeren Kursen führt zu keinem Sprachstandverlust. Die Fokus-Grammatik-Seiten geben aber einen klaren Hinweis darauf, was Grammatik auf der B2-Stufe bedeutet, auch mit den Hinweisen zum rezeptiven und produktiven Verständnis! Alle Lösungen siehe Kursbuch S. 137.
Die Tests zu den Fokus-Grammatik-Seiten dienen nicht nur der Überprüfung, ob alle TN das Lernziel der Fokus-Grammatik-Seiten erreicht haben. Die Tests können auch zu einer speziellen Sprachstandsdiagnose herangezogen werden. So können Sie als KL erkennen, ob bestimmte Bereiche der Grammatik ausführlicher behandelt werden müssen oder welcher TN wo seine speziellen Lücken hat.

Aufgabe 1a + b
▪ Einzelarbeit:
Die TN lesen die Sätze in 1a und kreuzen *dass* oder *weil* in 1b an.
▪ Plenum:
Vergleichen und korrigieren Sie die Übung zusammen mit den TN:
1: *dass* Bitten Sie die TN, zu Regel 1 Beispielsätze zu finden. Schreiben Sie diese an die Tafel, z. B.:
Ich denke, dass man Erbstücke achten sollte.
Tom sagt, dass er am Wochenende keine Zeit hat etc.
Fragen Sie bereits an dieser Stelle, ob man den *dass*-Satz auch weglassen könnte (Vorgriff auf Übung 2).
2: *weil* – Fragen Sie die TN, welche Sätze in Übung 1a dazu passen und wie man hier fragen kann („Warum trägt sie den Ring?“)
3: *dass* – Lassen Sie den passenden Beispielsatz aus Aufgabe 1a laut vorlesen.

Aufgabe 2
2 a
▪ Plenum:
Lesen Sie die Regeln laut vor, die TN lesen leise mit.

2 b
▪ Einzelarbeit:
Die TN überlegen, welche Nebensätze man weglassen kann.

▪ Plenum:
Lassen Sie die TN untereinander diskutieren.

Hinweis: Bei Satz 1 werden die TN evtl. sagen, dass man den *weil*-Satz nicht weglassen kann, da sonst eine wichtige Information verloren geht. Bestätigen Sie diese Beobachtung und erklären Sie, dass der Satz: „Jetzt habe ich erfahren, dass ich im Internet kein Hotel reservieren kann." eine sowohl grammatikalisch als auch von der Sprechintention her korrekte und vollständige Aussage ist. Sie können hier mit einem Beispieldialog operieren:
● Jetzt habe ich erfahren, dass ich im Internet kein Hotel reservieren kann.
▲ Aber wieso denn nicht? Ich habe doch auch schon ...
● Ja, sicher, aber bei mir geht's nicht, weil ich keine Kreditkarte habe.

Hingegen funktioniert die Kommunikation nicht, wenn jemand einfach sagt:
● Jetzt habe ich erfahren.
Das führt zu Irritationen, weil die Aussage sowohl grammatikalisch als auch von der Sprechintention her nicht vollständig ist. Wir erwarten eine Aussage darüber, was die Person erfahren hat.

Aufgabe 3
▪ Einzelarbeit / Plenum:
Die TN lesen die Texte still.
Fragen Sie im Anschluss: „Worauf bezieht sich das farbig unterlegte *dass* in Text 1?" (Antwort: „Ich denke."). Bitten Sie die TN, dies noch einmal extra im Text zu markieren. Fragen Sie dann, worauf sich das farbig unterlegte Wort *weil* in Text 2 bezieht, und lassen Sie die TN wieder die Antwort („warum sie das tut") markieren.
▪ Plenum:
Sprechen Sie nun mit den TN über den Unterschied zwischen *weil* und *dass* in den beiden Texten (*weil* bezieht sich immer auf eine *warum*-Frage).

Aufgabe 4
▪ Plenum:
Lassen Sie die TN erst still lesen und bitten Sie dann einen freiwilligen TN, die Sätze laut vorzulesen. Thematisieren Sie (wie in Aufgabe 3) erneut, worauf sich die Wörter *dass* bzw. *weil* jeweils beziehen.

Sprachgebrauch / Landeskunde:
„... schlaft am Tag"
Der österreichische Autor verwendet hier die in Österreich und auch in Bayern verbreitete Variante „schlaft" statt „schläft". Diese regionalen Unterschiede sind nur für die Rezeption von Bedeutung.

◁ **Arbeitsbuch, S. 21 / Übung 32** Test, Einzelarbeit, siehe Hinweis zu Fokus Grammatik (s. S. 13). ▷

D Liebesglück heute

D1
Hinweis zur Kursrealität (kontroverse Themen):
Die Erfahrung mit Partnerschaftsbörsen kann je nachdem, wo man unterrichtet (im deutschen Sprachraum kann es sein, dass die TN zum Beispiel so ihren Partner kennengelernt haben), sehr unterschiedlich sein. Aber es wird in der Lektion nicht nach den persönlichen Erfahrungen gefragt! Geübt wird hier, Argumente gegen und für eine Sache zu sammeln, und es reicht durchaus, die Argumente aus der Lektion herzunehmen, die in den drei Texten genannt wurden. Dieses allgemeine Diskutieren über ein Thema ist ein klares Ziel der Niveaustufe B2. Für das gesamte Buch gilt, dass immer ausreichend Argumente in den Texten, in den Anhängen geliefert werden, sodass das Sprachmaterial angewendet werden kann. Das muss auch den TN klar sein: Hier geht es darum, Argumente aufzugreifen und in die Sprachhandlung einzubinden, nicht um die wirkliche eigene Meinung. Es geht um die Wendungen und Ausdrücke der persönlichen Meinungsäußerung. Deshalb sollen diese Abschnitte im Kursbuch thematisch auch nicht überstrapaziert werden!

Hinweis zur Länge der Diskussionen:
Bei den Diskussionen in Ziel B2 kommt es immer in erster Linie auf den Sprachgebrauch an, also auf die Anwendung von schon gelernten und neuen Ausdrücken und Wendungen. Das heißt, dass Diskussionen zügig durchgeführt werden können. Es kommt nicht darauf an, möglichst lange über eine Sache zu reden oder alle möglichen Argumente zu finden.

D1a
▪ Plenum: Die Bücher sind geschlossen. Klären Sie gemeinsam die Bedeutung von *Single* und *Singlebörsen* (siehe unten).

Landeskunde: Singlebörsen im Internet
Singlebörsen / Datingbörsen (Onlinedating) sind im gesamten deutschsprachigen Raum sehr beliebt. Es gibt sie professionell, halbprofessionell oder eher privat für Interessengruppen wie Studenten usw. Je nach Alter und Lebensart werden diese Singlebörsen sehr unterschiedlich bewertet. Es scheint, als ob heutzutage individuelle Interessen und Lebensplanungen es erschweren, den geeigneten Partner im eingeschränkten realen Lebensumfeld zu finden.

Hinweis zum Sprachgebrauch / Landeskunde:
Single = alleinstehender Mensch, d. h. ohne Partner (Abgrenzung: Man hat einen Partner / Lebensgefährten, mit dem man nicht notwendigerweise zusammenlebt, d. h. man lebt zwar allein, ist aber kein Single.)

Börse = hier verwendet als ein Forum des Austauches, des gezielten Suchens in einem Interessengebiet, mit einem gemeinsamen persönlichen Ziel. Andere Börsen dieser Art: Tauschbörse (hier werden Waren / Dienstleistungen gegen Waren / Dienstleistungen getauscht, ohne Bezahlung), Münzbörsen, Briefmarkenbörsen etc.;
im engeren Sinn ein organisierter Markt von Waren oder Aktien, bei dem der Preis (Kurs) der angebotenen Waren oder Aktien je nach Angebot und Nachfrage vom Börsen- bzw. Kursmakler festgelegt wird.
ledig = nicht verheiratet
verlobt = man hat sich die Ehe versprochen, macht eine kleine Feier und tauscht Ringe (nicht mehr allgemein üblich)
einen Freund / (Lebens-)Partner / Lebensgefährten haben, in einer festen Beziehung (juristisches Deutsch: nichtehelichen Lebensgemeinschaft) leben, es gibt freie und auch „eingetragene" Gemeinschaften. Heutzutage ist auch die gleichgeschlechtliche Partnerschaft von homosexuellen / lesbischen Paaren gesetzlich anerkannt.
verheiratet = man heiratet standesamtlich und eventuell zusätzlich kirchlich. Der Ehering wird in Deutschland rechts getragen. Früher war der sogenannte Polterabend üblich. Mit Freunden feierte man kurz vor der Hochzeit eine Party. Dabei wurde als Glückssymbol und Glücksbringer Porzellan auf den Boden geworfen und das Brautpaar musste die Scherben zusammenkehren. Heute sieht man mehr und mehr Junggesellen- und Junggesellinnen-Abschiede. Dabei zieht der Bräutigam zusammen mit seinen Freunden bzw. die Braut mit ihren Freundinnen durch die Innenstädte. Sie feiern mit lustigen, manchmal recht lauten, feuchtfröhlichen Aktionen den Abschied aus dem freien, ungebundenen Leben.
getrennt = das Paar / Ehepaar lebt nicht mehr zusammen
geschieden = die Ehe ist juristisch nicht mehr existent; man spricht dann vom Ex-Mann oder der Ex-Frau, oder einfach der/dem „Ex"
verwitwet = der Ehemann, die Ehefrau ist gestorben.
Außer der nicht eingetragenen Beziehung von Lebensgefährten mit separaten Wohnungen sind alle genannten Lebensformen steuerlich relevant.

◁ **Arbeitsbuch, S. 16 / Übung 22** Einzelarbeit, zu Hause oder gemeinsam im Kurs ▷

D1b (kursorisches Lesen)
▪ Einzelarbeit:
Die TN lesen den Text und die Aussagen 1–3. Dann kreuzen sie „richtig" oder „falsch" an.
▪ Plenum:
Die Antworten werden verglichen. Bei abweichenden Lösungen: Lassen Sie die TN die Textstellen, die die jeweiligen Antworten belegen, suchen und nennen:

1: „Zahlreiche Werbeplakate locken mit der großen Liebe."
2: evtl. „18 % sollen ... Lebensgefährten ... gefunden haben ... so nutzen heute rund 4.6 Millionen Menschen Onlinedating. Tendenz steigend."
3: Singles geben ... aus.

D2
D2a (detailliertes Lesen)
▪ Einzelarbeit:
Die TN lesen die Texte und lösen die Aufgaben selbstständig.
▪ Plenum:
Vergleichen und Besprechen der Lösungen.

Hinweis: Wenn viele/mehrere TN falsche Lösungen haben oder unsicher sind, ob ihre Lösungen richtig sind, dann wurden die Wendungen und Ausdrücke, mit denen man eine Aussage einschränken kann, nicht verstanden. Thematisieren Sie dann: „Mag ja sein, (dass ...), aber ...", „Wir hatten anfangs zwar ..., aber ..." im Kurs. Suchen Sie die Textstellen und klären Sie, was diese ausdrücken. Machen Sie dann gegebenenfalls die Übungen oder jeweils zwei Aufgaben der Übungen im Kurs.

◁ **Arbeitsbuch, S. 16 / Übung 23** Wiederholung ▷
◁ **Arbeitsbuch, S. 16 / Übung 24** ▷
◁ **Arbeitsbuch, S. 17 / Übung 25** ▷
◁ **Arbeitsbuch, S. 17 / Übung 26** ▷

D2b (Sprechen: Aussagen einschränken)
1
▪ Einzelarbeit:
Fordern Sie die TN auf, sich allein Gedanken über *pro* und *kontra* zu machen und Stichpunkte aufzuschreiben. Die Argumente in den Texten in D1 und D2 helfen ihnen und reichen aus. Dabei sollen die TN keine Sätze ausformulieren, sondern, wie auf dem abgebildeten Stichwortzettel, nur Infinitive aufschreiben (vgl. *Notizen*, S. 23, 116).

Hinweis: Erklären Sie den TN, dass es im Kurs darauf ankommt, auch die angegebenen Wendungen und Ausdrücke zu verwenden. Wie gesagt, die Sprache steht im Zentrum. Dazu gehört ebenso, dass die TN aufeinander reagieren, wie in der Sprechblase angegeben.
Klären Sie gegebenenfalls die Bedeutung der Wendungen und Ausdrücke: „Mag ja sein, dass ..., aber ..." sowie „... zwar ..., aber ..." und lesen Sie zusammen mit den TN die Sprechblasen. Lassen Sie die über den Sprechblasen aufgeführten Sätze exemplarisch an der Tafel vervollständigen.
Erklären Sie auch, dass die Wendungen und Ausdrücke variiert werden können: „Ich habe zwar ..., aber ..."

1

2
■ Partnerarbeit / Kleingruppen:
Die TN tauschen ihre Meinungen aus.

Hinweis: Wenn Sie die Aktivität noch einmal ins Plenum holen möchten, lassen Sie die TN über die Meinung ihrer Partnerin / ihres Partners berichten. Bei Kleingruppen kann auch ein Sprecher der Gruppe die Meinungen der Gruppenmitglieder wiedergeben.

Fokus Grammatik: konzessive Angaben – etwas einschränken, S. 16

Hinweis: Hier werden alle Möglichkeiten der konzessiven Angaben auf dem Niveau B2 systematisch dargestellt.

Aufgabe 1
■ Plenum:
Lassen Sie den Text von einem TN vorlesen. Die TN geben den Inhalt wieder.
■ Einzelarbeit:
Die TN ergänzen die Sätze 1–5.
■ Plenum:
Bitten Sie fünf TN, die Freunde von Theo zu spielen und die Sätze mit entsprechender Betonung vorzulesen. Fragen Sie die nicht beteiligten TN, ob sie mit der Lösung einverstanden sind. Korrigieren Sie gegebenenfalls.

Aufgabe 2
■ Einzelarbeit:
Die TN lesen die Aufgabe und lösen sie.
■ Plenum:
Lesen Sie die angebotenen Sätze 1–3 laut und langsam mit entsprechender Betonung vor. Fragen Sie die TN dann, welcher Satz dasselbe ausdrückt. Bei unterschiedlichen oder falschen Antworten klären Sie gemeinsam, was die einzelnen Sätze jeweils aussagen. (Lösungen, Kursbuch S. 137.)

Aufgabe 3
■ Einzelarbeit:
Die TN schreiben Sätze.

Hinweis: Geben Sie eventuell ein Zeitlimit vor (so viele Sätze wie möglich in 5 Minuten), sodass schnelle Lerner nicht auf langsame warten müssen. Weisen Sie die TN darauf hin, dass sie nicht nur grammatikalisch korrekte, sondern auch logisch richtige, sinnvolle Sätze bilden sollen. Gehen Sie im Kurs herum und helfen Sie bei Bedarf.

■ Partnerarbeit:
Die TN tauschen die Sätze aus und lesen diese. Dann teilen die Partner sich gegenseitig mit, ob sie die Sätze verstehen.

■ Plenum:
Die TN, die dies möchten, lesen ihre Sätze vor.

◁ **Arbeitsbuch, S. 21 / Übung 33** als „Erfolgskontrolle" im Unterricht oder selbstständig zu Hause (siehe Hinweis, S. 13) ▷

E So war das damals, S. 17

E1
E1a
■ Plenum:
Bitten Sie die TN zunächst, die Augen zu schließen und die Musik auf sich wirken zu lassen.
CD 1.3: Spielen Sie die Musik vor.

Hinweis: Beobachten Sie die Reaktionen. Wenn Sie den Eindruck haben, dass die Musik gut ankommt, und Sie genug Zeit haben, bringen Sie eine CD der Comedian Harmonists oder anderer Vokalensembles mit. Spielen Sie den TN noch mehr Lieder vor. Teilweise sind die Texte relativ leicht zu verstehen, was ein Erfolgserlebnis darstellt und den TN sicher Spaß macht. Wenn Sie sehr wenig Zeit haben, legen Sie die Musik in der Pause oder vor Beginn des Unterrichts auf.

E1b
■ Partnerarbeit:
Die TN überlegen und diskutieren zu zweit, zu welcher Epoche / Zeit die Musik und die Fotos gehören. Die TN kreuzen die Epoche an. Vergleichen im Kurs.

Landeskunde „Comedian Harmonists"
Die Comedian Harmonists waren ein Vokalensemble, bestehend aus sechs Männern. Die Gruppe gründete sich 1927. Mit ihren witzigen Instrumentenimitationen, Musicalkompositionen und Schlagern erlangten sie Weltruhm. Ihre meist lustigen, manchmal frechen Lieder wie „Mein kleiner grüner Kaktus", „Veronika, der Lenz ist da" oder „Am Sonntag will mein Süßer mit mir segeln gehn" sind bis heute beliebt und werden oft neu gesungen, arrangiert und aufgenommen.
Da das Ensemble drei jüdische Mitglieder hatte, bekamen die Musiker im Dritten Reich unter den Nationalsozialisten Probleme. 1935 erhielten sie Auftrittsverbot. Danach löste sich die Gruppe auf. Im Jahr 1997 wurde ihre Geschichte in einer deutsch-österreichischen Koproduktion verfilmt („Comedian Harmonists", Regie: Joseph Vilsmaier), wodurch diese Art von Gesang so etwas wie eine Renaissance erlebte.

Hinweis Projekte:
Die TN finden heraus (Internet / Bücherei), wer die Comedian Harmonists waren, und stellen sie im Kurs vor.

Die TN sehen sich den Film (siehe oben) an und fassen den Inhalt zusammen.
Interkulturelle Komponente: Die TN stellen einzelne Sänger oder ein berühmtes Ensemble vor, das früher erfolgreich war und bis heute bekannt ist. Eventuell gibt es darüber sogar einen Film (z. B.: Cuba: Buena Vista Social Club / Frankreich: Edith Piaf / USA: Josephine Baker, Elvis Presley / Großbritannien: Beatles/ etc.).
Die Projekte lassen sich auch im Rahmen der Fotodoppelseite realisieren.

E2 (orientierendes und kursorisches Hören)
E2a
▪ Plenum:
Die TN lesen die Fragen 1–4. Klären Sie, falls nötig, Fragen zum Wortschatz.
CD 1.4: Die TN hören den Hörtext einmal, kreuzen an und vergleichen mit ihrer Nachbarin / ihrem Nachbarn. Besprechen Sie die Lösungen dann gemeinsam.

Hinweis: CD 1.4 ist der erste Abschnitt des Interviews und wird in CD 1.5 wiederholt.

Landeskunde: Der Akzent der „Oma“ ist eindeutig regional gefärbt (Großraum Hamburg), erkennbar an der singenden Sprachmelodie, der getrennten Aussprache von „sp“ oder „st“ am Wortanfang wie bei „s-pitzen S-tein“, und der Aussprache des Buchstabens „g“ am Wortende wie „ch“, z. B. Hamburg (-ch).

E2b
▪ Plenum:
Lesen Sie die Arbeitsanweisung gemeinsam mit den TN durch, damit allen klar ist, was sie machen sollen.
▪ Einzelarbeit:
Die TN lesen die Sätze durch.
▪ Plenum:
Klären Sie eventuelle Fragen zum Wortschatz. Lassen Sie die TN Vermutungen darüber anstellen, worum es in dem Hörtext geht.
CD 1.5–8: Spielen Sie den Hörtext vor. Machen Sie nach jedem Abschnitt eine Pause.

Hinweis: Sehen Sie sich vorher die Transkriptionen auf S. 121 an, damit Sie wissen, wo die Abschnitte jeweils enden.

▪ Einzelarbeit:
Die TN suchen die zu den einzelnen Abschnitten passenden Sätze. Falls möglich, bringen sie die Sätze auch schon in die richtige Reihenfolge. Beobachten Sie die Reaktionen und die Mimik der TN. Spielen Sie bei Bedarf einzelne Abschnitte noch einmal vor.

Hinweis zur Binnendifferenzierung:
Wenn Sie es mit hörungeübteren Lernern zu tun haben, gehen Sie wie folgt vor:
– Teilen Sie die Gruppe in mehrere Kleingruppen.
– Spielen Sie jeden Abschnitt 1–2 Mal vor.
– Spielen Sie Abschnitt 1 vor. Die TN versuchen zunächst in Einzelarbeit, die Sätze dem jeweiligen Abschnitt zuzuordnen.
– In der Kleingruppe vergleichen Sie anschließend die Lösungen.
– Bitten Sie die TN dann, beim nächsten Hören eventuelle Zusatzinformationen zu notieren.
– Die TN tauschen sich in der Gruppe aus und versuchen, den Abschnitt inhaltlich zusammenzufassen. Bitten Sie eine Gruppe, ihre Zusammenfassung vor der Klasse zu präsentieren.
– So verfahren Sie mit jedem Abschnitt, sodass die TN am Ende die Geschichte verstanden haben und ein gutes Gefühl mit nach Hause nehmen.

E3 (Sprechen: Interesse zeigen)
Hinweis: Diese beiden Arbeitsbuch-Übungen sind eine gute Vorbereitung für das in E3 folgende Rollenspiel.

◁ **Arbeitsbuch, S. 18 / Übung 27** Einzelarbeit, auch zu Hause ▷
◁ **Arbeitsbuch, S. 19 / Übung 28** Phonetikübung, auch für die Bearbeitung im Kurs sehr gut geeignet ▷

Hinweis zur Zeitökonomie:
Lassen Sie bei Zeitnot die Aufgabe 27 zu Hause bearbeiten, machen Sie aber Aufgabe 28 möglichst im Kurs. Vor allem das Nachsprechen ist bei Aufgabe 28b (alle zusammen im Plenum) nicht nur eine gute Übung, sondern auch eine willkommene Abwechslung. Sprechen Sie selbst nicht mit. Versuchen Sie lieber, bei einzelnen TN zuzuhören, und ermuntern Sie diese, laut mitzusprechen. Im „geschützten Raum“ des Plenums trauen sich selbst schüchterne Lerner, aus sich herauszugehen.

▪ Partnerarbeit:
Die TN finden sich in Paaren zusammen. Die Partner suchen sich eine Rolle aus.
Die TN erzählen die Geschichte mithilfe der Sätze in E2b.

Hinweis: Geben Sie den Zweiergruppen Zeit, die Dialoge kurz vorzubereiten. Die Partner machen sich Notizen und spielen dann die Dialoge. Bitten Sie eventuell einige Paare, ihre Gespräche vor der Klasse vorzuspielen.

Alternative:
▪ Partnerarbeit:
Die TN finden sich in Paaren zusammen. Die Partner suchen sich eine Rolle aus.

Die TN erzählen die Geschichte mithilfe der Sätze in E2b. Geben Sie den Zweiergruppen Zeit, die Dialoge kurz vorzubereiten. Die Partner machen sich Notizen.

■ Partnerarbeit:
Die TN suchen sich neue Partner und spielen das Rollenspiel. Jetzt wissen die TN nicht, was der jeweils andere Partner sagen wird, und müssen besser aufeinander eingehen. Sie müssen auch nachfragen, wenn sie den Partner nicht verstehen.

Hinweis zur Partnersuche: Bringen Sie ein Kartenspiel mit, nehmen Sie aber nur zwei Farben (z. B. Karo und Pik). Sie brauchen so viele Karten, wie Sie TN im Kurs haben. Dabei achten Sie darauf, dass Sie jeweils zwei Karten mit demselben Wert, aber unterschiedlicher Farbe zur Verfügung haben. Lassen Sie die TN je eine Karte ziehen. Die TN, die z. B. Bube Karo und Bube Pik oder König Karo und König Pik gezogen haben, arbeiten zusammen.

F Mitten im Leben, S. 18

F1
■ Plenum:
Schreiben Sie das Wort „erwachsen" an die Tafel. Die TN sammeln Ideen dazu, wann man ihrer Meinung nach erwachsen ist. Fügen Sie hinzu, dass es auch, aber nicht nur um die juristische Definition geht. Notieren Sie die Ideen an der Tafel. Die Fotos und die Texte auf Seite 123 unterstützen diesen Prozess.

Hinweis: Die Einstiegsaufgabe eines jeden Abschnitts hat das Ziel, in das Thema einzuführen und Vorwissen sowie Wortschatz zu aktivieren. Die Einstiegsaufgabe darf nicht zu viel Zeit in Anspruch nehmen. Deshalb sollte man hier, wenn nicht explizit im Kursbuch vorgegeben, auf aufwendige Gruppenarbeit verzichten.

Sprachgebrauch / Landeskunde
In diesem Zusammenhang interessante Wörter bzgl. der Lebensstationen eines Menschen:
das Neugeborene, der Säugling, das Baby,
das Kleinkind, das Kindergartenkind, das Schulkind,
Neudeutsch oft auch „Kids" für Kinder
der Jugendliche, der Teenager, der Heranwachsende,
der Youngster, der Minderjährige
der Erwachsene, der Volljährige,
der Senior, der ältere Mensch, der Rentner
der Hochbetagte, der Greis (beide Wörter sind im Alltag wenig gebräuchlich)

F2
F2a (kursorisches Lesen)
■ Einzelarbeit:
Die TN lesen zunächst die Fragen 1–2, dann den ersten Abschnitt (Zeile 1–18). Danach beantworten sie selbstständig die Fragen 1–2.
■ Plenum:
Vergleichen Sie die Lösungen.

F2b (kursorisches Lesen)
■ Einzelarbeit:
Die TN lesen die Aufgaben.
Die TN lesen den Text still ihrem eigenen Leserhythmus entsprechend und erledigen die Aufgabe b.

Hinweis: Dies sollte jedoch nicht zu lange dauern, die TN müssen nicht jedes Wort verstehen, sondern die Lösungen finden.

■ Plenum:
Kontrollieren Sie gemeinsam die Antworten. Lassen Sie sich in Aufgabe b die entsprechenden Textstellen nennen.
Frage 1: Zeile 16/17, Frage 2: Zeilen 23–27,
Frage 3: Zeile 33/34, Frage 4: Zeile 42

F2 c
Hinweis: Für die TN ist es nicht immer leicht zu beurteilen, ob der Autor etwas positiv oder negativ sieht. Dieser Aufgabentyp ist aber prüfungsrelevant und muss geübt werden. Wichtig ist dabei, dass es nicht auf Zwischentöne, auf Einzelaspekte ankommt, sondern auf die allgemeine, generelle Sichtweise. Deshalb steht in der Aufgabenstellung eher positiv, eher negativ. Die Kategorien positiv / negativ sind plakativ zu verstehen. Die Ausprägungen positiv / negativ werden im Arbeitsbuch zunächst durch andere Wörter ergänzt. Dies soll die Bearbeitung der Aufgaben in der Prüfungssituation erleichtern. (vgl. Arbeitsbuch S. 43 / Übung 35).

■ Plenum:
Die hier gestellten positiv/negativ-Fragen sind ziemlich eindeutig und werden den TN keine größeren Schwierigkeiten bereiten. Besprechen Sie sie trotzdem zusammen mit den TN. Bitten Sie die TN, die entsprechenden Textstellen zu nennen.
Z. B. Aufgabe 1 (positiv) „Einstein – die Allgemeine Relativitätstheorie – sein wichtigstes Werk" bzw. „Thomas Mann – Die Buddenbrooks – Nobelpreis". Der Autor lässt diese Begriffe unkommentiert, aber es gehört zum Allgemeinwissen, dass diese Männer und ihre Leistungen hoch angesehen werden.

Hinweis zu Projekten:
Die TN sammeln Informationen zu Albert Einstein (Internet / Bücherei) und stellen sie im Kurs vor.
Die TN sammeln Informationen zu Thomas Mann (Internet / Bücherei) und stellen sie im Kurs vor.

Die Projekte lassen sich auch im Rahmen der Fotodoppelseite realisieren.

Landeskunde

Albert Einstein:
geb. 14.3.1879 in Ulm, gest. 18.4.1955 in Princeton, N.J. (USA). Einstein gilt als einer der bedeutendsten Wissenschaftler des 20. Jahrhunderts. Mit seiner Relativitätstheorie sowie seinen Beiträgen zur Quantenphysik schuf er die Grundlagen für eine neue Physik. 1921 erhielt er den Nobelpreis für Physik. Berufliche Stationen: 1902–1909 Mitarbeiter am Eidgenössischen Patentamt in Bern, 1909–1914 Professor in Zürich und Prag, 1914–1933 Leiter des Kaiser-Wilhelm-Instituts für Physik in Berlin und ordentliches Mitglied der Preußischen Akademie der Wissenschaften. Da er in Deutschland zunehmend antisemitischen Angriffen ausgesetzt war, wanderte er 1933 in die USA aus. Dort lehrte und forschte er an der Universität in Princeton. Als Pazifist und Zionist bezog er nach seiner Emigration auch politisch Position und setzte sich in späteren Jahren für Frieden und Abrüstung ein.

Thomas Mann:
geb. 6.6.1875 in Lübeck, gest. 12.8.1955 bei Zürich (Schweiz). Sohn eines Lübecker Großkaufmanns, verheiratet mit der Münchner Professorentochter Katja Pringsheim. Lebensstationen: 1893–1933 lebte die Familie in München, von wo aus sie aus politischen Gründen zuerst nach Frankreich, dann in die Schweiz ins Exil ging. 1939 emigrierte Thomas Mann in die USA und wurde 1944 US-amerikanischer Staatsbürger. Die letzten drei Lebensjahre verbrachte er wieder in der Schweiz. Auch einige seiner Kinder (Erika, Golo, Klaus und Elisabeth) waren literarisch erfolgreich. Sein Bruder, Heinrich Mann, erlangte mit dem Roman „Professor Unrat“, der unter dem Titel „Der blaue Engel“ mit Marlene Dietrich verfilmt wurde, Weltruhm.
Zu den wichtigsten Romanen Thomas Manns zählen: „Buddenbrooks“ (1901), „Der Zauberberg“(1924), „Joseph und seine Brüder“ (1933–1943), „Lotte in Weimar“ (1939), „Doktor Faustus“ (1947), „Bekenntnisse des Hochstaplers Felix Krull“ (1922, 1936 und 1954). Wichtigste Novellen: „Tristan“ (1903), „Tonio Kröger“ (1903), „Der Tod in Venedig“ (1912). Außerdem verfasste er diverse Essays, ein Drama, posthum veröffentlicht wurden Briefe / Briefwechsel und Tagebücher.

F3 (Sprechen: die eigene Meinung äußern / Verständnis zeigen)
Vorentlastung:

▪ Plenum:
Die TN schließen die Bücher. Bitten Sie die TN, Wendungen und Ausdrücke zu nennen, mit denen man eine Meinung äußern kann. Aktivieren Sie aber nur bekannte Wendungen und Ausdrücke und sammeln Sie diese an der Tafel, z. B.:
Ich bin der Meinung, dass …
Meiner Meinung / Ansicht nach …
Ich glaube, denke, meine, dass …

Gehen Sie genauso mit den Ausdrücken vor, die Verständnis signalisieren, z. B.:
Ich kann das gut verstehen.
Ich habe Verständnis für seine Gefühle.
Ich verstehe seine Probleme …

Die TN negieren nun die gesammelten „Verständnis-Ausdrücke“, um sie in Unverständnis umzukehren, z. B.:
Das kann ich überhaupt nicht verstehen.
Ich habe überhaupt kein Verständnis für seine Gefühle.
Ich verstehe seine Probleme überhaupt nicht.

Die TN öffnen das Kursbuch Seite 20 und überprüfen, welche Wendungen und Ausdrücke ihnen an der Tafel noch fehlen.

Hinweis zur Zeitökonomie / Binnendifferenzierung:
Bei ausreichend vorhandener Unterrichtszeit können Sie die Arbeitsbuch-Übungen 29 und 30 im Unterricht bearbeiten lassen.
Wenn Sie sofort zu Nummer F3 im Kursbuch übergehen möchten, lesen Sie die dort aufgeschriebenen Redemittel zusammen mit den TN durch.

F3
▪ Plenum:
Fragen Sie die TN, ob sie sich manchmal auch so fühlen wie der junge Mann in dem Text (F2). Oder ob ihnen das ganz fremd vorkommt. Haben die TN Verständnis für ihn oder können sie seine Gefühle überhaupt nicht nachvollziehen? Austausch im Kurs.
Alternative:
▪ Kleingruppen:
Einstieg wie beschrieben, die TN äußern ihre Meinungen und ihr (Un-)Verständnis.

Landeskunde
Das im Text F2 beschriebene Lebensgefühl spiegelt die Lebenssituation der derzeitigen Generation der jungen Menschen zwischen 25 und 30 in Deutschland wider. Man bezeichnet diese Generation auch als „Generation Praktikum“. Einerseits studiert man (immer noch) relativ lange, sammelt also viel Wissen an. Andererseits bekommt man danach keine Chance, das Gelernte in einem „richtigen“ Job zu beweisen, sondern hangelt sich von Praktikum zu Praktikum.

◁ **Arbeitsbuch, S. 19 + 20 / Übungen 29–30**
Einzelarbeit zu Hause ▷
◁ **Arbeitsbuch, S. 20 / Übung 31** Vertiefung: Plenum, Kombination von Hörverstehen und

1

Schreiben. Nach **31 a + b** Austausch im Plenum mit den Wendungen und Ausdrücken in F3 möglich. Die TN können die Übung auch selbstständig zu Hause bearbeiten. ▷

G Freunde fürs Leben, S. 19

G1
■ Plenum:
Bitten Sie zunächst einen TN, das Foto zu beschreiben.
Fragen Sie, ob jemand im Kurs ein Haustier hat, speziell einen Hund. Fragen Sie die TN, ob ein Haustier für sie auch gleichzeitig ein Freund sein kann. Je nach den Erfahrungen der TN wird sich ein Gespräch ergeben, ist aber nicht notwendig.

Landeskunde: Extra Diskussionsthema / interkulturelle Komponente
Fordern Sie die TN auch auf, allgemein über Haustiere in dem jeweiligen Heimatland zu sprechen. Das Verhältnis zu Tieren ist kulturell unterschiedlich und damit ein interessantes Thema, zu dem die meisten TN etwas beitragen können. In vielen Ländern sind auch neue Entwicklungen zu beobachten, weg vom Nutztier zum Statussymbol.

G2
G2a
■ Plenum:
Die TN nennen spontan ihre Zahlen. Unterscheiden sie sich von den genannten 3,3 statistischen Personen? Liegt es vielleicht daran, dass man unterschiedliche Vorstellungen von einem guten Freund hat? Oder dass Familienangehörige auch die besten Freunde sind?

Hinweis: Vermeiden Sie eine Diskussion, die die Fragen in G2b vorwegnimmt.

G2b
■ Einzelarbeit:
Die TN lesen die Tabelle und kreuzen an. Klären Sie bei Bedarf vorher unbekannten Wortschatz.

Hinweis: Die Lösungen in Gb2 werden nicht diskutiert. Sie liefern die Argumente und das inhaltliche Sprachmaterial für die Abschlussdiskussion. Sonst gibt es Wiederholungen.

G3 (Sprechen: mit vertrauten Menschen diskutieren)

Hinweis zur Gruppeneinteilung:
Falls Sie ein Tierquartett zur Hand haben oder sonstige Spielkarten mit Tieren (z. B. vom Spiel „Kuhhandel"), können Sie diese zur Gruppeneinteilung benutzen. Die TN ziehen je eine Karte aus dem Kartenstapel (so viele Karten wie TN). Dann finden sich die TN mit den gleichen (oder je nach Spiel ähnlichen) Tierkarten zusammen. Geeignet sind Gruppen mit vier TN. Ist die Gruppe zu klein, ist die Gefahr groß, dass alle Gruppenmitglieder die gleiche oder eine ähnliche Meinung vertreten. Ist die Gruppe zu groß, können sich schüchterne TN eher verstecken.

Vorentlastung:
■ Plenum:
Lesen Sie die Thesen 1–4 und stellen Sie sicher, dass alle TN sie verstanden haben.

1. Schritt:
■ Einzelarbeit:
Die TN lesen die Sätze 1–4 und kreuzen „richtig" / „falsch" an.

2. Schritt:
■ Gruppenarbeit:
Die Gruppen entscheiden sich für ein Thema.

3. Schritt:
■ Einzelarbeit:
Jeder TN überlegt sich Argumente dafür und dagegen und notiert diese.

4. Schritt:
■ Gruppenarbeit:
Die TN sammeln Wendungen und Ausdrücke, die für die Diskussion wichtig sind, und schreiben diese übersichtlich auf ein großes Blatt Papier. Helfen Sie den TN in dieser Phase, indem Sie sie z. B. auf die in dieser Lektion gelernten Ausdrücke hinweisen (vgl. S. 20: Wendungen und Ausdrücke).
Sie können auch strukturierend eingreifen, d. h. den TN vorschlagen, die Wendungen und Ausdrücke nach Redeabsichten geordnet aufzuschreiben (z. B.: Meinungsäußerung, Zustimmung, Einschränkung, Ablehnung). Dabei sollten Sie als KL die Redemittel auf keinen Fall vorgeben. Die TN sollen diese selbst heraussuchen.

5. Schritt:
■ Gruppenarbeit – Diskussion:
Bitten Sie die TN nun, zu diskutieren und die gesammelten Wendungen und Ausdrücke auch wirklich zu benutzen. Weisen Sie auf Schritt 6 („Nach der Diskussion") hin.

Hinweis: Es besteht die Möglichkeit, bei einem großen Plenum zu jeder Gruppe einen Beobachter zu schicken, der eine Strichliste führt.
Eine andere Möglichkeit ist die, dass alle Lerner die Wendungen und Ausdrücke, die sie verwenden möchten, jeweils auf eine Karte schreiben. Wenn sie eine Wendung / einen Ausdruck eingesetzt haben, dürfen sie die Karte ablegen.

6. Schritt:

■ Gruppenarbeit:

Die TN überlegen oder analysieren, ob sie die Wendungen und Ausdrücke ausreichend benutzt haben. (Gegebenenfalls mithilfe der Strichliste oder der abgelegten Karten.)

7. Schritt:

■ Plenum:

Die einzelnen Gruppen berichten über ihre Erfahrungen während der Diskussion. Wenn die TN nur wenige der erlernten Redemittel benutzt haben, sollten Sie die Diskussion wiederholen.

◁ **Arbeitsbuch, S. 22 + 23 / Darüber hinaus: Übungen 34 + 35** ▷

Hinweis: Der Arbeitsbuchteil „Darüber hinaus“, der sich an jede Lektion anschließt, bietet den TN ein zusätzliches Übungsangebot, um ihre Lesekompetenz zu steigern und sich auf B2-Prüfungen vorzubereiten. Diese Übungen sind für das Arbeiten zu Hause gedacht.

□ **Box: Arbeit mit dem Arbeitsbuch und dem Lösungsschlüssel, S. 105** □

Fotodoppelseite, S. 22, 23

Hinweis: Im Lehrwerkservice komplett zum kostenlosen Ausdrucken oder als Auswahl im Anhang finden Sie Arbeitsblätter für die Projektarbeit zu den Fotodoppelseiten als Kopiervorlagen. Hier, im Anschluss an die Lektion, bekommen Sie noch zusätzliche Filmtipps.

Filmtipps: „Zurück in die Zukunft.“ (USA, Robert Zemeckis, 3 Filme von 1985, 1989, 1990), „Rama dama“ (Joseph Vilsmeier 1990), „Rendevous unterm Nierentisch“ (= Werbespots aus den 1950er-Jahren / Film von 1986), „Goodbye, Lenin!“ (Wolfgang Becker 2003) oder „Das wilde Leben“ über Uschi Obermaier (Achim Bornhak 2007).

Lektion 2 Faszination

Worum geht es in der Lektion?

Lernziel: Ein persönliches Erlebnis erzählen

Abschnitt **A**: Was **„verzaubert“** Menschen?
Fertigkeiten: Lesen und Schreiben
Lernziel: Die TN lesen Beiträge in einem Wochenendmagazin zum Thema „verzaubert“ und schreiben selbst einen kurzen Beitrag.

Abschnitt **B**: **„Du bist die Größte“**
Fertigkeiten: Hören und Schreiben
Lernziele: In einem Liebeslied geht es um Komplimente und die zwischenmenschliche Faszination. Die TN wiederholen dabei die verschiedenen Vergleichsstrukturen sowie die Adjektivsteigerung. Außerdem lernen sie die Wortbildung von Adjektiven und die Nominalisierung von Adjektiven in der gesteigerten Form. Die TN schreiben eigene „Komplimente-Lieder“.

Abschnitt **C**: **„In der Welt des Genießens“**
Fertigkeiten: Lesen, Hören, Schreiben, Sprechen
Lernziele: Anhand der Textgattung „Restaurantkritik“ wird die Graduierung von Adjektiven wiederholt und vertieft. Die TN beschreiben einen Menschen, eine Speise bzw. einen Duft.

Abschnitt **D**: Was sind **„schöne Augenblicke“** im Leben eines Menschen?
Fertigkeiten: Hören, Lesen und Sprechen
Lernziele: Die TN lesen einen Reisebericht bzw. ein Gedicht, in dem persönliche Erfahrungen über ganz besonders schöne Augenblicke zum Ausdruck kommen. Die TN beschreiben ähnliche Situationen zusammenhängend und verwenden dabei temporale Angaben mit *(immer) wenn.*

Abschnitt **E**: **„Ich trommle plötzlich“**
Fertigkeiten: Lesen und Sprechen.
Lernziele: Die TN lesen einen Erlebnisbericht über die Faszination eines Musikinstruments und spekulieren über den Fortgang der Geschichte. Sie wiederholen temporale Angaben mit *als* und die Verwendung verschiedener Zeitformen. Die TN schreiben eine zusammenhängende Geschichte.

Abschnitt **F**: **„Ihr persönliches Erlebnis“** fasst das Lektionsziel zusammen. Die TN erzählen ein persönliches Erlebnis sowohl mündlich als auch schriftlich.

Fokus Grammatik:

1. **Keine Angst vor Adjektiven** behandelt die Adjektive in den verschiedenen Funktionen und gibt drei „goldene“ Regeln zur Adjektivdeklination.
2. **Tempus – Gegenwart und Vergangenheit verstehen** beschäftigt sich mit den verschiedenen Zeitformen der Gegenwart und der Vergangenheit sowie ihrer Verwendung in der gesprochenen und in der geschriebenen Sprache.

Thematischer Einstieg: Assoziationsseite, S. 24

Hinweis zu den Assoziationsseiten im Unterricht:
Siehe Lektion 1, S.10 und S. 156

Aufgabe 1
■ Plenum:
Die TN lassen die Bücher geschlossen.
Fragen Sie: „Was finden Sie faszinierend?"
Geben Sie gegebenenfalls eigene Beispiele: „Ich finde das Rauschen des Meeres faszinierend. Da könnte ich stundenlang zuhören." oder „Eine Hummel, die in eine Blüte schlüpft, fasziniert mich."
■ Plenum / Kleingruppe:
Die TN sammeln ihre Ideen gemeinsam oder in Kleingruppen. Notieren Sie die Vorschläge auf einer Tafelhälfte.
■ Plenum:
Die TN öffnen das Buch auf S. 24 und betrachten die Fotos.
Fragen Sie: „Was sehen Sie auf den Fotos?", „Woran denken Sie, wenn Sie diese Fotos sehen?"

Aufgabe 2
■ Plenum:
Bitten Sie einen TN, die an der Tafel gesammelten Ideen zum Thema „Faszination" vorzulesen.
Fragen Sie: „Passen die Fotos zu Ihren Ideen?", „Welche weiteren Fotos könnte man zu Ihren Ideen abbilden?"

Hinweis: Falls die TN zu Hause Fotos haben, die sie besonders faszinieren oder ansprechen, könnten sie diese in der nächsten Stunde mitbringen und den anderen TN zeigen.
Alternative:
Arbeitsblatt zur Assoziationsseite siehe Anhang, S. 158

Einstiegsaufgabe A: „verzaubert", S. 25

A1 (detailliertes Lesen)
■ Plenum:
Vorentlastung: Klären Sie die hier gemeinte Bedeutung von „verzaubert" im Vergleich zu „verzaubern" durch eine Hexe o. Ä. im Märchen. Weisen Sie auch auf Synonyme hin und schreiben Sie an die Tafel:
Ich bin verzaubert von ...
Ich bin begeistert von ...
Ich bin fasziniert von ...
... begeistert mich.
... fasziniert mich.
... verzaubert mich.
Ich bin von ... wie verzaubert. (Vertiefung)

■ Einzelarbeit:
Die TN lesen die Texte und wählen den bebilderten Beitrag aus, der ihnen am besten gefällt.
■ Plenum:
Fragen Sie: „Welches Foto und welche Aussage sprechen Sie am meisten an?", „Was sehen Sie auf dem Foto?", „Was sagt der Text dazu?"
Fragen Sie einen TN: „Verzaubert Sie das auch?", „Fasziniert Sie das auch?" Der TN antwortet frei, orientiert sich dabei aber an den Kommentaren in den Sprechblasen.
■ Kleingruppen (3–4 TN):
Die TN kommentieren die restlichen Fotos genauso.

A2

A2a (von einem Erlebnis berichten)
■ Einzelarbeit:
Die TN machen zuerst Notizen dazu, welche Lebenssituationen sie faszinieren. Kontrollieren Sie, ob zur Ideensammlung wirklich nur Notizen gemacht oder bereits Texte formuliert werden. Weisen Sie auf die im Buch angedeuteten Stichwortzettel hin.
■ Partnerarbeit:
Die Ideen werden mit der Lernpartnerin / dem Lernpartner verglichen.
Die Partner sprechen zu zweit über das, was sie fasziniert. Die Sprechblasen dienen als Beispiel. Es sollen wie im Beispiel nicht nur kurze Aussagesätze gesprochen, sondern auch kleine inhaltliche Zusammenhänge dargestellt werden.

☐ Box: Notizen machen, S. 116 ☐

A2b (Notizen ausarbeiten)
■ Einzelarbeit:
Die TN schreiben einen kurzen Text und überlegen sich, was für ein Foto sie mitschicken würden.

Hinweis zur Binnendifferenzierung: Für schreibungewohnte TN können Sie eventuell Satzanfänge an die Tafel schreiben und somit verschiedene Varianten vorgeben:
Ich bin verzaubert/fasziniert von ...
... fasziniert/faszinieren mich.
(Weisen Sie auch auf die Synonyme in A1 hin.)
... begeistert mich.
..., das ist für mich das Tollste.

B Du bist die Größte, S. 26

B1
■ Plenum:
Vorentlastung: Fragen Sie bei geschlossenen Büchern: „Was ist ein Kompliment?", „Wer macht Komplimente?", „Wann macht man Komplimente?"

2

B1a

■ Einzelarbeit:
Die TN lesen die Sätze 1–5 und überlegen, welche Aussagen ihrer Meinung nach Komplimente sind oder eher nicht.

■ Plenum / Kleingruppen:
Die TN lesen die Sprechblasen. Thematisieren Sie den Unterschied im sprachlichen Niveau zwischen „Ich glaube, bei uns ..." und „So ein Quatsch ..." Dann diskutieren die TN darüber, ob diese Aussagen Komplimente sind oder nicht.

Hinweis – Zusätzliche Diskussionsthemen / Interkulturelle Komponente:
Je nachdem, wo der Kurs stattfindet, bieten sich folgende Diskussionsthemen an:
- Haben Sie den Eindruck, dass in Deutschland / in Österreich / in der Schweiz Komplimente eine wichtige Rolle spielen?
- Haben Sie den Eindruck, dass es in Deutschland / in Österreich / in der Schweiz eine Kultur der Komplimente gibt?
- Werden Komplimente heutzutage nur als „plumpe Anmache" missbraucht?
- Gibt es einen Unterschied, wenn Frauen oder Männer ein Kompliment machen?
- Wie ist das in Ihrem Heimatland? Werden dort viele Komplimente gemacht?
- Konnten Sie diesbezüglich bereits Unterschiede zwischen Deutschland / Österreich / der Schweiz und Ihrem Heimatland beobachten?

B1b

■ Partnerarbeit:
Fragen Sie: „Welches Kompliment macht der Mann auf dem Foto der Frau?"
Die TN schreiben ihre Ideen auf Kärtchen.

B1c

■ Plenum:
Die TN heften ihre Vorschläge an eine Pinnwand, sammeln diese an der Tafel oder geben sie in den Computer ein.
Die TN analysieren und sortieren die Komplimente.
Fragen Sie: „Welche Komplimente sind ähnlich?"

Hinweis: Die TN werden die Komplimente zuerst wohl nach inhaltlichen Aspekten sortieren. Falls die TN die Vergleichsstrukturen aus den Beispielen in B1 a aufgreifen, bietet es sich an, die selbst geschriebenen Komplimente unter dem Aspekt der sprachlichen Strukturen sortieren zu lassen.
Wenn diese nicht vorkommen, dann gehen Sie gleich zu B2 über.

B2

B2 a

■ Partnerarbeit:
Die TN lösen die Aufgabe allein und vergleichen dann paarweise ihre Ergebnisse.

B2 b (selektives Hören)

■ Einzelarbeit
CD 1.9: Die TN hören das Lied und vergleichen es mit ihrer Lösung.

Hinweis: Im Lied kommt der Vergleich mit einer sogenannten „Chillout-Area" vor. Darunter wird eine Art Insel der Ruhe, ein Entspannungsbereich verstanden. In der Jugendsprache wird derzeit häufig das Verb „chillen" in der Bedeutung von nichts tun, sich entspannen benutzt.
Die fünf Sätze in der Aufgabe stellen die Vergleiche im Lied vereinfacht dar.
Eine genaue Analyse des Liedtextes würden wir nicht empfehlen, da manche Sprachphänomene erst auf C-Niveau erklärt werden können. Die TN können sich den Liedtext selbst aus dem Internet heraussuchen, wenn er sie interessiert (Website siehe unten).

Zusätzliche Diskussionsthemen / Interkulturelle Komponente
Fragen Sie: „Wie gefällt Ihnen das Lied?", „Würden Sie sich freuen, wenn Ihnen jemand so ein Lied schreiben würde?"

Landeskunde: Sportfreunde Stiller
Die Sportfreunde Stiller sind eine deutsche Musikgruppe aus Germering bei München. Die Band wurde 1996 gegründet und ist in Deutschland recht erfolgreich. Da sie ausgesprochene Fußball-Fans sind, thematisieren sie diesen Sport auch oft in ihren Liedtexten. Großen Erfolg hatte eines ihrer Lieder („54, 74, 90, 2006"), das speziell zur Fußball-Weltmeisterschaft 2006 erschien. Der Titel bezieht sich auf die Jahreszahlen von Fußball-Weltmeisterschaften, welche die deutsche Nationalmannschaft gewonnen hat, und den erhofften Sieg von 2006. Weitere Informationen finden die TN im Internet und unter der Homepage der Gruppe:
http://www.sportfreunde-stiller.de/

Hinweis – Kleines Projekt: Einzelne TN stellen bzw. ein TN stellt die „Sportfreunde Stiller" im Kurs vor. Vielleicht gibt es andere Musikgruppen (eventuell auch aus den jeweiligen Heimatländern), die die TN gern präsentieren möchten.

B2 c (ein „Komplimente-Lied" schreiben)
Hinweis zur Binnendifferenzierung: Bei schwächeren Gruppen kann das Erstellen der Komplimente-Lieder mit den Arbeitsbuch-Übungen 7–8 im Kurs

vorbereitet werden. Die Übungen können aber auch von den TN zu Hause bearbeitet werden.

■ Plenum:
Besprechen Sie die Aufgabe mit den TN, vor allem die Wendungen und Ausdrücke. Lassen Sie Beispiele zu den Wendungen aus Aufgabe B2 und aus Aufgabe B1c suchen. Die TN können die Sätze auch neu ergänzen.

Hinweis: Die Nominalisierung der gesteigerten Adjektive ist auf B2-Niveau neu.
Die anderen Strukturen sollten zumindest rezeptiv bekannt sein.

■ Einzelarbeit:
Jeder TN überlegt sich ca. 3–5 Komplimente. Legen Sie dafür je nach Klassengröße einen Zeitrahmen von 5–10 Minuten fest. Bitten Sie die TN, kreativ zu sein und neue Komplimente zu erfinden, d. h. keine vorher gefundenen Beispiele zu übernehmen.
Die TN schreiben je ein Kompliment auf ein Blatt Papier. Das Blatt wird umgeknickt und an die Sitznachbarin / den Sitznachbarn weitergegeben. Diese/ Dieser schreibt einen zweiten Satz auf, knickt das Blatt erneut um und gibt es weiter. Das wird so lange fortgesetzt, bis alle TN ihre Sätze aufgeschrieben haben.
■ Plenum:
Die neuen „Komplimente-Lieder" werden vorgelesen.

Hinweis zur Binnendifferenzierung:
Grammatik-Thema „Adjektive"
Um zu überprüfen, wie gut Ihre TN mit der Adjektivdeklination zurechtkommen, können Sie den Fokus-Grammatik-Test vorziehen. Die TN lösen die Arbeitsbuch-Übung 32 (siehe Hinweis zum Fokus Grammatik, Lektion 1, S. 13).
Falls Ihre TN bzw. einige der TN noch größere Schwierigkeiten mit der Adjektivdeklination haben, sollten Sie diese noch einmal wiederholen. Dazu können Sie Grundstufenlehrwerke oder eine Grammatik heranziehen. Die stärkeren TN lösen in der Zwischenzeit den Fokus Grammatik „Keine Angst vor Adjektiven" (S. 29). Die TN bearbeiten die Arbeitsbuch-Übung 1 im Kurs oder zu Hause.

◁ **Arbeitsbuch, S. 24 / Übung 1a–d** Wiederholung Adjektivdeklination
Falls genug Zeit vorhanden ist, lassen Sie die Übungen 1a + b im Unterricht machen und die Übungen 1c + d von den TN zu Hause bearbeiten. Die Übungen 1c + d können auch als Binnendifferenzierung für schnellere TN dienen. ▷

1e (Vertiefung: Funktionen des Adjektivs)
Bearbeitung zu Hause. Die Korrektur sollte aber im Plenum erfolgen, damit den TN die Unterschiede zwischen den Verwendungsmöglichkeiten des Adjektivs wirklich klar werden.

Hinweis: Übung 1e dient der Vertiefung für fortgeschrittene TN, die auf C1-Niveau weiterlernen möchten. Für das Niveau C1 ist es Voraussetzung, dass die TN attributiv und prädikativ gebrauchte Adjektive auch als solche erkennen!

◁ **Arbeitsbuch, S. 26 / Übung 2** Wiederholung Adjektivsteigerung ▷

Hinweis: Für schwächere Kurse empfiehlt sich eventuell eine Wiederholung der Adjektivsteigerung während der Unterrichtszeit, wie unten vorgeschlagen.
Einzelarbeit:
– Die TN erledigen die Übung und vergleichen die Lösungen mit der Nachbarin / dem Nachbarn.
– Plenum nur, wenn viele Schwierigkeiten hatten. Im Anschluss an die Übung wird die Adjektivsteigerung kurz wiederholt. Aktivieren Sie dabei immer wieder das Vorwissen der TN.

◁ **Arbeitsbuch, S. 26 / Übung 3** ▷
◁ **Arbeitsbuch, S. 26 / Übung 4** Wiederholung Nominalisierung von Adjektiven ▷

Hinweis: Besprechen Sie mit den TN die Regel, dass die Adjektive auch in der nominalisierten Form je nach vorangehendem Artikel dekliniert werden. Ausnahme: Nach *nichts* und *etwas* hat das nominalisierte Adjektiv immer die Endung *-es*.

◁ **Arbeitsbuch, S. 27 / Übungen 5–6** in schwächeren Kursen Besprechung im Kurs ▷
◁ **Arbeitsbuch, S. 28 / Übung 7** Sätze bauen: Vergleiche formulieren, siehe Hinweis zu SÄTZE BAUEN, Lektion 1, S. 9 ▷

■ Plenum: Besprechen Sie die Übung mit den TN
■ Einzelarbeit: Sätze 2–4

◁ **Arbeitsbuch, S. 28 / Übung 8** Sätze bauen: Vergleiche formulieren ▷

■ Einzelarbeit: Die Ergebnisse werden verglichen / besprochen.

Hinweis:
Bei fortgeschrittenen TN und/oder wenig UEs: alle Arbeitsbuch-Übungen zu Hause.
In schwächeren Kursen können Sie mithilfe der Grammatik-Übersicht auf der Lerner-CD-Rom im Arbeitsbuch (PDF- und RFT-Format) Arbeitsblätter zur Adjektivdeklination erstellen, die die TN dann im Kurs bearbeiten. Material für eine grundlegende Wiederholung der Adjektivdeklination finden Sie auch in Grundstufenlehrwerken oder in einer Grundstufen-Grammatik.

C In der Welt des Genießens, S. 27

C1

C1a
■ Einzelarbeit:
Die TN notieren fünf Speisen bzw. Getränke, die ihnen besonders gut oder gar nicht geschmeckt haben. Der Stichwortzettel rechts dient als Beispiel.

C1b (Sprechen: eine besondere Speise bzw. ein besonderes Getränk beschreiben)
■ Partnerarbeit:
Die Partner tauschen sich über die Speisen/Getränke aus, die sie notiert haben. Dabei orientieren sie sich an den Sprechblasen. Die TN sprechen frei.

Hinweis: Die Sprechblasen sollen die TN dazu ermutigen, frei zu sprechen.
Sie können deshalb die Partnerarbeit losgelöst vom Buch einleiten, indem Sie mit einem TN über dessen Notizzettel ins Gespräch einsteigen. Bitten Sie die TN, analog fortzufahren.

C1c
■ Plenum:
Schreiben Sie die Tabelle an die Tafel. Die TN kommen an die Tafel und schreiben ihre Speisen und Getränke in die einzelnen Kategorien.

Hinweis: Wenn eine Pinnwand vorhanden ist, können Sie die Tabelle auch auf ein Plakat schreiben lassen und aufhängen. So ergibt sich möglicherweise in den Pausen bzw. vor oder nach dem Unterricht noch einmal ein Gespräch zwischen den TN über das eine oder andere Gericht/Getränk.

Zusätzliche Diskussionsthemen
- „Lesen Sie die ausgefüllte Tabelle: Möchten Sie etwas korrigieren?“
- „Sind Sie mit allen Einträgen einverstanden?“
- „Sind Ihnen alle Speisen an der Tafel bekannt?“
- „Bitten Sie die anderen TN um Erklärungen.“

Interkulturelle Komponente: Gespräche oder Aufsatz (Fragestellung nur für Kurse in deutschsprachigen Ländern geeignet)
Fragestellung: „Welche Speisen oder Getränke aus Ihrer Heimat vermissen Sie in Deutschland / in Österreich / in der Schweiz?“
Je nach Gruppengröße kann über dieses Thema im Plenum oder in Kleingruppen gesprochen werden. Bei Zeitmangel kann es auch schriftlich zu Hause behandelt werden. Erfahrungsgemäß schreiben die wenigsten TN gern, aber bei einer kurzen, thematisch ansprechenden Aufgabe lässt sich doch der eine oder andere dazu ermutigen. Außerdem müssen sich die TN auf dieser Stufe daran gewöhnen, selbst Texte zu schreiben. Die schriftlich verfassten Abhandlungen können auch als Beiträge für eine Kurszeitung verwendet werden. (*Projekt Kurszeitung*, S. 114)

Zusatzaufgaben:
Zur Wortschatzerweiterung bzw. Aktivierung des Vokabulars können Sie an dieser Stelle zusammen mit den TN weitere Adjektive sammeln, mit denen der Geschmack von Speisen beschrieben wird.

z. B. für
schlecht: ekelhaft, scheußlich, widerlich, miserabel, ungenießbar etc.
gut: hervorragend, ausgezeichnet etc.

Aktivieren Sie aber nur das vorhandene Wissen, ansonsten wird das neu zu erfassende Vokabular zu umfangreich. Die Adjektive werden in Lektion 3 (Adjektive, um Vertrautheit oder Fremdheit auszudrücken, S. 39) erweitert, Sie können dann evtl. noch einmal zur Tabelle mit den Speisen und Getränken zurückkehren.

C2

C2a (kursorisches Lesen)
■ Einzelarbeit:
Die TN lesen den Text still.
■ Plenum:
Die TN überlegen nun gemeinsam, worum es im kompletten Text gehen könnte. Sinnvoll ist es, dazu die Bücher zu schließen.

Hinweis: Die TN werden auch daran denken, dass eine Liebesgeschichte folgt.

□ **Box: Tipps zum Aussprache-Training, S. 111** □

C2b (selektives Hören)
■ Plenum / Einzelarbeit:
CD 1.10: Die TN schließen die Bücher, um sich beim ersten Hören ganz auf den Hörtext zu konzentrieren.
Die TN lösen die Aufgabe. Vergleichen / Besprechen der Lösungen im Kurs.

C2c
■ Einzelarbeit / Plenum:
Die TN lösen die Aufgabe und vergleichen dann ihre Lösungen.

C2d (detailliertes Hören)
■ Plenum / Einzelarbeit:
CD 1.10: Spielen Sie den Hörtext noch einmal vor.
Die TN kreuzen an, ob sie die Aussagen 1–8 gehört haben oder nicht. Die Ergebnisse werden verglichen / besprochen.

Hinweis: Scheuen Sie sich nicht davor, Hörtexte öfter vorzuspielen. Das langweilt die TN nicht, sondern vermindert die Frustration. Bei mehrmaligem Hören verstehen die TN jedes Mal ein bisschen mehr und freuen sich darüber. Richten Sie sich dabei nach den Wünschen Ihrer TN. Achten Sie aber auch darauf, dass Sie keine eventuell nachfolgenden Höraufgaben vowegnehmen.

☐ **Box: Der Umgang mit Hörtexten, S. 108** ☐

Hinweis zur Landeskunde:
Restaurantkritiken gibt es in vielen Zeitungen und Zeitschriften als ständige Rubriken, zunehmend auch als Podcast-Angebote im Internet. In Internetforen oder Blogs werden ebenfalls Restaurants besprochen.

Hinweis – Zusatzaufgabe:
Die TN schreiben eine Restaurantkritik über ein Lokal am Unterrichtsort, um es den anderen TN zu empfehlen. Diese Aufgabe könnte auch zu zweit erledigt werden. Außerdem eignet sich so eine Restaurantkritik als Beitrag für eine Kurszeitung (*Kurszeitung,* S. 114).
Alternativ könnten TN im Internet oder in den Lokalzeitungen nach Restaurantkritiken suchen und sie im Unterricht kurz mündlich zusammenfassen.

C3

C3a

▪ Einzelarbeit:
Die TN lösen diese Aufgabe allein und vergleichen dann mit der Nachbarin / dem Nachbarn.

Hinweis: In diesem Zusammenhang ist es wichtig, dass die TN die Adjektive sowohl in Attributen und Prädikativergänzungen als auch in Adverbien erkennen. (Wenn sie diese nicht als solche bezeichnen können, macht das aber nichts.)
Um dies zu testen, könnten Sie in einem ersten Schritt nur die attributiven Adjektive unterstreichen lassen und dann im Plenum fragen: „Welche Adjektive haben eine Endung und warum?" Lassen Sie dann nach Adjektiven ohne Endungen suchen und fragen Sie, warum diese keine Endung haben.

C3b

▪ Partnerarbeit:
In Zweiergruppen ordnen die TN die Adjektive den vorgegebenen Begriffen zu. Schreiben Sie die Wortigel währenddessen an die Tafel.
▪ Plenum:
Die Wortigel werden gemeinsam vervollständigt.

Hinweis: In heterogenen Kursen wird es aufgrund der unterschiedlichen Ausgangssprachen bzw. aufgrund kultureller Unterschiede sicher Fragen oder Diskussionen bezüglich der Zuordnung geben.

Zusatzaufgabe
Die TN ergänzen weitere bekannte Adjektive, die zu den Begriffen passen.
So kann Wortschatz aktiviert und erweitert werden.

◁ **Arbeitsbuch, S. 28 / Übung 9** ▷

Hinweis: Wiederholung und Systematisierung der Wortbildung bei Adjektiven; ähnliche Aufgaben gibt es in den Lektionen immer wieder.
Bei der Adjektivbildung sind zwei Aspekte wichtig: Es ist für den Sinnzusammenhang oft hilfreich, wenn man das Grundwort und die Ableitungen erkennt. Andererseits entfernen sich die Bedeutungen oft auch von den Grundwörtern. (In der Muttersprache werden sie oft aus ganz anderen Wörtern gebildet.) Deshalb ist es wichtig, dass sich die Lerner auf dieser Stufe die strategischen Möglichkeiten und Fallen in Bezug auf die Textentschlüsselung bewusst machen. Aber auch auf B2-Niveau sollte die freie Adjektivbildung wegen der immensen Fehlerquellen nicht aktiv betrieben werden.

Zusatzaufgabe:
Schreiben Sie nach der Bearbeitung dieser Arbeitsbuch-Übung oder evtl. zu Beginn der nächsten Stunde die Adjektivsuffixe (S. 29, Arbeitsbuch) an die Tafel und lassen Sie die TN möglichst viele Adjektive sammeln. Sie können dies auch als Spiel gestalten: In Kleingruppen sammeln die TN innerhalb einer vorgegebenen Zeit, z. B. drei Minuten, möglichst viele Adjektive. Die Gruppe mit den meisten richtigen Adjektiven hat gewonnen.

Hinweis: Falls Ihre Lerner keine Lerner-CD-ROM im Arbeitsbuch haben, fordern Sie sie auf, sich ein Vokabelheft anzulegen und darin das Vokabular, sofern möglich, in Kategorien zu sammeln. Der heutige Eintrag könnte wie folgt aussehen:

Deutsch	**eigene Sprache**
Mensch:	
freundlich	
nett	
ein nettes Lächeln	
geduldig	
etc.	
Speise:	
frisch	
cremig (für Suppen)	
zart (für Fleisch)	
etc.	

☐ **Box: Wortschatzarbeit oder „Was mache ich mit neuen Wörtern?", S. 111** ☐

2

C3c

■ Einzelarbeit:
Die TN verstärken die angegebenen Adjektive mit passenden Graduierungspartikeln.

■ Plenum:
Vergleich und Diskussion: Was ist möglich, was nicht? CD 1.11: Die TN hören, wie der Autor es formuliert, und vergleichen.

◁ **Arbeitsbuch, S. 29 / Übungen 10–12** ▷

Hinweis: Die Graduierungspartikeln haben im Deutschen eine wichtige Funktion, aber sie zu verstehen ist nicht ganz einfach. Lösen die TN die Aufgabe C3c im Kursbuch ohne Schwierigkeiten, dann sollten sie die Übungen 10–13 im Arbeitsbuch zu Hause bearbeiten. Wahrscheinlicher ist aber, dass die Aufgabe den TN nicht leichtfallen wird, obwohl sie das Phänomen bis zum Niveau B1 schon kennengelernt haben. In diesem Fall ist es sinnvoll, die Übungen 10–13 im Kurs zu machen. Übung 10 verdeutlicht noch einmal, dass Graduierungspartikeln das Adjektiv nicht positiv oder negativ verändern, sondern seine Grundbedeutung verstärken bzw. abschwächen.

Hinweis zum Sprachgebrauch:
Eine besondere Stellung hat *ganz.* Es kann verstärkend wirken, z. B.: „Der Film war ganz toll." (im Sinne von sehr, sehr gut). Es kann aber auch abschwächend gebraucht werden: „Der Film war ganz gut." (im Sinne von annehmbar, aber nicht toll) oder „Der neue Lehrer ist ganz nett." (im Sinne von, scheint erträglich, könnte schlimmer sein).
Dieser Bedeutungsunterschied hängt hauptsächlich von der Betonung ab. So kann beispielsweise bei der Hervorhebung von *ganz* in dem Satz „Der Lehrer ist ganz nett." eine Verstärkung von *nett* gemeint sein, wohingegen durch Betonung von *nett* und Nicht-Betonung von *ganz* eine Abschwächung erreicht wird. Somit kann ein und derselbe Satz je nach Betonung etwas völlig anderes bedeuten. Sprechen Sie deshalb ein paar Beispielsätze mit deutlicher, am besten leicht übertriebener Intonation vor.

◁ **Arbeitsbuch, S. 31 / Übung 13** im Unterricht ▷
◁ **Arbeitsbuch, S. 31 / Übung 14** im Unterricht ▷

Hinweis: Hier können die TN mit den Graduierungspartikeln experimentieren. Wenn die Zeit reicht, lesen die TN ihre (vorher korrigierten) Lösungen vor. So wird deutlich, dass sich die Intentionen der Aussagen durch die Graduierungspartikeln beträchtlich verändern. Weisen Sie die TN darauf hin, dass sie nicht alle Graduierungspartikeln lernen müssen. Es reicht, wenn sie sich ein paar aussuchen. Die anderen sollten ihnen aber rezeptiv geläufig sein.

◁ **Arbeitsbuch, S. 32 / Übung 15** ▷

Hinweis: Lassen Sie die kleinen Texte möglichst im Unterricht schreiben. Mit schwächeren Lernergruppen sollten Sie diese Übung gemeinsam an der Tafel / auf Folie erarbeiten und erst dann zu C4 übergehen.

C4

Hinweis zur Binnendifferenzierung: Weniger geübte TN sollten nur eine Speise schriftlich beschreiben. Geübtere und deshalb meist schnellere TN könnten zunächst eine Speise und anschließend, nach Wahl, einen besonderen Menschen oder Duft beschreiben. Sehr gute Lerner, die schnell fertig sind, können auch die vertiefende Arbeitsbuch-Übung 16 auf S. 32 bearbeiten.

◁ **Arbeitsbuch, S. 32 / Übung 16** Vertiefung
Lassen Sie die Übung zu Hause erledigen. Sammeln Sie die Texte zum Korrigieren ein. In der darauffolgenden Stunde vergleichen die TN ihre Texte im Kurs. ▷

Fokus Grammatik: „Keine Angst vor Adjektiven", S. 29

Hinweis: Wenn Sie diese Seite nicht schon vor Abschnitt C gemacht haben, bietet sie sich hier als Zusammenfassung und Abschluss des Themas Adjektive an. Vermeiden Sie an dieser Stelle eine ausführliche Wiederholung der Adjektivdeklination. Die TN bekommen drei „goldene" Regeln an die Hand. Wenn sie diese anwenden, liegen sie meist richtig. Schließlich soll ihnen, wie der Titel dieses Fokus Grammatik schon sagt, die Angst vor der oft als so schwierig empfundenen Adjektivdeklination genommen werden.

Aufgabe 1a + b

■ Einzelarbeit / Plenum:
Die TN kreuzen in 1a an, welche Adjektiv-Form in Texten häufiger vorkommt.
Die TN ergänzen die Endungen in den beiden Texten von 1b. Die Lösungen werden gemeinsam verglichen und besprochen.

Aufgabe 1c + d

■ Plenum:
Fragen Sie: „Stimmt Ihre Vermutung in 1a?" Die TN äußern ihre Meinung dazu.

■ Einzelarbeit / Plenum:
Die TN kreuzen an. Besprechung im Kurs.

Aufgabe 2

■ Einzelarbeit / Plenum:
Die TN lösen die Aufgabe 2a. Besprechung im Kurs.

■ Plenum:
Lesen Sie die drei „goldenen" Regeln in 2b zusammen mit den TN.

■ Einzelarbeit / Plenum:
Die TN lesen den Text von C2a auf S. 27 und den Text auf S. 131 noch einmal und achten auf die Umsetzung der drei „goldenen" Regeln.
Nach dem Lesen tauschen die TN ihre Empfindungen bzw. Erkenntnisse aus.

◁ **Arbeitsbuch, S. 41/ Übung 32** als Mini-Test im Unterricht ▷

D Schöne Augenblicke, S. 30

D1

D1a

■ Einzelarbeit:
Geben Sie den TN kurz Zeit, sich die Fotos anzusehen.
CD 1.12: Die TN hören die Klangbilder und ordnen ihnen die Fotos zu.
■ Plenum:
Die Lösungen werden verglichen / besprochen.

Hinweis: Weisen Sie die TN darauf hin, dass sich in den Klangbildern möglicherweise mehrere Fotos finden lassen. Spielen Sie die Klangbilder noch einmal vor. Fordern Sie die TN auf, die Augen zu schließen, um die Klänge besser auf sich wirken zu lassen. Dann äußern sich die TN spontan zu dem, was sie gehört haben.

D1b (kursorisches und detailliertes Lesen)
■ Einzelarbeit:
Die TN überlegen, ob sie sich mehr für die Natur oder mehr für die Stadt interessieren, und lesen den jeweiligen Text still. Sie lösen dann die dazugehörigen Aufgaben.

Hinweis: Möglicherweise kommt es bei dem Text „Das Meer" zu kleineren Verständnisproblemen. Helfen Sie gegebenenfalls einzelnen TN. Die TN sollten kein Wörterbuch benutzen.

Binnendifferenzierung:
In schwächeren Gruppen könnten Sie als Entlastung zusätzlich folgenden Prosatext (im Anhang S. 158) austeilen, der in etwa den Inhalt des Gedichts wiedergibt. Sie können den Text auch nur einzelnen TN geben, wenn Sie merken, dass ihnen das Gedicht größere Schwierigkeiten bereitet:

Das Meer
Wenn man ans Meer kommt,
soll man nichts mehr sagen, und
kurz bevor man wirklich am Meer ankommt,
soll man an nichts mehr denken.
Man soll die salzige Luft riechen und
den Wind fühlen.
Man soll nur noch atmen.
Wenn man die Geräusche des Meeres hört,
zum Beispiel wenn das Wasser auf den Sand oder die Steine trifft,
dann soll man seine Pflichten – das, was man tun muss –, und seine Wünsche vergessen.
Man soll sich nur noch auf das Meer konzentrieren.

◁ **Arbeitsbuch, S. 32 / Übung 17** ▷

Hinweis: Diese Übung bietet sich vor D1c an.

■ Plenum:
Thematisieren Sie (kurz!) die Nebensatz-Hauptsatz-Struktur mit den wichtigsten Elementen: Im Nebensatz steht das konjugierte Verb am Ende, nach der Konjunktion steht das Subjekt. Bei voranstehendem Nebensatz (wie in dieser Übung) kommt das konjugierte Verb im Hauptsatz sofort nach dem Komma, dann das Subjekt. Der voranstehende Nebensatz nimmt hier die Position 1 im Hauptsatz ein.
■ Einzelarbeit:
Die TN formulieren die Sätze schriftlich und vergleichen mit der Partnerin / dem Partner.

D1c (Inhalte mündlich wiedergeben)
■ Partnerarbeit / Kleingruppen:
Die TN finden sich idealerweise zu Paaren zusammen, wobei die Partner unterschiedliche Texte gelesen haben sollten. Falls die Texte ungleich verteilt sein sollten, bilden sich Kleingruppen, in denen immer beide Texte vertreten sind. Weisen Sie die TN darauf hin, dass sie jetzt die in Arbeitsbuch-Übung 17 besprochene Struktur mündlich anwenden sollen.

D2 (über wiederkehrende Ereignisse berichten)
■ Kleingruppen:
Die TN finden sich in Kleingruppen mit zwei bis drei TN zusammen. Erklären Sie den TN, dass sie ganz frei über Dinge berichten sollen, die sie immer wieder machen oder die sich in ihrem Leben immer wieder ereignen. Die TN beachten die Fotos zunächst nicht. Wenn Sie im Laufe der Übung merken, dass das Gespräch in einzelnen Gruppen nur sehr zäh vorankommt, verweisen Sie diese Gruppen auf die Fotos. Die Fotos können dann als eine Art „Ideenlieferant" dienen.

◁ **Arbeitsbuch, S. 32 / Übung 18** ▷

Hinweis: Machen Sie den TN deutlich, dass *immer-wenn*-Sätze in der Vergangenheit etwas ausdrücken, das so nie wieder vorkommen kann oder wird.

◁ **Arbeitsbuch, S. 33 / Übung 19** Vertiefung ▷
◁ **Arbeitsbuch, S. 33 / Übung 20** Wortschatzerweiterung ▷

2

■ Plenum:
Bearbeiten Sie Übung 20a gemeinsam.
■ Partnerarbeit / Plenum:
Die TN lösen Aufgabe 20b zusammen mit einer Lernpartnerin / einem Lernpartner. Besprechung im Plenum.

◁ **Arbeitsbuch, S. 33 / Übung 21** ▷

Hinweis: Diese Übung kann auch als Vorbereitung auf Aufgabe D2 im Kursbuch dienen. Klären Sie vor allem mit schwächeren Gruppen das Vokabular in den Wortinseln. Die TN schreiben jeweils drei Sätze, die gemeinsam besprochen werden. Erst dann schreiben sie vier weitere Sätze, eventuell auch zu Hause.

◁ **Arbeitsbuch, S. 33 / Übung 22** bei knapp bemessener Kurszeit zu Hause ▷

E Ich trommle plötzlich, S. 31

E1
■ Plenum:
Die TN schließen die Bücher.
Fragen Sie: „Wer von Ihnen spielt ein Instrument?“, „Wer von Ihnen hat schon manchmal davon geträumt, eins zu spielen?“, „Welche Musikinstrumente kennen Sie?“
Sammeln Sie die genannten Instrumente an der Tafel.

Hinweis: Es handelt sich hier um eine kurze Einstiegsphase, die nicht zu viel Kurszeit in Anspruch nehmen sollte.

◁ **Arbeitsbuch, S. 36 / Übung 27**
Wortschatzerweiterung. Die TN erledigen die Übung zu Hause. Wenn Zeit vorhanden ist, besprechen Sie die Aufgabe 27c im Unterricht. ▷

Hinweis: Wortschatzarbeit ist auf B2-Niveau sehr wichtig. Die neuen Wörter sollten in ein Vokabelheft (mit Artikel und Pluralform!) oder in eine Wortschatzkartei geschrieben werden (vgl. S. 111). Verweisen Sie die TN auch auf die Lerner-CD-ROM, auf der sie ihren Lernwortschatz in Dateien bearbeiten können.

E2

E2a
■ Plenum:
Die TN stellen Vermutungen an, worum es im Text gehen könnte. Sie können die Ideen in Stichworten an der Tafel festhalten.

E2b (kursorisches und detailliertes Lesen)
■ Plenum:
Die TN lesen zunächst die Aufgaben 1–4. Die TN finden die semantischen Unterschiede zwischen den Teilaufgaben heraus und unterstreichen die entsprechenden Schlüsselwörter.

Hinweis: Dieses Vorgehen ist ein wichtiges Training für Prüfungsaufgaben.

■ Einzelarbeit:
Die TN lesen den Text still und lösen die Aufgaben 1–4. Dabei unterstreichen die TN die Textstellen, in denen sie Hinweise zur Lösung der Aufgaben finden.

Hinweis: Die TN werden nicht jedes Wort kennen. Sie sollten jedoch versuchen, die Aufgaben ohne Wörterbuch zu lösen!

Landeskunde:
„elektronische Floors“ = Tanzfläche mit elektronischer Musik vom Band, also mit „künstlich“ erzeugter Musik, im Gegensatz zur Live-Band
„Jam Session“ = Treffen von (Jazz-)Musikern, bei dem frei improvisiert wird

---

E3 (Vermutungen äußern)
■ Plenum / Kleingruppen:
Fragen Sie: „Wie geht die Geschichte weiter?“, „Was glauben Sie?“
Die TN tauschen ihre Ideen in Kleingruppen aus. Ermutigen Sie die TN, ihre Fantasie spielen zu lassen.
■ Plenum:
Sammeln Sie die Vermutungen der TN an der Tafel / auf einer OHP-Folie.
■ Einzelarbeit:
Die TN lesen den Text auf S. 130.
■ Plenum:
Die TN vergleichen ihre Vermutungen mit dem Text auf S. 130.

Hinweis – Interkulturelle Komponente (für heterogene Gruppen): Fragen Sie die TN, ob und wie man in ihrem Heimatland Instrumente erlernt, eventuell auch welche Instrumente. Bilden Sie Gruppen mit TN verschiedener Nationalitäten und lassen Sie die TN aus ihren Heimatländern berichten. Sie können auch nach Nationalitäten getrennte Gruppen bilden. Nach kurzem Austausch berichtet je ein Sprecher pro Gruppe von den Ergebnissen.

Zusatzaufgabe zur Grammatik (temporale Angaben mit *als*):
■ Einzelarbeit:
Die TN suchen im Text die Sätze mit *als*:
Zeile 13/14: „..., als wir plötzlich die Punks aus dem Nachbarhaus sehen.“

Z. 45/46: „..., als die Party dann endgültig vorbei war."
Die TN lesen noch einmal die Sätze a–d aus Aufgabe 2 („Sie wurde Schlagzeugerin, als ...")
■ Plenum:
Fragen Sie die TN, um welche Satzart es sich handelt (Nebensätze) und wo das Verb steht (am Ende).

◁ **Arbeitsbuch, S. 34 / Übung 23** Wiederholung ▷
◁ **Arbeitsbuch, S. 34 / Übung 24** zur Vertiefung oder Binnendifferenzierung ▷

Hinweis: Möglicherweise haben die TN bisher gelernt, dass etwas Vergangenes immer im Präteritum oder im Perfekt erzählt wird. Hier können sie sehen, dass manchmal auch die Präsensform benutzt wird, obwohl die Handlung abgeschlossen und vorbei ist. Allerdings sollten die TN dieses Stilmittel (noch) nicht selbst ausprobieren und lieber bei den Vergangenheitsformen bleiben, wenn sie etwas Vergangenes erzählen wollen.

◁ **Arbeitsbuch, S. 35 / Übung 25** ▷

Landeskunde
Deutsche Muttersprachler entscheiden hier nicht immer einheitlich. In Süddeutschland, Österreich und der Schweiz überwiegt in der gesprochenen Sprache das Perfekt, auch die etwas umständlich wirkenden Perfektformen im Passiv oder bei Modalverben sind durchaus üblich. In Norddeutschland hingegen wird das Präteritum öfter benutzt.

Hinweis zur Binnendifferenzierung:
Da der Kenntnisstand in Bezug auf (unregelmäßige) Verbformen im Präteritum und im Perfekt oft sehr unterschiedlich ist, können Sie an dieser Stelle eine Liste mit unregelmäßigen Verbformen austeilen bzw. auf entsprechende Listen in einer Grammatik hinweisen.
Um die unregelmäßigen Vergangenheitsformen abzufragen, bietet sich ein kurzweiliger Staffellauf an:
Die TN stellen sich in zwei Gruppen hintereinander vor der Tafel auf. Der jeweils Erste bekommt eine Kreide in die Hand. Vor dem Spiel wird festgelegt, welche Verbform die TN anschreiben sollen (Präteritum, Partizip II etc.). Sie als KL nennen den Infinitiv. Die jeweils ersten TN jeder Gruppe laufen an ihre Tafelseite und schreiben die entsprechende Form an. Danach geben sie die Kreide an den nächsten TN ihrer Gruppe weiter. Dieser schreibt nach Zuruf eines neuen Infinitivs die Verbform an, läuft zurück etc. Am Ende werden die beiden Tafelseiten miteinander verglichen und evtl. korrigiert. Die Gruppe mit den meisten richtigen Antworten hat gewonnen.

◁ **Arbeitsbuch, S. 35 / Übung 26** optionale Vertiefungsaufgabe ▷

◁ **Arbeitsbuch, S. 37 / Übung 28** Sätze bauen: über ein einmaliges Erlebnis erzählen / berichten Übung **28a** im Unterricht, **Übungen 28 b + c** anhand von je zwei Beispielen im Unterricht erklären, den Rest zu Hause. In der nächsten Stunde lesen freiwillige TN das Ende der Geschichte vor. ▷
◁ **Arbeitsbuch, S. 37 / Übung 29** Texte bauen: über ein einmaliges Erlebnis erzählen / berichten ▷

■ Einzelarbeit:
Die TN lesen den Text von Übung 29a und bringen die Zeichnungen in die zeitlich richtige Reihenfolge.
■ Plenum:
Gemeinsame Besprechung.
■ Partnerarbeit in zwei Gruppen:
Teilen Sie den Kurs in zwei Gruppen ein. Gruppe A sucht in Partnerarbeit sämtliche Verben im Präteritum, Gruppe B alle anderen Verbformen.
Thematisieren Sie nur kurz den Gebrauch des Plusquamperfekts. Wiederholen Sie die Formen (Präteritum von *haben/sein* + Partizip II) und erklären Sie, dass das Plusquamperfekt Ereignisse beschreibt, die in der Vergangenheit weiter zurückliegen.

Hinweis: Der im Text vorkommende Konjunktiv I (*gekommen sei / sei zustande gekommen / habe angerufen*) ist bekannt und sollte höchstens auf Nachfrage besprochen werden. Sagen Sie in diesem Fall nur, dass es sich um die indirekte Rede handelt. Hier wird das wiedergegeben, was Axel B. den Beamten erzählt hat. Verweisen Sie darauf, dass dieses Thema noch ausführlicher in Lektion 7 besprochen wird.

■ Einzelarbeit / Plenum:
Die TN ordnen in Übung 29b Axels Notizen den Fragen zu. Kontrolle im Plenum.
■ Einzelarbeit:
Übung 29c je nach verfügbarer Zeit als Schreibaufgabe im Unterricht siehe *Schreibaufgaben im Unterricht,* S. 115 oder zu Hause.

◁ **Arbeitsbuch, S. 39 / Übung 30** Vertiefung ▷

■ Einzelarbeit:
Die TN lesen die Zusammenfassung des Märchens in Übung 30a.
■ Partnerarbeit:
Die TN beantworten die „W-Fragen" und spekulieren über den Fortgang der Geschichte. Ihre Ideen halten sie stichpunktartig fest.
■ Einzelarbeit bzw. Partnerarbeit:
Übung 30b als Hausaufgabe oder Schreibaufgabe im Unterricht. Wenn Sie die Übung im Kurs bearbeiten lassen, können die TN ihr modernes Märchen auch in Partnerarbeit verfassen.

◁ **Arbeitsbuch, S. 40 / Übung 31** ▷

■ Einzelarbeit / Plenum:
Track (Lerner-CD-ROM) 16: Die TN hören den Text von Übung 31a und kreuzen an.
Gemeinsame Besprechung.
■ Einzelarbeit:
Die TN hören den Text noch einmal und machen sich in Übung 31b Notizen zu den Fragen.
■ Partnerarbeit:
Die TN vergleichen ihre Lösungen mit denen der Lernpartnerin / des Lernpartners und vervollständigen sie gegebenenfalls.
■ Einzelarbeit:
Die TN lesen die E-Mail von Übung 31c und schreiben sie im Kurs oder zu Hause fertig.

Hinweis zur Binnendifferenzierung:
Wenn Sie den Eindruck haben, dass das Erzählen eines Erlebnisses Ihren TN *wenig* Schwierigkeiten bereitet, können Sie die Arbeitsbuch-Übungen 26 sowie 28–31 komplett zu Hause erledigen lassen und nur Fokus Grammatik (S. 32) im Unterricht durchnehmen. Die von den TN verfassten Texte sollten allerdings korrigiert werden.

☐ **Box: Schreibaufgaben im Unterricht, S. 115** ☐

Fokus Grammatik: Tempus – Gegenwart und Vergangenheit verstehen, S. 32

Hinweis – Spielvorschlag:
Zur Auflockerung zwischendurch oder vor Beginn der Grammatik-Sequenz könnten Sie ein kurzes, schnelles Spiel einschieben.
Die TN stehen im Kreis (je nach Gruppengröße auch in zwei Kreisen) und aktivieren ihr Vorwissen in Bezug auf Präteritum-Verbformen wie folgt: Ein Ball wird von einem TN zum nächsten geworfen, wobei der Erste den Infinitiv eines Verbs nennt. Der Empfänger des Balls nennt das vorgegebene Verb im Präteritum (in der vorher festgelegten Person: „er ..." oder „ich ..." bzw. Plural „sie ..." oder „wir ...") und gibt erneut einen Infinitiv vor, bevor er den Ball weiterwirft.
Lassen Sie nach ein paar Durchgängen die Perfekt-Verbformen wiederholen.
Eine weitere Spielmöglichkeit ist ein „grammatikalischer Staffellauf" (siehe S. 31).

Aufgabe 1
■ Einzelarbeit:
Die TN füllen die Lückentexte in a und b aus. Der TN, der am schnellsten fertig ist, schreibt die Verbformen an die verdeckte Tafel.
■ Partnerarbeit:
Die TN vergleichen ihre Lösungen.
■ Plenum:
Öffnen Sie die verdeckte Tafel und lassen Sie die TN entscheiden, ob der Anschrieb richtig oder falsch ist.
Am Ende sollten die korrekten Formen an der Tafel stehen.
■ Partnerarbeit:
Aufgabe c: Die TN lesen sich gegenseitig die Texte vor.
■ Plenum:
CD 1.13/14: Die TN hören die Texte und kontrollieren gegebenenfalls noch einmal ihre Lösungen.

☐ **Box: Lautes Lesen im Unterricht, S. 108** ☐

Aufgabe 2
■ Einzelarbeit:
Die TN lösen die Teilaufgaben a–c.
■ Plenum:
Kontrolle bzw. Diskussion in der Gruppe.

Sprachgebrauch / Landeskunde
Im Deutschen gibt es bei der Verwendung von Präteritum und Perfekt in der gesprochenen Sprache einen Unterschied zwischen Norddeutschland einerseits und Süddeutschland bzw. Österreich und der Schweiz andererseits. Während in den südlichen Regionen das Perfekt vorherrscht, wird im Norden das Präteritum auch beim Sprechen öfter verwendet. Es ist auch hilfreich zu wissen, dass es im Gegensatz zu anderen Sprachen keinen wirklichen Bedeutungsunterschied zwischen den beiden Formen gibt. Zumindest keinen, der auf diesem sprachlichen Niveau relevant wäre. Die Unterscheidung bezieht sich lediglich auf die oben genannte geschriebene oder gesprochene Sprache und auf die Intention des Autors, siehe auch Aufgabe 2. Man kann also bei der Wahl der Vergangenheitsform kaum „echte Fehler" machen.

Aufgabe 3
■ Einzelarbeit:
Die TN lesen den Text „Ich trommle plötzlich" von S. 31 noch einmal und kreuzen die ihrer Meinung nach richtige Aussage an.
■ Plenum:
Besprechung und Diskussion von a.
Die TN lesen die Erklärungen in b.
Fragen Sie: „Wie ist das in Ihrer Muttersprache?"
Die TN diskutieren gemeinsam.

Hinweis: Der Wechsel zwischen Vergangenheits- und Präsensformen in Erzählungen wird oft als Stilmittel benutzt. Wie in dem Text auf S. 31 kann er bei einem Szenen- und Perspektivenwechsel eingesetzt werden. Der Text wirkt dadurch lebendiger, der Leser bekommt den Eindruck, er sei selbst mitten im Geschehen.

◁ **Arbeitsbuch, S. 41/ Übung 33** Mini-Test ▷

F Ihr persönliches Erlebnis, S. 33

F1

■ Einzelarbeit:
Die TN wählen ein Erlebnis aus, das sie besonders beeindruckt bzw. fasziniert hat. Sie machen sich dazu Notizen. Bitten Sie die TN, zur nächsten Stunde Fotos mitzubringen.

Hinweis: Diese Aufgabe dient der Vorbereitung auf das Gespräch in F2 und sollte möglichst zu Hause erledigt werden. Die TN formulieren hier noch keinen Text aus, sondern schreiben lediglich Notizen auf, die die Basis für das Partnerinterview in F2 bilden.

F2 (Sprechen: ein persönliches Erlebnis erzählen)
■ Partnerarbeit:
Die TN tauschen ihre persönlichen Erlebnisse mündlich aus. Weisen Sie die TN darauf hin, dabei die in der Lektion gelernten grammatikalischen Strukturen anzuwenden: Adjektive mit Graduierungen, nominalisierte Adjektive, Vergleiche, Vergangenheitsformen sowie die temporalen Konnektoren *immer wenn* und *als*.

Hinweis: Da hier ein persönliches Erlebnis zusammenhängend erzählt werden soll, darf die Partnerin / der Partner nicht zu früh mit den Fragen einsetzen. Weisen Sie die TN darauf hin, dass sie lediglich unterstützend eingreifen sollen, wenn der Partner bei der Erzählung ins Stocken gerät.

F3

F3a (Schreiben: ein persönliches Erlebnis erzählen)
■ Einzelarbeit:
Die TN schreiben einen Beitrag für ein Wochenendmagazin über ein persönliches Erlebnis. Der Text sollte mithilfe von Adjektiven möglichst interessant und spannend gestaltet werden. Außerdem sollen die TN darin möglichst viel von dem anwenden, was sie in der Lektion gelernt haben (Zeitformen, die Konjunktionen *als* und *wenn*). Lassen Sie den Text je nach verfügbarer Kurszeit im Unterricht oder zu Hause schreiben (siehe *Schreibaufgaben im Unterricht*, S. 115).

Hinweis: Dieser Beitrag eignet sich auch gut für eine Kurszeitung (siehe *Projekt Kurszeitung* S. 114).

F3b
■ Partnerarbeit:
Die TN tauschen ihre Geschichten aus. Während des Lesens markieren sie mit einer Farbe die Textstellen, die unklar sind. Mit einer anderen Farbe unterstreichen sie die Stellen, die ihnen besonders gut gefallen.

Hinweis: Es mag für manche TN ungewohnt sein, die verfassten Texte mit der Lernpartnerin / dem Lernpartner auszutauschen. Erklären Sie, dass man damit überprüfen kann, ob der geschriebene Text verständlich ist. Damit wird eine Prüfungssituation vermieden und die Fähigkeit, Fehler zu korrigieren, trainiert.
Falls Sie den Eindruck haben, dass die TN aus diversen Gründen ihre Texte nicht gern austauschen, sammeln Sie die Texte ein und markieren Sie Fehler oder Unverständliches, wie in F3b beschrieben. Lassen Sie jedoch die TN ihre Fehler selbst korrigieren.
Falls nur einige TN ihre Texte nicht austauschen möchten, fordern Sie diese auf, ihren Text selbst noch einmal kritisch durchzulesen, während die anderen TN die Texte austauschen.

F3c
■ Einzelarbeit:
Die TN überarbeiten ihre Texte. Helfen Sie, wenn nötig, ohne zu viel vorzugeben.

□ **Box: Projekt Kurszeitung, S. 114** □

◁ **Arbeitsbuch, S. 42 + 43 / Darüber hinaus: Übungen 34 + 35** ▷

Hinweis zum Arbeitsbuchteil „Darüber hinaus“: siehe Lektion 1, S. 21.

Hinweis zu Übung 35: Die TN sollten die Textstellen markieren, die ihnen geholfen haben, die Lösung zu finden. Besprechen Sie die Übung auf jeden Fall im Unterricht. Als Hilfe wurden hier Wörter wie „schön“ für positiv oder „hässlich“ für negativ angegeben. Diese Aufgabenstellung taucht auch in Prüfungen auf. Dort wird aber nur noch positiv und negativ angegeben. Diese Aufgaben bereiten den TN erfahrungsgemäß große Schwierigkeiten.

Fotodoppelseite, S. 36, 37

Hinweis: Im Lehrwerkservice komplett zum kostenlosen Ausdrucken oder als Auswahl im Anhang finden Sie Arbeitsblätter für die Projektarbeit zu den Fotodoppelseiten als Kopiervorlagen.

Lektion 3 Vertrautes

Worum geht es in der Lektion?

Lernziel: Persönliche Erfahrungen und Empfindungen beschreiben

Abschnitt **A**: **„Ich sehe was, was du nicht siehst!“**
Fertigkeit: Sprechen
Lernziel: Die TN sprechen über optische Täuschungen. Dabei drücken sie ihre Überraschung oder Sicherheit/Unsicherheit aus.

Abschnitt **B**: Hier wird das Sprichwort **„Was der Bauer nicht kennt, das frisst er nicht“** thematisiert.
Fertigkeit: Sprechen
Lernziele: Die TN lernen Adjektive, Redewendungen und Ausdrücke, mit denen sich die Empfindungen der Vertrautheit bzw. der Fremdheit u. a. zum Thema Essen beschreiben lassen.

Abschnitt **C**: **„Feste feiern“**
Fertigkeiten: Lesen, Hören und Sprechen
Lernziele: Ein literatischer Text über das Martinsfest und ein Straßeninterview dienen als Einstieg in das Thema Feste und Feiern. Die TN berichten mündlich über ein Fest in ihrem Heimatland. Grammatikschwerpunkt sind indirekte Frage- und Aussagesätze.

Abschnitt **D**: **„Alles wie immer“**
Fertigkeiten: Lesen und Sprechen
Lernziele: In einem Sachtext wird ein Alltagsritual beschrieben. Die TN sprechen über ihre persönlichen Rituale und benutzen dabei Genitivattribute sowie die Präpositionen *zu* und *bei.*

Abschnitt **E**: **„Mein neues Leben“**
Fertigkeiten: Hören und Sprechen
Lernziele: In einem Hörtext kommen fünf Menschen zu Wort, deren Leben eine neue Wendung genommen hat. Die TN berichten über ähnliche Erlebnisse. Sie drücken ihre Gefühle und Empfindungen aus und beschreiben Zeitabläufe. Im Arbeitsbuch werden Zeitangaben mit Präpositionen, Adverbien und Konjunktionen ausführlicher behandelt.

Abschnitt **F**: **„Oje!“**
Fertigkeiten: Hören und Sprechen
Lernziele: In Gesprächen und einem Gedicht geht es um Empfindungswörter. Die TN lernen, diese Wörter zu verstehen, auf sie zu reagieren und sie richtig zu gebrauchen.

Abschnitt **G**: **„Vertraut?“**
Fertigkeiten: Lesen, Schreiben und Sprechen
Lernziele: Dieser Abschnitt fasst das Lektionsziel zusammen. Der Erfahrungsbericht eines Ghanaers über ein Erlebnis in Deutschland lädt die TN dazu ein, selbst von „seltsamen“ Situationen zu erzählen und schriftlich darüber zu berichten.

Fokus Grammatik:
1. obligatorisches *es* und *das* im Kontext
2. indirekte Fragesätze im Kontext

Thematischer Einstieg: Assoziationsseite, S. 38

Hinweis zu den Assoziationseinheiten im Unterricht: siehe Lektion 1, S. 10 und S. 156

Aufgabe 1

■ Plenum:
Die Bücher der TN sind geschlossen.
Schreiben Sie den Titel der Lektion „Vertrautes" an die Tafel. Klären Sie zuerst die Bedeutung des Wortes. Helfen Sie den TN mit Synonymen wie „Gewohntes", „Bekanntes".

Hinweis: Die Substantivierung des Adjektivs wurde in Lektion 2 besprochen, sollte also keine Probleme bereiten. Falls Sie die Reihenfolge der Lektionen geändert und die Lektion 2 noch nicht behandelt haben, setzen Sie zur Verdeutlichung das Wort „etwas" davor und sagen Sie, dass es sich um vertraute Dinge handelt.

■ Einzelarbeit / Plenum:
Die TN schreiben nach einem kurzen Brainstorming (*Ideensammlung mithilfe von „Brainstorming" und „Assoziogramm",* S. 114) auf, was das Wort „vertraut" für sie persönlich bedeutet.
Fragen Sie: „Was sind für Sie vertraute Dinge oder Situationen?" Sie können auch ein persönliches Beispiel anführen: „Also, mir ist dieses Klassenzimmer sehr vertraut. Schon seit langer Zeit unterrichte ich hier und kenne diese Umgebung sehr gut. Meine Kollegen sind mir auch sehr vertraut, weil ich sie auch schon lange kenne."
■ Partnerarbeit / Kleingruppen:
Die TN tauschen ihre Ideen aus.
■ Plenum:
Die TN erzählen, ob es in den jeweiligen Gruppen Gemeinsamkeiten gegeben hat. Sind manche Dinge / Situationen vielleicht vielen Menschen vertraut? Fragen Sie auch nach besonderen oder überraschenden Ergebnissen der Gruppenarbeit.

Aufgabe 2

■ Plenum:
Die TN öffnen die Bücher und betrachten die Fotos. Fragen Sie: „Welche Fotos haben etwas mit dem Thema unserer Lektion zu tun?", „Was sind für Sie vertraute Dinge oder Situationen?" Die TN begründen ihre Antworten.

Hinweis: Foto A ist eine „optische Illusion" (vgl. Kursbuch, S. 39), Foto B zeigt ein in Deutschland übliches, deftiges Essen: die Schweinshaxe (Süddeutschland), das Eisbein (Norddeutschland). Auf Foto C ist eine szenische Darstellung der Legende des heiligen Martin zu sehen (Martinstag, 11.11., vgl. Kursbuch, S. 40 und s. u. S. 39). Das sollten Sie den TN zu diesem Zeitpunkt aber nicht sagen. Sie können nach Bearbeitung von C2 (Kursbuch, S. 40) wieder auf dieses Foto zurückkommen.

Einstiegsaufgabe A: „Ich sehe was, was du nicht siehst!", S. 39

Landeskunde: Der Titel dieses Abschnitts bezieht sich auf ein Spiel, das man gern mit Kindern spielt, um die Langeweile zu vertreiben. Der erste Spieler blickt sich um, sucht sich einen Gegenstand aus (z. B. eine Wolke am Himmel) und sagt: „Ich sehe was, was du nicht siehst, und das ist ... (z. B. weiß). Was ist das?" Die anderen Spieler müssen raten, worum es sich handelt. Wer den Gegenstand erraten hat, darf das nächste Rätsel aufgeben.

Hinweis: Spielen Sie das Spiel mit den TN an dieser Stelle als Auflockerung oder später, wenn Sie den Eindruck haben, dass die Konzentration nachlässt.

A1

■ Einzelarbeit:
Die TN betrachten die Fotos und beantworten die Fragen 1–3.

A2

A2a

■ Plenum:
Sammeln Sie die Antworten der TN an der Tafel. Zählen Sie am Ende, wie oft welche Antwort gegeben wurde. Welche Antworten sind die häufigsten?

A2b

■ Plenum:
Bevor die TN die Antworten auf S. 135 lesen, besprechen Sie gemeinsam die Redemittel von A2b.
■ Partnerarbeit:
Die TN lesen die Lösungen auf S. 135 und unterhalten sich zu zweit darüber. Gehen Sie zu den einzelnen Paaren und achten Sie darauf, dass auch die besprochenen Redemittel benutzt werden. Die TN sprechen frei.
■ Plenum:
Bitten Sie die TN, zu jedem Redemittel einen vollständigen Satz zu formulieren.

☐ **Box: Wendungen und Ausdrücken, S. 110** ☐

B „Was der Bauer nicht kennt, das frisst er nicht“, S. 39

B1

B1a

▪ Einzelarbeit/Partnerarbeit:
Die TN überlegen sich, was der Mann vielleicht denkt und ergänzen die Gedankenblasen.
▪ Plenum:
Freiwillige TN lesen ihre Gedankenblasen vor.

Hinweis: Sie können die beiden Zeichnungen vorher auch vergrößert kopieren, sodass jeder TN oder jedes Paar eine Kopie davon erhält. Die TN schreiben die Gedanken auf die Kopie. Die lustigsten Beiträge (oder alle, wenn es genug Platz gibt) werden an einer Pinnwand aufgehängt oder für eine eventuelle Kurszeitung (siehe *Projekt Kurszeitung,* S. 114) gesammelt.

B1b

▪ Plenum:
Die TN diskutieren darüber, zu welchem Bild das Sprichwort passen könnte. Lassen Sie die TN erklären, was genau man mit diesem Sprichwort ausdrücken möchte.

Hinweis: Sie können an dieser Stelle vorgreifen und die Frage von Aufgabe B3b stellen: „Gibt es ein ähnliches Sprichwort in Ihrer Sprache?“ (s. u.).

B2

▪ Einzelarbeit:
Die TN lesen die Adjektive und sortieren sie nach positiven und negativen Gesichtspunkten in zwei Kategorien.
▪ Plenum:
Die TN nennen die Adjektive nach Kategorien getrennt. Sie können beide Kategorien auch an der Tafel festhalten. Fragen Sie: „Welche Adjektive passen zu welchem Bild?“

Hinweis zur Binnendifferenzierung:
Wenn Ihre TN noch Schwierigkeiten beim Formulieren von Sätzen haben, lassen Sie an dieser Stelle zuerst die Arbeitsbuch-Übungen 1, 2 und 5a bearbeiten. Erst danach beschreiben die TN die Situationen auf Bild A bzw. Bild B unter Benutzung der Ausdrücke und Wendungen. Bei sprachgewandteren TN gehen Sie gleich zur nächsten Aufgabe über. Die TN erledigen die Arbeitsbuch-Übungen zu Hause.

▪ Plenum / Kleingruppen (bei großen Kursen):
Die TN beschreiben die beiden Situationen auf den Bildern und benutzen dabei die angeführten Redemittel.

B3 (etwas Fremdes oder Vertrautes beschreiben)

B3a

Hinweis: Findet Ihr Kurs in einem deutschsprachigen Land statt und kommen die TN aus dem Ausland, können zwei Varianten besprochen werden:
a) Eine Person aus Ihrem Heimatland kommt nach Deutschland / Österreich / in die Schweiz und muss sich mit dem landestypischen Essen auseinandersetzen.
b) Ein Fremder kommt ins jeweilige Heimatland der TN und probiert die dortigen Speisen. Für diese Aufgabe eignen sich sowohl gemischte Ländergruppen als auch homogene Gruppen. Findet der Kurs im Ausland statt, sind die Gruppen wahrscheinlich von der Nationalität her homogen. In diesem Fall passt die Variante des Fremden im Heimatland. Fragen Sie auch, ob einer der TN schon einmal in einem deutschsprachigen Land war und ob er dort landestypische Speisen kennengelernt hat. Es ist sicher für die anderen TN interessant, wenn er über seine Erfahrungen berichtet.

▪ Plenum / Einzelarbeit:
Besprechen Sie die Aufgabe und geben Sie den TN kurz Zeit, sich Gedanken und eventuell Notizen zu machen.
▪ Plenum / Kleingruppen (je nach Kursgröße):
Die TN sprechen darüber, welche Speisen aus ihrem Heimatland ausländischen Besuchern fremd sein könnten.
▪ Plenum:
Je ein Sprecher pro Gruppe berichtet kurz über die wichtigsten Ergebnisse der Gruppenarbeit.

B3b

▪ Plenum:
Fragen Sie die TN, ob es in ihrer Muttersprache ähnliche Sprichwörter gibt wie das deutsche „Was der Bauer nicht kennt, das frisst er nicht“.

Hinweis: Bejahen in einem Kurs mit TN unterschiedlicher Nationalitäten mehrere TN diese Frage, so teilen Sie den Kurs nach Herkunft ein. Die TN nennen das Sprichwort zuerst in ihrer eigenen Sprache. Es ist für die anderen TN oft interessant oder lustig, den Klang einer völlig fremden Sprache zu hören. Danach wird natürlich die Bedeutung geklärt bzw. das Sprichwort ins Deutsche übersetzt.

◁ **Arbeitsbuch, S. 44 / Übung 1** Wortschatz ▷

▪ Einzelarbeit / Partnerarbeit:
Die TN lösen die Übung allein. Vergleich der Lösungen mit einer Lernpartnerin / einem Lernpartner.

Hinweis: Lassen Sie an dieser Stelle ruhig die Arbeit mit dem Wörterbuch zu oder helfen Sie bei Verständnisproblemen.

◁ **Arbeitsbuch, S. 44 / Übung 2** Wortschatz ▷

a
Hinweis: Weisen Sie vor dem Hören explizit darauf hin, dass in dieser Situation die Wendung *ist mir* verwendet werden soll. Die Sprechblase zeigt, dass man den Satz erweitern kann.
Die Arbeitsbuch-Übungen 2–7 sind absichtlich kleinschrittig gehalten, um die TN dafür zu sensibilisieren, dass die in der Lektion vorkommenden Adjektive an bestimmte grammatikalische Strukturen gebunden sind. Sammeln Sie im Anschluss Formulierungen an der Tafel.

CD Track 17 (bzw. Lerner-CD-ROM): Die TN hören die Musikbeispiele und drücken ihre Empfindungen mithilfe der vier Adjektive schriftlich aus. Die Sprechblase dient als Beispiel.

b
Hinweis: Hier sollen nur die drei Formulierungen im Kasten („Dieses Geräusch ist für mich ...", „Das ist für mich ..." und „Für mich ist das ... ") benutzt werden.

CD Track 18 (bzw. Lerner-CD-ROM): Die TN hören die Geräusche und formulieren Sätze, mit denen sie ihre Empfindungen ausdrücken.

c
▪ Plenum/Einzelarbeit:
Die TN schreiben nun Sätze zu den Fotos in Übung 1. Sie sollen dabei nur die folgende Struktur mit dem Verb *finden* benutzen.

◁ **Arbeitsbuch, S. 45 / Übung 3** Vertiefung ▷
◁ **Arbeitsbuch, S. 45 / Übung 4** ▷
◁ **Arbeitsbuch, S. 46 / Übung 5** Sätze bauen: Fremdheit / Vertrautheit ausdrücken ▷

Hinweis: Die Übung 5a eignet sich für schwächere Gruppen als Vorbereitung auf die Aufgabe B2 im Kursbuch.

◁ **Arbeitsbuch, S. 47 / Übung 6** Vertiefung ▷
◁ **Arbeitsbuch, S. 47 / Übung 7** ▷
◁ **Arbeitsbuch, S. 48 / Übung 8** Phonetikübung, wenn möglich im Unterricht ▷

Hinweis: Im Deutschen existieren sowohl das gerollte „r" (wie im Italienischen, Spanischen), z. B. im fränkischen Dialekt, als auch das gutturale oder Zäpfchen „r". Beide Varianten sind korrekt (vgl. Einzelne Laute üben, S. 111).

☐ **Box: Feste Ausdrücke / Chunks lernen, S. 110** ☐

C Feste feiern S. 40

C1

☐ **Box: Unterrichtsbeiträge – wie bringt man schüchterne TN zum Reden?, S. 114** ☐

▪ Partnerarbeit:
In Paaren stellen die TN Vermutungen über die Fotos an. Die TN sprechen dabei zuerst einfach nur über die Fotos und ergänzen dann die vorgegebenen Wendungen und Ausdrücke.
▪ Plenum:
Die TN bilden zu jedem Foto mündlich einen Satz. Dabei benutzen sie die angegebenen Wendungen und Ausdrücke.
(A: Bleigießen an Silvester, B: Weihnachten, C: Firmenjubiläum, D: Taufe, E: Schweizer Nationalfeiertag)

◁ **Arbeitsbuch, S. 48 / Übung 9** Wortschatz, zu Hause, Besprechung im Unterricht, Teilaufgabe b evtl. in Kleingruppen vergleichen und Diskussion im Plenum ▷

C2

Hinweis zur Binnendifferenzierung:
Mit schwächeren Gruppen bietet es sich an, die Arbeitsbuch-Übungen 14–16 der Aufgabe C2a voranzustellen. Dort werden die Formulierungen eingeübt, die man in C2a braucht, um Vermutungen und Meinungen auszudrücken.

C2a (Vermutungen und Meinungen ausdrücken)
▪ Plenum / Kleingruppen (je nach Kursgröße):
Die TN sehen die Fotos an und beschreiben, was auf den Fotos ihrer Meinung nach passiert. Dabei benutzen die TN auch die vorher eingeübten Wendungen und Ausdrücke.

◁ **Arbeitsbuch, S. 50 / Übung 10**
a + b Wiederholung, Bearbeitung zu Hause
c + d in schwächeren Gruppen im Unterricht, da diese Übungen etwas anspruchsvoller sind. Die TN lösen sie in Partnerarbeit, Besprechung im Plenum. ▷
◁ **Arbeitsbuch, S. 51/ Übungen 11 +1 2** Vertiefung ▷

▪ Plenum:
Die TN lesen das Beispiel (Satz 1).
Fragen Sie, was der Unterschied zwischen den beiden Sätzen ist. Falls noch keine eindeutige Antwort kommt, bitten Sie die TN, sich die Lösung für Satz 2 zu überlegen. Schreiben Sie die von den TN genannte Lösung an die Tafel, verbessern Sie, falls nötig, und fragen Sie wieder nach dem Unterschied. Die TN sollen darauf

3

kommen, dass *es* an Position 1 ein Platzhalter für das Subjekt ist.

◁ **Arbeitsbuch, S. 52 / Übung 13** ▷

Hinweis zur Binnendifferenzierung:
Wenn Sie den Eindruck gewonnen haben, dass die TN bei der Verwendung von *es* (Übung 12) und *es* vs. *das* (Übung 13) noch unsicher sind, analysieren Sie mit den TN in jeder Situation, warum welche Lösung richtig ist. Weisen Sie die TN darauf hin, dass das obligatorische *es* meist in festen Ausdrücken vorkommt, die man am einfachsten auswendig lernt. Beispiele für solche festen Ausdrücke sind: „es gibt", „es kommt darauf an", „es hängt davon ab", „es ist dunkel/hell/kalt", „es regnet", „es geht um", „es scheint", „es geht mir gut/schlecht" (weitere Beispiele in den Arbeitsbuch-Übungen 10 + 11). Sie können an dieser Stelle auch Fokus Grammatik: obligatorisches *es* und Demonstrativpronomen *das* im Kontext auf S. 42 vorziehen.

◁ **Arbeitsbuch, S. 52, 53 / Übungen 14 +15** Sätze bauen: Sicherheit ausdrücken, starke Vermutung ausdrücken ▷
◁ **Arbeitsbuch, S. 53 / Übung 16** Phonetik ▷

C2b (kursorisches Lesen / detailliertes Lesen und Hören)
▪ Einzelarbeit:
CD 1.19: Die TN lesen den Text zuerst still. Dann lesen sie den Text noch einmal mit, während sie ihn hören. Alternativ können die TN den Text sofort hören und parallel lesen.

Hinweis: Es empfiehlt sich nicht, den Text nur hören (und nicht parallel lesen) zu lassen, weil er mit sehr starkem russischem Akzent gesprochen ist. Verweisen Sie auch darauf, dass sehr viele Menschen in Deutschland einen Akzent haben und dass das zumindest in den größeren Städten schon zur Normalität gehört. Vgl. auch Band 2, Lektion 13, Fotodoppelseite. Das nimmt den TN vielleicht die Angst vor dem eigenen Sprechen.

Sprachgebrauch / Landeskunde: Das Wort „Grundschulabsolventen", das im Text vorkommt, ist ungewöhnlich. Es sind damit Grundschüler gemeint. Meist nehmen nur Kindergärten oder auch Erstklässler (Schüler der 1. Klasse Grundschule) am Laternenumzug zu Sankt Martin teil. In einigen Regionen Deutschlands (z. B. in Dinslaken, vgl. Hörtext C3a) feiern hingegen ganze Stadtviertel ein Sankt-Martins-Fest. Beim Umzug gehen viele Erwachsene und ganze Schulklassen mit.

Landeskunde: Wladimir Kaminer ist ein deutscher Schriftsteller und Kolumnist, geboren am 19. Juli 1967, in Moskau. Der Autor schreibt alle Texte in deutscher Sprache und liest seine Texte aus den Hörbüchern auch selbst. Seine Bücher und Hörbücher sind in Deutschland ein großer Erfolg und zunehmend auch im Ausland bekannt.

Teilaufgabe 1
▪ Plenum / Partnerarbeit:
Die TN diskutieren darüber, was laut Kaminer auf dem Fest passiert, und markieren evtl. die entsprechenden Textstellen. Die TN vergleichen ihre eigenen Vermutungen aus C2a mit den gehörten Informationen.

Teilaufgabe 2
▪ Einzelarbeit:
Die TN kreuzen an, als was Kaminer ihrer Meinung nach das Fest beschreibt.

Teilaufgabe 3
▪ Einzelarbeit:
Die TN ergänzen die Sätze a–f.

Hinweis: Gehen Sie in der Klasse herum und schauen Sie den TN über die Schulter. So können Sie sich ein Bild vom Kenntnisstand ihrer TN machen, was den Umgang mit indirekten Fragesätzen und *dass*-Sätzen betrifft.

▪ Plenum:
Gemeinsame Besprechung der Lösungen.

Hinweis: Finden Sie dabei heraus, ob den TN der strukturelle Unterschied zwischen den Sätzen a–e und dem letzten Satz f klar ist. Thematisieren Sie diesen gegebenenfalls (a–e: je ein Hauptsatz und ein Nebensatz / f: ein Hauptsatz mit Präposition + Nomen).

Hinweis zur Binnendifferenzierung:
Schwächere Gruppen: Wenn Ihre TN bei C2b, Teilaufgabe 3 größere Schwierigkeiten hatten, indirekte Fragesätze zu bilden, können Sie an dieser Stelle den Fokus Grammatik: indirekte Fragesätze im Kontext (S. 43) vorziehen und im Anschluss die Arbeitsbuch-Übungen 17–19, evtl. auch Übung 20 (Vertiefung) bearbeiten lassen. Um zu überprüfen, wie viel Vorwissen bei den TN vorhanden ist, können Sie vor dem Fokus Grammatik die Arbeitsbuch-Übung 34b bearbeiten lassen.

Folgende einfache Faustregel hilft den TN vielleicht: Immer wenn es sich um eine sogenannte „W-Frage" handelt, fungiert das Fragewort (*wer? was? warum? womit?* etc.) als Konjunktion. Bei den „Ja/Nein-Fragen" hat man kein Fragewort, also behilft man sich mit *ob*.

◁ **Arbeitsbuch, S. 53 / Übung 17** Wiederholung ▷
◁ **Arbeitsbuch, S. 53 / Übung 18** ▷

◁ **Arbeitsbuch, S. 54 / Übung 19** Sätze bauen: eine Haltung interpretieren ▷
◁ **Arbeitsbuch, S. 54 / Übung 20** Vertiefung ▷

C3a (kursorisches Hören)
■ Plenum / Einzelarbeit:
Die TN lesen die Fragen in der Tabelle.
CD 1.20 1.24: Spielen Sie jeden Abschnitt zweimal hintereinander vor.
Die TN schließen beim ersten Hören die Augen und hören nur zu. Beim zweiten Hören machen sie sich auf einem Extrablatt Notizen zu den Fragen in der Tabelle.
Hinweis: Hier handelt es sich um ein kursorisches Hörverstehen, bei dem keine Details, sondern nur bestimmte Hauptinformationen auf selektive Weise herausgehört werden sollen. Auf B2-Niveau haben die TN noch die Gelegenheit, das Hörverstehen selektiv zu trainieren. Auf der C-Stufe kommt nur noch detailliertes Hörverstehen vor. Achten Sie darauf, Ihre TN nicht zu überfordern. In den Lösungen (S. 124) und in der Transkription (S. 149) finden Sie Hilfestellung zur Lösung der Aufgabe. Sollten Ihre TN großes Interesse am Martinsfest signalisieren, so können Sie ihnen im Anschluss an die Aufgabe C3 die Transkription aushändigen.

C3b
■ Kleingruppen:
Die TN unterhalten sich über ihre Eindrücke und benutzen dabei die angegebenen Wendungen und Ausdrücke.

Landeskunde: Sankt Martin
Historische Figur: geboren 316/17 in Sabaria (heutiges Ungarn), gestorben 8. 11. 397 in Candes (Frankreich). Mit 15 Jahren wurde er römischer Soldat. Mit 18 Jahren ließ er sich taufen. Weil er als Christ nicht mit Waffen gegen andere Menschen kämpfen wollte, schied er aus dem Militär aus und wurde Schüler des Bischofs von Poitiers, Hilarius. Danach ging er als Missionar zurück in seine Heimat, die römische Provinz Pannonien. Nachdem er als Missionar wenig erfolgreich gewesen war, lebte er einige Jahre als Einsiedler auf der Insel Gallinaria an der Riviera. 361 gründete er bei Poitiers in Frankreich das erste Kloster des Abendlandes. Später (371) wurde er zum Bischof von Tours geweiht. Zum Vorbild wurde er wegen seiner Demut und seiner einfachen Lebensweise.
Legende / Martinstag: Die Verehrung des heiligen Martin begann schon zu seinen Lebzeiten, vor allem aufgrund des sogenannten Mantelwunders. Laut der Legende teilte er als junger Soldat mit dem Schwert seinen Mantel und überließ die Hälfte einem halbnackten Bettler. Danach soll ihm Christus erschienen sein. Er gilt seither als der Schutzheilige von Bettlern, Bedürftigen, Soldaten und Tuchmachern. Alljährlich gedenkt man seiner am 11. November, dem Tag seines Begräbnisses, mit Laternenumzügen der Kinder und dem traditionellen „Martinsgans"-Essen. Traditionell begann nach diesem Tag die sechswöchige Fastenzeit vor Weihnachten.

Hinweis: Sankt-Martins-Lieder / Rezept Stutenkerl
In manchen Kursen wird gern gesungen. Im Anhang finden Sie drei St. Martinslieder mit Text und Noten, ebenso das Rezept für den „Stutenkerl" aus dem Hörtext, S. 159 ff. Auf der CD, Track 1.26, vgl. Kursbuch, S. 43 Fokus Grammatik, Aufgabe 1d) finden Sie das gesungene Lied „Sankt Martin".

C4 (ein Fest aus einer anderen Perspektive beschreiben)
■ Einzelarbeit:
Die TN wählen eine der beiden Aufgaben aus. Während einer kurzen Vorbereitungszeit sammeln sie ihre Ideen zu den vorgegebenen Fragen.
■ Kleingruppen:
Die TN sprechen frei über das von ihnen gewählte Fest.

Fokus Grammatik: obligatorisches *es* und Demonstrativpronomen *das* im Kontext, S. 42

Hinweis: Wenn Sie im Voraus feststellen wollen, wie viel Ihre TN über diesen Grammatikpunkt wissen (eventuell auch passives Wissen oder Sprachgefühl), dann lassen Sie vor Beginn dieser Fokus-Grammatik-Sequenz die Arbeitsbuch-Übung 33 (S. 65) lösen. Beobachten Sie Ihre TN, besprechen Sie die Lösung aber noch nicht. Sobald Sie den Fokus Grammatik durchgenommen haben, können die TN ihre Lösungen noch einmal überdenken. Korrigieren Sie erst dann.

Aufgabe 1
■ Einzelarbeit:
Die TN lesen die Texte in a und lösen Aufgabe b selbstständig.
■ Plenum:
Die TN suchen die unpersönlichen Ausdrücke mit *es* aus dem Text heraus. Sammeln Sie diese an der Tafel:

Text A: es wäre wichtig (es ist wichtig)
es geht uns nichts an
Text B: es schien (es scheint)
es gab (es gibt)

Hinweis zur Binnendifferenzierung:
Eigentlich sollten die Personalpronomen in den verschiedenen Fällen (Nominativ, Akkusativ, Dativ) Ihren TN aus der Grundstufe bekannt sein. Gerade in schwächeren Kursen ist es eventuell sinnvoll, kurz die verschiedenen Formen zu wiederholen. Material dazu fin-

den Sie in Grundstufenlehrwerken oder in einer Grammatik.
Text B empfinden schwächere TN als schwer. Teilen Sie den Kurs gegebenfalls auf oder lassen Sie Text B weg.

Aufgabe 2
▪ Plenum:
Fragen Sie die TN, ob sie wissen, was ein Demonstrativpronomen ist. Erläutern Sie den Begriff gegebenenfalls.

Hinweis: Das Demonstrativpronomen *der, die, das* wird wie der definite Artikel dekliniert. Ausnahme: Dativ Plural. Genitiv gibt es nicht. Es steht ohne Nomen, wird also als selbstständiges Subjekt oder Objekt gebraucht. Es bezieht sich auf ein vorher genanntes Satzglied oder eine ganze Aussage und wird beim Sprechen betont.

▪ Einzelarbeit:
CD 1.25: Die TN hören die Sätze und markieren die Demonstrativpronomen.
▪ Plenum:
Gemeinsame Korrektur.

Aufgabe 3
a + b
▪ Einzelarbeit:
Die TN lesen die Sätze in a und lösen Aufgabe b.
▪ Partnerarbeit:
Vergleich der Lösungen mit der Lernpartnerin / dem Lernpartner.
▪ Plenum:
Korrigieren Sie Schritt für Schritt und lassen Sie für jeden Fall ein Beispiel nennen.

Hinweis:
Die Unterscheidung zwischen *es* und *das* ist nicht in allen Sprachen ein Problem. Englischen Muttersprachlern fällt sie z. B. leicht. Je nach Muttersprache der TN müssen Sie entscheiden, wie ausführlich Sie das Thema behandeln möchten.
Lösung (siehe auch S. 137):
„es ist obligatorisch, gehört also fest zu einem Ausdruck“: „... hier geht es um ...“ (1) / „Es brennt!“ (2) /
„das bezieht sich auf etwas, was bereits gesagt wurde“: „Das (= es brennt) müssen wir sofort melden“ (2) / „Das (= die Meiers werden verhaftet) kann doch nicht wahr sein“ (3) / „Das (= die Meiers werden verhaftet) glaube ich einfach nicht.“ (3) / „Die (= die Meiers) waren doch immer ...“
„das kann stark betont sein“: „Das müssen wir sofort melden.“ / „Das kann doch nicht wahr sein.“ / „Das glaube ich einfach nicht.“
„es gehört zu einem festen Ausdruck, der eine neue Information einleitet“: „Es scheint so zu sein, dass ...“ (3)

c
▪ Einzelarbeit / Partnerarbeit:
Die TN ergänzen selbstständig und vergleichen dann mit ihrer Lernpartnerin / ihrem Lernpartner.
▪ Plenum:
Besprechen Sie die Lösungen gemeinsam. Fragen Sie gleichzeitig, um welche in Aufgabe 3b besprochene Situation es sich jeweils handelt.

Hinweis (Lösung siehe auch S. 137):
„es ist obligatorisch, gehört also fest zu einem Ausdruck“ : Sätze 5 + 7
„es gehört zu einem festen Ausdruck, der eine neue Information einleitet“: Sätze 6 + 8 (erste Hälfte)
„das bezieht sich auf etwas, was bereits gesagt wurde“: Sätze 8 (zweite Hälfte) + 9

◁ **Arbeitsbuch, S. 64 / Übung 33** ▷

Hinweis: Wenn Sie die Arbeitsbuch-Übungen 10–13 nicht schon im C-Teil bearbeitet haben, können Sie diese auch im Anschluss an den Fokus Grammatik lösen lassen.

Fokus Grammatik: indirekte Fragesätze im Kontext, S. 43

Aufgabe 1
a + b
▪ Einzelarbeit:
Die TN lesen den Text in a und bearbeiten die Aufgabe b.
▪ Plenum:
Korrigieren Sie die Sätze gemeinsam.

c
▪ Einzelarbeit:
Die TN schreiben die indirekten Fragesätze zu Ende.
▪ Plenum:
Korrektur gemeinsam. Schreiben Sie die Sätze an die Tafel.

d
▪ Einzelarbeit:
CD 1.26: Spielen Sie das Lied vor. Die TN ergänzen die fehlenden Wörter.
▪ Partnerarbeit:
Die TN vergleichen ihre Lösungen mit einer Lernpartnerin / einem Lernpartner.

Aufgabe 2
▪ Einzelarbeit:
Die TN lesen noch einmal die Sätze in 1c und kreuzen an.
▪ Plenum:
Besprechung gemeinsam. Schreiben Sie die wichtigsten Punkte der Regel an die Tafel.

Indirekte Fragesätze:
- Nebensatz (Verb am Ende!)
- einleitende Konjunktionen: Fragewort bei „W-Frage" (wer / wo / wie / ...), „ob" bei Ja/Nein-Frage

Aufgabe 3
▪ Einzelarbeit:
Die TN überlegen, was die Frau denken könnte, und formulieren schriftlich indirekte Fragesätze mithilfe der Sprechblasen.
▪ Plenum:
Korrektur gemeinsam.

◁ **Arbeitsbuch, S. 64 / Übung 34** ▷

D Alles wie immer, S. 44

D1

D1a
▪ Plenum:
Fragen Sie: „Gibt es in Ihrem Leben Ereignisse oder Handlungen, die immer gleich ablaufen?"
Die TN bilden Sätze wie in den Sprechblasen. Sie versuchen dabei, *beim* und *zum* zu verwenden.

◁ **Arbeitsbuch, S. 55 / Übung 21** wenn möglich im Unterricht ▷
◁ **Arbeitsbuch, S. 55 / Übung 22** zu Hause ▷

D1b
▪ Einzelarbeit:
Die TN kreuzen an, wie man ihrer Meinung nach so eine vertraute Handlung im Alltag nennt.

Sprachgebrauch:
Ritual = eine Handlung, die eine Person oder Personengruppe regelmäßig ausführt, eventuell lieb gewonnen hat und fast zelebriert (ursprüngliche Bedeutung eher im religiösen Sinn: feierliches, zeremonielles Brauchtum)
Sitte = Verhaltensweisen, die eine Gesellschaft traditionell angenommen hat (Bräuche)
Tick = eine oft seltsame bzw. unangenehme Handlung oder Angewohnheit, die man fast zwanghaft immer wieder vornimmt – meist ohne erkennbaren Grund

---

D2

D2a (kursorisches Lesen)
▪ Einzelarbeit:
Die TN lesen den Text (ohne Wörterbuch!) und kreuzen die dazu passenden Gedankenblasen an.

Hinweis: Besprechen Sie die Lösung hier noch nicht, sondern erst nach Aufgabe D2b.

D2b (detailliertes Lesen)
▪ Einzelarbeit:
Die TN kreuzen, immer noch ohne Wörterbuch, die ihrer Meinung nach richtigen Lösungen an.

Hinweis: Es geht in dieser Aufgabe darum, über unbekannte Wörter hinwegzulesen und trotzdem die wichtigsten Informationen des Textes zu verstehen.

▪ Plenum:
Besprechen Sie die Antworten gemeinsam. Die TN nennen die für die Lösung wichtigen Textstellen:
1: „... nehme ich mir jeden Tag meine „Espresso"-Pause ..., die ist mir heilig."
2: „... dürfen auch ganz bewusst Langeweile herstellen, ..."
3: „Rituale sind Momente des Sich-Ausklinkens und der Konzentration."

Hinweis: Besprechen Sie jetzt erst die Antworten zu D2a.

Hinweis zum Vokabular:
Möglicherweise sind folgende Ausdrücke erklärungsbedürftig:
sich ausklinken = sich zurückziehen, Abstand gewinnen
etwas ist jemandem heilig = etwas ist jemandem sehr sehr wichtig
immer der gleiche Trott = immer der gleiche langweilige Handlungsablauf im Alltag

D3 (über Rituale sprechen)
▪ Einzelarbeit:
Die TN denken kurz nach und machen sich Notizen wie auf dem abgebildeten Stichwortzettel (*Notizen machen*, S. 116).
▪ Partnerarbeit:
Die TN unterhalten sich zu zweit über ihre persönlichen Rituale.

Hinweis: Grammatik – Wiederholung Genitiv:
Die TN finden aus dem Text sowie aus den Gedankenblasen in C2a die Sätze mit Genitiv heraus: „Rituale sind Momente des Sich-Ausklinkens und der Konzentration." / „Dieser Augenblick der inneren Ruhe, der totalen Entspannung ..." / „Und ausgerechnet das soll mich aus dem Einerlei des Alltags herausheben?"
Dann können Sie mithilfe der Arbeitsbuch-Übung 23 den Genitiv wiederholen. Verweisen Sie die TN auch auf die Grammatikübersicht auf der Lerner-CD-ROM.

◁ **Arbeitsbuch: S. 56 / Übung 23** ▷

3

E Mein neues Leben, S. 45

E1

■ Plenum:
Die Bücher sind geschlossen. Schreiben Sie das Sprichwort
Aller Anfang ist schwer.
an die Tafel und lassen Sie die TN die Bedeutung erklären.

E2

E2a (kursorisches Hören)
■ Plenum:
Die Bücher sind immer noch geschlossen. Schreiben Sie folgende Fragen an die Tafel:
Was hören Sie?
Wer spricht?
Worum geht es?

■ Einzelarbeit:
CD 1.27: Die TN hören die Einleitung zu dem Hörtext und versuchen, die Antworten auf die an der Tafel stehenden Fragen herauszuhören.

Hinweis:
„Was hören wir hier?“: eine Radiosendung von „Radio Sara“
„Wer spricht?“: ein Radiosprecher (Einleitung), die Moderatorin Miriam Wilkowski und Herr Professor Dr. Wolfgang Reinhard vom Psychologischen Institut Innsbruck
„Worum geht es?“: die Sendereihe „Psychologie im Alltag“ mit dem heutigen Thema „etwas verändern im Leben / ein neues Leben beginnen“

■ Plenum / Einzelarbeit:
Fragen Sie: „Was, glauben Sie, kommt jetzt?“ (Interviews mit Betroffenen)
Die TN öffnen die Bücher, lesen die Aufgabenstellung E2a sowie die Begriffe, die zugeordnet werden sollen.
CD 1.28–32: Spielen Sie die Abschnitte vor. Die TN sollen sich jedes Mal überlegen, wen sie gehört haben, und dann den entsprechenden Begriff suchen. Besprechung gemeinsam.

Hinweis: Manchmal passen auch zwei Begriffe.
Lösungen: CD 1.28: Friederike F.: fremde Stadt / keine Freunde; CD 1.29: Monika K.: Umzug aufs Land; CD 1.30: K. Behrend: erster Arbeitsplatz (eventuell wird auch die Antwort „passende Kleidung“ genannt); CD 1.31: Kristin M.: Heirat / neuer Name; CD 1.32: Max R.: Lebensmittel-Unverträglichkeit

E2b (selektives Hören)

Hinweis zur Zeitökonomie: Sie können sofort mit CD 1.28 beginnen und den einleitenden Text weglassen. Sagen Sie dann aber : „Wir hören sofort Friederike Fischer und Monika Kirchner.“

■ Einzelarbeit / Plenum:
Vor dem zweiten Hören lesen die TN die Wendungen und Ausdrücke still. Klären Sie eventuelle Wortschatzprobleme.
Hinweis zur Binnendifferenzierung: Spielen Sie den Hörtext in schwächeren Gruppen ruhig öfter vor.

Sprachgebrauch / Wortschatz:
„Bammel haben“ (K. Behrend) = Angst haben
„eine Welt ist zusammengebrochen“ (Max R.) = das hat mich schockiert; eine Gewissheit hat sich als falsch erwiesen

---

◁ **Arbeitsbuch, S. 56 + 57 / Übung 24** ▷

E3

E3a
■ Plenum:
Fragen Sie: „Haben Sie schon einmal einen ähnlichen Neuanfang erlebt? Welchen?“
■ Einzelarbeit:
Die TN überlegen kurz, kreuzen an und machen sich Notizen (*Notizen machen,* S. 116).

E3b (Sprechen: Gefühle und Erfahrungen beschreiben)
■ Partnerarbeit:
Die TN unterhalten sich mit ihrer Lernpartnerin / ihrem Lernpartner über ihre persönlichen Neuanfänge. Die Sprechblasen dienen als Beispiel. Dabei verwenden die TN auch die vorgegebenen Wendungen und Ausdrücke. Die TN sprechen frei.

Hinweis: Wenn Sie selbst ein derartiges (auch ein fiktives) Erlebnis hatten, können Sie dieses den TN vor Lösung der Aufgabe erzählen und dabei einen Teil der Wendungen und Ausdrücke benutzen. Dies hilft den TN vielleicht, die Aufgabe durchzuführen.

Hinweis zur Grammatik-Sequenz „Zeitangaben“:
Sie können an dieser Stelle eine Grammatik-Sequenz zum Thema Zeitangaben einschieben. Wenn Sie bis zum Ende des Unterrichts nicht mehr viel Zeit zur Verfügung haben bzw. die Konzentration Ihrer TN bereits nachlässt, machen Sie zunächst die Aufgabe E3 und erst am folgenden Kurstag die Grammatik-Sequenz mit den Arbeitsbuch-Übungen 25–30. Alternativ können Sie die Arbeitsbuch-Übung 25 (S. 57) zu Hause bearbeiten lassen. **Achtung:** Übung 25b, Teilaufgabe 3 sollte von den TN nur zu Hause gelöst werden, wenn Ihr Kurs in Österreich, der Schweiz oder Süddeutschland abgehalten wird. Ansonsten lassen Sie sie ganz weg.

◁ **Arbeitsbuch, S. 57 / Übung 25** Temporale Präpositionen, **25 a** Wiederholung ▷

Hinweis: Wenn Sie diese Übung im Unterricht machen lassen, könnte man einen kleinen Wettkampf anregen. Alle Teilnehmer lösen die Aufgabe 25a in Stillarbeit. Danach gemeinsame Korrektur im Plenum. Wer die meisten Präpositionen richtig hat, ist „Präpositionen-König". Aufgabe 25b / Teilaufgabe 1 + 2 können Sie analog durchführen oder Sie bilden Teams, die gegeneinander antreten. Teilaufgabe 3 ist in Österreich bzw. der Schweiz und Süddeutschland leichter zu lösen, da der Gebrauch der Präpositionen in diesen Situationen möglicherweise bereits geläufig ist. In anderen Regionen bzw. Ländern sollten Sie diese Teilaufgabe weglassen.

Sprachgebrauch:
von ... an = ab
seit = Zeitraum, der in der Vergangenheit begonnen hat, aber bis jetzt andauert. Im Deutschen wird im Gegensatz zu anderen Sprachen hier das Präsens benutzt! („Ich lebe seit drei Jahren in Deutschland.")
vor = Zeitpunkt in der Vergangenheit („Ich bin vor drei Jahren nach Deutschland gekommen.") oder etwas, was zeitlich früher passiert ist bzw. vor einer anderen Aktion liegt („Ich stehe nie vor sechs Uhr auf.", „Wasch dir vor dem Essen die Hände.")
über = bedeutet eine Zeitperiode („übers Wochenende", „über die Feiertage"), wobei betont wird, dass es sich um den kompletten Zeitraum handelt. Im Gegensatz dazu kann das manchmal gleichbedeutende **an** nur einen Teil des Zeitraums bedeuten: „Ich fahre am Wochenende zu meiner Oma." muss nicht heißen, dass ich das ganze Wochenende dort bin, wohingegen der Satz „Ich fahre übers Wochenende weg." bedeutet, dass ich das komplette Wochenende nicht zu Hause bin.

◁ **Arbeitsbuch, S. 58 / Übung 26** Temporale Adverbien, **26 a** Wiederholung ▷

Hinweis: Lassen Sie diese Übung entweder zu Hause (vor allem Teilaufgabe a eignet sich dafür) erledigen oder gehen Sie sie im Unterricht gemeinsam durch.

▪ Einzelarbeit:
Die TN ergänzen im ersten Durchgang nur die Lücken, für die sie die Lösung kennen. Sie sollen keine Wörter im Wörterbuch nachschlagen. Beobachten Sie die TN währenddessen und machen Sie sich ein Bild über den Kenntnisstand der Gruppe.
▪ Partnerarbeit:
Die TN versuchen, die restlichen Lücken (wenn nötig auch mit Wörterbuch) zusammen mit einer Lernpartnerin / einem Lernpartner zu ergänzen.

◁ **Arbeitsbuch, S. 60 / Übung 27** Temporale Konjunktionen ▷

Hinweis: Klären Sie zunächst die Bedeutung des Begriffs „Konjunktion". Möglicherweise kursieren diverse Begriffe im Kurs. Manche benutzen „Konjunktion" als Überbegriff im Sinne von Satzverbindung und unterscheiden in Hauptsatz- und Nebensatzkonjunktionen (auch: Subjunktionen). Andere kennen das Wort „Konnektoren" in derselben Bedeutung. In diesem Buch werden mit „Konjunktionen" sowohl Nebensätze einleitende als auch Hauptsätze bestimmende Konjunktionen bezeichnet.
Binnendifferenzierung: In schwächeren Kursen bietet sich die Übung 27 für den Unterricht an, ansonsten soll sie zu Hause gemacht werden.

◁ **Arbeitsbuch, S. 60 + 61 / Übung 28** zu Hause ▷
◁ **Arbeitsbuch, S. 62 / Übung 29** Sätze bauen: Erfahrungen in Zeitabläufen beschreiben ▷

Hinweis: Lassen Sie diese Übung im Unterricht lösen. Die TN formulieren die Sätze aus. Diese Übung eignet sich vor allem für Kurse mit schreibungewohnten TN, weil die Textproduktion noch sehr gesteuert ist.

◁ **Arbeitsbuch, S. 62 / Übung 30** ▷

Hinweis: Weisen Sie die TN explizit darauf hin, dass sie hier zuerst Notizen machen, dann aber ausformulierte Sätze abliefern sollen. Korrigieren Sie die Texte gegebenenfalls zu Hause.

F Oje!, S. 46

F1 (Hörersignale verstehen)

▪ Einzelarbeit / Partnerarbeit:
Die TN ordnen die Reaktionen den Bildern zu und vergleichen ihre Lösungen mit ihrer Lernpartnerin / ihrem Lernpartner.

F2 (detailliertes Hören)

▪ Einzelarbeit:
Die TN lesen die Aufgabe und die Bedeutungen a–h.
CD 1.33: Spielen Sie die Dialoge zweimal vor. Die TN versuchen, die Bedeutungen den Ausrufen zuzuordnen.
▪ Partnerarbeit:
Die TN vergleichen und diskutieren ihre Ergebnisse.

Hinweis: Sollten die TN Schwierigkeiten mit der Zuordnung gehabt haben, können Sie die Lösungen auch noch einmal gemeinsam durchsprechen.

◁ **Arbeitsbuch, S. 62 / Übung 31** ▷

Hinweis: Machen Sie diese Übung im Unterricht und lassen Sie die TN die Dialoge laut vorlesen, nachdem sie die CD gehört haben.
Sie können dies zunächst auch von allen TN gleichzeitig in Partnerarbeit machen lassen. Noch lebendiger wird das Ganze, wenn alle TN aufstehen und sich im

Zimmer locker verteilen. Weisen Sie die TN darauf hin, dass sie auf die Intonation achten sollen. Gehen Sie von Paar zu Paar und hören Sie zu. Am Ende könnten einige Paare die Gespräche im Plenum vorlesen.

F3

F3a

■ Plenum:

CD 1.34: Spielen Sie das Gedicht kommentarlos vor und beobachten Sie die Reaktionen Ihrer TN.

F3b (detailliertes Hören)

■ Kleingruppen/Plenum:

Teilen Sie den Kurs in Kleingruppen ein.

Hinweis: Haben Sie an der Reaktion der TN festgestellt, dass ein Teil des Kurses amüsiert reagiert hat, ein anderer Teil aber eher verständnislos? Dann mischen Sie die Gruppen so, dass nicht lauter „Verständnislose" in einer Gruppe zusammenarbeiten. Die Übung könnte bei diesen TN sonst ihren Zweck verfehlen.

■ Einzelarbeit / Plenum:

CD 1.34: Erklären Sie die Aufgabe und spielen Sie das Gedicht noch einmal vor. Diesmal lesen die TN auf S. 134 mit.
Spielen Sie das Gedicht ein drittes Mal vor, machen Sie aber nach jedem Satz eine kurze Pause, sodass die TN sich kurz beraten können. Die TN suchen nach Bedeutungen und Situationsbeispielen.

■ Plenum:

Besprechen Sie die Ergebnisse gemeinsam.

◁ **Arbeitsbuch, S. 63 / Übung 32** Phonetik: mit Empfindungswörtern reagieren ▷

Hinweis: Wenn Sie genug Zeit haben, lassen Sie auch diese Übung im Unterricht erledigen. Lassen Sie die Nachsprechübungen erst im Chor gemeinsam machen. Dann trauen sich auch schüchterne TN, aus sich herauszugehen und die Intonation nachzuahmen. Im Anschluss daran üben die TN die richtige Betonung wieder in Paaren. Am Ende dürfen ein paar Mutige allein nachsprechen. Durch das mehrmalige Nachsprechen und Wiederholen prägt sich die Sprachmelodie ein.

F4 (Sprechen: emotional reagieren)

■ Plenum:

Erklären Sie die Aufgabe und lassen Sie einen TN die linke Sprechblase vorlesen. Reagieren Sie mit einem möglicherweise etwas übertrieben betonten „Ach ja?" Fragen Sie die TN: „Was wollte ich jetzt gerade ausdrücken?"

■ Kleingruppen (Vierergruppen):

Jeder TN überlegt sich drei bis vier Informationen und schreibt jede von ihnen auf einen separaten Zettel.
Die TN mischen die Zettel.
Reihum ziehen die TN jeder einen Zettel und lesen diesen der linken Nachbarin / dem linken Nachbarn vor. Die Nachbarin / Der Nachbar reagiert mit einem passenden Ausruf in der passenden Intonation.
Die anderen TN entscheiden, ob die Reaktion gepasst hat oder nicht.

Hinweis: Bereiten Sie für den Fall, dass die TN keine eigenen Ideen für Situationen haben, ein Ideenkärtchen pro TN (s. u.) vor.
Z. B.: „Mein Hund hat meine Hausaufgaben gefressen."
„Ich gehe nächste Woche auf Weltreise."
„Heute Nachmittag gehe ich einkaufen."
„Meine Oma heiratet übermorgen."
„Meine Katze ist gestern gestorben."
„Mein Auto hatte heute Morgen eine Panne."
„Mein Fahrradreifen hat ein Loch."
„Gestern Nachmittag habe ich den Bundespräsidenten in der Stadt gesehen. Er fuhr mit dem Fahrrad."
„Mein Bruder hat im Lotto gewonnen."
„Ich treffe mich heute zum Mittagessen mit Brad Pitt."
etc.

Sprachgebrauch: Empfindungswörter und Ausdrücke im Gespräch
Falls Ihre TN Spaß an den Empfindungswörtern gefunden haben, können Sie ihnen noch ein paar weitere geben. Hier einige Beispiele. Vielleicht fallen Ihnen ja noch andere ein:
Wenn etwas Unangenehmes passiert ist: Oje, oje! / So ein Mist! / So was Blödes! / Nein, wie dumm./ Oh, Mann! / Oh weia!
Ausdrücke des Bedauerns: Ach, das tut mir aber leid./ Das ist aber schade.
Man weiß nicht genau, was man sagen soll: Aha./ Soso./ Das ist ja interessant.
Danken : Super! Vielen Dank!/ Tausend Dank! / Mensch, da bin ich dir aber dankbar!
Erwiderung auf einen Dank: Aber gern. / Gern geschehen. / Bitte! / Keine Ursache. / Kein Problem.
Gute Wünsche: Ich drück dir die Daumen. / Toi, toi, toi. (auf Holz klopfen) / Hals- und Beinbruch. (für Sportler allgemein) / Mast- und Schotbruch. (für Segler) / Petri Heil! (für Angler)

G Vertraut?, S. 47

G1

■ Plenum:

Die Bücher sind geschlossen.
Zeigen Sie ein Bild oder ein Foto von einem Hund, der mit dem Schwanz wedelt, und fragen Sie, was der Hund macht. Fragen Sie dann, was das bedeutet.
Zeigen Sie danach ein Bild / Foto von einer Katze und fragen Sie, ob Katzen genauso mit dem Schwanz

wedeln wie Hunde und ob sie dasselbe signalisieren wollen. Sie können auch die Zeichnungen im Kursbuch ohne Text auf Folie kopieren und diese auf dem Tageslichtprojektor zeigen.
Fragen Sie, ob die TN noch andere tierische Signale kennen. Vielleicht gibt es sogar Sprichwörter in der jeweiligen Muttersprache der TN (analog zu „Bellende Hunde beißen nicht.").

Hinweis: Hunde wedeln auch leicht, wenn sie aggressiv sind, dann knurren sie aber auch und haben einen unfreundlichen Gesichtsausdruck.

G2

G2a
▪ Einzelarbeit:
Die TN wählen ein Foto auf S. 135 aus und machen zu den drei vorgegebenen Fragen Notizen.

G2b (über persönliche Erfahrungen und Empfindungen sprechen)
▪ Partnerarbeit:
Die TN sprechen zu zweit über die Fotos. Sie sprechen frei.

Hinweis: Alternative für Kurse mit TN aus unterschiedlichen Heimatländern
▪ Gruppenarbeit:
Fassen Sie die TN so zusammen, dass alle, die das gleiche Foto ausgewählt haben, in einer Gruppe zusammentreffen. Die Gruppenmitglieder erzählen einander ihre Eindrücke und Empfindungen. Es kann interessant sein, was Menschen aus verschiedenen Kulturen zum selben Foto zu sagen haben.

G3
Hinweis zur Zeitökonomie:
Für Gruppen in deutschsprachigen Ländern: Dieses Thema eignet sich gut für eine Textproduktion im Unterricht, weil viele TN sicher irgendein persönliches Erlebnis hatten, das den kulturellen Unterschied zwischen deutschsprachigen Ländern und dem Heimatland deutlich macht.
Für Gruppen in anderen Ländern: Falls einige der TN bereits einmal in einem deutschsprachigen Land waren, können Sie wie oben beschrieben vorgehen. Falls nicht, können die TN vielleicht über ähnliche Erfahrungen während einer Reise ins Ausland berichten. Sollte Ihre Unterrichtszeit sehr begrenzt oder sollten die TN am Ende einer Unterrichtseinheit schon zu müde sein, lassen Sie die Aufgabe c (Textproduktion) zu Hause erledigen. In der nächsten Unterrichtseinheit tauschen die TN dann die Texte aus, um diese, wie in Teilaufgabe d beschrieben, zu bearbeiten.

G3 a + b (kursorisches und detailliertes Lesen)
▪ Einzelarbeit:
Die TN lesen den Text und beantworten dann die Fragen 1–5 schriftlich.
▪ Plenum:
Besprechen Sie die Antworten gemeinsam und klären Sie schwierige Textstellen.

G3c (einen Text schreiben)
▪ Einzelarbeit:
Die TN schreiben mithilfe ihrer Notizen einen kleinen Text.

Hinweis: Fordern Sie die TN dazu auf, in den Text auch Wendungen und Ausdrücke einzubauen, die in dieser Lektion gelernt wurden (vgl. auch S. 48 im Kursbuch). Helfen Sie, wenn nötig, während des Schreibens. Geben Sie ein Zeitlimit vor, damit die Aufgabe nicht zu lange dauert. Ein Zeitlimit ist außerdem eine gute Vorbereitung auf Prüfungen.

G3d
▪ Partnerarbeit / Einzelarbeit:
Die TN tauschen ihre Texte aus. Erklären Sie, dass die TN die besonders guten Stellen in einer Farbe unterstreichen sollen und die Fehler bzw. die unverständlichen Passagen in einer anderen.

G3e
▪ Einzelarbeit:
Die TN überarbeiten ihre eigenen Texte. Je nach verbleibender Kurszeit kann die Überarbeitung auch zu Hause stattfinden.

Hinweis für Kurse in deutschsprachigen Ländern:
Weitere Aufsatzthemen / Themen für die Kurszeitung (*Projekt Kurszeitung*, S. 114).
Sie können die TN zusätzlich einen Aufsatz zu folgenden Themen schreiben lassen:
„Kulturelle Unterschiede zwischen Deutschland und meinem Heimatland" oder „Was ist hier ganz anders als zu Hause?"
Sprachliche Missverständnisse, die zu lustigen oder weniger lustigen Erlebnissen geführt haben.

Arbeitsbuch: Darüber hinaus
◁ **Arbeitsbuch, S. 64/65 / Übung 35** Texte lesen ▷
◁ **Arbeitsbuch, S. 65 / Übung 36** Übung zu Prüfungen: Hörverstehen ▷

Hinweis zum Arbeitsbuchteil „Darüber hinaus":
Siehe S. 21, 105

Fotodoppelseite, S. 50, 51

Hinweis: Im Lehrwerkservice komplett zum kostenlosen Ausdrucken oder als Auswahl im Anhang finden Sie Arbeitsblätter für die Projektarbeit zu den Fotodoppelseiten als Kopiervorlagen.

3

Lektion 4 Erwischt

Worum geht es in der Lektion?

Lernziel: Ein eigenes Interessengebiet darstellen

Abschnitt **A: „Mäxchen – ein Würfelspiel“**
Fertigkeiten: Hören, Lesen, Sprechen
Lernziel: Die TN trainieren anhand eines Würfelspiels das Verstehen einer Spielanleitung.

Abschnitt **B: „Der schöne Schein“**
Fertigkeiten: Sprechen, Hören, Lesen, Schreiben
Lernziele: In Texten verschiedener Gattungen (Krimirätsel, Schlagzeilen, Filmkritik, Rezension) geht es um das Thema „Hochstapelei und Betrug“. Die TN lernen, wie man Ziele und Absichten anderer verstehen sowie die eigenen formulieren kann. Bei der schriftlichen Ausarbeitung einer Rezension sollen die TN einen Film bzw. ein Buch positiv oder negativ bewerten und kritisieren.

Abschnitt **C: „Die neue Welt des Essens“**
Fertigkeiten: Lesen, Hören, Sprechen
Lernziele: Mittels des anspruchsvollen Sachtextes „Die Suppe lügt“, der sich mit dem Themenkomplex Ernährung, Essen und Kochen befasst, lernen die TN, in längeren, schwierigeren Texten Informationen zu finden sowie Texte zu vertrauten Themen genau zu verstehen. Zudem erweitern sie im Arbeitsbuch ihren Wortschatz rund um das Thema „Essen“, üben die Wortbildung von Adjektiven und formulieren ein Kochrezept.

Abschnitt **D: „Eine wirklich nette Kollegin“**
Fertigkeiten: Lesen, Schreiben
Lernziele: Der Sachtext, ein Auszug aus einem Online-Tagebuch, handelt vom Mobbing am Arbeitsplatz. Die TN entscheiden, ob die Autorin die Situation positiv bzw. negativ bewertet. Dann fassen sie den Inhalt des Textes kurz zusammen und schreiben eine kritische Stellungnahme zum Lesetext. Im Arbeitsbuch wird auf reflexive Verben eingegangen. Die TN lernen außerdem, die eigene Arbeits-, Lern- bzw. Studiensituation zu beschreiben.

Abschnitt **E: „Und was interessiert Sie so?“**
Fertigkeit: Sprechen
Lernziel: In einem Sprechspiel sollen die TN eigene Interessengebiete darstellen. Dabei verwenden sie auch die in der Lektion gelernten Ausdrücke und Wendungen.

Fokus Grammatik:
1. finale Angaben im Kontext
2. reflexive Verben im Kontext

Thematischer Einstieg: Assoziationsseite, S. 52

Hinweis zu den Assoziationsseiten im Unterricht:
siehe Lektion 1, S. 10 und S. 156

Aufgabe 1
■ Plenum:
Die Bücher sind geschlossen.
Schreiben Sie das Wort *erwischt* an die Tafel und klären Sie die Bedeutung.

Hinweis: Nennen Sie dabei jedoch nur Synonyme (z. B. ertappt) und/oder Umschreibungen. Die TN sollen selbst Beispiele finden, gegebenenfalls auch mittels eines Wörterbuchs. Beobachten Sie, inwieweit die TN das Wörterbuch richtig benutzen. Schlagen sie das Verb im Infinitiv („erwischen") nach? Manche TN werden möglicherweise unter „erwischt" nachsehen und aufgeben, wenn sie das Wort nicht finden ... (*Die Arbeit mit dem Wörterbuch*, S. 109).

■ Plenum / Kleingruppen:
Fragen Sie: „Wobei könnte jemand erwischt werden? In welcher Situation? Denken Sie an den Freundeskreis, die Politik, den Arbeitsplatz, die Familie, Nachbarschaft usw."
Notieren Sie die wichtigsten Punkte an der Tafel:
erwischt
Wobei?
Welche Situationen? (Freunde, Politik, Arbeit, Nachbarn, Familie)
Die TN sammeln in Gruppenarbeit Ideen.
■ Plenum:
Die TN nennen die gefundenen Situationen.
Notieren Sie diese stichpunktartig an der Tafel.

Aufgabe 2
■ Kleingruppen / Plenum:
Die TN öffnen die Bücher, betrachten die Fotos und diskutieren darüber, was die Fotos mit dem Lektionsthema zu tun haben könnten.
Die TN berichten vor der Klasse kurz über ihre Vermutungen.

Einstiegsaufgabe A: „Mäxchen – ein Würfelspiel", S. 53

Hinweis: Da dieser Abschnitt sehr kurzweilig ist und die TN in Aufgabe A2c auch selbst das Würfelspiel spielen dürfen, eignet sich diese Einstiegsaufgabe gut für das Ende eines Unterrichtstages. So eingestimmt auf die Lektion, kann man mit frischem Kopf und guter Konzentration beim nächsten Mal gleich mit Abschnitt B beginnen.

A1
■ Partnerarbeit:
Die TN betrachten das Foto und versuchen herauszufinden, was die darauf abgebildeten Personen machen.
■ Plenum:
Die Paare äußern ihre Vermutungen.

A2
A2a (detailliertes Hören)
■ Einzelarbeit:
Die TN lesen die Aufgabe.
CD 1.35: Die TN hören den Text ein- bis zweimal und halten die Antworten auf die Fragen stichpunktartig fest.

A2b (Spielregeln erklären)
■ Kleingruppen:
Die TN versuchen, das Spiel anhand ihrer Notizen aus A2a zu erklären.
Die TN vergleichen „ihre" Spielregeln mit der Erklärung auf S. 132.

A2c
Hinweis: Für das Spiel brauchen Sie pro Gruppe 2 Würfel, 1 Würfelbecher, 1 Bierdeckel und 1 Schachtel Streichhölzer.

■ Plenum:
Lesen Sie noch einmal gemeinsam die Spielregeln auf S. 132.
Lassen Sie einen TN würfeln und fragen Sie, wie man die Zahlenkombination im Spiel interpretieren würde. Stellen Sie noch einmal klar, was ein „Mäxchen" ist. Rekapitulieren Sie so Schritt für Schritt die gesamten Regeln.
■ Kleingruppen (3–5 TN):
Die Gruppen spielen das Würfelspiel „Mäxchen".

Hinweis: Halten Sie kleine Preise (z. B. in Form von Schokolade oder Gummibärchen) für die Sieger bereit, eventuell auch Trostpreise für die Verlierer.

A2d
■ Einzelarbeit / Plenum:
Die TN lesen den Text.
Die TN äußern im Kurs kurz ihre Meinung zu den beiden Fragen: „Können Sie das verstehen?" und „Wie hat Ihnen *Mäxchen* gefallen?" Die Sprechblasen dienen als Beispiel.

4

B Der schöne Schein, S. 54, 55

B1 (detailliertes Lesen)
■ Kleingruppen:
Jede Gruppe wählt einen Spielleiter. Der Spielleiter liest die Rollenbeschreibung A.
Die anderen Gruppenmitglieder lesen die Rollenbeschreibung B und wählen danach eines der beiden Rätsel aus.
Je nach ausgewähltem Rätsel liest der Spielleiter die entsprechende Auflösung im Kursbuch, S. 133 oder S. 136.

Hinweis: Sie können nach einem Durchgang den Spielleiter innerhalb der Gruppen wechseln, da der Spielleiter nur die Auflösung des einen Rätsels kennt. Zudem können Sie dem Spiel noch Wettbewerbscharakter verleihen, indem die Gruppen für jedes „Nein" des Spielleiters einen Minuspunkt bekommen. Die Gruppe, die das Rätsel mit den wenigsten „Nein"-Antworten gelöst hat, hat gewonnen. Wenn Sie das Spiel noch verschärfen wollen, können Sie auch vorgeben, dass das Spiel bei zehn Minuspunkten beendet ist.

Hinweis: Zusätzliche Diskussionsthemen – Wortschatz / interkultureller Aspekt
– Im Deutschen gibt es den Ausdruck „mehr Schein als Sein". Schreiben Sie diesen an die Tafel und fragen Sie: „Was bedeutet das?", „Kennen Sie Situationen, auf die dieser Ausdruck zutrifft?", „Gibt es so einen Ausdruck auch in Ihrer Sprache?"
– Schreiben Sie dann Sprichwörter zum Thema „Lügen" an die Tafel und fragen Sie nach der Bedeutung bzw. ob es Entsprechungen in der Muttersprache der TN gibt:
„Lügen haben kurze Beine" *oder* „Wer einmal lügt, dem glaubt man nicht, und wenn er auch die Wahrheit spricht."
– „Notlügen": Was ist das? Braucht man sie? Darf man sie einsetzen? In welchen Situationen gebraucht man sie?
– Wurden Sie schon mal bei etwas erwischt? Wobei? Wann? (Um das Gespräch in Gang zu bringen, können Sie auch eigene wahre oder erfundene Begebenheiten erzählen.)

B2
B2a (detailliertes Lesen)
■ Einzelarbeit:
Die TN lesen die Schlagzeilen und versuchen danach, schriftlich eine Definition für das Wort „Hochstapler" zu formulieren.
Schreiben Sie eventuell folgenden Satzanfang an die Tafel, den die TN ergänzen:
Ein Hochstapler ist jemand, der ...
Gehen Sie im Kurs herum, helfen und korrigieren Sie (nicht inhaltliche, sondern nur sprachliche Aspekte).

■ Plenum:
Lassen Sie am Ende gelungene Varianten vorlesen und schreiben Sie diese an die Tafel (oder lassen Sie sie von den TN selbst an die Tafel schreiben).

Hinweis zum Sprachgebrauch:
Weitere eventuell interessante Wörter und Ausdrücke in diesem Zusammenhang sind:
– **Heiratsschwindler** = ein Hochstapler, der die Absicht hat, eine meist wohlhabende Frau in sich verliebt zu machen und sie zu heiraten, um an ihr Geld zu kommen
– **Angeber** = eine Person, die vorgibt, mehr bzw. besser zu sein als sie eigentlich ist
– **Großmaul/Schwätzer** = eine Person, die großspurig daherredet und übertreibt, vor allem in Bezug auf eigene Leistung oder eigenen Reichtum
– **Scharlatan** = jemand, der vorgibt, viel zu wissen oder beruflich ein Spezialist zu sein, was aber nicht der Wahrheit entspricht
– **ein Wolf im Schafspelz** = ein gefährlicher Mensch, der aber harmlos wirkt
– **jemand hat Kreide gefressen** = eine Person spricht in gespielt harmlosem und wohlwollendem Ton, obwohl sie in Wirklichkeit böse Gedanken hegt. Diese Redewendung stammt aus dem Grimmschen Märchen von den sieben Geißlein. Im Märchen fraß der böse Wolf Kreide, um die hohe Stimme der Mutter der Geißlein nachzuahmen. So wollte er die Geißlein täuschen und sie dazu bringen, ihm die Tür zu öffnen.

B2b (kursorisches Hören)
Hinweis: Die TN schließen die Bücher. Sie sollen sich ganz auf den Text konzentrieren.
In der Regel sollte man erst die Aufgaben lesen und dann den Text hören, weil man dann schon weiß, worauf man achten soll. Da es hier aber um eine Filmkritik geht, hören die TN den Text erst einmal so, als würden sie ihn zufällig im Radio hören.

□ **Box: Wie hört man richtig zu?, S. 108** □

■ Einzelarbeit:
CD 1.36: Die TN hören den Text einmal. Dann öffnen sie die Bücher, lesen die Aussagen und hören den Text noch einmal. Danach kreuzen sie die Aussagen an, die sie im Text gehört haben.

Hinweis: Achtung! Pro Aufgabe passt nur eine Lösung.

■ Plenum:
Besprechen Sie die Aufgabe gemeinsam.

Hinweis: Wenn die Lösungen stark voneinander abweichen, markieren die TN gemeinsam die Unterschiede in den angebotenen Lösungen und hören dann den Text noch einmal.

B3

B3a

▪ Einzelarbeit:
Die TN überlegen sich, welche Motive der Filmheld hatte, und kreuzen an.

B3b (über Ziele und Absichten sprechen)

▪ Partnerarbeit:
Die TN unterhalten sich zu zweit über die Absichten von Frank W. Abagnale. Dabei sollen sie darauf achten, dass sie die vorgegebenen Wendungen und Ausdrücke benutzen.

Hinweis: Die Arbeitsbuch-Übungen 1, 2a, 3, 6b, 10 und 11 können im Unterricht als Vorbereitung auf das Gespräch in B3b bearbeitet werden, wenn Sie dies für nötig erachten.
Binnendifferenzierung: Lassen Sie die Arbeitsbuch-Übungen 2a und 3 anfertigen, ohne vorher zu thematisieren, worum es geht. Beobachten Sie die TN, schauen Sie ihnen über die Schulter und machen Sie sich so ein Bild über den Wissensstand.
Schwächere Gruppen: Wenn Sie den Eindruck haben, dass es beim Lösen der Übungen Schwierigkeiten gibt, wiederholen Sie kurz die Regeln. Lassen Sie dann auch die Arbeitsbuch-Übung 4 im Unterricht erledigen.
Stärkere Gruppen: Sie können – je nach Unterrichtsphase – den Fokus Grammatik zu diesem Thema vorziehen oder erst den Abschnitt B beenden, dann den Fokus Grammatik anschließen und die Arbeitsbuch-Übungen zu Hause bearbeiten lassen.

◁ **Arbeitsbuch S. 66 / Übung 1** Wiederholung ▷

Hinweis: Die Konjunktion *weil* drückt in der Verbindung mit dem Modalverb *wollen* ein Ziel bzw. eine Absicht aus.

◁ **Arbeitsbuch, S. 66 / Übung 2** Wiederholung ▷
◁ **Arbeitsbuch, S. 66 / Übung 3** Wiederholung ▷
◁ **Arbeitsbuch, S. 67 / Übung 4** ▷
◁ **Arbeitsbuch, S. 67 / Übung 5** ▷

Hinweis: Hier wird der Ausdruck „mein / sein / ihr Ziel ist es, ... zu + Infinitiv" bei gleichen Subjekten bzw. bei verschiedenen Subjekten „Unser Ziel ist es, dass Sie ..." eingeübt.

◁ **Arbeitsbuch, S. 67 / Übung 6**
6a: Die TN setzen „der Wunsch nach + Dativ" ein.
6c: Vertiefung ▷
◁ **Arbeitsbuch, S. 68 / Übung 7**
Zu Hause bzw. Einzelarbeit im Unterricht / Besprechung in Partnerarbeit. ▷

Hinweis: Schreiben Sie die benutzten Strukturen während der Übungsphase an die Tafel:

Finale Angaben (Intention, Absicht)

..., um .... zu + Infinitiv.
(gleiches Subjekt)

..., damit ... konjugiertes Verb
(verschiedene Subjekte)

Mein (dein / sein / ...) Ziel ist es,
....zu + Infinitiv
(gleiches Subjekt)

Mein (dein / sein / ...) Ziel ist es,
dass ... konjugiertes Verb
(verschiedene Subjekte)

Der Wunsch nach + Dativ
Den Wunsch / das Ziel haben,
... zu + Infinitiv
(gleiches Subjekt)

..., weil ... wollen
(konjugiert).

◁ **Arbeitsbuch, S. 68 / Übung 8** Wortschatzerweiterung ▷
◁ **Arbeitsbuch, S. 69 / Übung 9** Wortschatzerweiterung, **9a** Wiederholung ▷
◁ **Arbeitsbuch, S. 70, 71 / Übungen 10 + 11** Sätze bauen: Ziele / Absichten formulieren ▷

B4

B4a (detailliertes Lesen)

▪ Einzelarbeit:
Die TN lesen die Filmrezension und unterstreichen im Text nur die Wendungen und Ausdrücke, mit denen der Autor seine positive Meinung ausdrückt.
▪ Plenum:
Die TN lesen die Wendungen und Ausdrücke vor, die sie unterstrichen haben.
Schreiben Sie diese an die Tafel / auf eine Tageslichtprojektor-Folie.

B4b (Schreiben: Notizen machen, Buch oder Film besprechen)

Hinweis: Als Vorbereitung auf die Teilaufgaben 1 + 2 bieten sich die Arbeitsbuch-Übungen 12–14 an.
1
▪ Einzelarbeit:
Die TN machen sich Notizen zu einem Film bzw. Buch.
2
▪ Partnerübung:
Die TN sprechen zu zweit mithilfe ihrer Notizen über den von ihnen ausgewählten Film bzw. ein gutes Buch. Der jeweils zuhörende Partner kontrolliert, ob der andere die Ausdrücke und Wendungen aus Aufgabe B4a benutzt.

4

Hinweis zur Zeitökonomie: Wenn die verfügbare Unterrichtszeit knapp ist, können Sie je nach Kenntnisstand Ihres Kurses entscheiden, welche Arbeitsbuch-Übungen im Unterricht gemacht werden. Die TN bearbeiten die restlichen Aufgaben zu Hause (siehe, S. 120).

3
Die TN schreiben die Rezension am besten zu Hause. Zur Vorbereitung erledigen sie folgende Übungen im Arbeitsbuch:

◁ **Arbeitsbuch, S. 71, 72 / Übungen 12 + 13** Wortschatzerweiterung, **13c** Vertiefung ▷

◁ **Arbeitsbuch, S. 73 / Übungen 14 + 15** Sätze bauen: etwas bewerten / kritisieren ▷

◁ **Arbeitsbuch, S. 74 / Übung 16** Texte bauen: etwas bewerten / kritisieren ▷

Hinweis: Auch diese Film- oder Buchrezension eignet sich für eine Kurszeitung (*Projekt Kurszeitung,* S. 114)

Fokus Grammatik: finale Angaben im Kontext, S. 56

Aufgabe 1

1a
Hinweis: Diese Aufgabe kommt noch einmal auf die in Abschnitt B besprochenen finalen Angaben zurück. Wenn Sie diese bereits im Detail durchgenommen haben, bietet sich der Fokus Grammatik als Abschlusskontrolle an. Haben Sie das Thema zuvor weniger ausführlich bearbeitet, können Sie es an dieser Stelle vertiefen.
Manchmal ist es nicht so einfach, zu entscheiden, was die TN auf dem Niveau B2 lernen müssen: Bestimmte grammatische Strukturen haben sie bis B1 bereits erlernt. Nun werden ihnen für bestimmte Mitteilungsabsichten mehrere Möglichkeiten geboten. Da es hier nur um den finalen Charakter der angebotenen Möglichkeiten geht, soll man auf keinen Fall den auch anzutreffenden kausalen Charakter von *um ... zu* ansprechen (-> Niveau C1) oder auf den kausalen Charakter von *weil* eingehen. Das ist in Lektion 1 wiederholt worden. Hier geht es um den finalen Charakter von *weil ... will.*

■ Einzelarbeit / Partnerarbeit:
Die TN suchen im Text nach den finalen Angaben. Vergleich der Ergebnisse mit der Lernpartnerin / dem Lernpartner.
■ Plenum:
Sammeln Sie die entsprechenden Strukturen, Ausdrücke und Wendungen an der Tafel:

der Wunsch nach ... (+ Dativ)
Sein Ziel ist es, ... zu werden
..., um ... zu werden.
... damit man ... wird.
..., weil ich ... leben will.

1b
■ Einzelarbeit / Partnerarbeit:
Die TN ergänzen die Lücken und vergleichen wieder mit der Lernpartnerin / dem Lernpartner.
■ Plenum:
Kontrollieren Sie die Lösungen noch einmal gemeinsam.

Aufgabe 2

Hinweis: Hier wird der Unterschied zwischen den Strukturen *um ... zu* und *damit* aufgegriffen. Die Aufgaben sind als Zusammenfassung und Abschluss des Themas geeignet (vgl. Abschnitt B3a).

2a + b
■ Einzelarbeit:
Die TN lesen die Teilaufgaben von 2a und markieren in jedem Satz das Subjekt.
Die TN ergänzen die Regeln durch Ankreuzen.
■ Plenum:
Kontrolle gemeinsam.

◁ **Arbeitsbuch, S. 88 / Übung 35** Mini-Test zum Thema „finale Angaben“ ▷

C Die neue Welt des Essens, S. 57

C1
C1a
■ Einzelarbeit:
Die TN schreiben ihre persönliche Einkaufsliste.

Hinweis: Wenn Sie der Aufgabe Wettbewerbscharakter verleihen wollen, geben Sie ein Zeitlimit vor und bitten Sie die TN, ihre Liste so schnell wie möglich aufzuschreiben. Der TN mit den meisten Lebensmitteln hat gewonnen und bekommt evtl. einen kleinen Preis in Form eines Mini-Schokoriegels. Achten Sie darauf, dass die TN die Bedeutung des Wortes „Lebensmittel“ richtig verstanden haben und dass es sich wirklich nur um Dinge handelt, die man isst und trinkt.

C1b
■ Kleingruppen:
Die TN fertigen eine vergrößerte Tabelle wie im Buch an, z. B. auf einem DIN-A3-Blatt, und tragen die Lebensmittel aus den Einkaufslisten in die Tabelle ein.
■ Plenum:
Bereiten Sie ein großes Plakat mit der gleichen Tabelle vor. Bitten Sie die Gruppe, die als erste fertig

ist, ihre in der Gruppe gesammelten Lebensmittel in die Tabelle zu übertragen. Greifen Sie nötigenfalls korrigierend ein. Sukzessive ergänzen die anderen Gruppen ihre eigenen, noch fehlenden Begriffe.

C1c

▪ Plenum:
Die TN diskutieren im Kurs, welche Lebensmittel gesund bzw. ungesund sind.

◁ **Arbeitsbuch, S. 75 / Übung 17** Vertiefung ▷

Hinweis – Interkulturelle Komponente (für Kurse mit TN unterschiedlicher Nationalität):
Übung 17c eignet sich für ein Unterrichtsgespräch mit interkulturellem Inhalt. Die TN bereiten die Aufgabe kurz in Einzelarbeit vor und sprechen dann in Kleingruppen, die möglichst international besetzt sind. Wenn Sie aus Zeitmangel die komplette Übung 17 zu Hause bearbeiten lassen, bitten Sie die TN, zur Teilaufgabe c einen kleinen Text zu schreiben, der dann im Unterricht in Lerngruppen vorgestellt und besprochen wird. Die Überschrift dazu könnte lauten: „Mein Lieblingsessen". Diese Texte eignen sich auch als Beiträge für die Kurszeitung (*Projekt Kurszeitung*, S. 114).

C2

□ **Box: Der Umgang mit schwierigen Texten, S. 108** □

C2a

▪ Einzelarbeit:
Die TN betrachten den abgebildeten Buchumschlag. Die TN schreiben ihre Vermutungen, worum es in dem Buch gehen könnte, in Stichworten jeweils auf ein Blatt Papier oder sammeln gemeinsam an der Tafel.

C2b (orientierendes Lesen)

▪ Einzelarbeit:
Die TN lesen Zeile 1–16 und überprüfen anhand ihres Stichwortzettels aus Aufgabe C2a, ob ihre Vermutungen korrekt waren.

Hinweis: Bitten Sie die TN, ohne Wörterbuch zu arbeiten!

▪ Einzelarbeit / Partnerübung:
Die TN lesen Zeile 1–16 noch einmal. Zusammen mit einer Lernpartnerin / einem Lernpartner versuchen sie, den Inhalt dieser ersten 16 Zeilen zu verstehen, und helfen einander bei schwierigen Wörtern. Gehen Sie in dieser Phase zu den einzelnen Paaren und helfen Sie bei Schwierigkeiten mit dem Text.

▪ Plenum:
Besprechen Sie mit den TN, was das zentrale Thema des Textes ist. Es sollte klar sein, dass es um Aromazusätze in Lebensmitteln geht.

C2c (kursorisches Lesen)

▪ Einzelarbeit:
Der Text besteht aus drei Abschnitten. Die TN lesen die Aufgabe 1 zu Abschnitt 1 auf S. 58. Klären Sie unbekannte Wörter. Dann lesen die TN Abschnitt 1 bei Bedarf noch einmal und lösen dann die Aufgaben.
– Jetzt lesen die TN die Aufgabe zum zweiten Abschnitt (2a). Dann lesen sie den zweiten Abschnitt und lösen die Aufgabe.
– Die TN lesen die Aufgabe zum dritten Abschnitt (2b). Dann lesen sie den dritten Abschnitt und lösen die Aufgabe.

Hinweis: Vor allem in langsameren Gruppen werden die Abschnitte einzeln bearbeitet und auch die Lösungen abschnittweise verglichen.

Hinweis: Weisen Sie die TN explizit darauf hin, dass es sich um einen sprachlich anspruchsvollen Text handelt, den sie auf B2-Niveau auf keinen Fall komplett bzw. wortwörtlich verstehen können. Es geht vor allem in Abschnitt 2 + 3 (Zeile 8–24) darum, die in den Aufgaben geforderten Hauptinformationen aus dem Text herauszufiltern und nicht darum, die Ausdrücke und Wendungen in ihrer ganzen Idiomatik zu verstehen. Es ist in diesem Zusammenhang ganz wichtig, ihnen bewusst zu machen, dass sie immer erst die Aufgabenstellungen lesen sollen, weil das ihre Konzentration auf bestimmte Punkte lenkt und sie somit nicht so leicht von schwierigen Stellen im Text abgelenkt und abgeschreckt werden.

Hinweis zur Binnendifferenzierung: Gerade bei dieser Aufgabe kann es sein, dass große Unterschiede in der Arbeitsgeschwindigkeit der TN bestehen. Schnelle TN können in der Zwischenzeit die Arbeitsbuch-Übungen 18–21 bearbeiten, die dann von den langsameren TN zu Hause erledigt werden.

C2c 3 (detailliertes Lesen)
Die TN lesen nun die Aufgabe 3.
Hier geht es nicht mehr um die Aussage des Textes, sondern um die Bedeutung bestimmter Wörter. Die TN suchen die angegebenen Wörter im Text. Erklären Sie dann gemeinsam im Kurs die Bedeutung dieser Wörter.

Hinweis: Diese Aufgabe können Sie auch nach C2d machen und dann mit den Arbeitsbuch-Übungen 18–21 verbinden.

C2d

▪ Kleingruppen:
Nehmen Sie sich noch einmal das in Aufgabe C1b gemeinsam erstellte Plakat vor. Die TN überlegen sich in ihren Gruppen, welche Produkte sie mit dem

neu erlangten Wissen vielleicht nicht mehr kaufen würden und welche vielleicht trotzdem.

■ Plenum:
Die einzelnen Gruppen fassen kurz ihre Ergebnisse zusammen und begründen ihre Entscheidung.

◁ **Arbeitsbuch, S. 76–78 / Übungen 18–20** ▷
◁ **Arbeitsbuch, S. 76–78 / Übungen 21** Wiederholung ▷

Hinweis: In diesen Arbeitsbuch-Übungen geht es um die Wortbildung bei Adjektiven. Ziel ist hier neben der Wortschatzerweiterung, dass die TN Bedeutungen im Kontext erschließen können (z. B. bei den Suffixen *-voll*, *-los*, *-bar*).

C3

C3a (selektives Hören)

■ Einzelarbeit:
CD 1.37: Die TN hören den Hörtext mindestens zweimal und machen sich Notizen zu den auf dem Zettel genannten Punkten.

Hinweis: Sie können den Kurs auch in drei Gruppen einteilen. Gruppe 1 hört aus dem Rezept die Zutaten heraus und notiert diese, Gruppe 2 sammelt Hinweise auf die Arbeitsschritte und Gruppe 3 notiert im Hörtext erwähnte Tipps.
Spielen Sie den Hörtext mindestens zweimal vor. Beim zweiten Mal können Sie Pausen einlegen, damit die TN Zeit haben, das Gehörte zu notieren. Alternativ lassen Sie den Text wieder komplett durchlaufen und spielen ihn eventuell ein drittes Mal vor.

C3b (Sprechen: ein Rezept beschreiben)

■ Einzelarbeit:
Die TN lesen die Redemittel.

■ Partnerarbeit:
Die Lernpartner beschreiben sich gegenseitig, wie die Suppe zubereitet wird. Die TN verwenden dabei die angegebenen Wendungen und Ausdrücke. Der jeweils zuhörende Partner vergleicht die Beschreibung mit seinen Notizen und ergänzt, falls nötig, fehlende Angaben seiner Lernpartnerin / seines Lernpartners.

◁ **Arbeitsbuch, S. 79 / Übung 22** Wiederholung ▷
◁ **Arbeitsbuch, S. 79, 80 / Übung 23**
23a + b zu Hause, **23c + d** Vertiefung
◁ **Arbeitsbuch, S. 81 / Übung 24** Sätze bauen: Kochrezepte formulieren ▷
◁ **Arbeitsbuch, S. 82 / Übung 25** Texte bauen: Kochrezepte formulieren / Partnerarbeit oder zu Hause ▷

C3c (Sprechen: ein Rezept beschreiben)

■ Einzelarbeit:
Jeder TN überlegt sich ein Gericht – in internationalen Gruppen am besten ein typisches Gericht aus dem Heimatland – und schreibt Stichpunkte dazu auf.

■ Kleingruppen:
Die TN erklären ihr Rezept und beschreiben, wie man die Speise genau zubereitet. Die anderen Gruppenmitglieder hören gut zu und machen sich Notizen

Hinweis zur Erweiterung der Übung: Lassen Sie neue Kleingruppen bilden. Mischen Sie die Gruppen dabei so, dass in jeder neuen Gruppe Repräsentanten der vorherigen Gruppen sitzen. Die TN berichten aus ihren früheren Gruppen und erzählen in groben Zügen, welche Rezepte sie vorgestellt bekommen haben.

Schriftliche Ausarbeitung des Rezepts:
Die TN schreiben ihr Lieblingsgericht auf (evtl. Hausaufgabe). Gelungene Rezeptvorschläge eignen sich als Beiträge für die Kurszeitung (*Projekt Kurszeitung,* S. 114).

Projekt: Internet-Recherche und Vortrag zum Thema „Typisch deutsche Gerichte"
Kulinarisch interessierte TN könnten sich im Internet, bei Freunden oder – für Kurse in deutschsprachigen Ländern – in ihren deutschen Familien schlau machen, welche landestypischen Gerichte es gibt und wie man diese zubereitet.

Hinweis Landeskunde:
Wie so viele Dinge, die dem Wandel der Zeit unterworfen sind, ist auch die „typisch deutsche" Küche nicht mehr das, was sie früher einmal war. In vielen Haushalten werden nicht mehr die klassischen Mahlzeiten eingenommen (mittags eine warme Hauptmahlzeit, abends eine „Brotzeit" mit Brot, Wurst und Käse). Je nach Arbeitsrhythmus und Vorlieben wird oft auch abends warm gegessen. Dabei sind die Gerichte nicht selten italienisch beeinflusst. Nudeln stehen in vielen Variationen häufig auf dem Speiseplan. Unter jüngeren Leuten hat sich die Pizza etabliert, die man entweder nach Hause liefern lässt, in einer Pizzeria abholt oder tiefgekühlt kauft. Da die Menschen immer weniger Zeit zum Kochen haben, stehen Fertiggerichte hoch im Kurs. Andererseits gibt es gesundheitsbewusste Menschen, die in Bioläden einkaufen und viel selbst kochen. Man hat sich jedoch von den klassischen, sehr deftigen Rezepten wegbewegt. Stattdessen hat sich eine neue deutsche Küche mit viel Gemüse, Salat und vollwertigen Gerichten entwickelt.
In Mode sind auch Fernseh-Kochshows wie zum Beispiel „Das perfekte Dinner" (die Kandidaten müssen ein Menü kochen und werden von den Gästen beurteilt) oder Sendungen, in denen prominente Köche kochen.

D Eine wirklich nette Kollegin, S. 59

D1

D1a (orientierendes Lesen)

■ Einzelarbeit:
Die TN lesen den Text still und beantworten die Frage, über welchen Lebensbereich Jutta berichtet.

Hinweis: Organisieren Sie eine Art Wettstreit. Wer findet beim Überfliegen des Textes die Antwort am schnellsten? Die/Der hebt seine Hand. Der KL stoppt die Zeit mit der Stoppuhr. Eigentlich geben schon das Foto und der erste Satz genug Ansatzpunkte: *Arbeitsplatzbereich, Urlaubsvertretung, Kollegin, Büro*. Mehr Hinweise braucht man nicht. Im wahren Leben entscheidet man jetzt, ob man den Text lesen will oder nicht.
Diese erste Hypothese ist für das Vorgehen beim Leseverstehen äußerst wichtig: Das orientierende Lesen aktiviert Interesse (oder Desinteresse) und damit Vorwissen und Weltwissen.
Alternative: Da die TN unterschiedlich schnell lesen, bitten Sie sie, die Frage in einem Satz schriftlich zu beantworten. Dann fahren die TN selbstständig mit Aufgabe D1b fort

D1b (detailliertes Lesen)

■ Einzelarbeit:
Die TN lesen zuerst die Aufgaben und dann den Text. Sie versuchen, die Stimmung des Textes zu erfassen. Sie kreuzen an, wie die Autorin die Situation sieht.

Hinweis: Da die Antworten hier sehr eindeutig sind, dürften keine größeren Schwierigkeiten auftreten.

■ Partnerarbeit / Plenum:
Die TN vergleichen ihre Lösungen mit einer Lernpartnerin / einem Lernpartner. Sollten Unklarheiten auftauchen, können Sie diese gemeinsam klären.

Hinweis zur Binnendifferenzierung: Schnellere TN können im Lesetext nach reflexiven Verben suchen und bereits mit Arbeitsbuch-Übung 26 (S. 83) beginnen, während die langsameren TN noch den Text bearbeiten.

Hinweis zur Kursorganisation: Vor der Aufgabe D1c bietet es sich an, die Arbeitsbuch-Übungen 26–30 zu den reflexiven Verben bearbeiten zu lassen. In stärkeren Gruppen können Sie auch Fokus Grammatik (Kursbuch, S. 60) vorziehen. Je nach Wissensstand der TN entscheiden Sie dann, ob die Arbeitsbuch-Übungen komplett zu Hause erledigt werden sollen oder ob Sie Unterrichtszeit dafür aufwenden müssen. Die Arbeitsbuch-Übung 29 zur Stellung des Reflexivpronomens im Satz ist auch besonders für stärkere Gruppen interessant und sollte daher selbst bei Zeitmangel im Unterricht besprochen werden.

Einschub – Wiederholung reflexive Verben

Hinweis: Warum eigentlich noch einmal reflexive Verben? Die TN haben bisher die Verben *jemanden waschen – sich waschen*, *jemanden kämmen – sich kämmen* usw. bewusst gelernt. Das werden auch die Beispiele sein, die die TN bei einer Wiederholung am ehesten nennen. Außerdem sind sie den Verben *sich freuen über / auf*, *sich interessieren für* usw. begegnet. Es gibt darüber hinaus sehr viele Verben, denen eine sogenannte *sich*-Logik fehlt und die dann über die Ursprungsbedeutung des Verbs ohne *sich* nicht erschlossen werden können. Oft wird von den TN nicht einmal erkannt, dass das *sich* im Text zum Verb gehört. Ein gutes Beispiel dafür ist *verlassen: jemanden verlassen* und *sich verlassen auf* weisen in der Muttersprache oder einer anderen Sprache seltenst den gleichen Ursprung auf; sie bedeuten einfach zwei völlig unterschiedliche Dinge.
Wenn Sie das Gefühl haben, dass in Ihrem Kurs dieses Kapitel hier wiederholt werden muss, fangen Sie mit einer kleinen Aufwärmphase an und machen Sie dann den Fokus Grammatik, der mit einer Textarbeit des Textes D1a beginnt.

◁ **Arbeitsbuch, S. 83, 84 / Übungen 26–28** zum Thema Reflexivpronomen im Akkusativ oder im Dativ im Unterricht oder als Hausaufgabe ▷
◁ **Arbeitsbuch, S. 84 / Übung 29** im Unterricht ▷

■ Einzelarbeit / Plenum:
Lassen Sie die Sätze laut vorlesen und machen Sie sich gemeinsam bewusst: Wo steht das Reflexivpronomen?

Hinweis: Es gibt keine Regeln, die die TN auf Niveau B2 als echte Hilfe für ihre Sprachproduktion einsetzen können. In 29c finden Sie Tendenzen, die Sie gemeinsam mit den TN an den Beispielsätzen überprüfen können. Dabei empfiehlt es sich, die in den Tendenzbeschreibungen erwähnten Satzteile in den Sätzen farbig zu markieren.

◁ **Arbeitsbuch S. 85 / Übung 30** zu Hause ▷

Hinweis: Gerade Übungen wie diese helfen bestimmten TN, sich Ausdrücke mit *sich,* die an bestimmten Situationen bzw. Kontexten festgemacht werden, zu merken. Viele TN kommen so der korrekten Sprachanwendung näher als durch Regeln, an die man sich im Ernstfall zumeist sehr schwer erinnern kann.

D1c (Schreiben: eine Arbeitsplatzsituation beschreiben)

■ Einzelarbeit:
Die TN lesen noch einmal den Text in D1a und ergänzen die vorgegebenen Sätze.

Hinweis: Wenn Sie die Grammatik-Sequenz zu den reflexiven Verben (siehe Hinweis oben) nicht nach der Aufgabe D1b eingeschoben haben, empfiehlt es sich, die Aufgabe D1c direkt anzuschließen, da sich diese an den Lesetext anlehnt. Dann sollten die Arbeitsbuch-Übungen 31–34 bearbeitet werden. Wenn Sie den Ablauf im Kursbuch wegen des Einschubs der Grammatik-Sequenz zu den reflexiven Verben sowieso unterbrochen haben, können Sie die Arbeitsbuch-Übungen 31–34 auch zu Hause vor der Aufgabe D1c erledigen lassen.

◁ **Arbeitsbuch, S. 86 / Übung 31** Wortschatz: eine Arbeitssituation beschreiben ▷
◁ **Arbeitsbuch, S. 86, 87 / Übung 32** Sätze bauen: eine Arbeitssituation beschreiben ▷
◁ **Arbeitsbuch, S. 87 / Übung 33** Phonetik, im Unterricht ▷
◁ **Arbeitsbuch, S. 88 / Übung 34** Vertiefung ▷

D2
D2a (selektives/detailliertes Lesen)
■ Einzelarbeit:
Stellen Sie sicher, dass der Arbeitsauftrag allen TN klar ist.
- Die TN lesen den Text zunächst still.
- Klären Sie unbekanntes Vokabular oder unklare Textpassagen.

Hinweis: Regen Sie die TN an, nicht Sie als KL zu fragen, sondern im Kurs zu fragen: „Kann mir einer von euch / Ihnen sagen, was ... bedeutet?" Ermuntern Sie die TN auch, Vermutungen zu äußern. *„Ich glaube, ... bedeutet ... / ... könnte vielleicht ... bedeuten."*

- Die TN machen sich Gedanken darüber, ob Jutta von Birgit gemobbt wird, und kreuzen das ihrer Meinung nach zur Situation passende Merkmal von Mobbing an.

■ Plenum:
- Vergleichen Sie die Lösungen im Kurs.

Hinweis: Es gibt hier keine eindeutige Lösung. Wenn man es genau nimmt, weist der Text von Birgit nicht genug Merkmale auf, aber die TN bewegen sich hier natürlich auch im Bereich ihrer eigenen Einschätzung und Lebenserfahrung. Je nach Kursstruktur kann es zu recht kontroversen Diskussionen kommen. Steuern Sie die Länge der Diskussion auch im Hinblick darauf, aus welchen Lebensbereichen die Mehrzahl Ihrer TN kommt.

☐ **Box: Lesen, S. 107** ☐

D2b (Schreiben: zu einem Sachverhalt kritisch Stellung nehmen)
■ Einzelarbeit:
Die TN schreiben eine Reaktion auf Juttas Eintrag im Online-Tagebuch. Dabei sollen sie etwas zu allen genannten Punkten schreiben.

Hinweis: Da die meisten TN sicher eine eigene Meinung zu Juttas Online-Tagebuch haben, ist dies eine motivierende Schreibübung für den Unterricht. Während der Textproduktion sollen die TN darauf achten, dass sie zu allen genannten Punkten ca. zwei Sätze schreiben. Dies wird auch in Prüfungen gefordert. Geben Sie ein Zeitlimit vor, denn die TN müssen sich daran gewöhnen, dass sie, vor allem in Prüfungen, oft unter Zeitdruck arbeiten müssen. Es sollte möglichst kein Wörterbuch benutzt werden. Bitten Sie die TN auch, auf leserliche Schrift zu achten. Die Lernpartner werden den Text später lesen. Zudem ist es gerade in Prüfungen sehr wichtig, den Korrektor nicht durch nur mühsam lesbare oder gar unlesbare Passagen zu verärgern.

D2c
■ Partnerübung:
Die TN tauschen ihre Texte aus, lesen sie, suchen nach Fehlern und unverständlichen Stellen, aber auch nach gelungenen Formulierungen.
■ Einzelübung:
Die TN überarbeiten ihre eigenen Aufsätze.

Hinweis: Sammeln Sie auch sporadisch Textproduktionen ein, um diese zu verbessern und die TN in ihrer Arbeit zu bestärken.

Hinweis: Auf der Lerner-CD-ROM (im Arbeitsbuch mit eingelegter Lerner-CD-ROM) finden die TN das Lernerportfolio. Dort gibt es immer wieder den Hinweis, gelungene eigene Texte oder gelungene Texte anderer TN zu speichern. Weisen Sie Ihre TN gegebenenfalls darauf hin.

Fokus Grammatik: reflexive Verben im Kontext, S. 60, 61

Hinweis: siehe S. 13

Aufgabe 1
a
■ Einzelarbeit:
Die TN lesen noch einmal den Text in D1a (S. 59) und markieren darin alle reflexiven Verben.
■ Partnerarbeit:
Die TN vergleichen ihre Ergebnisse mit einer Lernpartnerin / einem Lernpartner.
■ Plenum:
Endkontrolle gemeinsam.

Hinweis: Wenn Teile des Kurses diese Aufgabe in Abschnitt D1b (Binnendifferenzierung) schon erledigt haben, bitten Sie diese TN, in einer Gruppe zusammenzukommen und ihre Ergebnisse zu kontrollieren. Die anderen TN sollen in Ruhe suchen können.

b
■ Einzelarbeit bzw. Partnerarbeit oder Kleingruppen:

Hinweis: Wenn Sie einen international besetzten Kurs haben, bringen Sie TN mit gleicher Muttersprache in Paaren oder Kleingruppen zusammen. Wenn es sich um sprachlich homogene Gruppen handelt, können die TN auch allein arbeiten und hinterher mit der Partnerin / dem Partner vergleichen.

Lassen Sie die Verben übersetzen. Bitten Sie die TN auch, zu jedem Verb einen einfachen deutschen Beispielsatz zu suchen. Erarbeiten Sie zusammen im Kurs ein Beispiel. Schreiben Sie beispielsweise an die Tafel:

sich fragen:
Ich frage mich, warum er das getan hat.

fragen:
Ich muss meine Eltern fragen, ob ich ins Kino gehen darf.

sich ärgern über:
Täglich ärgert sich Jutta über ihre Kollegin.

jdn. ärgern:
Mein Bruder ärgert mich immer.

c
■ Einzelarbeit:
Die TN lesen die Sätze 1–4 und markieren sie mit A oder B.
■ Plenum:
Vergleich der Lösungen mit dem Lösungsschlüssel. Klärung offener Fragen.
d
■ Einzelarbeit bzw. Partnerarbeit oder Kleingruppen:
Die TN überlegen noch einmal allein oder in den Gruppen aus Aufgabe 1b, ob ihre Übersetzungen korrekt waren.

Aufgabe 2
■ Partnerübung:
Die TN lesen die Texte und entscheiden gemeinsam, in welchem Text Reflexivpronomen und in welchem Personalpronomen vorkommen. Sie suchen die Unterschiede.

■ Plenum:
Besprechen Sie die Aufgabe gemeinsam und lassen Sie die TN erklären, worin der Unterschied liegt.
Mögliche Antworten:
Text 1: Reflexivpronomen, weil die Personen immer identisch sind: ich ... mich / du ... dich etc.
Text 2: Personalpronomen, es handelt sich um jeweils verschiedene Akteure – ich ... sie / du ... mich / er ... ihn (zwei verschiedene maskuline Personen!) usw.

◁ **Arbeitsbuch, S. 88 / Übung 36** als Mini-Test ▷

Hinweis: Machen Sie den TN noch einmal deutlich, dass die Verben, die von einem *sich* begleitet werden, auch so gelernt werden müssen, genauso wie die TN Nomen mit dem jeweiligen Artikel lernen müssen. Wichtige und häufige neue Verben enthält die Übung 30.

E Und was interessiert Sie so?, S. 61

E1
E1a
■ Plenum:
– Erklären Sie den TN die Aufgabe.

Hinweis: Wichtig ist, dass die TN wirklich ein Thema auswählen, für das sie sich interessieren, und eins, für das sie sich nicht interessieren. (Oder sie tun so, aber glaubwürdig. Und sie müssen sich vorher festlegen.) Erklären Sie den TN an dieser Stelle schon den Verlauf des Spiels. Sie sollen beide Interessengebiete so vorstellen, dass die Mitspieler nicht merken, für welches Gebiet sie sich interessieren und bei welchem sie nur Interesse vortäuschen. Die Mitspieler müssen aber genau das erraten. Weisen Sie die TN bereits hier darauf hin, dass sie innerhalb der Gruppe beobachten sollen, welche in Lektion 4 besprochenen Ausdrücke und Wendungen im Gespräch benutzt werden. Als Vorbereitung darauf können die TN zuerst S. 62 mit den gesammelten Ausdrücken und Wendungen überfliegen.

– Die TN wählen zwei der genannten Themen aus.

E1b
■ Plenum:
Klären Sie die Oberbegriffe der einzelnen Kategorien. Lassen Sie sich exemplarisch Gesellschaftsspiele nennen (allseits bekannt ist „Monopoly"), um sicherzugehen, dass alle diesen Begriff verstanden haben. Weisen Sie darauf hin, dass die Frage nach dem „Ziel" auch den Grund für das Interesse bedeuten kann. So könnte das Ziel beim Thema Film „Spannung" oder „Unterhaltung" sein. Aber auch der Wunsch, sich in dem Bereich auszukennen, eine

4

Filmsammlung aufzubauen usw. Beim Thema Hobby könnten als Ziele „Fitness“ (für ein sportliches Hobby) oder „Entspannung“ oder „Wissen in einem speziellen Bereich“ (für das Hobby Lesen) genannt werden usw.

▪ Einzelarbeit:
Die TN machen sich Notizen.

E1c
▪ Gruppenarbeit (idealerweise pro Gruppe vier TN, aber auch mit drei oder fünf möglich):
Die TN stellen reihum ihre Interessengebiete vor. Die anderen Mitspieler müssen erraten, für welches Thema sich der Sprecher nicht wirklich interessiert.

E1d
▪ Gruppenarbeit:
Die Gruppen reflektieren gemeinsam, ob sie die Wendungen und Ausdrücke der Lektion verwendet haben.

Arbeitsbuch: „Darüber hinaus“

Hinweis zum Arbeitsbuchteil „Darüber hinaus“:
s. S. 21, 105

◁ **Arbeitsbuch, S. 89 / Übung 37** Texte lesen: detailliertes Lesen
Wortschatz-Übung, wie sie oft in Tests vorkommt, geeignet für die Bearbeitung zu Hause oder als Lektionsabschluss im Kurs ▷

◁ **Arbeitsbuch, S. 89 / Übung 38** Übung zu Prüfungen: Sprechen ▷

▪ Einzelarbeit / Partnerarbeit:
Jeder TN überlegt zunächst allein, welches Foto er auswählen würde und warum. Dann diskutieren die TN und – wichtig! – kommen zu einer Kompromisslösung.

Hinweis: Diese Übung bereitet auf einen Prüfungstyp vor, der in den meisten Prüfungen auf der Stufe B2 vorkommt. Die Übung kann aber auch später gemacht werden.

Fotodoppelseiten, S. 64, 65

Hinweis: Im Lehrwerkservice komplett zum kostenlosen Ausdrucken oder als Auswahl im Anhang finden Sie Arbeitsblätter für die Projektarbeit zu den Fotodoppelseiten als Kopiervorlagen.

Lektion 5 Eintauchen

Worum geht es in der Lektion?

Lernziel: Alltagsgespräche führen

Abschnitt **A:** **„Ewiges Blau“**
Fertigkeit: Sprechen
Lernziel: Als Einstieg in die Lektion dient ein Werbeslogan zu einem Buch über das Meer, der mit dem Wort *eintauchen* spielt. Die TN diskutieren über Utopie und Wirklichkeit und lesen einen Bericht über das erste Tauchauto der Welt.

Abschnitt **B:** **„Eintauchen in ...“**
Fertigkeiten: Lesen und Sprechen
Lernziele: Die TN lesen Statements, in denen Personen darüber berichten, in welche Lebenswelten sie gern eintauchen. Dann berichten die TN selbst über ihre Lieblingsbeschäftigungen. Grammatikalisch geht es um Verben und Ausdrücke mit festen Präpositionen.

Abschnitt **C:** **„Virtuell in einer Stadt“**
Fertigkeiten: Lesen, Hören und Sprechen
Lernziele: Anhand von E-Mails und einem Telefongespräch lernen die TN, umgangssprachliche Wendungen und Ausdrücke zu verstehen. Sie setzen sich auch mit dem obligatorischen *es* in Alltagsgesprächen auseinander. Nach einer kurzen Internet-Recherche bzw. nach der Lektüre eines Magazintexts tauschen sich die TN über die erhaltenen Informationen aus. Außerdem wird der Wortschatz zum Thema „Computer und Internet“ erweitert.

Abschnitt **D:** **„Eintauchen in eine Geschichte“**
Fertigkeiten: Lesen und Sprechen
Lernziele: Die TN lesen den Klappentext eines Romans und stellen Vermutungen über das Verhalten der Hauptperson sowie über den weiteren Handlungsverlauf an. Die TN üben, gemeinsam eine Geschichte zu entwickeln. Im Grammatikteil wird das Futur als Ausdrucksmittel für Vermutungen behandelt.

Abschnitt **E:** **„Alte Liebe rostet nicht“**
Fertigkeiten: Hören und Sprechen
Lernziele: In einem Interview wird ein Paar vorgestellt, das sich auf das Sammeln alter Kinderbuch-Hörspiele verlegt hat. Die TN lernen, ein Gespräch in Gang zu halten und Interesse zu zeigen. Das Gelernte wenden sie dann in einer Gesprächsrunde an.

Abschnitt **F:** **„SMS-Sprache.de“**
Fertigkeiten: Lesen und Schreiben
Lernziele: Mittels eines Textes von der Startseite einer Homepage werden die TN in die SMS-Sprache eingeführt. Sie entschlüsseln und verfassen SMS-Nachrichten.

Abschnitt **G:** **„In gemeinsame Welten eintauchen“**
In diesem Abschnitt wird das Lektionsziel zusammengefasst. Die TN stellen ihre Lieblingsbücher, -CDs, -zeitschriften oder -filme vor.

Fokus Grammatik
1. Verben und Präpositionen
2. Futur I und II im Kontext

Thematischer Einstieg: Assoziationsseite, S. 66

Hinweis zu den Assoziationsseiten im Unterricht:
siehe Lektion 1, S. 10 und S. 156

Aufgabe 1
■ Plenum:
– Die Bücher sind geschlossen.
– Schreiben Sie das Wort *eintauchen* an die Tafel. Fragen Sie die TN, ob sie das Wort oder einen Teil davon kennen. Die meisten werden das Grundverb *tauchen* kennen. Lassen Sie die TN kurz darüber nachdenken bzw. diskutieren, was das Präfix *ein* hier bedeuten könnte und wie das Wort *eintauchen* zu verstehen ist. Erklären Sie es zu diesem Zeitpunkt aber noch nicht.
– Die TN öffnen die Bücher und sehen die Fotos an. Fragen Sie erneut: „Was bedeutet *eintauchen*?“ Wenn die TN immer noch nicht auf die Bedeutung kommen, helfen Sie mit einer Erklärung.

Hinweis zum Sprachgebrauch:
eintauchen in etwas = sich völlig auf etwas konzentrieren, sodass man Zeit und Raum vergisst; man befindet sich sozusagen in einer anderen Welt. Folgende Ausdrücke und Wendungen stehen damit im Zusammenhang: „alles um einen herum vergessen“ / „die Zeit vergessen“ / „die Zeit vergeht wie im Flug“ / „total abschalten“ / „etwas stundenlang/ewig tun (können)“

Welche der Fotos können die TN mit *eintauchen* in Verbindung bringen? Bei welchen Fotos erschließt sich keine Verbindung?

Hinweis: Lassen Sie das offen und kehren Sie am Ende der Lektion zur Einstiegsseite zurück.

Hinweis: In Gruppen, die etwas langsamer sind oder sich noch nicht so gut ausdrücken können, bietet sich die folgende alternative Aufgabe an.

Alternative Aufgabe:
■ Paare / Kleingruppen:
– Stellen Sie folgende Frage: „Welche Aktivitäten sind vielleicht auf den Fotos abgebildet?“
– Die Paare / Gruppen versuchen, eine Antwort auf diese Frage zu finden, und notieren die Aktivitäten stichpunktartig.
■ Plenum:
Auswertung und Diskussion der Gruppenarbeit.

Hinweis: Folgende Ideen sind denkbar:
Foto A: schwimmen, tauchen, Freizeit, Urlaub
Foto B: Musik hören, Hörbücher hören, Freizeit
Foto C: Stadtplan lesen, Stadt besichtigen
Foto D: Buch lesen: Roman, Krimi, interessantes Wissensgebiet
Foto E: Kunsthandwerk, Markt, Flohmarkt, Shopping / Einkaufen, etwas selbst herstellen, etwas sammeln
Foto F: MP3-Player oder Handy

Aufgabe 2
■ Kleingruppen:
Die TN tauschen sich darüber aus, worin sie selbst völlig eintauchen können. Sie überlegen sich auch, welches Foto dazu passen könnte.
■ Plenum:
Fragen Sie: „Was könnte man in diesem Zusammenhang vielleicht noch abbilden?“ Die TN berichten über die Ergebnisse der Gruppenarbeit und nennen mögliche Fotomotive.

Hinweis: Auf der Extra-CD-ROM gibt es noch weitere Themengebiete rund ums *Eintauchen* mit zahlreichen Aufgaben.

Einstiegsaufgabe A: „Ewiges Blau“, S. 67

Hinweis zum Sprachgebrauch: „Ewiges Blau“ ist kein feststehender Ausdruck, sondern eine Art Wortspiel, welches sich auf den Ausdruck „ewiges Eis“ bezieht. Damit sind der nie schmelzende Schnee und das Eis in den hohen Bergen oder an den Polen gemeint. „Ewiges Blau“ steht hier für die Ozeane.

A1
A1a (kursorisches Lesen)
■ Einzelarbeit:
Die TN lesen den Werbeslogan und beantworten für sich die Frage, ob sie Lust hätten, in dieses Buch einzutauchen. Die TN sollen sich auch überlegen, um was für eine Art von Buch es sich handeln könnte.

Hinweis: Wenn Sie die Assoziationsseite weggelassen haben, müssen Sie mit den TN zuerst die Bedeutung des Wortes „eintauchen“ klären (siehe auch oben unter Aufgabe 1).
Werbeslogan = ein prägnanter Spruch oder Satz, der zu Werbezwecken benutzt wird

■ Plenum:
Lassen Sie die TN erklären, was mit dem Werbeslogan gemeint ist. Fragen Sie: „Wen würde dieses Buch interessieren?“, „Was erwarten Sie von dem Buch?“, „Wer würde sich das Buch wohl kaufen?“, „Würden Sie der Aufforderung folgen und in das Buch eintauchen?“

A1b
■ Plenum:
Die TN beantworten die Frage. Kurzer Meinungsaustausch im Kurs.

Hinweis – bei Interesse am Thema: Vokabular zum Thema *tauchen:*
– Was braucht man zum Tauchen?
einen Taucheranzug (Neoprenanzug), Flossen, eine Sauerstoffflasche (für das Tauchen in die Tiefe bzw. für längere Tauchgänge), einen Schnorchel (für das oberflächliche Tauchen), eine Taucherbrille
– Was kann man sehen?
Fische, Korallen, Meerestiere, Muscheln, Unterwasserpflanzen

A2

A2a

■ Einzelarbeit / Plenum:
Die TN sehen sich die Fotos an und lesen die Bildlegenden. Dann machen sie sich Gedanken über den Wahrheitsgehalt der Meldung. Besprechung gemeinsam.

Hinweis – Worterklärungen:
Utopie = unrealistische, unrealisierbare Vorstellung/ Vision von der Zukunft
Genfer Autosalon = eine Messe für Autos in Genf (Schweiz)
sQuba = hier ein Produktname, möglicherweise abgeleitet vom englischen Wort „scuba" für Tauchgerät

A2b (kursorisches Lesen)

Hinweis: Der Text spielt auf die britischen Actionfilme mit dem Titel(helden) „James Bond" an, der im Auftrag Ihrer Majestät, der britischen Königin, als Geheimagent mit der Nummer 007 abenteuerliche Fälle löst. In einem James-Bond-Film mit dem Titel „Der Spion, der mich liebte" kommt ein Amphibienfahrzeug vor, das unter Wasser schwimmen kann.
Tuningfirma (erster Abschnitt, letzte Zeile) = Als Tuning wird das nachträgliche Steigern der Motorleistung eines Autos durch Umbau oder sonstige Manipulation bezeichnet. Eine Tuningfirma ist also ein Unternehmen, das fertige Autos verändert.
Cessna (zweiter Abschnitt, zweite Zeile) = Das ist die Bezeichnung für einen bestimmten Typ von Kleinflugzeugen.

■ Einzelarbeit:
Die TN lesen den Text.
■ Partnerarbeit:
Die TN tauschen sich darüber aus, ob ihre Vermutungen korrekt waren und was sie von dem Text halten.

Hinweis – Zusatzaktivität nur bei besonders interessierter Zielgruppe:
(*Lesen,* S. 107)

■ Kleingruppen:
Immer drei TN gehen zusammen in eine Gruppe. Jeder TN nimmt sich einen Absatz vor, liest ihn noch einmal und formuliert mindestens zwei Fragen dazu, die dann den anderen Gruppenmitgliedern gestellt werden.
Zum Beispiel erster Abschnitt:
Wer ist Frank Rinderknecht? (Chef der Schweizer Firma Rinspeed / Chef einer Tuningfirma / Erfinder / Tüftler) Was hat Herr Rinderknecht erfunden? (ein Auto, das tauchen kann) Welche Visionen haben die Menschen, Autos betreffend, laut Herrn Rinderknecht? (Es soll fahren, fliegen und tauchen.)
Zweiter Abschnitt: Was ist mit einem Auto unmöglich? (fliegen) Auf welchen Film bezieht sich Herr Rinderknecht? (auf den Film „Der Spion, der mich liebte" aus der James-Bond-Serie) War die Erfindung leicht umzusetzen? (Nein, sie haben geschuftet, geschwitzt und gefroren.)
Dritter Abschnitt: Was hat Herr Rinderknecht diese Woche zum ersten Mal gemacht? (Er hat das Auto unter Wasser ausprobiert.) Hat das Experiment geklappt? (Ja, es hielt dicht, kein Wasser kam in den Motor.)

A2c (selektives Lesen)

■ Kleingruppen:
Die TN beantworten zunächst die Frage nach den Wünschen der Kunden. Dann berichten sie von ihren persönlichen Erwartungen an ein Auto.

A2d (spontan Interesse oder Desinteresse äußern)

■ Kleingruppen oder Plenum:
Fragen Sie die TN: „Würden Sie mit dem Tauch-Auto in die Unterwasserwelt des Genfer Sees eintauchen?" Bitten Sie die TN, ihre Antwort zu begründen.

Hinweis – Weitere Diskussionsthemen:
Was wäre Ihr Traumauto?
Was soll ein Auto Ihrer Meinung nach können?
Haben Sie ein Auto? Ist es praktisch?

Hinweis – Interkulturelle Komponente:
Haben viele Menschen in Ihrem Land ein Auto?
Besitzen manche Familien auch mehrere Autos?
Welche anderen Verkehrsmittel werden benutzt?
Welche Automarken werden in Ihrem Land hauptsächlich gefahren?
„Ist ein Auto in Ihrem Land ein Statussymbol?", „Was glauben Sie, wie ist das in Deutschland?"
Fragen nur für Kurse in deutschsprachigen Ländern:
„Welche Unterschiede im Straßenverkehr stellen Sie zwischen Deutschland und Ihrem Land fest?", „Fahren Sie manchmal in Deutschland Auto?", „Fahren Sie selbst oder mit jemandem mit?", „Wie fühlen Sie sich dabei?", „Sicher / unsicher / ruhig / entspannt / gestresst?"

B Eintauchen in ..., S. 68

Ba (kursorisches / detailliertes Lesen)
■ Einzelarbeit:
Die TN lesen still und versuchen, die „Lebenswelten" 1–7 den Statements zuzuordnen. Weisen Sie vorher darauf hin, dass manche Informationen zwischen den Zeilen zu finden bzw. anders formuliert sind.

Hinweise zum Sprachgebrauch:
Text C: **sich mitreißen lassen** = sich begeistern lassen
Text E: **ein Buch verschlingen** = ein Buch in kürzester Zeit bis zum Ende durchlesen
Text G: aus dem Englischen:
surfen = im Internet von einer Seite zur anderen gehen
zappen = das Hin- und Herspringen zwischen Fernsehkanälen; beide Begriffe sind in der deutschen Alltagssprache allgemein üblich und stehen auch im Duden, Die deutsche Rechtschreibung

---

Bb
■ Partnerarbeit:
Die TN sprechen über die „Welten" der sieben Personen. Die Sprechblasen dienen als Beispiel.

Hinweis: Bitten Sie die TN, nicht nur vom Buch abzulesen und das dort verwendete Vokabular zu wiederholen. Sie sollen vielmehr versuchen, in eigenen Worten wiederzugeben, um welche Welten es sich handelt.

Bc (über Lieblingsbeschäftigungen sprechen)
Hinweis: Als Vorbereitung auf das Gespräch können Sie die Arbeitsbuch-Übung 11a (Arbeitsbuch, S. 96) schriftlich im Unterricht bearbeiten lassen.

■ Partnerarbeit:
– Die TN lesen die Aufgabe sowie die angegebenen Wendungen und Ausdrücke.
– Mit der Lernpartnerin / dem Lernpartner sprechen sie über ihre „Lieblingswelten". Dabei benutzen sie die genannten Wendungen und Ausdrücke. Die Sprechblasen dienen als Beispiel. Bitten Sie die Lernpartner, sich gegenseitig zu beobachten. Verwenden die Lernpartnerin / der Lernpartner die Wendungen und Ausdrücke tatsächlich?

◁ **Arbeitsbuch, S. 95 / Übung 10** Wortschatz: Arbeit mit Wortlisten, zu Hause ▷
◁ **Arbeitsbuch, S. 96 / Übung 11** Sätze bauen: über Lieblingsbeschäftigungen sprechen
11d Vertiefung ▷
◁ **Arbeitsbuch, S. 97 / Übung 12** Phonetik: über Lieblingsbeschäftigungen sprechen ▷

Hinweis: Falls keine Möglichkeit besteht, etwas Aufgenommenes im Unterricht abzuspielen, bitten Sie die TN, die Aufgabe 12b zu Hause vorzubereiten und das laute Sprechen zu üben. Im Unterricht arbeiten die TN in Gruppen und sprechen einander die eingeübten Sätze vor. Die Gruppenmitglieder erraten, welcher Typ gerade verkörpert wird.

Hinweis zur Zeitökonomie und zur Kursorganisation zum Thema Verben und Ausdrücke mit festen Präpositionen: Es bieten sich verschiedene Vorgehensweisen an. Bei ausreichender Kurszeit: Sie können an dieser Stelle direkt mit den Arbeitsbuch-Übungen beginnen und so testen, wie viel Wissen vorhanden ist.
– Alternativ können Sie vorhandenes Wissen losgelöst vom Buch aktivieren und die Arbeitsbuch-Übungen teilweise oder komplett zu Hause erledigen lassen. Schreiben Sie dazu an die Tafel:
Verben mit festen Präpositionen
Die TN haben die Bücher geschlossen. Bitten Sie die TN, auf einem Blatt Papier alle Verben mit Präpositionen + Kasus aufzuschreiben, die ihnen einfallen. Auf Ihr Signal hin schreiben alle TN los. Wenn Sie merken, dass der Gedankenfluss langsam wird oder versiegt, sagen Sie „Stopp". Die TN finden sich in Kleingruppen zusammen und gleichen ihre Listen ab, sodass pro Gruppe eine Liste übrig bleibt. Bitten Sie die TN auch, die aufgeschriebenen Verben und Präpositionen zu überprüfen, wenn sie sich nicht sicher sind. Das können die TN machen, wie sie möchten – mithilfe des Wörterbuchs, des Kursbuchs oder der/des KL. Schließlich liest jede Gruppe ihre Liste vor. Pro Verb gibt es sechs Punkte: zwei für das Verb, zwei für die richtige Präposition und zwei für den richtigen Kasus. Bei Fehlern gibt es keinen Punkt. Hat eine andere Gruppe das gleiche Verb gefunden, gibt es nur je einen Punkt, also insgesamt drei pro Verbindung. Die Gruppe mit den meisten Punkten hat gewonnen. Machen Sie im Anschluss daran den Fokus Grammatik.
– *Bei eingeschränkter Kurszeit*: Gehen Sie sofort zum Fokus Grammatik über. Die TN erledigen die Arbeitsbuch-Übungen zu Hause. Verweisen Sie die TN auch auf die Grammatik-Übersicht auf der Lerner-CD-ROM.

◁ **Arbeitsbuch S. 90 / Übung 1** Wiederholung ▷

Hinweis – Grammatik-Sequenz im Arbeitsbuch:
Verben mit festen Präpositionen sind ein Thema, das in vielen Sprachen existiert, gleichermaßen Lernaufwand bedeutet und deshalb eher unbeliebt ist. Präpositionen als lokale Angaben (siehe auch Lektion 15) oder als temporale Angaben (siehe Lektion 3) folgen einer anderen Systematik, als Verben mit festen Präpositionen. Diese Übung dient der Abgrenzung, hier handelt es sich um freie Präpositionen, nicht um feste Verb-Präposition-Verbindungen.

◁ **Arbeitsbuch S. 90 / Übung 2** ▷

5

Hinweis: Versuchen Sie nicht, die Präpositionen logisch zu erklären. Was Ihnen als KL in der Muttersprache logisch erscheint, funktioniert in der Ausgangssprache der Lerner möglicherweise ganz anders, kommt aber dort dem Lerner sicher auch logisch vor. Daraus ergeben sich oftmals unfruchtbare Diskussionen.
Am besten lernen die TN die Verben mit den dazugehörenden Präpositonen, dem entsprechenden Kasus und der Bedeutung. Auf der B2-Stufe sollten die TN jedoch bereits einige Verben mit Präpositionen beherrschen.
Machen Sie die Probe aufs Exempel, indem Sie die TN fragen, welche Präpositionen folgende Verben nach sich ziehen:
„sich interessieren (für)",
„sich kümmern (um)",
„sich freuen (auf/über)" etc.
Wichtig ist, dass Sie sehr einfache, geläufige Verben, die aus der Grundstufe bekannt sein sollten, als Beispiele anführen. Nennen Sie nur den Infinitiv und lassen Sie die TN spontan die passende Präposition ergänzen. Mit großer Wahrscheinlichkeit kommen die richtigen Antworten wie aus der Pistole geschossen. Dadurch nehmen Sie den TN den Schrecken vor diesem Thema. Hier hilft nur eins: „Übung macht den Meister" ...

Bitten Sie die TN, nach dem Markieren eine Wortliste auf einem Blatt Papier anzufertigen. In der Liste werden der Infinitiv des Verbs, die dazugehörige Präposition und der entsprechende Kasus vermerkt. Eventuell wird auch noch (zu Hause) die Übersetzung in die eigene Sprache hinzugefügt (vgl. S. 13).

Hinweis: Ermutigen Sie die TN, eigene Listen von Verben bzw. Ausdrücken mit festen Präpositionen zu erstellen. Sie sollten nicht nur mit fertigen, abgedruckten Listen lernen. Das Aufschreiben allein hilft schon, sich etwas leichter zu merken. Außerdem kann diese Liste im Laufe der Lektionen vervollständigt werden. Raten Sie den TN, die Liste immer wieder durchzulesen oder wenigstens zu überfliegen – z. B. jedes Mal, wenn ein neues Verb bzw. ein neuer Ausdruck auf die Liste kommt. Weisen Sie die TN darauf hin, dass sie diese Liste in ihre Grammatikübersicht auf der Lerner-CD-ROM erstellen können.

◁ **Arbeitsbuch, S. 91 / Übung 3** ▷

Hinweis: Diese Übung sollten Sie korrigieren, egal ob sie im Unterricht oder zu Hause gemacht wird. Lassen Sie die Sätze erst nach der Korrektur übersetzen.

◁ **Arbeitsbuch, S. 91, 92 / Übung 4** ▷

4a
Wörterbucharbeit im Unterricht

Hinweis: Diese Übung bietet eine gute Gelegenheit, den TN bei der Benutzung eines Wörterbuches zu helfen. Weisen Sie die TN auf die vielen Informationen hin, die gute Wörterbücher bieten können. Lassen Sie die TN in ihren Wörterbüchern das Verb „bestehen" nachschlagen und die verschiedenen Bedeutungen suchen. Helfen Sie bei Bedarf. Zeigen Sie, dass sich ein gutes Wörterbuch dadurch auszeichnet, dass die verschiedenen Bedeutungen aufgeführt und anhand von Beispielen erläutert werden. Bringen Sie gegebenenfalls ein gutes zweisprachiges und am besten auch ein einsprachiges Wörterbuch mit. Auf B2-Niveau sollten die TN langsam an die Benutzung eines einsprachigen Wörterbuchs herangeführt werden.

4b + c
Diese Übungen dienen dem globalen Verständnis des Themas.

☐ **Box: Die Arbeit mit dem Wörterbuch, S. 109** ☐

◁ **Arbeitsbuch, S. 92 / Übung 5** ▷

Hinweis: Diese Übung sollte mit schwächeren Kursen unbedingt im Unterricht erledigt werden, denn unerfahrenen Lernern könnten die Tabellen Schwierigkeiten bereiten. Wenn die Tabellen richtig ausgefüllt sind, ist die Theorie zur Syntax einleuchtend und einprägsam dargestellt.

■ Plenum:
– Schreiben Sie die Tabelle an die Tafel und lassen Sie freiwillige TN Sätze darin eintragen. Kontrolle und Besprechung gemeinsam.
■ Einzelarbeit:
Die TN beenden die Übung selbstständig. Gehen Sie im Kurs herum und verbessern bzw. helfen Sie, wenn nötig.

◁ **Arbeitsbuch, S. 92, 93 / Übung 6** zu Hause ▷

◁ **Arbeitsbuch, S. 94 / Übung 7** Wiederholung, im Unterricht ▷

Hinweis: Diese Übung eignet sich, den Themenkomplex der Fragepronomen und der Präpositionalpronomen zu wiederholen.

■ Einzelarbeit:
Die TN bearbeiten die Übung zunächst allein.
■ Partnerarbeit / Plenum:
Die Lernpartner tauschen sich aus. Kontrolle gemeinsam.

◁ **Arbeitsbuch, S. 94 / Übung 8** zu Hause ▷
◁ **Arbeitsbuch, S. 94 / Übung 9** Vertiefung ▷

Fokus Grammatik: Verben mit Präpositionen, S. 69

Hinweis – Vorwissen prüfen:
Falls Sie wissen möchten, wie sicher die TN bei diesem Thema sind, können Sie die Arbeitsbuch-Übung 31 (S. 109) auch vorziehen.

Aufgabe 1
a–d
▪ Einzelarbeit:
Die TN lesen die Sätze. Gleichzeitig schreiben sie die Infinitive mit den dazugehörigen Präpositionen und den Kasus auf ein extra Blatt bzw. ergänzen die zur Arbeitsbuch-Übung 2a bereits erstellte Liste (siehe S. 61).

Hinweis: Ziel ist es, eine persönliche Liste mit Verben und Ausdrücken mit festen Präpositionen anzufertigen. Daneben kommt sukzessive die Übersetzung in die Muttersprache (vgl. Aufgabe 1b–d). Idealerweise schreiben die TN dann auch noch einen kleinen Beispielsatz in eine dritte Spalte. Sie können diese Art von Liste wie folgt an der Tafel demonstrieren. Lassen Sie sich die Infinitive von den TN diktieren:

Verb + Präposition	Übersetzung	Beispielsatz
sprechen **von** + **Dativ**		er spricht viel von seiner Freundin
sprechen **mit** + **Dativ**		ich muss mit dir sprechen
sprechen **zu** + **Dativ**		Politiker sprechen zu uns
sprechen **über** + **Akkusativ**		er spricht immer über Fußball
sprechen **für** + **Akkusativ**		sie spricht für die ganze Klasse diese Tat spricht für ihn
keine feste Präposition		
sprechen **auf** + **Dativ** (fast immer ohne Artikel!!)		alle sprechen auf Englisch

Wenn Sie es bisher noch nicht gemacht haben, ist das Beispiel des Verbs „sprechen“ mit diversen Präpositionen eine gute Gelegenheit, Nutzen und Qualität eines Wörterbuchs zu besprechen (siehe *Die Arbeit mit dem Wörterbuch,* S. 109).

Hinweis zum Unterschied zwischen Präposionalergänzungen oder Angaben: Für manche TN könnte das Aufgreifen der Kategorien im Fokus Grammatik: *dass* und *weil* im Kontext, Lektion 1, hilfreich sein. Bei den Verben, die eine feste Präposition haben, ist die Präposition eine Ergänzung. Sie können die Probe mit der Übersetzung in die Muttersprache machen. „Ich spreche“ (im Sinne des eigentlichen Aktes, Mund bewegen, Laute hervorbringen) bedeutet in der Muttersprache: ....

„Ich spreche mit Anna“: ....
„Ich spreche zu Anna“: ....
„Ich spreche über Anna“: ....
„Ich spreche über das Studium“: ....
„Ich spreche heute über die Entwicklung der Menscheit zu Ihnen“: ....
usw.
Angabe:
„Ich spreche heute in Bad Reichenhall an der Kunstakademie vor einem sehr interessierten Publikum.“
In vielen Sprachen übersetzen die TN die Begriffe mit unterschiedlichen Worten, wenn sie dazu angehalten werden, dass passendste Wort herauszusuchen.

▪ Partnerarbeit / Plenum:
Nachdem die TN die Aufgaben a–d erledigt haben, vergleichen sie die Lösungen mit ihrer Lernpartnerin / ihrem Lernpartner. Wenn alle fertig sind, Besprechung im Plenum.

Aufgabe 2
2a
▪ Einzelarbeit:
Die TN markieren in den Sätzen die Satzteile mit obligatorischer Präposition. Dann ordnen sie die Sätze in die Tabelle ein.
▪ Partnerarbeit:
Vergleich mit der Lernpartnerin / dem Lernpartner.
▪ Plenum:
– Schreiben Sie die Tabelle an die Tafel oder auf Folie.
– Bitten Sie schnellere TN, ihre Lösung an die Tafel / auf die Folie zu schreiben.
Helfen Sie den TN an dieser Stelle noch nicht und korrigieren Sie nicht.
– Alle TN vergleichen ihre Lösung mit dem Tafelanschrieb. Die TN korrigieren die Liste gemeinsam.

2b
▪ Plenum:
Die TN betrachten den Tafelanschrieb.
– Fragen Sie: „Wo im Satz steht die Ergänzung mit der Präposition?“
– Die TN kreuzen dann die richtige Antwort (= „möglichst weit hinten im Satz“) an.

Hinweis: Hier handelt es sich nur um Hauptsätze. Da die TN noch keine Beispiele zu Nebensätzen systematisch analysiert haben, bietet sich im Anschluss auch die Arbeitsbuch-Übung 5b (S. 92) an, falls Sie diese nicht schon vorher gemacht haben (siehe Grammatik-Sequenz im Arbeitsbuch, S. 60). Lassen Sie die Übung 5a zu Hause erledigen. In den Nebensätzen steht das Verb am Ende, die Ergänzung mit der Präposition rutscht eins davor, steht also möglichst weit am Ende.

◁ **Arbeitsbuch, S. 109 / Übung 31** Mini-Test, im Unterricht oder als Hausaufgabe ▷

C Virtuell in einer Stadt, S. 70, 71

C1

Hinweis – thematischer Einstieg:
Fragen Sie die TN: „Schreiben Sie manchmal E-Mails? Auf Deutsch oder in der Muttersprache? Wie schreiben Sie diese: in einem anspruchsvollen Stil oder so, wie Sie sprechen? Korrigieren Sie dabei Fehler oder schicken Sie die Mail so, wie sie ist?"

C1a (kursorisches und detailliertes Lesen)
▪ Einzelarbeit:
Die TN lesen die Mail und beantworten die Fragen.
▪ Partnerarbeit:
Die Lernpartner tauschen sich über ihre Lösungen aus.

◁ **Arbeitsbuch, S. 97 / Übung 13** Wiederholung zum obligatorischen *es* ▷
◁ **Arbeitsbuch, S. 97, 98 / Übung 14** Übung zum obligatorischen *es* ▷

Hinweis: Diese recht kurzweiligen Übungen eignen sich auch als Auflockerung zwischendurch, sie müssen also nicht unbedingt an dieser Stelle gemacht werden. Eventuell auch bei nachlassender Konzentration am Ende der Unterrichtseinheit.

C1b
▪ Kleingruppen:
Die TN diskutieren darüber, wie der Verfasser der E-Mail sein Problem lösen könnte. Ermuntern Sie die TN, noch weitere Ideen anzuführen.

C1c (kursorisches und detailliertes Lesen)
▪ Einzelarbeit / Kleingruppen:
Die TN lesen jeder für sich die E-Mail und kreuzen eine Antwort an. Dann vergleichen sie ihre Lösungen in der Gruppe.

C1d
▪ Einzelarbeit / Kleingruppen:
Zuerst sollte jeder TN selbst die Antwort suchen, dann können sich die TN in der Gruppe besprechen.

◁ **Arbeitsbuch, S. 98, 99 / Übungen 15 + 16** ▷

Hinweis Binnendifferenzierung: Vertiefungs-Übungen zur Erweiterung des Computerwortschatzes, zu Hause oder im Unterricht. Die Bearbeitung im Unterricht ist vor allem dann sinnvoll, wenn der Großteil der TN eher unerfahren im Umgang mit Computern ist, aber ein Praktikum, ein Studium o. Ä. im deutschen Sprachraum anstrebt.

C2

C2a (orientierendes und kursorischen Hören)
▪ Einzelarbeit:
CD 2.2: Die TN lesen die Fragen 1–3.
– Sie hören den Hörtext.
– Anschließend beantworten sie die Fragen. Je nach Reaktion der TN können Sie den Text bereits jetzt noch einmal vorspielen, um ihnen die Möglichkeit zu geben, die Lösungen zu kontrollieren.

C2b
▪ Plenum:
– Die TN lesen die Sätze 1–7 sowie die Sätze a–g.
CD 2.2: Klären Sie insbesondere die Bedeutung der Sätze a–g. Wenn keine Verständnisschwierigkeiten mehr vorhanden sind, spielen Sie den Hörtext mindestens noch zweimal vor. Weisen Sie die TN zuvor darauf hin, dass die Begriffe der Reihe nach im Text erscheinen. Unterbrechen Sie den Hörtext bei Bedarf an der Stelle, an der der jeweilige Ausdruck erscheint.

Hinweis: Wenn Sie den Eindruck haben, dass die TN große Schwierigkeiten haben, können Sie Schlüsselbegriffe an die Tafel schreiben. Klären Sie diese, bevor Sie den Text das zweite oder dritte Mal vorspielen, z. B. folgende Begriffe, die auch oft in der Alltagssprache bzw. in der Computersprache verwendet werden:

etwas checken: = etwas verstehen, kapieren (viel verwendeter Anglizismus)
draufklicken: = die (Maus-)Taste auf einen Begriff führen und drücken
abstürzen: = hier: das System ist überlastet, man sieht nur den schwarzen Bildschirm

◁ **Arbeitsbuch, S. 100/ Übung 17** Sätze bauen: Umgangssprache verstehen, im Unterricht ▷

17a:
▪ Einzelarbeit:
Die TN ergänzen die Dialoge.
▪ Plenum / Partnerarbeit:
– Lassen Sie die Sätze von je zwei TN laut vorlesen. Bitten Sie die TN, möglichst lebendig zu lesen.
– Die TN üben die Sätze mit ihrer Lernpartnerin / ihrem Lernpartner.
17b:
▪ Plenum / Einzelarbeit:
CD Track 44: Die TN sehen sich die Zeichnungen an. Nach dem Hören markieren sie die passende Antwort.
17c:
▪ Einzelarbeit:
Jeder TN überlegt sich, welche Reaktionen hier passen, und schreibt sie neben die Sprechblasen.

■ Partnerarbeit:
Die TN sprechen die Kurzdialoge zu zweit so lebendig wie möglich.

Hinweis: Sie können die Sätze in den Sprechblasen auch in kleine Gespräche einbauen lassen. Die TN stehen dazu auf, gehen locker im Raum herum und kommen z. B. wie auf einer Party zufällig mit jemandem ins Gespräch.

C3

C3a
■ Einzelarbeit / Partnerarbeit:
Die TN ordnen den Sätzen mögliche Antworten zu. Vergleich mit der Lernpartnerin / dem Lernpartner.

C3b
■ Partnerarbeit:
Die TN versuchen, die Sätze in kleine Dialoge einzubauen.

Hinweis: Die TN können die Dialoge auch schriftlich verfassen. Wenn es nicht zu lange dauern soll, entscheiden die TN sich für ein Satzpaar und verfassen dazu einen kleinen Dialog. Diesen Dialog lesen die TN mehrmals in entsprechender Betonung vor, bis sie ihn auswendig können. Wenn genug Zeit vorhanden ist, können Sie auch einzelne, gelungene Dialoge vorspielen lassen.

C4 (kursorisches/detailliertes Lesen + Sprechen: Informationen weitergeben)

Hinweis zur Zeitökonomie: Hier müssen Sie nach den örtlichen Gegebenheiten und nach der verfügbaren Kurszeit entscheiden, ob Sie die Internetseite im Unterricht aufrufen lassen. Da sehr viele TN heutzutage Zugang zu einem Internetanschluss haben, sei es privat oder in Internet-Cafés bzw. in Bibliotheken, empfiehlt es sich, diesen Teil der Aufgabe zu Hause erledigen zu lassen. Es macht den TN sicher Spaß, im Internet zu surfen. In der nächsten Unterrichtsstunde berichten sie dann im Kurs oder in Partnerarbeit über ihre Ergebnisse. Als Alternative können alle TN den Text auf S. 124 lesen.

S. 124 Magazintext

■ Einzelarbeit:
Die TN lesen den kompletten Text einmal durch (ohne Wörterbuch!).
■ Partnerarbeit:
– Die Partner entscheiden, wer welchen Abschnitt bearbeitet. Ein Partner liest noch einmal intensiver den Abschnitt zu „Google Maps“, der andere den zu „preview.local.live.com“. Dabei unterstreichen die TN die wichtigsten Informationen zu dem jeweiligen System.
– Dann erklären die TN einander, was man mit der entsprechenden Website machen kann, und überlegen sich Vor- bzw. Nachteile.
– Schreiben Sie evtl. folgende Fragen an die Tafel:
Bei welchem Problem versuchen die Websites zu helfen?
Wie funktioniert das jeweilige System?
Was ist der Vorteil?
Was ist der Nachteil?
Welche Meinung haben Sie: Ist das gut/schlecht, kann das für die ganze Welt funktionieren?

D Eintauchen in eine Geschichte, S. 72

D1 (kursorisches und detailliertes Lesen)

■ Einzelarbeit:
Die TN lesen den Text still und kreuzen an, was zu Hajime oder Shimamoto passt.
■ Partnerarbeit und/oder Plenum:
Die TN vergleichen ihre Lösungen.

D2

D2a
■ Einzelarbeit:
Die TN überlegen, wie die Geschichte weitergehen könnte, und kreuzen die Möglichkeiten an, die sie für wahrscheinlich halten. Sollten die TN die letzte Variante (es kommt alles ganz anders) ankreuzen, bitten Sie sie, sich Notizen dazu zu machen, wie sie sich dieses „anders“ vorstellen bzw. was ihrer Meinung nach passieren wird.

Hinweis zur Binnendifferenzierung: Grammatik-Sequenz im Arbeitsbuch zu Futur I und Futur II:
In der Kursbuch-Aufgabe (D2b) sollen die TN Vermutungen anstellen. Dazu kann auch das Futur I verwendet werden. Wenn Sie einen Kurs unterrichten, dessen TN sehr gut in der Grammatik sind, machen Sie die Arbeitsbuch-Übungen 18–23 eventuell nach Abschnitt D2 zusammen mit dem Fokus Grammatik oder lassen diese von den TN zu Hause erledigen. In Kursen, die das Futur nie aktiv oder nur selten benutzen, ist es sinnvoll, das Futur zu wiederholen, bevor Sie die Aufgaben D2b–d bearbeiten lassen. Verweisen Sie die TN auch auf die Grammatik-Übersicht auf der Lerner-CD-ROM.

◁ **Arbeitsbuch, S. 101/ Übung 18** Wiederholung, im Kurs (starke Gruppen zu Hause) ▷

18a + b
Einzelarbeit, Kontrolle im Plenum

18c
■ Einzelarbeit / Plenum:
Die TN schreiben das Raster und die Sätze in ihr Heft. Bereiten Sie eine Folie mit dem komplett ausgefüllten Raster vor. Wenn alle TN fertig sind, legen Sie diese auf den Tageslichtprojektor und enthüllen sie schrittweise. Die TN kontrollieren ihr eigenes Raster.

5

18d

■ Einzelarbeit: Jeder TN schreibt die Konjugation auf. Bitten Sie einen TN, an einer verdeckten Tafelseite zu konjugieren. Am Ende kontrollieren die TN den Tafelanschrieb gemeinsam.

◁ **Arbeitsbuch, S. 101, 102 / Übung 19** Futur II ▷

Hinweis: Lassen Sie diese Aufgabe analog zur Aufgabe 18 lösen. Erkären Sie noch nicht, was das Futur II ist. Wenn einige TN sofort nach dem Lesen der Überschrift danach fragen, bitten Sie sie, die Übung zunächst laut Anweisung zu bearbeiten. Danach werden sie selbst erkennen, was das Futur II bedeutet und wie es verwendet wird. Sollten dennoch Unklarheiten bestehen bleiben, können Sie den TN mit einer Erklärung helfen.
Vielerorts wird das Futur als Zeitform für zukünftige Ereignisse definiert. Dies ist nicht richtig. Für klare Aussagen über die Zukunft verwendet man die Präsensform.
Nur wenn auch ein modaler Inhalt zum Ausdruck kommt, verwendet man im Deutschen das Futur. TN, die das Futur als Ausdruck für Zukünftiges gelernt haben, bereitet das Verstehen des Futur II unter dieser Voraussetzung große Schwierigkeiten, da Futur II immer über etwas eine Aussage macht, das in der Vergangenheit liegt.
Beispiel:
● Warum ist der Hund so ängstlich?
▲ Er wird schlechte Erfahrungen gemacht haben.
Nur wer den modalen Charakter von Futur I und II versteht, kann die Sprechintention muttersprachlicher Sprecher richtig einordnen. Erleichtert wird das dadurch, dass im Deutschen oftmals auch noch Adverbien der Vermutung usw. in die Sätze eingefügt werden.
▲ Er wird wohl / vermutlich / wahrscheinlich / vielleicht schlechte Erfahrungen gemacht haben.

19a + b

Einzelarbeit, dann Vergleich mit dem Lernpartner.

19c

■ Einzelarbeit / Plenum:
Lassen Sie die TN zunächst allein eine Lösung finden. Schreiben Sie dann die Formen auf Zuruf der TN an die Tafel. Erklären Sie jetzt anhand des Beispiels, wie das Futur II gebildet wird, und schreiben Sie an die Tafel:

Futur II
= konjugierte Form von „werden" (Präsens)
+ Partizip II des Hauptverbs + haben/sein im Infinitiv

Schreiben Sie gegebenenfalls zum Vergleich auch noch einmal daneben, wie das Futur I gebildet wird:

Futur I
= konjugierte Form von „werden" (Präsens)
+ Infinitiv des Hauptverbs

19d:

Einzelarbeit, dann Besprechung im Plenum.

◁ **Arbeitsbuch, S. 102, 103 / Übung 20** ▷
◁ **Arbeitsbuch, S. 103 / Übung 21** Vertiefung ▷

In sehr guten Kursen als Hausaufgabe, ansonsten werden die Übungen im Unterricht erst in Einzelarbeit bearbeitet: danach Vergleich mit der Lernpartnerin / dem Lernpartner, Besprechung im Plenum.

Hinweis zur Binnendifferenzierung: Lassen Sie in schwächeren Kursen zuerst die Arbeitsbuch-Übungen 22 + 23 machen, bevor Sie zu D2b übergehen. Stärkere Kurse können die beiden Übungen zu Hause erledigen.

◁ **Arbeitsbuch, S. 103 / Übung 22** Sätze bauen: Vermutungen äußern und bewerten
22a: Einzelarbeit, schriftlich
22b: Partnerarbeit, mündlich ▷
◁ **Arbeitsbuch S. 104 / Übung 23** zu Hause ▷

Hinweis: Wenn Sie den Grammatikeinschub an dieser Stelle gemacht haben, ist es sinnvoll, die TN noch einmal den Text D1 sowie die Lösungen in D2a lesen zu lassen, bevor sie in D2b zu zweit ihre Vermutungen über den Fortgang der Geschichte äußern.

D2b

■ Partnerarbeit:
Die TN sprechen zu zweit frei über ihre Vermutungen. Dabei verwenden sie auch die genannten Wendungen und Ausdrücke.

◁ **Arbeitsbuch, S. 104, 105 / Übung 24** Wiederholung: irreale Bedingungen mit „dann würde ...," zu Hause ▷
◁ **Arbeitsbuch, S. 105 / Übung 25** Sätze bauen: gemeinsam eine Geschichte entwickeln, zu Hause oder im Kurs als Vorbereitung auf D2c ▷
◁ **Arbeitsbuch, S. 106 / Übung 26 Phonetik:** gemeinsam eine Geschichte entwickeln, wenn möglich im Kurs ▷

D2c (Sprechen: gemeinsam die Fortsetzung einer Geschichte entwickeln)

■ Partnerarbeit oder Dreiergruppen:
Die TN einigen sich auf eine Variante aus D2a und entwickeln ihre Geschichte weiter. Sie machen sich Notizen. Beim Sprechen verwenden sie auch die angegebenen Wendungen und Ausdrücke.

Hinweis: Sie können hier die Gruppen danach einteilen, für welchen Ausgang der Geschichte (Aufgabe D2a) die TN sich entschieden haben. Fassen Sie TN mit unterschiedlichen Meinungen zusammen. So wird die Diskussion interessanter.

D2d

■ Plenum oder Gruppen:
Die TN erzählen ihre Geschichte im Kurs.

Hinweis: Wenn die Gruppe zu groß ist, kann es zu langwierig sein, jedes Paar erzählen zu lassen. Teilen Sie dann den Kurs in zwei oder drei größere Gruppen ein. Achten Sie dann darauf, dass die Gruppen aus Aufgabe D2c gut durchgemischt sind, damit möglichst jeder TN zum Sprechen kommt.

Fokus Grammatik: Futur I und II im Kontext: verschiedene Bedeutungen, S. 73

Hinweis: siehe S. 13

Aufgabe 1

■ Einzelarbeit:
Die TN ordnen den Sätzen 1–5 jeweils eine der drei Funktionen von „werden" zu.
■ Partnerarbeit:
Vergleich mit der Lernpartnerin / dem Lernpartner.
■ Plenum:
Fragen Sie die TN, woran sie erkannt haben, dass es sich um Lösung A, B oder C handelt.
Mögliche Antworten:
1 – C, nur ein Verb auf Position 2, kein weiteres Verb im Satz.
2 – B, zwei Verben: „werden" und „verlassen". „Verlassen" könnte auch Partizip II sein (siehe Satz 2), aber „verlassen" ist hier begleitet von einer Akkusativergänzung (seine Familie) und nicht wie im Passiv von einem Agens (von seiner Familie).
3 – A, „verlassen" ist Partizip II / werden + Partizip II ist Passiv; siehe auch bei 2.
4 – B, zwei Verben: werden + Partizip II + haben/sein im Infinitiv (= Futur II).
5 – C, nur ein Verb an Position 2, ergänzt von einem Adjektiv.

Aufgabe 2

2a

■ Einzelarbeit:
Die TN lesen die beiden Dialoge und kreuzen an.

2b

■ Einzelarbeit:
Die TN vergleichen ihre Lösung mit der auf S. 137 und übersetzen die Sätze in ihre Muttersprache. Welche Zeitformen werden in der Muttersprache verwendet?
■ Plenum:
Besprechung von eventuellen Unklarheiten.

Aufgabe 3

■ Plenum:
– Die TN lesen die Kategorien A–H. Klären Sie eventuelle Verständnisprobleme.
CD 2.3: Spielen Sie die Sätze 1–12 vor. Machen Sie nach jedem Satz eine kurze Pause.
■ Einzelarbeit:
Die TN ordnen die gehörten Sätze in die Kategorien A–H ein.
■ Partnerarbeit:
Die TN vergleichen ihre Lösungen mit denen ihrer Lernpartner, dann erst mit der Lösung auf S. 137. Die TN besprechen zu zweit eventuelle Fehler.
■ Plenum:
Fragen Sie, bei welcher Zuordnung es Probleme gab, und besprechen Sie diese Sätze gemeinsam im Kurs.

Aufgabe 4

■ Einzelarbeit / Partnerarbeit:
Die TN markieren zunächst die Futur-II-Formen in den Sätzen 1–12 (nur zweimal vorhanden, in Satz 3 und 9); danach beantworten die TN Aufgabe 4a + b.
■ Plenum:
Besprechung der Lösungen.

◁ **Arbeitsbuch, S. 109 / Übung 32** als Mini-Test ▷

E Alte Liebe rostet nicht, S. 74

E1

■ Plenum:
Die TN lassen die Bücher geschlossen. Schreiben Sie das Sprichwort „Alte Liebe rostet nicht." an die Tafel.
– Fragen Sie: „Was bedeutet dieses Sprichwort?" Die TN äußern ihre Vermutungen.

E2

E2a

■ Plenum:
Die TN öffnen die Bücher und sehen sich das Foto an.
– Fragen Sie: „Was glauben Sie, wo ist Petra Umlauf?"
– Sammeln Sie die Vorschläge der TN an der Tafel.

E2b (kursorisches Hören)

■ Plenum / Einzelarbeit:
CD 2.4 und CD 2.5: Spielen Sie den TN das Interview (beide Hörtexte) komplett vor.
– Geben Sie den TN Zeit, sich Notizen zu den Fragen 1 + 2 zu machen.

– Die TN beantworten die Fragen.
– Vertiefung bei Interesse: Schreiben Sie danach folgende Wörter an die Tafel und fragen Sie, ob die TN erklären können, was sie bedeuten:

CD / MC / LP/ auf Vinyl / e Lausch-Lounge / s Hörbuch / s Hörspiel / eine Homepage aufbauen / Märchenkassetten / original verschweißt, original verpackt / e Rarität / s Cover

Hinweis: MC = Musikkassette; **LP** = Langspielplatte; **auf Vinyl** = Material der Langspielplatte und damit ein Synonym für Schallplatte; **Lausch-Lounge** = hier eine Ecke in der Wohnung, wo man sich gemütlich hinsetzt und eine Kassette o. Ä. anhört; **lauschen** = zuhören; **Hörbuch** = eine Kassette oder CD, auf der ein Buch vorgelesen wird; **Hörspiel** = verschiedene Sprecher inszenieren eine Geschichte mit Hintergrundgeräuschen wie in einem Theaterstück, das aber nur gehört wird; **eine Rarität** = eine meist kostbare Seltenheit; **das Cover** = die Hülle einer Schallplatte, die äußere Gestaltung einer Musikkassette oder CD

Landeskunde: Weitere Informationen über die Hörspielhelden Michael Numberger und Petra Umlauf finden Sie unter http://www.hoerspielhelden.de/. In dem Gespräch sprechen die beiden persönlich.

▪ Einzelarbeit:
CD 2.4 und CD 2.5: Spielen Sie die beiden Stücke noch einmal vor. Vor dem zweiten Durchlauf des zweiten Teils (CD 2.5) bitten Sie die TN, die Titel der Kinderhörbücher aufzuschreiben („die drei ???", „Pumuckl", „Bibi Blocksberg", vgl. auch Hinweis s. u.)

▪ Kleingruppen:
Die TN tauschen ihre Ideen zur Aufgabe E2b aus.

Hinweis – Projekt: Kinderbücher, Kinderhörspiele: Vor dem zweiten Durchlauf des zweiten Teils (CD 2.5) haben Sie die TN gebeten, ein paar Titel der genannten Kinderhörbücher aufzuschreiben („die drei ???", „Pumuckl", „Bibi Blocksberg"). Schreiben Sie diese jetzt auf Zuruf an die Tafel.
Als Zusatzaufgabe außerhalb des Kurses bieten sich folgende Projekte an:
– Die TN gehen in die Bücherei, suchen nach den drei oben genannten Titeln und leihen sie als MC/CD und/oder als Buch aus. Die TN hören oder lesen die Geschichten und stellen sie kurz im Unterricht vor. Bei Zeitmangel schreiben die TN die Inhaltsangaben der Geschichten und geben sie Ihnen zur Korrektur. Sie können die Texte dann korrigiert in der Klasse aushängen.
– Die TN gehen in eine Buchhandlung und suchen dort nach den im Hörtext erwähnten Kinderbuchfiguren. Sie erkundigen sich, welche und wie viele Titel es aus der jeweiligen Kinderbuch-Reihe gibt.
– Alternativ geht ein Teil der TN auf die Website von Petra Umlauf und Michael Numberger (www.hoerspielhelden.de). Die dort gefundenen Informationen werden von den TN zusammengefasst.

E3

E3 a + b (detailliertes Hören)
Hinweis: Weisen Sie explizit darauf hin, dass nach den Wendungen und Ausdrücken des Moderators gefragt wird und nicht nach denen der beiden anderen Personen (Petra und Michael).

▪ Einzelarbeit / Partnerarbeit:
CD 2.4 und 2.5: Spielen Sie die CD vor. Die TN hören und kreuzen an.
– Die TN ordnen in E3b die Sätze des Moderators den Kategorien a–c zu.
– Danach vergleichen sie die Lösungen von E3 a + b mit denen ihrer Nachbarin / ihres Nachbarn.

◁ **Arbeitsbuch, S. 106 / Übung 27** Wiederholung, zu Hause (vgl. auch Lektion 3, Fokus Grammatik S. 43 oder Arbeitsbuch S.53 + 54) ▷
◁ **Arbeitsbuch, S. 107 / Übung 28** Wortschatz: Sammelobjekte ▷
◁ **Arbeitsbuch, S. 107, 108 / Übung 29** Sätze bauen: ein Gespräch in Gang halten (nachfragen) ▷
◁ **Arbeitsbuch, S. 108 / Übung 30** Phonetik: nachfragen, um ein Gespräch in Gang zu halten, im Unterricht ▷

E4 (Informationen zu einem Thema einholen / über ein Interessengebiet sprechen)
▪ Einzelarbeit:
Die TN entscheiden sich für ein Themengebiet und lösen die Teilaufgaben 1 und 2 der entsprechenden Aufgaben auf S. 126 bzw. S. 134. Bitten Sie die TN, sich jetzt schon Gedanken zu den Fragen in Aufgabe 3 zu machen.

▪ Gruppenarbeit:
Je nach Kursgröße bilden sich pro Interessengebiet ein bis zwei Kleingruppen. Die Gruppen lesen zusammen die Aufgabe 3. Danach führen die TN ein Gespräch über ihr Interessengebiet.

Hinweis: Weisen Sie die TN darauf hin, dass sie einander nicht nur der Reihe nach die in Teilaufgabe 3 vorgegebenen Fragen stellen sollen. Sie sollen vielmehr versuchen, mithilfe der Fragen ein Gespräch zu führen.
Die TN lernen und üben mit einer Erweiterung des Inventars im Laufe von Ziel B2, Band 1 und 2 die Gesprächsführung.
Es geht zum einen darum, dass jeweils ein TN sein Gebiet vorstellt, zum anderen auch darum, dass die

anderen TN Fragen dazu stellen und Informationen über das vorgestellte Thema einholen. Wichtig ist zudem, dass die TN auch die in E3 gelernten Wendungen und Ausdrücke, um ein Gespräch in Gang zu halten, einsetzen.

Hinweis – Zusatzaufgabe: Aufsatz mit dem Thema „Helden meiner Kindheit". Die TN stellen Kinderbücher, Kassetten oder Filme vor, die sie in ihrer Kindheit geliebt haben.
Auch diese Aufsätze könnten als Beiträge für die Kurszeitung genommen werden (*Projekt Kurszeitung,* S. 114).

F SMS-Sprache.de, S. 75

F1 (kursorisches Lesen)
▪ Einzelarbeit:
Die TN lesen den Text und lösen die Aufgaben 1–4.
▪ Partnerarbeit:
Die TN vergleichen ihre Lösungen mit denen der Lernpartner.

Hinweis zur Binnendifferenzierung: Schnelle TN finden sich zusammen und überlegen sich gemeinsam Fragen zum Text (z. B. Was hat eine 13-jährige Schülerin kürzlich gemacht? Wie war die Reaktion des Lehrers? Wie viele Zeichen kann eine SMS maximal haben? etc.). Wenn alle TN den Text gelesen und die Aufgaben gelöst haben, lassen Sie kleine Gruppen bilden. Verteilen Sie die schnellen TN auf die einzelnen Gruppen. Diese stellen den anderen TN ihre Fragen.

F2
F2a
▪ Partnerarbeit:
Die TN entschlüsseln zu zweit die SMS-Nachrichten mithilfe der Auswahl bekannter SMS-Abkürzungen auf S. 125.

F2b (SMS-Nachrichten schreiben)
▪ Partnerarbeit:
Die beiden (möglichst nicht nebeneinander sitzenden) Partner schreiben kleine SMS-Mitteilungen und tauschen diese aus. Dann antworten sie auf die Nachricht der Partnerin / des Partners. Dabei darf es ruhig lustig zugehen, es müssen nicht unbedingt ernsthafte Mitteilungen sein. Die TN können auch eigene Abkürzungen erfinden.

Hinweis: Weisen Sie immer zwei Partner einander zu. Dies kann auf verschiedene Arten erfolgen: Verteilen Sie z. B. Kärtchen mit Symbolen, von denen immer zwei zusammenpassen, oder schreiben Sie Zahlen auf Kärtchen und lassen Sie diese ziehen. Die TN mit den gleichen Zahlen gehören zusammen.

G In gemeinsame Welten eintauchen, S. 75 (über ein Lieblingsobjekt sprechen)

▪ Vorbereitung:
Die TN suchen sich zu Hause ein Lieblingsbuch, eine Lieblings-CD, eine Lieblingszeitschrift oder einen Lieblingsfilm aus. Sie notieren in Stichworten, wie sie ihre Wahl begründen. Erklären Sie den TN auch, dass sie die Objekte anderen TN ausleihen werden.
▪ Plenum:
– Die TN stellen ihre Objekte kurz (!!) vor. Dabei sollen sie von ihrem Objekt schwärmen, um seitens der anderen TN Interesse dafür zu wecken. Ermuntern Sie die anderen TN, Fragen zu stellen.
– Am Ende der Vorstellungsrunde schreibt jeder TN seinen Namen sowie drei Wunschobjekte untereinander (eventuell in absteigender Präferenz) auf einen Zettel. Die Zettel werden zusammengefaltet, eingesammelt, in eine Schachtel oder Schüssel gelegt und nacheinander gezogen.

Hinweis: Die ersten TN werden noch ihre bevorzugten Wunschobjekte bekommen, die letzten müssen nehmen, was übrig bleibt. Limitieren Sie die Ausleihzeit und ermuntern Sie die TN, die Sachen später ohne Ihre Hilfe weiterzuverleihen.

5

Arbeitsbuch: „Darüber hinaus"

Hinweis zum Arbeitsbuchteil „Darüber hinaus":
siehe S. 105

◁ **Arbeitsbuch, S.1,10, 111 / Übung 33** Texte lesen: kursorisches / selektives Lesen ▷
◁ **Arbeitsbuch, S. 111 / Übung 34** Übung zu Prüfungen: Sprachbausteine ▷

Hinweis: Diese Übung bereitet auf einen Prüfungstyp vor, der in den meisten Prüfungen auf der Stufe B2 vorkommt.

Fotodoppelseiten, S. 78, 79

Hinweis: Im Lehrwerkservice komplett zum kostenlosen Ausdrucken oder als Auswahl im Anhang finden Sie Arbeitsblätter für die Projektarbeit zu den Fotodoppelseiten als Kopiervorlagen.

Lektion 6 Gewinnen

Worum geht es in der Lektion?

Lernziel: Probleme beschreiben, Lösungen erörtern

Abschnitt **A: „Gewonnen?"**
Fertigkeiten: Lesen und Sprechen
Lernziel: Die Lektion beginnt spielerisch mit einer Rätselaufgabe aus einem Preisausschreiben. Die TN müssen sich auf einen möglichen Gewinn einigen.

Abschnitt **B: „Vier zu eins"**
Fertigkeiten: Hören, Lesen und Sprechen
Lernziele: Hier geht es um extreme, sogenannte „Fun"-Sportarten. Anhand gehörter Sportübertragungen und eines Lesetextes werden das Verstehen und das Erklären von Wettkampfregeln trainiert. Im Arbeitsbuch erweitern die TN den Wortschatz zum Thema Sport. Die Grammatik-Sequenz behandelt Präpositionen mit *-einander*. Außerdem werden die Relativsätze wiederholt und vertieft.

Abschnitt **C: „Es muss nicht immer joggen sein"**
Fertigkeiten: Lesen und Schreiben
Lernziele: Ein Beitrag in einem Internetforum und Antwortzuschriften darauf bieten den Anlass, mithilfe von adversativen Angaben Argumente gegenüberzustellen und Sachverhalte kontrovers darzustellen. Die TN schreiben eine Antwort in Form eines formellen Leserbriefs, wobei sie Vor- und Nachteile erörtern sowie Lösungsvorschläge machen müssen. Zudem beschäftigen sie sich mit dem Infinitiv mit „zu".

Abschnitt **D: „Zeit gewonnen?"**
Fertigkeiten: Hören, Sprechen und Lesen
Lernziele: In diesem Abschnitt geht es um das Thema Zeitmanagement und Tagesabläufe. Anhand eines Radiofeatures, einer Studie zum Thema Tagesablauf und eines Zeitschriftenartikels sollen die TN über den eigenen Tagesablauf sprechen, Lösungsvorschläge für ein Problem abwägen, Zweifel und/oder Zustimmung äußern und einen eigenen Lösungsvorschlag erarbeiten. Im Arbeitsbuch wird auch die Wortbildung von Adverbien mit dem Suffix *-weise* behandelt.

Abschnitt **E: „Ihre Lösungen sind gefragt"**
Fertigkeiten: Lesen, Sprechen und Schreiben
Lernziele: In Beiträgen zu einem Internetforum sowie in einem Zeitungsartikel wird jeweils ein Problem beschrieben. Die TN lernen, Informationen und Sachverhalte darzustellen und zu erklären. Sie schreiben einen Leserbrief, in dem sie ein Problem erklären und eigene Lösungsvorschläge entwickeln.

Fokus Grammatik
1. Relativsätze
2. Adversative Angaben – Gegensätze darstellen.

Thematischer Einstieg: Assoziationsseite, S. 80

Hinweis zu den Assoziationsseiten im Unterricht:
siehe Lektion 1, S. 10 und S. 156

Aufgabe 1
■ Plenum:
– Die Bücher sind geschlossen.
– Schreiben Sie das Lektionsthema an die Tafel:
gewinnen
■ Kleingruppen:
– Die TN sammeln Ideen, was ihnen zu dem Thema einfällt bzw. was man wann und wo gewinnen kann. Jede Gruppe zeichnet ein Assoziogramm („Wortigel") auf ein Blatt Papier (*Ideensammlung mihilfe von „Brainstorming" und „Assoziogramm",* S. 114).
– Die Gruppen hängen ihre Blätter an eine Pinnwand. Wenn keine vorhanden ist, schreiben Sie einen Wortigel an die Tafel. Ergänzen Sie darin, was die einzelnen Gruppen geschrieben haben.

Hinweis: Hier ein paar Ideen, falls die TN am Anfang Hilfe brauchen:
Lotto: Geld, Haus, Reise / Olympischen Spiele: Gold-, Silber-, Bronzemedaille / Meisterschaft oder Wettbewerb: 1., 2., 3. etc. Platz, Pokal, Medaille ...

Aufgabe 2
■ Kleingruppen:
– Die TN öffnen die Bücher, betrachten die Fotos und beschreiben sie.
– Fragen Sie: „Was haben die Fotos wohl mit *gewinnen* zu tun?" Die TN diskutieren in den Gruppen darüber.
■ Plenum:
Die Gruppensprecher berichten über ihre Ergebnisse.

Hinweis zum Lösungsvorschlag:
A: Kreuzworträtsel, in Zeitungen oder Zeitschriften oder Rätselheften; man kann die Lösung eventuell einschicken und einen Preis (Geld oder Sachpreise) gewinnen.
B: Bügeleisen; eigentlich hier noch keine herkömmlichen Assoziationen möglich, außer jemand hat schon einmal etwas von „Extrembügeln" (vgl. S. 82) gehört. Gehen Sie an dieser Stelle aber noch nicht auf diesen Fun-Sport ein.
C: Wettkampf im Sport; man kann Sieger sein, d. h. den ersten, zweiten, dritten etc. Platz belegen.
D: Terminkalender; hier könnte man Zeit gewinnen, wenn man Termine absagt.
Wie immer gilt, die Lösung ist nicht das Ziel, sondern die Assoziationen. Die TN können darüber hinaus weitere Assoziationen haben. Weisen Sie sie auf die Extra-CD-ROM hin oder bitten Sie sie, zu den anderen Themen kleine Kurzbeiträge für den Unterricht auszuarbeiten.

A Gewonnen?, S. 81

Aa (detailliertes Lesen)
■ Plenum:
– Fragen Sie die TN, ob sie wissen, was ein Preisausschreiben ist. Lassen Sie Beispiele nennen und machen Sie klar, dass man dabei immer etwas gewinnen kann.
– Fragen Sie die TN nach Situationen, in denen sie Preisausschreiben gesehen haben (z. B. im Supermarkt, wenn ein neues Produkt vorgestellt wird / in Zeitschriften / diverse Werbezwecke).

Landeskundlicher Hinweis zu Preisausschreiben
In deutschsprachigen Ländern gibt es sehr oft Preisausschreiben zu Werbezwecken, z. B. im Fernsehen, in Zeitschriften oder aber auch in Geschäften. Der Kunde muss eine sehr einfache Frage lösen (meistens steht die Lösung irgendwo geschrieben). Dann füllt er eine Karte mit der Lösung, seinem Namen und seiner Adresse aus bzw. schickt eine Postkarte oder SMS oder ruft unter einer bestimmten, meist kostenpflichtigen Telefonnummer an. Dann wird ein Gewinner ermittelt, der den Hauptpreis bekommt. Danach werden die zweiten, dritten etc. Preise vergeben. Einen Preis, der kaum etwas wert ist und der für den Nicht-Gewinn entschädigen soll, nennt man *Trostpreis.*
Viele Firmen machen solche Preisausschreiben vor allem auch, um Kundenadressen zu sammeln und weiterzuverkaufen. Niemand kann wirklich nachprüfen, ob tatsächlich Preise verlost werden. Deshalb steht auf jedem Preisausschreiben der Satz: „Der Rechtsweg ist ausgeschlossen." Damit möchte man verhindern, dass enttäuschte Verbraucher versuchen, einen Preis vor Gericht einzuklagen.
Wenn Ihr Kurs in einem deutschsprachigen Land stattfindet, sollten Sie die TN auch vor telefonischen „Preisausschreiben" warnen. Es gibt mehr und mehr Anrufe, bei denen es heißt, man habe etwas gewonnen. Um den Preis zu bekommen, solle man unter einer bestimmten, kostenpflichtigen Telefonnummer anrufen. Meist handelt es sich dabei um Betrug, denn man erhält gar keinen Preis, sondern zahlt nur viel Geld für den Telefonanruf. Am besten legt man sofort auf.

■ Partnerarbeit:
Lassen Sie die TN zuerst ein wenig selbst rätseln.
– Gehen Sie nach einer Weile zu den Paaren, die Hilfe brauchen. Fragen Sie diese TN, ob sie wissen, wie die Autokennzeichen z. B. von Deutschland oder Österreich heißen („D" und „A").

Landeskundlicher Hinweis: D-A-CH
Das ist ein Wortspiel, das in der Fachliteratur zur Landeskunde erfunden wurde und auch in einigen Lehrwerken anzutreffen ist.

6

Ab
■ Partnerarbeit:
Wenn das Rätsel gelöst ist, diskutieren die TN über die Gewinnmöglichkeiten und einigen sich (!) auf einen Preis. Die Sprechblasen dienen als Beispiel.

Hinweis: Die Beherrschung des Konjunktivs II mit der Struktur *wenn ... würde* wird auf B2-Niveau vorausgesetzt. Hinweise zur Wiederholung des Konjunktivs II finden Sie in Lektion 7, S. 88. Eine intensive Wiederholung finden Sie im Band Ziel, B1 plus.

Ac (über die Teilnahme an Preisausschreiben sprechen)
■ Plenum:
Fragen Sie die TN: „Nehmen Sie an echten Preisausschreiben teil? Warum? Warum nicht? Haben Sie schon einmal etwas gewonnen?"

Hinweis: Sprechen Sie zurückhaltende TN direkt mit Namen an (*Unterrichtsbeiträge – wie bringt man schüchterne TN zum Reden?,* S. 114).

B Vier zu eins, S. 82

B1
B1a
■ Einzelarbeit:
Die TN haben die Bücher geschlossen und notieren drei für sie interessante Sportarten auf einem Zettel.

Hinweis: Zur Auflockerung können Sie die Zettel mit den Sportarten einsammeln. Vorher sollten die TN ihre Namen auf den Zetteln vermerkt haben. Lesen Sie dann die Sportarten vor und lassen Sie den Kurs raten, welcher TN sich dahinter verbirgt. Bitten Sie einen TN an die Tafel, damit er die genannten Sportarten dort anschreibt.

B1b
■ Plenum:
– Schreiben Sie die Tabelle an die Tafel oder auf eine Folie.
– Klären Sie gemeinsam die Begriffe der einzelnen Kategorien.

Hinweis – Erklärungsmöglichkeiten:
Mannschaftssport: ein Team kämpft miteinander gegen ein anderes Team
Einzelsport: jeder kämpft für sich allein
Breitensport: wird von vielen Leuten zum Spaß oder für die Fitness ausgeübt
Leistungssport: hier steht die Leistung im Vordergrund, die bei Wettkämpfen gemessen wird; der Sport wird sehr zeitintensiv ausgeübt
Sommersport: wird nur / hauptsächlich im Sommer getrieben (z. B. Mountainbiking, Fahrradfahren, Surfen)
Wintersport: wird nur / hauptsächlich im Winter getrieben (z. B. Skilaufen)
Freiluftsport: wird im Freien gemacht
Hallensport: wird in der Halle, d. h. in einem Gebäude ausgeübt

– Die TN weisen die notierten Sportarten den Kategorien an der Tafel / auf der Tageslichtprojektor-Folie zu.

Hinweis: Falls Sie, wie im Hinweis zu B1a beschrieben, die Sportarten bereits an der Tafel gesammelt haben, lassen Sie den Kurs gemeinsam über deren Einteilung diskutieren.

◁ **Arbeitsbuch, S. 112 / Übung 1** Wortschatz: Sport, **1a** Wiederholung, **1c** Vertiefung ▷
◁ **Arbeitsbuch, S. 113 / Übung 2 + 3** Wortschatz: Sport ▷
◁ **Arbeitsbuch, S. 113 / Übung 4** Wortschatz: *gewinnen*, zur Vertiefung ▷

Hinweis zur Binnendifferenzierung:
Je nach Kursschwerpunkt, Zusammensetzung der TN oder vorhandener Kurszeit lassen Sie die Arbeitsbuch-Übungen 1–4 zu Hause oder im Unterricht bearbeiten. Übung 2 (S. 113) eignet sich auch als Partnerübung. Die Vertiefungsaufgabe 1c (S. 112) könnte im Unterricht an schnelle TN vergeben werden, während die langsameren TN noch mit den vorhergehenden Aufgaben beschäftigt sind.

B2
B2a
■ Gruppenarbeit (Vierergruppen) / Einzelarbeit:
Die TN betrachten die Fotos.
– Jede Gruppe sucht sich eine Sportart aus. Sie notieren gemeinsam ihre Vermutungen auf dem Notizzettel. Bitten Sie die TN, nur Notizen zu machen und keine ganzen Sätze zu schreiben (*Notizen machen,* S. 116).

Hinweis: Teilen Sie den Kurs möglichst in Vierergruppen ein. Falls die TN-Zahl nicht durch Vier teilbar ist, lassen Sie Vierergruppen bilden und mit dem Rest Dreier- bzw. Zweiergruppen. Falls nur ein TN übrig bleibt, teilen Sie diesen einer Vierergruppe zu. Je nach Gruppengröße müssen die einzelnen TN eine oder mehrere Sportarten bearbeiten bzw. zwei TN bearbeiten dieselbe Sportart. Die Sportarten werden unter den TN verteilt, entweder nach Präferenz oder durch Zuteilung bzw. Auslosen.

Landeskunde: Die Sportarten gibt es wirklich, weder die Sportarten noch das jeweilige Regelwerk sind erfunden. Im Internet gibt es immer wieder neue und ergänzende Informationen.

◁ **Arbeitsbuch, S. 114 / Übung 5** Grammatik: Präposition + *einander*, im Unterricht ▷
◁ **Arbeitsbuch, S. 114, 115 / Übung 6** Grammatik: Präposition + *einander*, zu Hause oder im Unterricht ▷

B2b (selektives Hören)

▪ Einzelarbeit:

CD 2.6 – Bierfassrollen; 2.7 – Extrembügeln; 2.8 – Handy-Weitwurf; 2.9 – Sumpffußball

Die Gruppen konzentrieren sich beim Hören auf die Fragen und Notizen, die sie oben notiert haben. Jeder TN notiert die Informationen, die er mitbekommen hat. Danach tauschen sich die TN in der Gruppe über ihre Ergebnisse aus.

Idealerweise hören die TN nur die Übertragung zu ihrer Sportart. Wenn das nicht möglich ist, hören sie die anderen Sportarten ohne Aufgabenstellung und ihre Sportart mit Aufgabenstellung.

– Spielen Sie, wenn die TN es wünschen, die Hörtexte ein zweites Mal vor.

Hinweis: Wichtig dabei ist, dass die TN beim selektiven Hören nicht allein gelassen sind, sondern sich in der Gruppe gegenseitig unterstützen. Die Gruppen bleiben bis einschließlich Aufgabe B2c zusammen.

Hinweis zu den Lösungen:

Bierfassrollen

Kategorie: Mannschaftssport; Freiluftsport
Ziel: Bierfass (100 l, 52 kg Eigengewicht) zu zweit mit zwei Stöcken auf der 600 m langen Strecke so schnell wie möglich ins Ziel zu rollen
Wo wird der Sport ausgeübt?
Wer spielt miteinander / gegeneinander? Mannschaften mit je 2 Personen, Teams aus Deutschland, England, Slowenien, Kenia, Österreich, Tschechien und Italien
Regeln: Was ist erlaubt? Vorwärtsschieben mit zwei Stöcken.
Was ist verboten? Mit dem Körper das Fass berühren (hier z. B. Oberschenkel).
Wann oder wofür wird man disqualifiziert? Wenn man das Fass mit dem eigenen Körper berührt und der Schiedsrichter das sieht.
Gewonnen hat die Mannschaft, die am schnellsten im Ziel ist. Immer zwei Teams spielen gegeneinander.

Extrembügeln

Kategorie: Einzelsport, Freiluftsport
Ziel: Wäsche so schnell wie möglich in extremen Situationen zu bügeln. Wäsche darf hinterher möglichst wenige Falten aufweisen.
Wo? Draußen, hier am steilen Berghang.
Wer? Einzelne Athleten.
Regeln: Was ist erlaubt? –
Was ist verboten? Bügeleisen, Wäsche und Bügelbrett nicht am eigenen Körper mitzuführen.
Wann oder wofür wird man disqualifiziert? Wenn man Wäsche fallen lässt bzw. nicht mit ins Ziel bringt, gleiches gilt für Bügelbrett und Bügeleisen.
Gewonnen hat, wer die meisten Punkte hat, die sich zusammensetzen aus der Schnelligkeit und dem Resultat beim Bügeln (je mehr Falten das Wäschestück hat, desto weniger Punkte bekommt man).

Handy-Weitwurf

Kategorie: hier Einzelsport, aber auch Mannschaftswettkampf, Freiluftsport
Ziel: 100–300 g schwere Handys so weit wie möglich zu werfen.
Wo ? –
Wer? Internationale Einzelkämpfer und Teams.
Regeln: Was ist erlaubt? –
Was ist verboten? Die Abwurflinie zu übertreten.
Wann oder wofür wird man disqualifiziert? Wenn man die Abwurflinie übertritt.
Gewonnen hat, wer das Handy am weitesten wirft.

Sumpffußball

Kategorie: Mannschaftssport, Freiluftsport
Ziel: Möglichst viele Tore zu schießen.
Wo? Im Schlamm, auf einem 20 x 40 m großen „Feld".
Wer? Mannschaft aus 6 Spielern.
Regeln: Was ist erlaubt? Schießen und treten mit dem Fuß, Kopfball; bei Einwürfen, Freistößen, Strafstößen, Eckbällen den Ball mit der Hand auf den Fuß gleiten lassen.
Was ist verboten? Handspiel und Fouls.
Wann oder wofür wird man disqualifiziert? –
Gewonnen hat die Mannschaft, die die meisten Tore schießt.

B2c (selektives Lesen)

▪ Gruppenarbeit

Jede Gruppe hat nun die Möglichkeit, zu ihrer Sportart weitere Informationen zu bekommen. (Text A S. 129, Text B S. 123, Text C S. 122, Text D S. 127). Die TN markieren die Informationen, die für den in Aufgabe B2a vorgegebenen Notizzettel wichtig sind, mit einem bunten Stift oder Textmarker und ergänzen in der Gruppe die wichtigen Informationen gemeinsam. Ziel ist es, dass sich jedes Gruppenmitglied gleichermaßen mit der gewählten Sportart auskennt.

Hinweis zur Kursorganisation:

Sie können den Ablauf im Kursbuch an dieser Stelle unterbrechen und eine Grammatik-Sequenz zu den Relativsätzen einbauen (siehe unten). Lassen Sie dazu die Arbeitsbuch-Übungen 7–10, S. 115 ff., teils im Unterricht, teils zu Hause bearbeiten. In diesem Fall sollten Sie darauf achten, dass die TN die Notizen in Aufgabe B2c gewissenhaft ergänzen und aufschreiben. Nach der Grammatik-Sequenz geben Sie den TN Zeit, ihre Notizen noch

einmal durchzulesen, bevor sie zur Aufgabe B2d übergehen.
– Um festzustellen, wie viel Vorwissen bei den TN vorhanden ist, können Sie die Übungen 7a–e (Arbeitsbuch S. 115, 116) in Einzelarbeit im Unterricht erledigen lassen. Wenn wenig Zeit zur Verfügung steht, eignet sich auch der Fokus Grammatik (vor allem Aufgabe 2, 3b und 4) dazu.
– Wenn Sie den Eindruck haben, dass Ihr Kurs keine ausführliche Wiederholung der im Grunde bekannten „der/die/das"-Relativsätze im Kurs braucht, lassen Sie die Arbeitsbuch-Übungen 7 + 8 komplett zu Hause bearbeiten und machen Sie im Unterricht nur die Übungen 9a + b (9c zu Hause) und die Übung 10.

B2d (Sportregeln erklären)
Hinweis: Als Vorbereitung auf die mündliche Erklärung der Sportarten bieten sich folgende Arbeitsbuch-Übungen an:

◁ **Arbeitsbuch, S. 119 / Übung 11** Sätze bauen: Regeln erklären (eventuell auch erst nach Aufgabe B2d zu Hause) ▷
◁ **Arbeitsbuch, S. 119 / Übung 12** Texte bauen: Regeln erklären ▷

▪ Einzelarbeit
Die TN lesen die Wendungen und Ausdrücke und wählen die passenden für ihre Erklärung aus.

▪ Gruppenarbeit:
Die TN bilden neue Vierergruppen. In jeder Gruppe findet sich jeweils ein TN zu jeder Sportart. Jeder TN erklärt den anderen drei TN in der Gruppe „seine" Sportart.
Die anderen drei TN stellen Fragen, wenn sie etwas nicht verstehen.

Hinweis: Die TN sind in der authentischen Situation, dass einer der Gesprächspartner einen echten Wissensvorsprung hat. Da die anderen drei TN wirklich nicht wissen, was der erklärende TN weiß, müssen sie sich bemühen, alles zu verstehen und müssen bei Nichtverstehen gegebenenfalls nachfragen. Der erklärende TN wiederum muss sich die Mühe machen, möglichst verständlich zu erklären. (Damit soll vermieden werden, dass die TN Informationen wiederkäuen, die allen TN gleichermaßen vorliegen, denn das fördert die kommunikative Kompetenz nur bedingt.) Diese Übung funktioniert auch dann, wenn alle TN die Sportübertragung zu jeder Sportart gehört haben: Da TN nur eine der Übertragungen vorbereitet, die anderen ungelenkt gehört haben, haben sie von den drei anderen Übertragungen relativ wenig Informationen mitbekommen. Die Zusatztexte haben sie sowieso nicht gelesen.

Hinweis – zusätzliche Gesprächsthemen:
Treiben Sie auch einen extremen Sport oder haben Sie früher so etwas gemacht? Vielleicht auch nur einmal im Urlaub, wie z. B. Bungee-Jumping (Man ist an einem Gummiseil befestigt und springt von Brücken in die Tiefe.) oder Canooing (Die Teilnehmer fahren auf einem Gummiboot durch extreme Schluchten, in die es kaum einen Zugang gibt.)? Waren Sie schon einmal bei so einer Extremsport-Veranstaltung? Kennen Sie noch andere ähnliche Sportarten?
Die TN können als kleines Projekt kurze Unterrichtsbeiträge zu Trendsportarten / Extremsportarten erarbeiten und vortragen.

◁ **Arbeitsbuch, S. 120 / Übung 13** Texte bauen: Regeln erklären ▷
◁ **Arbeitsbuch, S. 120 / Übung 14** Texte bauen: Regeln erklären, Vertiefung ▷

Hinweis: Wiederholung Relativsätze
Lassen Sie zunächst die Arbeitsbuch-Übung 7 (S. 115, 116) bearbeiten. Sie bietet eine Wiederholung der Relativsätze mit den Relativpronomen *der, die, das.* Wenn Sie feststellen, dass Ihre TN noch größere Schwierigkeiten mit diesem Grammatikthema haben, dann wiederholen Sie die Regeln. Benutzen Sie dazu ein Grundstufenlehrwerk oder eine Grammatik. Aufgaben zu den Relativpronomen im Nominativ und im Akkusativ finden Sie auch in Ziel B1 plus. Danach lassen Sie die Arbeitsbuch-Übungen 8–10 erledigen. Bei guten TN können Sie an dieser Stelle auch den Fokus Grammatik (Kursbuch, S. 83) vorziehen und die Arbeitsbuch-Übungen 7–10 zu Hause bearbeiten lassen.
Spielvorschlag: Unterhaltsam ist dieses schnelle Spiel für Relativsätze. Schreiben Sie Halbsätze auf Kärtchen. Die TN ziehen ein Kärtchen und formulieren mithilfe der Angaben Relativsätze. Hier ein paar Beispiele:

Kleid	in die Reinigung gebracht / morgen abholen
Sofa	im Geschäft sehen / kaufen wollen
Freundin	jeden Dienstag treffen / im Urlaub sein
Wohnung	ich gemietet / liegt in der Bahnhofsstraße
Suppe	gestern im Restaurant gegessen / sehr interessant schmecken
Essen	meine Schwester gekocht / nicht schmecken
Buch	letzte Woche bekommen / gefallen
Bild	gestern von einem Künstler gekauft / sehr teuer
Brief	auf dem Tisch liegen / für dich sein
Hund	meiner Freundin gehören / sehr freundlich sein
Hausaufgabe	gestern machen müssen / zu schwierig sein

Lehrer	unterrichtet Grundstufe 1 / heute krank
Fahrrad	zum Geburtstag bekommen / sehr gut
Auto	vor kurzem gekauft / schon kaputt
Kinder	sich kümmern um / sind sehr lebhaft
Baum	du immer klettern auf / vom Blitz getroffen
München	es gibt viele Museen / interessante Stadt sein
Frankreich	gut essen können / schönes Land sein
Claudia	ihr Mann Sänger / drei Kinder haben
Frau Müller	ihre Tochter in Neuseeland leben / gern reisen
Buch	sein Autor fällt mir nicht ein / sehr spannend

◁ **Arbeitsbuch, S. 115, 116 / Übung 7** Wiederholung, Grammatik: Relativsatz mit den Relativpronomen *der, die, das*
7a + b Relativpronomen im Nominativ und Akkusativ, **7c + d** Relativpronomen im Dativ, **7e** Relativsätze mit Präpositionen, **7f + g** zusammenfassende Übungen ▷

◁ **Arbeitsbuch, S. 117 / Übung 8** Vertiefung zu den Relativpronomen, insbesondere im Genitiv ▷

Hinweis: Das Relativpronomen im Genitiv kommt im Sprachgebrauch selten vor. Meist reicht das rezeptive Verständnis aus. Daher sollten Sie diese Übung vor allem dann bearbeiten lassen, wenn Ihre TN die C1-Stufe erreichen möchten.

◁ **Arbeitsbuch, S. 117, 118 / Übung 9** Grammatik: Relativsätze mit den Relativpronomen *wer, wo, was* ▷

◁ **Arbeitsbuch, S. 118, 119 / Übung 10** Wortstellung im Relativsatz, Kommasetzung ▷

Hinweis: Das Relativpronomen *wer, wo, was* wird sehr oft als verkürzter Relativsatz oder als eine Form der Präpositionsadverbialsätze bezeichnet. Beide Erklärungen sind für den TN auf Niveau B2 nicht wirklich hilfreich. Es erscheint sinnvoll, hier der sehr einfachen Erklärung des Lehrwerks, wie sie im Fokus Grammatik dargestellt wird, zu folgen.

Fokus Grammatik: Relativsätze verstehen, S. 83

Aufgabe 1
Aufgabe 1a
■ Einzelarbeit:
Die TN lesen zunächst die Sätze still durch und achten dabei besonders auf die Relativsätze.
■ Plenum:
– Fragen Sie die TN, warum das Wort „Mannschaft" im ersten Satz kursiv gedruckt ist (Antwort: Bezugswort für den Relativsatz). Fragen Sie auch, was das für das Relativpronomen bedeutet (das Bezugswort gibt Genus und Numerus vor, hier: feminin Singular).

Hinweis: Wenn Ihre TN Ziel B1 plus durchgearbeitet haben, brauchen sie diese Wiederholung wahrscheinlich nicht. Wenn die TN keinen B1-Wiederholungs-/ Vertiefungskurs gemacht haben und sie die Wiederholungsaufgaben im Arbeitsbuch bisher nicht gemacht haben, können Sie hier bei Bedarf diese Wiederholungs- und Bewusstmachungssequenz einfügen.

– Schreiben Sie den Relativsatz an die Tafel:
Eine Mannschaft, die die andere Mannschaft irgendwie behindert, ...

– Fragen Sie, wie dieser Satz als Hauptsatz lauten würde, und schreiben Sie diesen auf Zuruf an die Tafel:
Die Mannschaft behindert die andere Mannschaft irgendwie.

– Fragen Sie: „Welchen Satzteil repräsentiert also das Relativpronomen?" (Antwort: Das Subjekt, deshalb steht das Relativpronomen im ersten Satz im Nominativ.)
– Verfahren Sie mit den Sätzen 2–5 genauso:
Die Mannschaft, die mit der besten Zeit das Ziel erreicht ...
(Mannschaft: feminin Singular)
Die Mannschaft erreicht mit der besten Zeit das Ziel. (Subjekt, Nominativ)

An Orten, an denen keine elektrische Stromversorgung zur Verfügung steht ...,
(Orten: Plural)
An den Orten steht keine elektrische Stromversorgung zur Verfügung.
(Ergänzung mit Präposition / an + Dativ)

Disziplinen, die jeweils nach den Orten benannt werden ..., (Disziplinen: Plural)
Die Disziplinen werden nach den Orten benannt.
(Subjekt, Nominativ)

Orten ..., an denen der Wettkampf ausgetragen wird.
(Orten: Plural)
An den Orten wird der Wettkampf ausgetragen.
(Ergänzung mit Präposition/an + Dativ)

... die Frauen ..., denen die Teilnahme ... verboten wurde. (Frauen: Plural)
Den Frauen wurde die Teilnahme ... verboten.
(Dativobjekt)

6

Aufgabe 1b
▪ Einzelarbeit:
Die TN schreiben alles auf, was ihnen noch an Regeln zum Relativsatz einfällt und den Inhalten auf dem Handout entspricht.
▪ Plenum: Teilen Sie dann das vorbereitete Handout aus.

Hinweis: Vermeiden Sie zu komplizierte Regeln.

Aufgabe 1c
Die TN übersetzen die Sätze 1–5 in ihre Muttersprache, eventuell zu Hause.

Aufgabe 2
▪ Einzelarbeit / Partnerarbeit:
Die TN lesen den Text und ergänzen die Relativpronomen. Danach Vergleich mit der Sitznachbarin / dem Sitznachbarn.
▪ Plenum:
Lassen Sie einzelne TN ihre Lösung vorlesen. Besprechen Sie die Lösung: Warum welcher Kasus? Was ist das Bezugswort? In welchem Genus und Numerus steht es?

Aufgabe 3
Aufgabe 3a
▪ Einzelarbeit:
Die TN lesen die Sätze jeder für sich.

Aufgabe 3b
▪ Einzelarbeit / Partnerarbeit:
Die TN lesen die Sätze und entscheiden sich für eine Lösung. Danach vergleichen sie mit der Lernpartnerin / dem Lernpartner.
▪ Plenum:
Besprechung der Lösungen (vgl. S. 137) gemeinsam.

Hinweis: Die Relativpronomen *der, die, das* beziehen sich auf eine bestimmte Person oder eine bestimmte Sache. *Wer, wo, was* sind Relativpronomen, die eine allgemeine Aussage machen und die sich nicht auf einen Einzelfall, eine bestimmte Person oder einen bestimmten Gegenstand beziehen.

Aufgabe 3c
Die TN denken darüber nach, ob es die Relativpronomen *wer / wo / was* auch in ihrer Muttersprache gibt. Dann übersetzen sie die Sätze 1–4 in ihre Muttersprache, eventuell zu Hause.

Aufgabe 4
▪ Einzelarbeit:
Die TN lesen die Sätze 1–3 und entscheiden, welches Relativpronomen passt.
▪ Plenum:
Kontrolle gemeinsam.

Hinweis: Haben Sie die Regeln, die im Fokus Grammatik vorgekommen sind, im Unterricht ergänzt, können Sie das folgende Handout verteilen. Oder die TN ergänzen ihre Grammatikübersicht.
Achtung: Überlasten Sie Ihre TN nicht mit Regeln, die helfen nur bestimmten Lernertypen.

Zusammenfassung der Regeln als Handout, bei Bedarf.

1. Relativsätze sind Nebensätze (d. h. das Verb steht am Ende).
2. Relativsätze mit der, die, das bestimmen eine Person oder Sache genauer.
3. Relativpornomen stehen oft in der Nähe des Bezugswortes, manchmal aber auch entfernt. Das ist eher eine stilistische Frage.
4. Der Relativsatz wird durch ein Komma vom Hauptsatz abgetrennt. Geht der Hauptsatz nach dem Relativsatz weiter, steht der Relativsatz zwischen zwei Kommas.
5. Die Relativpronomen richten sich in Genus und Numerus nach dem Bezugswort im Hauptsatz. Der Kasus des Relativpronomens hängt davon ab, welchen Satzteil das Relativpronomen im Nebensatz (= Relativsatz) ersetzt.
6. Die Relativpronomen haben die gleiche Form wie der bestimmte Artikel außer im Dativ Plural (denen) sowie im Genitiv Singular (dessen, deren, dessen) und Plural (deren).
7. Präpositionen gehören zum Relativpronomen und stehen vor dem Relativpronomen.
8. Wer, wo, was sind Relativpronomen, die eine allgemeine Aussage machen, die sich nicht auf einen Einzelfall, auf eine bestimmte Person oder einen bestimmten Gegenstand beziehen.
9. Orts- und Ländernamen werden durch das Relativpronomen wo ersetzt.
10. Nach „alles, etwas, einiges, weniges, vieles, nichts, das" und nach dem neutralen Superlativ heißt das Relativpronomen was.

◁ **Arbeitsbuch, S. 131 / Übung 36** (= kurze Übung zu den Relativpronomen *wer, wo, was*) ▷

C Es muss nicht immer joggen sein, S. 84

C1 (kursorisches und detailliertes Lesen)
▪ Einzelarbeit:
Die TN lesen den Beitrag aus einem Internetforum und lösen die Aufgaben 1 und 2. Dabei markieren sie die Textstellen, die ihnen bei der Lösung der Aufgabe geholfen haben.

Hinweis zur Lösung:
Frage 1b: „ ... es gelingt mir einfach nicht, eine Sportart zu finden, die mir Spaß macht ... Ich habe

schon viele Sportarten ausprobiert – aber es war einfach nichts dabei, was mich bei der Stange hält."
Frage 2a: „Wenn ich mich mal sportlich betätige, fühle ich mich danach natürlich wunderbar. Aber das motiviert mich noch lange nicht, ... Ich hasse es zu schwitzen ... Ich bin ... nicht besonders stolz auf mich, wenn ich mich dann doch einmal überwinde."
Frage 2b: „Sie lieben diese Anstrengung, das Schwitzen, das Duschen danach ..."

◁ **Arbeitsbuch S. 120, 121 / Übung 15 + 16**

Hinweis: Thema der Übungen ist der „Infinitiv mit oder ohne *zu*". Wenn Sie die Übung 15a im Unterricht bearbeiten lassen, sollten die TN die Wörter bzw. Ausdrücke unterstreichen, die mit oder ohne „zu" verwendet werden.
Faustregel: Bei Modalverben kein „zu".
Weitere Verben, die einen Infinitiv mit sich führen (ich höre ihn kommen, ich habe ihn kommen hören), werden in Ziel B2, Band 2, Lektion 11 behandelt.
Bestimmte Ausdrücke mit Nomen und mit Adjektiven ziehen den Infinitiv mit „zu" nach sich, z. B. Lust haben, bereit sein etc. (vgl. auch Arbeitsbuch-Übung 15b).

C2

C2a (selektives Lesen)

■ Einzelarbeit:
Die TN lesen die Texte und unterstreichen die dort genannten Alternativen.
■ Partnerarbeit:
Vergleich mit der Lernpartnerin / dem Lernpartner. (A: spazieren gehen; B: Volkstanzgruppe, C: Yoga, D: putzen)

C2b (detailliertes Lesen)

■ Einzelarbeit:
Die TN lesen die Zuschriften A–D erneut und ergänzen die Tabelle.
■ Kleingruppen:
Die TN vergleichen und ergänzen gegebenenfalls ihre Tabellen. Gehen Sie im Kurs herum und helfen Sie bzw. kontrollieren Sie, ob die Aufgabe richtig gelöst wird.

Hinweis: Die Aufgabenstellung in diesem Abschnitt ist besonders kleinschrittig, weil die TN hier ein Grammatikkapitel lernen, das ihnen bisher nicht bewusst gemacht wurde. Wurden die Aufgaben richtig gelöst, dann haben die TN die adversativen Angaben rezeptiv verstanden und sortiert.

Hinweis Grammatik-Sequenz im Arbeitsbuch: adversative Angaben: Bevor Sie zur Aufgabe C2c übergehen, ist es sinnvoll, folgende Grammatik-Übungen im Arbeitsbuch zu machen oder zumindest jeweils eine oder zwei Aufgaben von jeder Übung mit den TN zu besprechen.

◁ **Arbeitsbuch, S. 121 / Übung 17** im Plenum ▷
◁ **Arbeitsbuch, S. 122 / Übung 18** mündlich in Partnerarbeit ▷
◁ **Arbeitsbuch, S. 122 / Übung 19** im Unterricht: **19a** Einzelarbeit, **19b + 19c** Einzelarbeit und Kontrolle an der Tafel ▷
◁ **Arbeitsbuch, S. 122 / Übung 20** zu Hause ▷
◁ **Arbeitsbuch, S. 123 / Übung 21** Vertiefung, bei ausreichend Zeit im Unterricht, ansonsten zu Hause ▷
◁ **Arbeitsbuch, S. 124 / Übung 22** zu Hause ▷
◁ **Arbeitsbuch, S. 124 / Übung 23** eventuell auch erst nach Aufgabe C2c auf einem extra Blatt, bei ausreichend Zeit im Unterricht, ansonsten zu Hause ▷
◁ **Arbeitsbuch, S. 12 / Übung 24** im Unterricht ▷

C2c

■ Einzelarbeit:
Die TN schreiben Sätze mit den genannten adversativen Angaben.
■ Partnerarbeit:
Die Texte können mit einer Lernpartnerin / einem Lernpartner zur Korrektur getauscht werden.

Hinweis: Lassen Sie vor der Aufgabe C2d folgende Übungen erledigen:

◁ **Arbeitsbuch, S. 125, 126 / Übung 25 + 26**
Texte bauen: Argumente gegenüberstellen ▷

6

C2d (Vorteile und Nachteile schriftlich erörtern, Lösungsmöglichkeiten anbieten)

■ Plenum:
Besprechen Sie die Aufgabenstellung mit den TN. Weisen Sie darauf hin, dass alle vier Leitpunkte behandelt werden sollen und der Text mit sprachlichen Mitteln ansprechend und lebendig gestaltet werden soll. Die TN sollen auch versuchen, die gelernten adversativen Angaben zu verwenden.
■ Einzelarbeit:
Die TN schreiben die Mail auf ein gesondertes Blatt. So können Sie die Texte zur Korrektur einsammeln. Alternativ können die TN die Texte gegenseitig korrigieren. Dabei sagen die Lernpartner einander nicht nur, was ihnen nicht gefallen hat, sondern auch, was ihnen besonders gut gefallen hat.

Hinweis: In dieser Aufgabe üben die TN die Planung und Vorbereitung von schriftlichen Texten. In diesem Zusammenhang kommt es vor allem auf die adversativen Angaben im Sinne einer erörternden Betrachtung an. Wenn die TN die Möglichkeit haben, den zweiten Kurs auch noch zu besuchen, dann beschränken Sie sich auf den Hinweis, dass alle Leitpunkte behandelt werden sollen.
Es wird hier von den TN aber noch kein Text in Prüfungsqualität erwartet, das üben die TN in den weiteren Lektionen auch in Ziel B2, Band 2 noch.

Bei sehr schnellen TN oder wenn die TN schon nach diesem Band eine Prüfung ablegen wollen, ist diese Aufgabe eine gute Gelegenheit, um die Planung und Vorbereitung schriftlicher Texte noch einmal zu üben. Die TN sollten sich zu den vier Leitpunkten Notizen machen und sich eine geeignete Reihenfolge überlegen. Dann schreiben sie zu jedem Leitpunkt maximal zwei bis drei Sätze. Des Weiteren sollten sich die TN darüber Gedanken machen, welche Formalia (passende Anrede, geeigneter Schluss etc.) sie beachten müssen. Bei der Ausarbeitung ihres Textes kommt es auch darauf an, den Satzbau abwechslungsreich zu gestalten und die gelernten Wendungen und Ausdrücke zu benutzen. Der Text soll sich am Ende flüssig lesen lassen.

Fokus Grammatik: Adversative Angaben – Gegensätze darstellen, S. 86

Aufgabe 1
■ Einzelarbeit:
Die TN markieren in den Sätzen 1–5 die Wörter, die Gegensätze darstellen.
■ Plenum:
Kontrolle gemeinsam.

Aufgabe 2
Aufgabe 2a
■ Einzelarbeit:
Die TN ergänzen die Sätze 1–6 mit den genannten adversativen Angaben.

Aufgabe 2b
■ Einzelarbeit:
CD 2.10: Die TN hören die möglichen Lösungen und vergleichen diese mit ihren eigenen Lösungen. Dabei sollen sie auf die Betonung der Sätze achten.

Hinweis: Lassen Sie die TN die Sätze nicht mit der richtigen Betonung nachsprechen, es sei denn, die TN wünschen das. Die feinen Unterschiede in der Intonation sind erst auf C-Niveau aktuell.

■ Plenum:
Besprechen Sie die Lösungen von 2a gemeinsam. Fragen Sie nach Unklarheiten.

Hinweis: Die TN bekommen durch die genannten Sätze ausreichende Informationen zur Stellung von *aber* im Satz. Sie sollten sich nur die in Aufgabe 2c aufgestellten Regeln dazu merken. Gehen Sie also hier nicht die unterschiedlichen Positionen und die weiteren Positionsmöglichkeiten von *aber* durch. Diese Thematik gehört in die C-Stufe.

Aufgabe 2c
■ Einzelarbeit:
Die TN kreuzen die ihrer Meinung nach richtige Lösung an.
■ Plenum:
Besprechung gemeinsam.

Aufgabe 3
■ Einzelarbeit:
Die TN ergänzen die Sätze 1–3 mit den Ausdrücken und Wörtern aus Aufgabe 2.
■ Partnerarbeit:
Die TN vergleichen ihre Lösung mit der ihrer Lernpartnerin / ihres Lernpartners.
■ Plenum:
Abschließende Kontrolle gemeinsam.

◁ **Arbeitsbuch, S. 131 / Übung 37** ▷

D Zeit gewonnen?, S. 87

D1

Hinweis – Möglicher Einstieg:
■ Kleingruppen:
Die TN lassen die Bücher geschlossen.
– Schreiben Sie das Wort *Zeit* an die Tafel.
– In Kleingruppen überlegen die TN, welche Wendungen und Ausdrücke sie mit dem Wort *Zeit* kennen. Sie können die Aufgabe auch auf zusammengesetzte Nomen ausdehnen, die das Wort *Zeit* enthalten. Die Gruppen schreiben ihre Ergebnisse auf große Plakate, die später aufgehängt werden können.
■ Plenum:
Pro Gruppe stellt ein Sprecher die gefundenen Wendungen und Ausdrücke vor. Wenn Sie keine Plakate zur Hand haben bzw. den Einstieg schneller zu Ende bringen wollen, sammeln Sie die Ergebnisse an der Tafel, z. B. so:
Zeit gewinnen, Zeit verlieren, Zeit vertun, Zeit vertrödeln, Zeit sparen, Zeit brauchen, Zeit aufwenden, die Zeit verrinnt / die Zeit vergeht, Zeit haben, sich Zeit nehmen, in Zeitnot sein, sich die Zeit einteilen, im Laufe der Zeit, von Zeit zu Zeit, mit der Zeit, zu seiner Zeit, das waren noch Zeiten, die Zeiten ändern sich, das hat Zeit, mit der Zeit gehen, Zeit ist Geld ...
e Zeitlupe, e Zeitverschiebung, r Zeitmesser, r Zeitplan etc.
Vermeiden Sie es aber, die TN mit Ausdrücken zu überlasten, die sie hier nicht genannt haben.

D1a Radiofeature (kursorisches Hören)
■ Plenum:
– Die TN lesen die Aufgabe.
CD 2.11: Die TN schließen die Bücher oder die Augen und konzentrieren sich auf den Hörtext.
– Dann kreuzen die TN die richtigen Sätze an.
– Spielen Sie den Hörtext nun noch einmal vor. Die TN sollen dabei herausfinden, welche Ausdrücke und

zusammengesetzten Nomen mit dem Wort *Zeit* benutzt werden. (Lösung: Zeit haben, Zeit verbringen mit etwas, die Zeit planen, Zeit aufwenden, Zeitmanagement, Zeitprotokoll)

Hinweis: *In den Seilen hängen* bedeutet: kaputt, müde sein.

D1b
■ Einzelarbeit:
Die TN sehen sich das Zeitdiagramm an und tragen die vier Begriffe in die Tabelle ein. Erklären Sie, dass es sich bei den Zahlen in der obersten Reihe um Stunden pro Tag handelt.
■ Kleingruppen oder Partnerarbeit:
Die TN diskutieren über ihre Vermutungen.

D1c (orientierendes und selektives Hören)
■ Plenum:
CD 2.12: Spielen Sie den Hörtext vor, bei Bedarf auch zweimal.
– Die TN vergleichen und korrigieren ihre Vermutungen.
– Fragen Sie die TN: „Überrascht Sie das Gesagte? Waren Ihre Vermutungen korrekt? Würde der Tagesablauf bei einem Studenten in Ihrem Land genauso aussehen? Was wäre anders? War/Ist Ihr persönlicher Tagesablauf als Student ähnlich? Was ist eventuell anders? Wie war das früher im Vergleich zu heute?

◁ **Arbeitsbuch, S. 127 / Übung 27** Grammatik: Wortbildung: Adverb *-weise*, je nach verfügbarer Zeit im Unterricht oder zu Hause ▷
◁ **Arbeitsbuch, S. 128 / Übung 28** Grammatik: Wortbildung: Adverb *-weise*, Vertiefung ▷
◁ **Arbeitsbuch, S. 128 / Übung 29** Wortschatz: Tagesablauf, Wiederholung, zu Hause ▷
◁ **Arbeitsbuch, S. 128 / Übung 30** Wortschatz: Tagesablauf, zu Hause ▷
◁ **Arbeitsbuch, S. 128 / Übung 31** Wortschatz: Tagesablauf, im Unterricht als Vorbereitung auf die Aufgabe D1d. ▷
◁ **Arbeitsbuch, S. 129 / Übung 32** Sätze bauen: Tagesablauf
32a im Unterricht als Vorbereitung auf die Aufgabe D1d, **32b, c + d** zu Hause ▷

D1d (über den Tagesablauf sprechen)
■ Einzelarbeit:
Die TN überlegen, was sie an einem Werktag machen und wie viele Stunden sie mit den jeweiligen Tätigkeiten verbringen. Sie machen sich Notizen.
■ Kleingruppen:
Die TN vergleichen ihre Tagesabläufe.

◁ **Arbeitsbuch, S. 130 / Übung 33** Tagesablauf schreiben, zu Hause

D2
D2a (kursorisches Hören)
■ Einzelarbeit:
CD 2.13: Spielen Sie den Hörtext eventuell zweimal vor. Beim Hören machen sich die TN Notizen zu Ninas Problem.
■ Kleingruppen:
– Die TN tauschen sich darüber aus, was Ninas Problem ist und was sie davon halten.
– Gehen Sie zu den Gruppen und fragen Sie: „Was würden Sie Nina raten? Was macht sie möglicherweise falsch?"

D2b (detailliertes Lesen)
■ Einzelarbeit:
Die TN lesen den Text und kreuzen den Ratschlag / die Ratschläge an, den/die sie für sinnvoll erachten.
■ Partnerarbeit:
Die TN berichten einander kurz, welche Ratschläge sie angekreuzt haben und warum.

Hinweis: Zur Vorbereitung auf die Aufgabe D2c können Sie die Arbeitsbuch-Übungen 34 + 35 bearbeiten lassen.

D2c
■ Einzelarbeit:
Die TN überfliegen noch einmal die Texte in D2b.
■ Plenum:
– Die TN lesen die angegebenen Wendungen und Ausdrücke und die Sprechblasen.
– Geben Sie exemplarisch Ihre Meinung zu einem der Ratschläge ab und fordern Sie einen TN auf, darauf zu reagieren.
■ Kleingruppen:
Die TN vergleichen die Vorschläge der Experten und äußern ihre Meinung dazu. Dabei verwenden sie auch die genannten Wendungen und Ausdrücke.

◁ **Arbeitsbuch, S. 130 / Übung 34** Sätze bauen: Zweifel / Zustimmung äußern ▷

■ Einzelarbeit:
Die TN füllen die Sprechblasen aus.
■ Partnerarbeit:
Mit einer Lernpartnerin / einem Lernpartner spielen die TN dann die Mini-Dialoge, d. h. ein TN liest die Meinung der Sprechblase links, der andere TN reagiert mit der von ihm aufgeschriebenen Lösung.

◁ **Arbeitsbuch, S. 130 / Übung 35** Sätze bauen: Zweifel / Zustimmung äußern ▷

■ Partnerarbeit:
– Die TN lesen die Aufgabenstellung und die Redemittel.
– Ein TN liest einen Ratschlag (Sätze 1–9), der andere reagiert mit den vorgeschlagenen Wendungen und Ausdrücken.

6

D2d (Sprechen: Lösungsvorschläge abwägen, eigenen Vorschlag erarbeiten)
▪ Plenum:
CD 2.13: Spielen Sie den Hörtext von D2a noch einmal vor, um den TN Ninas Problem in Erinnerung zu rufen.
– Fragen Sie: „Welche Vorschläge und Hinweise der Experten könnten Ninas Problem lösen? Was meinen Sie?"
▪ Partnerarbeit:
Die TN suchen in den Texten von D2b gemeinsam nach Lösungsansätzen und besprechen diese. Jedes Paar macht sich Notizen. Sagen Sie den TN, dass je ein TN pro Paar später die Ergebnisse der Partnerübung im Plenum vorstellen soll.

D2e
Hinweis: Hier haben Sie als KL die Möglichkeit, auch schüchterne TN zu Wort kommen zu lassen.
Bestimmen Sie die TN, die für ihr Paar sprechen sollen (*Unterrichtsbeiträge – wie bringt man schüchterne TN zum Reden?,* S. 114). Fordern Sie den restlichen Kurs auf, gut zuzuhören. Die TN sollen erst dann einen Kommentar abgeben, wenn die Paarsprecher die Vorstellung ihres Lösungsvorschlags beendet haben.

▪ Plenum:
Die Paare stellen ihren Lösungsvorschlag für Ninas Problem im Kurs vor. Die anderen TN bewerten die vorgestellten Ratschläge.

E Ihre Lösungen sind gefragt, S. 89

E1
E1a
▪ Einzelarbeit / Gruppenarbeit:
– Teilen Sie den Kurs in zwei Gruppen ein.
– Jede Gruppe wählt einen der Texte auf S. 127 bzw. S. 128.

Hinweis: Sie können jeden TN auf ein Blatt Papier schreiben lassen, ob er sich lieber mit einem Problem im Straßenverkehr (der TN schreibt nur: „S") oder mit einem Problem im Arbeitsalltag („A") beschäftigen möchte. Sammeln Sie die Zettel ein und teilen Sie den Kurs auf. Allerdings besteht dann das Risiko, dass die TN sehr ungleich verteilt sind. Alternativ teilen Sie einfach den Kurs in zwei gleich große Gruppen. Dann entscheiden Sie, wer welches Thema behandelt.
Wenn Sie einen großen Kurs haben, teilen Sie ihn in vier annähernd gleich große Gruppen. Je zwei Gruppen lesen denselben Text.

E1b (kursorisches Lesen)
▪ Einzelarbeit:
Die TN lesen ihren Text, überlegen sich Antworten zu den Aufgaben und machen sich Notizen.

▪ Gruppenarbeit:
In der Gruppe diskutieren die TN den Text, klären Verständnisfragen und einigen sich auf Lösungsvorschläge. Pro Gruppe macht ein TN Notizen.

E1c (Sprechen: Sachverhalte darstellen und Lösungsvorschläge erörtern)
▪ Plenum:
– Bitten Sie erst die eine Gruppe an die Tafel. Verteilen Sie die Aufgaben: Einer oder mehrere TN erklären den Inhalt des Textes und das Problem, ein anderer bzw. mehrere andere TN präsentieren die Lösungsmöglichkeiten, wieder ein anderer TN schreibt diese an die Tafel.
– Nun sollen die Mitglieder der zweiten Gruppe die Lösungsvorschläge bewerten und kommentieren.
– Dann präsentiert die zweite Gruppe ihre Lösungsvorschläge und die erste Gruppe bewertet.

Hinweis: Wenn Sie den Kurs in vier Gruppen eingeteilt haben, lassen Sie zunächst die beiden Gruppen, die den ersten Text bearbeitet haben, ihre Ergebnisse präsentieren. Dabei benutzt die eine Gruppe die Tafel, die andere schreibt ihre Lösungsvorschläge auf eine Tageslichtprojektor-Folie. Danach sind die zwei anderen Gruppen an der Reihe.
Vielleicht haben Sie auch ein Ausweichklassenzimmer zur Verfügung, in dem die anderen Gruppen ungestört ihre Präsentationen durchführen können. Geben Sie die Verantwortung in diesem Fall an die einzelnen Gruppen ab. Stehen Sie den Gruppen jedoch zur Unterstützung zur Verfügung.

Zusätzliches Kursgespräch: Fragen Sie die TN (vor allem diejenigen, die den Text 1b bearbeitet haben), ob sie auch schon einmal in einer solchen Situation waren. Was ist genau passiert? Wie hat die Geschichte geendet?

E2
E2a (detailliertes Lesen)
▪ Einzelarbeit:
Die TN lesen den Zeitungsartikel.

E2b (Schreiben: ein Problem darstellen und Lösungsmöglichkeiten anbieten)
▪ Plenum:
– Fragen Sie: „Was macht man, wenn man eine starke Meinung zu einem Zeitungsartikel hat und man diese anderen Leuten mitteilen möchte?" (Antwort: Man schreibt einen Leserbrief an die Zeitung.)
– Fragen Sie, ob man einen Leserbrief so schreiben kann, wie die Antwort per E-Mail auf S. 85 (Antwort: Nein, ein Leserbrief ist ein formeller Brief.)

Landeskunde: Die meisten Zeitungen, Zeitschriften bieten die Möglichkeit, Leserbriefe zu schreiben, online an. Damit hat sich aber auch der formale

Aspekt des Leserbriefes geändert. In der Regel gibt es dann ein Feld für den Namen, ein Feld für die Meinung und dann einen Button zum Absenden.

– Wiederholen Sie gegebenenfalls die Formalitäten eines Leserbriefs gemeinsam im Kurs. Richten Sie sich dabei auch nach den Gegebenheiten, die Ihr Kurs Ihnen bietet: Wenn die TN in der Regel einen Computer benutzen, ist es vielleicht ratsam, sich eine entsprechende Maske anzusehen.
(Oben links die Absenderadresse, darunter die Adresse der Zeitung, daneben rechts Ort und Datum, Betreff: (Titel des Artikels o. Ä.), Meinung, Unterschrift)

■ Einzelarbeit:
Die TN schreiben ihre Meinung zur Pressemitteilung in Form eines Leserbriefs. Dabei sollen sie die vier aufgeführten Fragen in ihrem Brief beantworten und die in der Lektion gelernten Wendungen und Ausdrücke benutzen.

Hinweis: Geben Sie ein Zeitlimit vor, an das sich alle halten sollen. Sagen Sie während des Schreibens ab und zu, wie viel Zeit noch zur Verfügung steht. Die TN sollten sich vor dem Schreiben zu den vorgegebenen Leitpunkten Notizen machen. So können sie ihre Gedanken ordnen und einen strukturierteren Text verfassen (*Schreibaufgaben im Unterricht,* S. 115).

E2 c
■ Partnerarbeit:
Die Lernpartner tauschen ihre Texte aus und unterstreichen besonders gelungene sowie unverständliche Stellen. Dabei sollen sie auch überprüfen, ob alle Leitpunkte im Brief bearbeitet wurden und welche Wendungen und Ausdrücke aus der Lektion darin vorkommen.

Hinweis: Um zu vermeiden, dass immer dieselben TN zusammenarbeiten, können Sie am Ende der Schreibaktivität die Hälfte der Texte einsammeln. Halten Sie diese verdeckt in Ihrer Hand und lassen Sie die TN, die ihre Texte behalten haben, ziehen. Nun suchen die TN ihre jeweiligen Partnerinnen / Partner.

Arbeitsbuch: „Darüber hinaus"

Hinweis zum Arbeitsbuchteil „Darüber hinaus": siehe S. 21, 105

◁ **Arbeitsbuch S. 132 / Übung 38** Texte lesen: kursorisches Lesen ▷
◁ **Arbeitsbuch S. 133 / Übung 39** Übung zu Prüfungen: Hörverstehen ▷

Hinweis: Diese Übung bereitet auf einen Prüfungstyp vor, der in den meisten Prüfungen auf der Stufe B2 vorkommt.

Fotodoppelseiten, S. 92, 93

Hinweis: Im Lehrwerkservice zum kostenlosen Ausdrucken oder im Anhang finden Sie Arbeitsblätter für die Projektarbeit zu den Fotodoppelseiten als Kopiervorlagen.

Lektion 7 Verrückt

Worum geht es in der Lektion?

Lernziel: gemeinsam etwas planen

Abschnitt **A:** **„Verrückte Kunst! Verrückte Kunst?"**
Fertigkeiten: Hören und Sprechen
Lernziel: In diesem Abschnitt geht es um *verrückte* Kunst (Gedicht, Gemälde, Musik). In einem Hörtext werden verschiedene Meinungen dazu geäußert. Dabei klären die TN Bedeutungsvarianten des Wortes *verrückt*.

Abschnitt **B:** **„Verlassen Sie den Raum so, wie Sie ihn …"**
Fertigkeiten: Lesen, Hören und Schreiben
Lernziele: Dieser Abschnitt setzt sich humoristisch mit Sprüchen, Aufforderungen und Hinweisen auf Schildern auseinander. Die TN hören ein Kabarettstück zum Thema. Im Arbeitsbuch beschäftigen sie sich mit dem Verb *lassen* und lernen, Aufforderungen zu verstehen und zu formulieren. Außerdem wird der Wortschatz rund ums Putzen vertieft.

Abschnitt **C:** **„Klimawandel im Gespräch"**
Fertigkeiten: Lesen, Hören und Schreiben
Lernziele: Abschnitt C thematisiert das (verrückte) Wetter und den Klimawandel. Die TN wiederholen und vertiefen den Wortschatz rund ums Wetter. Anhand einer Radiosendung sowie eines Zeitungsartikels über den Klimawandel wird der Konjunktiv I eingeführt. Die TN lernen, komplexe Sachverhalte zu verstehen und wiederzugeben. Dazu erarbeiten sie verschiedene Verben des Sprechens und Argumentierens. Zum Abschluss verfassen sie einen Leserbrief.

Abschnitt **D:** **„Verrücktes Design"**
Fertigkeiten: Lesen, Hören und Sprechen
Lernziele: In einer Reportage wird ein Projekt vorgestellt, bei dem Designstudenten mit Behinderten zusammenarbeiten. Mittels eines Hörtextes (Bürogespräch) werden Wendungen und Ausdrücke eingeführt, mit denen die TN im Rahmen einer Präsentationsvorbereitung Vorschläge machen, Aufgaben verteilen und das genaue Vorgehen diskutieren können. Die TN lernen, wie man ein Projekt in der Gruppe diskutiert und danach präsentiert.

Abschnitt **E:** **„Gemeinsamer Ausflug"**
Fertigkeiten: Lesen und Sprechen
Lernziel: Drei Texte informieren über Exkursionsziele. Die TN diskutieren über die verschiedenen Angebote, kommen zu einer Einigung und planen die Vorbereitung ihrer Exkursion. Zum Abschluss präsentieren sie ihre Planung.

Fokus Grammatik
1. Konjunktiv I
2. Redewiedergabe im Kontext

Thematischer Einstieg
Assoziationsseite, S. 94

Hinweis zu den Assoziationsseiten im Unterricht:
siehe Lektion 1, S. 10 und S. 156

Aufgabe 1
■ Kleingruppen:
Die TN beschreiben die Fotos und diskutieren darüber, was die Fotos mit dem Wort *verrückt* zu tun haben könnten.
Mögliche Lösungen, die aber nicht zwingend sind:
A: Farbpalette – verrückte Künstler / verrückte Kunst, „Genie und Wahnsinn liegen nah beieinander", verrückte Farbkombinationen
B: leere Bühne – Bühne ohne Künstler, verrückte Situation, Clown/verrückte Person tritt auf,
C: Schneesturm – das Wetter spielt verrückt
D: Rohrreiniger mit Kerze – verrückte Wohnungseinrichtungsgegenstände, verrücktes Design, Geschäfte mit solchen Artikeln

Hinweis: Auch in dieser Lektion gilt: Es gibt keine richtigen oder falschen Antworten. Kehren Sie lieber am Ende der Lektion noch einmal zu der Einstiegsseite zurück. Auf der Extra-CD-ROM finden die TN bei Interesse weitere Inhalte mit Aufgaben.

Aufgabe 2
■ Kleingruppen:
Dieselben Kleingruppen machen ein Brainstorming zum Thema *verrückt*. Schreiben Sie als Anregung folgende Fragen an die Tafel:
Was heißt/bedeutet „verrückt"?
Wer oder was ist verrückt?
Persönliche Erfahrungen/Situationen zum Thema „verrückt"

A Verrückte Kunst! Verrückte Kunst?, S. 95

Aa (detailliertes Lesen)
■ Plenum:
– Schreiben Sie an die Tafel:
verrückt
Fragen Sie die TN, um welche Wortart es sich handelt (Adjektiv / Partizip II). Fragen Sie dann auch, wie der Infinitiv dazu lautet und was dieses Verb bedeutet (verrücken = etwas anders hinstellen, z. B. einen Schrank verrücken).
CD 2.15: Spielen Sie das Musikstück vor.
Fragen Sie die TN, wie ihnen diese Musik, diese Poesie und diese Malerei gefällt.
– Die TN sehen zuerst das Gedicht und dann das Bild an. Fragen Sie sie, ob hier irgendetwas „verrückt" (im Sinn beider Bedeutungsvarianten) ist.

Ab (detailliertes Hören)
■ Einzelarbeit:
CD 2.16–2.21: Die TN hören sieben Statements über die Kunst und machen sich dazu Notizen.
■ Partnerarbeit:
Die TN tauschen sich darüber aus, was sie gehört bzw. verstanden haben.

Ac
■ Einzelarbeit:
CD 2.16–2.21: Spielen Sie die CD noch einmal vor.
– Die TN lesen die Wahlmöglichkeiten und kreuzen an.
■ Partnerarbeit:
Die Lernpartner vergleichen ihre Lösungen und diskutieren darüber.

Ad (Sprechen: Bedeutungsvarianten des Wortes „verrückt" klären)
■ Einzelarbeit:
Die TN lesen die Wahlmöglichkeiten und kreuzen an.
■ Plenum:
Gehen Sie die einzelnen Wörter gemeinsam durch. Fragen Sie: „Welche Bedeutungen von *verrückt* haben Sie in den Statements entdeckt?", „Welche Bedeutung haben Sie in welchem Statement gehört?"

Hinweis – Zusatz-Aktivität: Wenn Sie die Möglichkeit haben, ein DVD-Gerät zu benutzen, können Sie einen Sketch von Loriot zeigen (DVD: Loriot – Vollständige Fernseh-Edition, 6 DVDs, 2007). Darin versucht er, ein verrücktes, d. h. schief hängendes Gemälde gerade zu rücken, und löst dabei ein komplettes Chaos aus. Leider dürfen Texte, Bilder und Sketche von Loriot aus urheberrechtlichen Gründen nicht in anderen Büchern usw. veröffentlicht werden, deshalb können wir hier nur einen Hinweis geben.

B Verlassen Sie den Raum so, wie Sie ihn ..., S. 96

B1

B1a (detailliertes Lesen)
■ Einzelarbeit:
Die TN lesen die kurzen Texte und entscheiden, ob sie ernsthaft oder ironisch gemeint sind.
■ Partnerarbeit / Plenum:
Die TN vergleichen ihre Lösungen zuerst mit einer Lernpartnerin / einem Lernpartner, dann gemeinsam im Kurs.

B1b
■ Partnerarbeit:
Die TN sprechen darüber, was die Sprüche und Hinweise bedeuten und wo sie normalerweise zu finden sind.

7

■ Plenum:
Fragen Sie die TN, ob es solche Sprüche in ihrer Sprache auch gibt und ob sie weitere Sprüche dieser Art (ernst oder ironisch/lustig) kennen.

Hinweis – Zusatz-Aktivität: Sie können an dieser Stelle ein Laufdiktat mit Sprüchen einschieben. Ausführliche Aufgaben und Übungen zur Rechtschreibung finden Sie in Diktate zu Ziel B2.

◁ **Arbeitsbuch, S. 134 / Übung 1** Grammatik: das Verb *lassen*, Wiederholung ▷
◁ **Arbeitsbuch, S. 134 / Übung 2**
2a + b Wiederholung, Einzelarbeit, danach Verbesserung im Plenum
2c – d Einzelarbeit, Vergleich mit einer Lernpartnerin / einem Lernpartner, Verbesserung im Plenum
2e Vertiefung ▷

Hinweis zum Sprachgebrauch:
lassen kann als Vollverb fungieren (z. B.: jmdn. in Ruhe lassen, jmdn. im Stich lassen, Federn lassen, etwas lassen, im Sinne von „etwas nicht tun"). In diesem Fall lautet das Partizip II *gelassen.*
lassen kann in Kombination mit einem zweiten Verb als Modalverb fungieren, das Partizip II ist dann identisch mit dem Infinitiv: *lassen.*

Hinweis: Mit den verschiedenen Formen der Modalverben bzw. Modalverben als Vollverb beschäftigen sich die TN in Band 2, Lektion 11.

B2

B2a
■ Kleingruppen:
Die TN sammeln Ideen dazu, wo der Hinweis hängen könnte.
■ Plenum:
Schreiben Sie die Gruppenergebnisse an die Tafel oder lassen Sie die TN ihre Ideen anschreiben.

B2b (kursorisches Hören)
Hinweis: Die TN schließen am besten die Bücher (und evtl. auch die Augen), damit sie sich auf den Text konzentrieren können. Klären Sie aber vorab, was die Aufgabe ist: nämlich das Erkennen der Textsorte. Der kabarettistische Hörtext ist sprachlich süddeutsch gefärbt und wird von vielen Lachern begleitet. Die TN sollten sich von der Sprechweise und den Unterbrechungen nicht irritieren lassen. Sie sollen zunächst nur erkennen, um welche Art von Text es sich handelt. Dabei helfen auch die Hintergrundgeräusche (hier: Lachen). Die Fähigkeit, solche nicht primär sprachlichen Hinweise zu interpretieren, kann sowohl im Alltag in deutschsprachigen Ländern als auch in Prüfungssituationen sehr hilfreich sein. Weisen Sie die TN auch bei den weiteren Aufgaben darauf hin, dass sie nur einzelne Wörter verstehen müssen, um die Aufgaben lösen zu können.

■ Plenum:
CD 2.22: Die TN hören den Text und entscheiden, was für ein Text das ist. Sie kreuzen an.

Hinweis zur Landeskunde – Kabarett
Der Kabarettist Andreas Giebel: Der Hörtext ist von dem auf dem Foto abgebildeten Kabarettisten Andreas Giebel (geboren 1958 in München). Für seine Soloprogramme bekam er diverse Kabarettpreise, arbeitete mit anderen namhaften Kabarettisten wie Urban Priol und Georg Schramm (siehe unten) zusammen. Er ist in diversen kabarettistisch-humoristischen Hörfunk- und Fernsehsendungen zu hören und zu sehen. Außerdem spielte er die Hauptrolle in einem Tatort-Krimi („Tatort" ist eine Krimireihe im Ersten Deutschen Fernsehen).
Kabarett: Das deutsche Wort Kabarett hat seinen Ursprung in der französischen Bezeichnung „cabaret" für Schenke bzw. Kneipe. Es gibt zwei Formen von Kabarett, das literarische, bei dem Gedichte, Prosatexte und Lieder zum Besten gegeben werden, und das politische, das sich auf humoristische Art mit politischen und aktuellen gesellschaftlichen Themen auseinandersetzt. Kabarettisten treten häufig alleine oder zu zweit auf, manchmal auch in kleinen Ensembles. Sie arbeiten mit Wortwitz und Übertreibungen, nicht selten weist die Sprache mundartliche Züge auf. Als Ausdrucksform werden einfache Monologe, Dialoge, Reime oder auch Gesang gewählt, um vorhandene politische oder gesellschaftliche Phänomene zu parodieren oder zu persiflieren. Oft muss man gut über das kritisch beleuchtete Thema informiert sein, um die Darbietung und vor allem den oft hintergründigen Humor eines Kabarettisten zu verstehen. Auftrittsorte für Kabarettisten sind vielfältig: kleine Theater, Kleinkunstbühnen, Zimmertheater, Gasthäuser, bei Stadtfesten etc.
Auch im Fernsehen gibt es hin und wieder Kabarettsendungen. Eine der bekanntesten war der sogenannte „Scheibenwischer" unter der Regie von Dieter Hildebrandt. Aktuell ist die Sendung „Neues aus der Anstalt" von und mit Urban Priol und Georg Schramm sehr beliebt.
Berühmte Kabarett-Ensembles mit eigenem Theater sind: die „Münchner Lach- und Schießgesellschaft", die Berliner „Stachelschweine", das „Kom(m)ödchen" in Düsseldorf, die „Leipziger Pfeffermühle", „die Wühlmäuse" (Berlin). Einige namhafte, noch heute bekannte Kabarettisten in Deutschland sind Kay (1920–1993) und Lore (1920–1994) Lorentz (Gründer des Düsseldorfer „Kom(m)ödchens"), der Münchner Karl Valentin (1882–1948) und seine

Partnerin Liesl Karlstadt (1892–1960). Hier eine kleine Auswahl von heute aktiven und deutschlandweit bekannten Kabarettisten: Dieter Hildebrandt, Erwin Pelzig alias Frank-Markus Barwasser, Sissi Perlinger, Bruno Jonas, Gerhard Polt, Urban Priol, Django Asül, Georg Schramm, Mathias Richling und viele mehr.
In Österreich gründete Felix Salten 1901 das erste Kabarett in Wien. Aber erst ab 1906 entwickelte sich bis zum Zweiten Weltkrieg eine lebendige Kabarettszene. Nach dem Krieg gelangte sie zu neuem Leben. Bekannte Vertreter sind: Fritz Muliar, Helmut Qualtinger, Georg Kreisler, Topsy Küppers, Josef Hader und Alfred Dorfer.
Zu den bekanntesten Schweizer Kabarettisten zählen Emil Steinberger und Franz Hohler.
Eine neuere Weiterentwicklung des klassischen Kabaretts sind Comedy-Shows. Sie orientieren sich an den amerikanischen Stand-up-Comedies. Durch den einfacheren, platteren Humor wirken sie lauter und schriller und sprechen ein breiteres Publikum an.
Sprachliche Abgrenzung zum Cabaret: *Cabaret* ist einerseits der Name eines amerikanischen Musicals, andererseits gehen die Darbietungen in diesem Bereich mehr in Richtung Varieté oder Revue (Theater mit wechselndem Programm, oft mit Showcharakter).

B2c
▪ Einzelarbeit:
CD 2.22: Die TN hören den Text noch einmal oder auch zweimal.
– Die TN notieren, was der „Reisende" tut.
▪ Kleingruppen:
Vergleich der Notizen.

Hinweis: Erwartet werden nur kursorische Ergebnisse: wartet auf ICE, steigt ein, geht auf die Toilette, sieht Schild: ... usw., keine detaillierten Angaben.

B2d
▪ Kleingruppen:
Die TN sprechen darüber, wie der Kabarettist die Aufforderung interpretiert hat bzw. was sie wirklich bedeutet.

◁ **Arbeitsbuch, S. 135 / Übungen 3 + 4** Grammatik: Aufforderungen, im Unterricht ▷
◁ **Arbeitsbuch, S. 136 / Übung 5** Grammatik: Aufforderungen, zu Hause ▷
◁ **Arbeitsbuch, S. 140 / Übung 7** Sätze bauen: jemanden zu etwas auffordern, Wiederholung, als Vorbereitung auf die Aufgabe B2e im Kursbuch ▷
◁ **Arbeitsbuch, S. 140 / Übung 8** Sätze bauen: jemanden zu etwas auffordern, als Vorbereitung auf die Aufgabe B2e im Kursbuch ▷
◁ **Arbeitsbuch, S. 141 / Übung 9** Phonetik: jemanden zu etwas auffordern

9a
▪ Einzelarbeit:
Arbeitsbuch-CD Track 64: Die TN hören die Bitten und entscheiden: Wer spricht zu wem?

9b
▪ Partnerarbeit:
Die TN sprechen die Sätze einmal als Chef und einmal als Angestellter. Gehen Sie im Kurs herum und hören Sie zu – lassen Sie am Ende ein paar gelungene Beispiele vorsprechen. Das motiviert sowohl die vorsprechenden TN als auch die Zuhörer. Außerdem nimmt das laute Vorsprechen und Vorspielen die Scheu, vor anderen Leuten zu sprechen.

B2e (Hinweisschilder schreiben)
▪ Plenum:
Besprechen Sie die Aufgabe mit den TN.
▪ Einzelarbeit:
Die TN schreiben selbst Hinweisschilder.
▪ Plenum:
Freiwillige TN lesen ihre Texte vor.

◁ **Arbeitsbuch, S. 137 / Übung 6** Vertiefungsübung zum Wortschatz rund ums Putzen, zu Hause ▷

Hinweis zur Binnendifferenzierung: Diese Übung ist nur für Personen interessant, die beruflich oder aus anderen Gründen mit Hausarbeit oder Hauswirtschaft zu tun haben.

C Klimawandel im Gespräch, S. 97

C1
Hinweis zur Wortschatzaktivierung
Malen Sie von links nach rechts an die Tafel: eine Sonne / eine Wolke / eine Wolke, aus der es regnet / eine Wolke mit einem Blitz. Sie können nun auf verschiedene Weise vorgehen:
1. Plenum: Die TN nennen passende Wörter, Ausdrücke und Wendungen. Schreiben Sie diese zu den entsprechenden Symbolen.
2. Kleingruppen: Jede Gruppe malt die Symbole auf ein großes Blatt Papier und sammelt passende Wörter, Wendungen und Ausdrücke. Wenn Sie ein Zeitlimit vorgeben, können Sie das Ganze als kleinen Wettbewerb veranstalten. Zählen Sie am Ende, welche Gruppe die meisten Ausdrücke gefunden hat.
3. Staffellauf: Wenn Sie eine große dreiteilige Tafel mit zwei klappbaren Tafelflügeln haben, können Sie die Symbole jeweils auf die beiden Rückseiten der äußeren klappbaren Tafelflügel anschreiben. Der Kurs wird in zwei Gruppen geteilt. Diese stellen sich hintereinander vor je einem Tafelflügel auf – je mehr Abstand zur Tafel, desto mehr Bewegung kommt ins Spiel. Nacheinander läuft je ein Spieler zur Tafel und

7

schreibt einen Ausdruck an. Die Gruppe, die als erste fertig ist, hat gewonnen. Alternativ können Sie auch zwei große Plakate an zwei entgegengesetzten Wänden im Raum aufhängen und die TN auf diese Plakate schreiben lassen.

Beispiele für mögliche Antworten:

Sonne	die Sonne scheint, es ist sonnig, es ist heiß/warm/schwül, das Wetter ist schön/herrlich/fantastisch, strahlender Sonnenschein, kein Wölkchen ist am Himmel, der Himmel ist blau/tiefblau, ...
Wolke	es ist bewölkt/bedeckt/wolkig, dunkle Wolken ziehen am Himmel auf, Regenwolken, es ist grau in grau, ...
Wolke mit Regen	es nieselt/regnet/schneit/hagelt/graupelt, es schüttet, es regnet Bindfäden, Salzburger Schnürlregen, ...
Wolke mit Blitz	es donnert und blitzt, ein Gewitter zieht auf, es ist schwül/drückend, der Wind pfeift, es stürmt, der Sturm/Wirbelsturm, eine Windhose, ...

C1a

■ Kleingruppen:
Die TN diskutieren darüber, wann man sagt: „Das Wetter spielt verrückt." Sie machen Notizen. Die Sprechblasen dienen als Beispiel.

■ Plenum:
Gemeinsame Ideensammlung an der Tafel.

Hinweis: Vor allem in heterogenen Gruppen interessant.

C1b

■ Einzelarbeit:
Die TN lesen die Tabelle und machen sich Notizen zum Wochenendwetter.

◁ **Arbeitsbuch, S. 141, 142 / Übung 10**
Wortschatz: Wetter, **10b** Vertiefung ▷

◁ **Arbeitsbuch, S. 142, 143 / Übung 11**
Wortschatz: Wetter, ▷

◁ **Arbeitsbuch, S. 144 / Übung 12** Sätze bauen: übers Wetter reden

■ Partnerarbeit (als Vorbereitung auf Aufgabe C1c im Kursbuch):
Die TN beschreiben zuerst je zwei Fotos aus 12a, danach lesen und ergänzen sie alle in 12b aufgeführten Wendungen und Ausdrücke.

■ Plenum:
Rufen Sie einen TN auf, der den ersten Halbsatz der in 12b aufgeschriebenen Wendungen und Ausdrücke ergänzt, z. B.: „Also, mir persönlich gefällt es ja, wenn es eiskalt ist und Schnee liegt." Wenn er fertig ist, ruft er einen anderen TN auf, der dann den nächsten Satz spontan ergänzt usw. ▷

C1c

■ Kleingruppen:
Weisen Sie die TN noch einmal darauf hin, dass sie jetzt die Wettertabelle von C1b kommentieren sollen. Dabei sollen sie möglichst die Wendungen und Ausdrücke aus der Übung im Arbeitsbuch (s. 144/12b) verwenden.

C2

C2a

■ Einzelarbeit:
Die TN ordnen den Begriffen die passenden Definitionen zu.

■ Plenum:
Gemeinsame Kontrolle.

C2b (orientierendes Hören)

■ Einzelarbeit:
– Die TN lesen die Aufgabe. Bitten Sie die TN, die Unterschiede in den Auswahlsätzen der Teilaufgaben 1–3 zu unterstreichen. Diese sind der zentrale Punkt dieses Aufgabentyps:

Aufgabe 1
a zwei Professoren, eine Moderatorin
b eine Moderatorin, ein Professor, ein Politiker

Aufgabe 2
a „Klimawandel" beschäftigt nur Fachleute / weil im Alltag keine Erfahrungen damit
b „Klimawandel" beschäftigt jeden / im Alltag persönliche Erfahrungen

Aufgabe 3
a Moderatorin fragt, ob ... ein wissenschaftlich bewiesenes Phänomen ...
b Moderatorin stellt fest, dass ... kein wissenschaftlich bewiesenes Phänomen ...

CD 2.23: Spielen Sie den Anfang der Radiosendung einmal vor, die TN kreuzen an.

■ Plenum:
Gemeinsame Besprechung. Spielen Sie bei Bedarf die zur Lösung wichtigen Textstellen noch einmal vor.

C2c (kursorisches Hören)

Hinweis: Erläutern Sie den TN, dass Sie nun den Text einmal komplett vorspielen, wobei die Bücher idealerweise geschlossen sind. Die TN konzentrieren sich auf den globalen Zusammenhang und die Hauptaussagen des Textes (*Der Umgang mit Hörtexten,* S. 108). Geben Sie den TN vorher genügend Zeit, um die Aufgaben durchzulesen. Klären Sie bei Bedarf Unklarheiten in den Fragen. Erklären Sie den TN, dass sie mithilfe der Fragen schon auf den Inhalt des

Textes eingestimmt werden und so die Hauptaussagen besser verstehen können. Dann hören die TN den Text noch einmal abschnittweise und kreuzen die Lösungen an.

■ Einzelarbeit:
CD 2.24–2.25: Die TN lesen die Aufgaben. Spielen Sie die Radiosendung dann ganz vor. Spielen Sie die Radiosendung anschließend in Abschnitten vor. Die TN kreuzen an, was sie im Text gehört haben und was nicht. Geben Sie den TN nach den einzelnen Abschnitten Zeit, um die Aufgabe zu lösen.
■ Plenum oder Kleingruppen:
Vergleich der Lösungen.

Hinweis – zusätzliche Diskussionsthemen/ interkulturelle Komponente:
Sieht bzw. spürt man den Klimawandel auch in Ihrem Land?
Gibt es in Ihrem Land Maßnahmen dagegen?
Ist der „Klimawandel" in den Medien und in der Öffentlichkeit Ihres Landes ein Thema?
Ist Umweltschutz in Ihrem Land ein Thema?

C3
C3a (selektives Lesen)
■ Einzelarbeit:
Die TN lesen den Zeitschriftenartikel. Dabei markieren sie die beiden Themen, die in der Radiosendung nicht erwähnt werden (Zeile 6/7 „gefährliche Tropenkrankheit Malaria" und Zeile 19 „Biodiesel". Außerdem wurden keine Fragen aus dem Publikum gestellt, da es sich um eine Radiosendung handelt.).
■ Partnerarbeit:
Vergleich der Lösungen mit einer Lernpartnerin / einem Lernpartner.

C3b (detailliertes Lesen / Einführung Konjunktiv I)
■ Plenum:
Fragen Sie die TN bzw. schreiben Sie die Fragen an die Tafel:
– *Wer hat den Artikel geschrieben?*
(Antwort: Manfred Müller)
– *Was ist das Thema des Artikels?*
(Antwort: Zusammenfassung der Radiosendung über den Klimawandel)
– *Wer sind und wie heißen die Fachleute?*
(Professor Witter, der Umweltbeauftragte Herr Möller)
– *Um welche Themen ging es in dem Gespräch und wer hat welche Themen angesprochen?*
Professor Witter: …………
(Malaria, intensive internationale Zusammenarbeit, neue Lebensbedingungen für Tiere, Pflanzen und Menschen, Rettung der Wälder und Regenwälder, Rolle des Eises bei der Klimaerwärmung)
Herr Möller: Biokraftstoffe schlecht für die Umwelt, zerstören Lebensräume von Tieren und Pflanzen, neue Erkenntnisse zum CO_2-Ausstoß)
– *Berichtet der Artikel über etwas Vergangenes, etwas Gegenwärtiges oder etwas Zukünftiges? Woran erkennt man das?*
(über etwas Vergangenes, die Radiosendung hat stattgefunden, die einleitenden Ausdrücke sind im Präteritum geschrieben)

■ Plenum / Partnerarbeit:
– Geben Sie folgende Arbeitsanweisung: „Suchen Sie die Textstellen, die die Aussagen der Fachleute wiedergeben. Unterstreichen Sie dort die einleitenden Worte und die Verben mit Bleistift."

Hinweis: Es empfiehlt sich, den Text auf Folie zu kopieren, das erleichtert die Besprechung der zu markierenden Textstellen.

– Erarbeiten Sie ein Beispiel im Plenum, bevor die TN zu zweit fortfahren.
Beispiel:
Zeile 5: „Professor Witter schockierte die Hörer damit, dass es in Deutschland bald wieder die gefährliche Tropenkrankheit Malaria gebe ... Er betonte, dass die globale Klimaerwärmung eine Tatsache sei, die ..."

Hinweis: Wenn die kompletten Textstellen markiert werden, wird der Text für die TN unübersichtlich. Deshalb ist es besser, die TN markieren lediglich die einleitenden Worte und die Verben. Am besten unterstreichen sie zuerst nur mit Bleistift. Während der Besprechung im Plenum sollen die TN die Verben dann farbig (evtl. mit einem Textmarker) hervorheben.

■ Plenum:
– Legen Sie den auf Folie kopierten Text auf den Tageslichtprojektor auf. Die TN nennen die von ihnen markierten Textstellen. Unterstreichen Sie diese auf der Folie.
– Danach heben die TN in ihrem Buch mit einem Textmarker die Verben hervor, die in den Textstellen mit der Wiedergabe der Expertenmeinung stehen (Konjunktiv I + Konjunktiv II). Markieren Sie diese auf der Tageslichtprojektor-Folie:
Zeilen 7–17: gebe / sei / sei / wegdiskutieren lasse / ergäben / sei
Zeilen 18–24: seien / zerstöre
Zeilen 25–31: befinde / werde / würden schmelzen / gebe / könnten ... einwirken
Zeilen 32–34: müsse
– Fragen Sie nun die TN, ob es bei den markierten Verben Formen gibt, die ihnen unbekannt sind oder seltsam auf sie wirken. Fragen Sie, wie die Verbformen „normalerweise", d. h. im Indikativ heißen würden. Die TN nennen auch den dazugehörigen

7

Infinitiv. Schreiben Sie an die Tafel:

es gebe	es gibt	geben
dies sei	dies ist	sein
die lasse	die lässt	lassen
es ergäben sich	es ergeben sich	ergeben
sie seien	sie sind	sein
sie zerstöre	sie zerstört	zerstören
man befinde sich	man befindet sich	befinden
es werde	es wird	werden
würden ... schmelzen	werden ... schmelzen	schmelzen
sie könnten	sie können	können
man müsse	man muss	müssen

– Fragen Sie die TN jetzt: „Gibt es in der oben aufgeschriebenen Liste eventuell Formen, die Sie schon einmal gelernt haben?" (Die TN sollten auf jeden Fall „könnten" und „würden ... schmelzen" als Konjunktiv II erkennen; bei „ergäben" mag es schwieriger sein, da die Originalform nicht so geläufig ist.)
– Erklären Sie jetzt, dass die evtl. unbekannten Formen Konjunktiv I heißen und für die sogenannte indirekte Rede verwendet werden.

Hinweis: Fragen Sie, warum ein Autor so einen Konjunktiv bzw. eine indirekte Rede einsetzt. (Antwort: Damit dem Leser klar ist, dass der Autor hier die Meinung / den Standpunkt / ... von einer anderen Person wiedergibt. Ob sich der Autor von dieser Meinung distanziert oder ob er der gleichen Meinung ist, darauf gibt die Redewiedergabe keinen Hinweis.)
– Erklären Sie an dieser Stelle nur auf Nachfrage, dass die Konjunktiv-II-Formen Ersatzformen sind. Man benutzt sie, wenn die Konjunktiv-I-Formen des jeweiligen Verbs veraltet klingen und deshalb unüblich sind oder wenn der Konjunktiv I identisch mit dem Indikativ ist, was in der 1. Person Singular sowie in der 1. und der 3. Person Plural der Fall ist.

Hinweis: An dieser Stelle geht es nur darum, den Konjunktiv I im Text zu verstehen. Wichtig ist, dass die Lerner erkennen, dass der Autor sich von der Meinung distanziert, die er wiedergibt.

◁ **Arbeitsbuch, S. 147 / Übung 19** Grammatik: Konjunktiv I verstehen, im Unterricht
19a–c Einzelarbeit, Vergleich mit Lernpartnern, Besprechung im Plenum, **19d** Vertiefung,
19e Plenum ▷

Hinweis: Der Konjunktiv I wird hier nur rezeptiv eingeführt. Auch im Alltag deutschsprachiger Länder reicht es völlig aus, wenn Ihre TN den Konjunktiv I verstehen. Er wird vor allem in Zeitungsartikeln sowie in Fernseh- und Radionachrichten verwendet. In allen Textsorten, die die TN auf B2-Niveau produktiv beherrschen sollen, wird der Konjunktiv I nicht verlangt. Es ist also nicht nötig, zu sehr ins Detail zu gehen.

TN, die das C-Niveau erreichen möchten, können Sie zu der Übung 19d Folgendes erläutern:
– Es gibt **zwei Zeitstufen**: Gegenwart und Vergangenheit
– **Bildung von Konjunktiv I in der Gegenwart:** Infinitivstamm (= Infinitiv ohne „-en" bzw. „-n") + Konjunktivendungen (diese kann man ableiten, wenn man z. B. den Konjunktiv II von *sein* oder *werden* anschreibt und die Endungen markiert).
– **Bildung von Konjunktiv I in der Vergangenheit:** Man nimmt die Verbform im Perfekt Indikativ und ersetzt die Indikativ-Präsens-Form der Verben *haben* bzw. *sein* durch die Konjunktiv-I-Form:
er ist gekommen – er sei gekommen
sie sind gelaufen – sie seien gelaufen
er hat gespielt – er habe gespielt
sie haben gegessen – sie hätten gegessen
(Konjunktiv I = sie haben gegessen, diese Form ist aber identisch mit dem Perfekt Indikativ, deshalb wird hier die Konjunktiv-II-Form verwendet.)
– Am häufigsten kommt die indirekte Rede in der 3. Person (Singular und Plural) vor.

Hinweis zur Kursorganisation und zur Binnendifferenzierung:
Sie können die indirekte Rede in den Arbeitsbuch-Übungen 23–25 (S. 150, 151) weiterüben.
Eine gute Wiederholung und Vertiefung des Konjunktiv II bieten die Arbeitsbuch-Übungen 20–22 (S. 148, 149). Sollten Ihre TN noch Schwierigkeiten mit dem Konjunktiv II haben, finden Sie in Ziel B1 plus Aufgaben dazu. Um Verwechslungen vorzubeugen, sollten Sie deutlich darauf hinweisen, dass der Konjunktiv II ganz anders gebraucht wird als der Konjunktiv I. Der nahezu einzige Zweck des Konjunktiv I ist die indirekte Rede. Ausnahme: feststehende Wendungen wie „es sei, wie es mag" oder „so wahr mir Gott helfe", „komme, was wolle" etc.
Sollten Ihre TN wissen wollen, warum die Imperativformen von *sein* genauso lauten wie die Konjunktiv-I-Formen (z. B. „Sei doch mal ruhig!"), dann erklären Sie ihnen, dass es sich hier um eine Aufforderung handelt. Die Verbformen haben in diesem Fall eine ganz andere Funktion.
Um die Konjunktiv-II-Formen einzuüben, können Sie das gleiche Spiel anwenden, das in Lektion 2 für die Vergangenheitsformen vorgeschlagen wurde (vgl. S. 31).
Die TN stehen im Kreis, je nach Gruppengröße auch in zwei Kreisen. Ein Ball wird von einem TN zum nächsten geworfen, wobei der Erste den Infinitiv eines Verbs sagt. Der Empfänger des Balls nennt das vorgegebene Verb im Konjunktiv II Gegenwart (in der vorher festgelegten Person: „er ..." oder „ich ..." bzw. Plural „sie ..." oder „wir ..."). Dann gibt er einen weiteren Infinitiv vor, bevor er den Ball weiterwirft.

Ändern Sie nach ein paar Durchgängen die Vorgabe und lassen Sie die Vergangenheitsformen wiederholen.

◁ **Arbeitsbuch, S. 148 / Übung 20** Grammatik: Konjunktiv-II-Formen erkennen, Wiederholung ▷
◁ **Arbeitsbuch, S. 148, 149 / Übungen 21 + 22** Grammatik: Konjunktiv-II-Formen erkennen ▷
◁ **Arbeitsbuch, S. 150 / Übung 23** Grammatik: indirekte Rede, Wiederholung
Diese Übung wiederholt die indirekte Rede mit *dass*-Sätzen. ▷
◁ **Arbeitsbuch, S. 150 / Übung 24** Grammatik: indirekte Rede, Sätze mit *laut* und *nach* ▷
◁ **Arbeitsbuch, S. 150, 151 / Übung 25** Grammatik: indirekte Rede, indirekte Rede mit Konjunktiv I in Texten verstehen ▷
◁ **Arbeitsbuch, S. 150 / Übung 23** Grammatik: indirekte Rede ▷

Hinweis: Als Vorbereitung auf die Aufgabe C4 sind, vor allem für schwächere Kurse, die folgenden Arbeitsbuch-Übungen zu empfehlen. Die Übungen 13–18 beschäftigen sich mit Verben des Sprechens und Argumentierens, mit denen man die indirekte Rede einleiten kann.

◁ **Arbeitsbuch, S. 144 / Übung 13** Wortschatz: Verben des Sprechens und Argumentierens, Wiederholung ▷
◁ **Arbeitsbuch, S. 145 / Übung 14–15**
In diesen beiden Übungen lernen die TN weitere Verben des Sprechens und Argumentierens sowie Ausdrücke des Meinens und Sagens kennen. ▷
◁ **Arbeitsbuch, S. 145, 146 / Übung 16–18** Wortschatz: Verben des Sprechens und Argumentierens, Vertiefung ▷
◁ **Arbeitsbuch, S. 151, 152 / Übung 26 Texte** bauen: Aussagen / Meinungen eines anderen wiedergeben ▷

C4 (einen Leserbrief schreiben)
▪ Plenum:
Tragen Sie die wichtigen Merkmale der Gattung „Leserbrief“ an der Tafel zusammen, bevor die TN mit dem Schreiben beginnen:

Absenderadresse: oben links
Empfängeradresse (hier: eine Zeitung): unter den Absender
Ort und Datum: rechtsbündig nach dem Empfänger
Thema: fett gedruckt, über der Anrede; man schreibt, zu welchem Artikel man Stellung nimmt. Z. B.:
Ihr Artikel „Klimawandel im Gespräch“ vom 27. 08. 2008 / Leserbrief
Anrede: „Sehr geehrte Damen und Herren,“
Grußformel: „Mit freundlichen Grüßen“

Hinweis: Die meisten Prüfungen auf B2-Niveau verlangen die Einhaltung der Formalien nicht. Außerdem haben die meisten Zeitungen und Zeitschriften heute vorgefertigte Masken für „Leserbriefe“.

▪ Einzelarbeit:
Die TN verfassen einen Leserbrief, in dem sie den Artikel aus Aufgabe C3 kritisieren. Sie sollen ca. 2–3 Sätze zu jedem der drei Leitpunkte schreiben. Dabei sollen sie auch die angegebenen Wendungen und Ausdrücke benutzen und die indirekte Rede im Indikativ verwenden.

Hinweis: Die TN können diese Aufgabe auch zu Hause erledigen, wenn Sie wenig Zeit zur Verfügung haben. Weisen Sie die TN noch einmal ausdrücklich darauf hin, dass man in einem Brief normalerweise keine Konjunktiv-I-Formen bei der indirekten Rede verwendet.

Fokus Grammatik: Konjunktiv I – Redewiedergabe, S. 99

Aufgabe 1

a + b
▪ Einzelarbeit / Partnerarbeit:
Die TN lesen den Text zweimal und markieren alle Konjunktiv-I-Formen.

c
▪ Partnerarbeit:
– Die TN ergänzen mit ihrer Lernpartnerin / ihrem Lernpartner die Tabelle.
– Schreiben Sie inzwischen die Tabelle an die Tafel. TN, die schnell fertig sind, sollen die Tabelle an der Tafel ergänzen. Korrigieren Sie zu diesem Zeitpunkt noch nicht.
▪ Plenum:
Wenn alle TN fertig sind, fragen Sie sie, ob an der Tafel alles richtig angeschrieben ist.

d
▪ Einzelarbeit:
Die TN lesen den Text, markieren die Verben und kreuzen die Lösung an (= man kann die indirekte Rede nur im Singular erkennen).

◁ **Arbeitsbuch, S. 154 / Übung 30** ▷

Hinweis: Bearbeiten Sie diese Übung im Unterricht. So können Sie erkennen, welche Formen den TN noch Schwierigkeiten bereiten. Bei Bedarf müssen die entsprechenden Formen noch einmal wiederholt werden.

Landeskunde: Hanns Dieter Hüsch, deutscher Kabarettist, Schriftsteller und Liedermacher, arbeitete aber auch für den Rundfunk; geboren am 6. Mai in Moers, gestorben am 6. Dezember 2005 in Windeck-Werfen. Er stand über fünfzig Jahre auf der Bühne, hatte etwa siebzig eigene Kabarettprogramme und war einer der erfolgreichsten Kabarettisten des 20. Jahrhunderts. Der zitierte Text (einen längeren Auszug finden Sie auf Seite 136) stammt aus *Das Hanns Dieter Hüsch Buch*.

Fokus Grammatik: Redewiedergabe im Kontext, S. 100

Aufgabe 1

a
▪ Partnerarbeit:
– Die TN ergänzen die Tabelle. Dabei müssen sie im Prinzip nur ihre in der Aufgabe C3b bereits markierten Textstellen übertragen und systematisieren.
– Schreiben Sie die Tabelle inzwischen verdeckt an die Tafel oder auf eine Folie. Lassen Sie die Tabelle von schnellen TN an der Tafel bzw. auf der Folie ausfüllen.
▪ Plenum:
Vergleich der von den TN individuell ausgefüllten Tabelle mit dem Tafelanschrieb.

b
▪ Einzelarbeit:
Die TN kreuzen die ihrer Meinung nach richtigen Aussagen an.
▪ Partnerarbeit:
Vergleich mit der Lernpartnerin / dem Lernpartner.
▪ Plenum:
Gemeinsame Besprechung und Korrektur.

Hinweis: Die TN sollen begreifen, dass der Konjunktiv I ...
– **nicht** die einzige Möglichkeit der Redewiedergabe ist (Teilaufgabe 1) und
– nicht ausschließlich verwendet wird.
Zur Teilaufgabe 3: Beide Aussagen sind falsch. Richtig ist: Der Autor will klar machen, dass er die Meinung / den Standpunkt / ... einer anderen Person wiedergibt und nicht, was er persönlich denkt oder nicht denkt, glaubt oder nicht glaubt. Der Konjunktiv I bietet somit die Möglichkeit, sich von den Aussagen anderer zu distanzieren, ohne eine Wertung abzugeben.

Aufgabe 2

a
▪ Einzelarbeit:
Die TN kreuzen die ihrer Meinung nach korrekten Ergänzungen der Sprechblasen an.

Hinweis: Gehen Sie im Kurs herum, schauen Sie den TN über die Schultern und fragen Sie nach Unklarheiten.

b + c
▪ Einzelarbeit:
Die TN kreuzen an und vergleichen mit der Lösung auf S. 137.

Aufgabe 3

a + b
▪ Einzelarbeit:
Die TN ergänzen die Regeln zu den Konjunktiv-I-Formen durch Ankreuzen.
▪ Plenum:
Besprechung von Aufgabe 2 und 3 gemeinsam.

Hinweis zur Binnendifferenzierung:

◁ **Arbeitsbuch, S. 154 / Übung 31** im Unterricht für die schnelleren TN, für die langsameren zu Hause ▷

D Verrücktes Design, S. 101

D1
D1a
Hinweis – Einstiegsmöglichkeiten:
1. Rätsel-Bilder: Bringen Sie Fotos bzw. Bilder mit optischen Täuschungen oder extrem vergrößerte Fotos etc. mit (z. B. Fotokarten aus dem Spiel „nobody is perfect“, Ravensburger Spiele 1992). Lassen Sie die TN raten, was sie darauf erkennen. Bitten Sie die TN, das Verb können im Konjunktiv II zu benutzen: „Das könnte ... sein.“
2. Legen Sie ein Foto oder eine Zeichnung auf den Tageslichtprojektor und zeigen Sie zuerst einen Mini-Ausschnitt. Die TN stellen Vermutungen darüber an, was sich dahinter verbirgt. Zeigen Sie schrittweise immer mehr von dem Foto. Alternativ können Sie das Spiel „Klappe auf“ (Ravensburger Spiele) verwenden.
3. Zeichnen Sie etwas schrittweise an die Tafel und lassen Sie die TN raten, was Sie gerade zeichnen.

▪ Kleingruppen:
Die TN überlegen gemeinsam, was *mr. wilson* sein könnte und wozu dieses Produkt dienen könnte.

D1b (kursorisches Lesen)
■ Einzelarbeit:
Die TN lesen und markieren die Abschnitte, in denen sie die Antwort auf die Frage in a finden.
Was könnte das sein? Abschnitt 2 (Zeile 13 + 14): „... den Tennisball, der ein Handtuchhalter ist, ..."
Wozu könnte es dienen? s. o. „... Handtuchhalter" bzw. Abschnitt 4 (Zeile 38): „... hält jetzt ... die Handtücher ..."

D1c (detailliertes Lesen)
■ Einzelarbeit:
Die TN lesen den Text genau und notieren die Zeilen, in denen sie die Antworten auf die Fragen in der Mind-Map finden.
Lösung:
Wer macht was? Zeile 18/19 und 20/21
Was produzieren die Studenten und die Mitarbeiter der Werkstätten? Zeile 19, Zeile 30
Warum kaufen die Menschen die Produkte? Zeile 27/28
Warum produzieren sie die „Alltagsprodukte"? Zeile 19/20, Zeilen 26-28
Eins der erfolgreichsten Stücke: Zeile 33
■ Gruppenarbeit:
Die TN übertragen die Mind-Map auf ein großes Blatt Papier und ergänzen sie. Sagen Sie den TN, dass sie nur Stichpunkte aufschreiben sollen. Dabei sollen sie groß und deutlich schreiben, denn die Plakate werden, falls möglich, später aufgehängt.

D2 (kursorisches und detailliertes Hören)
■ Einzelarbeit:
– Die TN lesen zuerst sorgfältig (!) die Aufgaben 1–6. Am besten unterstreichen sie auch die Wörter, auf die es wahrscheinlich ankommen wird und auf die sie beim Hören genauer achten müssen (z. B. Satz 2: „... keine neue Präsentation ...").
CD 2.28: Die TN hören das Gespräch, streichen falsche Informationen durch und korrigieren diese.

Hinweis: Sie können die TN beim ersten Mal nur hören lassen und sie bitten, die Bücher dabei zu schließen (*Der Umgang mit Hörtexten,* S. 108). Spielen Sie den Hörtext danach noch einmal vor. Die TN berichtigen erst dann die Sätze.

■ Plenum:
Besprechung und Berichtigung der Aufgabe.

D3
■ Plenum:
Die TN diskutieren darüber, wie sie das Gespräch empfunden haben.

Hinweis – Zusatzfragen / interkulturelle Komponente:
War die Diskussion anders als Diskussionen in Ihrem Land? Ist etwas daran evtl. „typisch deutsch"?
Könnte diese Diskussion so auch bei Ihnen zu Hause stattfinden?
Hat jemand schon einmal in einem Büro gearbeitet? Wenn ja, war die Atmosphäre genauso?

Landeskunde: Dieses Projekt ist eins von vielen, die zum einen die Heranführung von Studierenden / Lernenden / Auszubildenden / ... an die reale Arbeits- und Produktionswelt und zum anderen die Integration von sozial benachteiligten Gruppen zum Ziel haben haben.

D4
D4a
■ Kleingruppen:
Jede Gruppe wählt ein Plakat, d. h. eine Situation, aus. Die TN suchen dazu passende Wendungen und Ausdrücke und schreiben diese auf ihr Plakat.

7

D4b
■ Plenum:
– Hängen Sie die Plakate auf.
– Je ein Gruppensprecher stellt sich neben das eigene Plakat und liest es vor. Wenn eine andere Gruppe denselben Ausdruck verwendet hat, meldet sie sich zu Wort. Die TN diskutieren nun gemeinsam, ob die Redewendung zur Situation passt oder nicht. Bitten Sie einen TN, den jeweils genannten Satz im Kursbuch auszustreichen. So kann kontrolliert werden, ob alle Wendungen und Ausdrücke verwendet wurden.

◁ **Arbeitsbuch, S. 152, 153 / Übungen 27 + 28** Sätze bauen: gemeinsam etwas planen, wenn möglich im Unterricht ▷
◁ **Arbeitsbuch, S. 153 / Übung 29** Sätze bauen: gemeinsam etwas planen, zu Hause ▷

D5 (Sprechen: gemeinsam eine Präsentation planen)
D5a
■ Plenum:
Sprechen Sie die beiden Aufgabenmöglichkeiten genau durch. Lassen Sie dann Zweiergruppen bilden.

Hinweis für heterogene Gruppen: Sie können Teams mit TN gleicher Nationalität bilden. Die Aufgabe 1 ist dann ein wenig einfacher, weil die TN über

ein Produkt sprechen, das sie aus ihrem Heimatland kennen. Wenn die Paare aus TN unterschiedlicher Nationalität bestehen, muss zudem noch das jeweilige Produkt beschrieben werden.
Machen Sie den TN deutlich, dass die Planungsphase ganz wichtig ist, vor allem für TN, die im deutschen Sprachraum lernen oder studieren möchten, aber auch für diejenigen, die eine B2-Prüfung ablegen möchten. Achten Sie darauf, dass diese Phase gründlich erledigt wird.

■ Partnerarbeit:
Die Paare wählen ein Projekt aus und besprechen, wer welche Aufgaben bei der Vorbereitung der Präsentation übernimmt.

D5b
Hinweis: Ermutigen Sie die TN, ihr Produkt zu präsentieren. Dies ist eine sehr gute Übung für ein späteres Studium oder den Beruf. Inzwischen kennen sich die TN gut genug. Sie dürften also weniger Hemmungen haben, vor der Gruppe zu sprechen. Sie können die Präsentationen auch zeitlich entzerren, indem Sie an aufeinanderfolgenden Kursterminen immer ein Paar das Projekt vorstellen lassen. Dann haben die TN ausreichend Zeit, die Präsentation noch ein wenig besser vorzubereiten. Setzen Sie aber ein Zeitlimit (3–4 Minuten, max. 5), denn es gehört auch zum Lernprozess, einen Sachverhalt in einer begrenzten Zeit vorzustellen. Erklären Sie den TN das Sprichwort „In der Kürze liegt die Würze." Die Präsentation wird aber im Verlauf von Ziel B2, Band 2 noch ausführlich geübt. Üben Sie deshalb keinen Druck aus, korrigieren Sie die Präsentationen nicht.

■ Plenum:
Die Zweiergruppen stellen ihre Produkte vor.

E Gemeinsamer Ausflug, S. 103

Hinweis: Der folgende Aufgabentyp ist typisch für die Prüfungen auf B2-Niveau. In nahezu allen Prüfungen muss gemeinsam eine Aufgabe gelöst werden. Dabei soll durchaus kontrovers diskutiert und dann ein Kompromiss gefunden werden. Es geht dabei nicht um das Ergebnis, sondern um die Vorbereitung, die Aufgabenverteilung, also um die gemeinsame Planung.

E1
E1a (kursorisches / detailliertes Lesen)
■ Dreiergruppen / Einzelarbeit:
Die TN finden sich in Dreiergruppen zusammen. Jeder der drei TN informiert sich über jeweils ein Angebot und liest den dazugehörigen Text im Anhang (Alpabzug, S. 122; documenta, S. 128; Design-Sammlung, S. 129).

Hinweis zur Landeskunde: „Alpabtrieb" (zum Text „Land in Sicht – auf nach Zürich" auf S. 122) *die Alp* (je nach Region auch *Alm* oder *Alpe* genannt) = in den Alpen ein hochgelegenes größeres Gebiet mit Hütten und Wiesen, auf denen die Kühe im Sommer weiden. In den sogenannten *Almhütten* (oder *Alphütten,* auch *Sennhütten*) leben während der Sommersaison die *Senne* (der Senn, die Sennerin), die auf die Kühe aufpassen und sie melken. Sehr oft wird aus der frischen Milch vor Ort Käse produziert. Dieser wird im Tal als Sennkäse oder Bergkäse verkauft. Manchmal bewirten die Sennhütten auch Wanderer. Sie bieten einfache, für die Region typische Gerichte an. Die Kühe werden im Frühjahr (meistens im Juni) auf die Berge getrieben, was in den Tälern ausgiebig gefeiert wird. Man nennt das den *Almauftrieb* oder *Alpauftrieb.* Dazu werden die Kühe prächtig geschmückt, die Einheimischen tragen ihre Trachten und begleiten die Kühe in einer Prozession auf den Berg. Vorher gibt es einen Gottesdienst, um für den bevorstehenden Sommer göttlichen Beistand zu erbitten. Die Zeit auf dem Berg ist nicht ungefährlich, vor allem für die Kühe, von denen ab und zu eine im Gewitter oder durch einen Absturz umkommt.
Im Herbst (Ende September, je nach Höhenlage der Alm), noch vor Wintereinbruch, werden die Kühe wieder hinunter ins Tal getrieben. Dies wird wiederum gefeiert, vor allem wenn es ein Sommer ohne Unfälle oder Zwischenfälle war. Das nennt man dann den *Alpabzug* oder *Almabtrieb.*
Braunvieh = ein Synonym für Kühe

E1b
■ Gruppenarbeit:
Die TN erzählen in ihrer Gruppe davon, was sie gelesen haben. Dann sollen sie sich auf ein Angebot einigen.

Hinweis: Lesen Sie bei der Besprechung der Aufgabe zusammen die Wendungen und Ausdrücke auf S. 104 durch. Bitten Sie die TN, diese bei der Diskussion zu verwenden.

E2 (Sprechen: einen gemeinsamen Ausflug vorbereiten)
■ Gruppenarbeit:
In der Gruppe planen die TN nun, wie sie die Exkursion vorbereiten wollen. Dabei sollen die TN versuchen, möglichst realitätsnah zu diskutieren und die in der Aufgabe E2 aufgeführten Punkte zu berücksichtigen.

E3
■ Plenum:
Jede Gruppe stellt ihre Ideen vor.

Hinweis: Achten Sie darauf, dass nicht nur ein TN pro Gruppe spricht, sondern dass alle gemeinsam ihre Planung erläutern.

Projekt: Exkursion (besonders geeignet für Kurse in deutschsprachigen Ländern)
Diese Aufgabe könnte zum Anlass genommen werden, eine echte Exkursion zu planen.
– *Ideensammlung:* Lassen Sie die TN zu Hause darüber nachdenken oder im Internet / in der Bibliothek / im Reisebüro recherchieren, wohin der Kurs fahren könnte. Die TN schlagen Ziele vor und begründen ihre Wahl. Sammeln Sie die Ideen an der Tafel.
– *Abstimmung:* Die TN schreiben ihre Präferenzen auf ein Blatt Papier. Ein TN sammelt alle Zettel ein und liest die Vorschläge vor. Der Vorschlag, der am häufigsten genannt wurde, hat gewonnen.
– *Detaillierte Recherchen:* Teilen Sie den Kurs auf und verteilen Sie folgende Aufgaben, die außerhalb der Unterrichtszeit erledigt werden sollten:
– Was kann man am Zielort alles machen?
– Wie kommt man dahin (Verkehrsmittel) und zu welchem Preis?
– Wo können wir übernachten und wie viel kostet das? / Wie verpflegen wir uns?

Wenn es nicht möglich ist, gemeinsam eine Exkursion zu machen, oder wenn der Kurs im Ausland stattfindet, können Sie dieses Projekt trotzdem fiktiv durchziehen.

Arbeitsbuch, „Darüber hinaus“

Hinweis zum Arbeitsbuchteil „Darüber hinaus“: siehe S. 21, 105

◁ **Arbeitsbuch, S. 155 / Übung 32** Übung zu Prüfungen: Leseverstehen ▷

Hinweis: Diese Übung bereitet auf einen Prüfungstyp vor, der in den meisten Prüfungen auf der Stufe B2 vorkommt.

◁ **Arbeitsbuch, S. 156, 157 / Übung 33** Texte lesen: kursorisches Lesen ▷

Fotodoppelseiten, S. 106, 107

Hinweis: Im Lehrwerkservice zum kostenlosen Ausdrucken oder als Auswahl im Anhang finden Sie Arbeitsblätter für die Projektarbeit zu den Fotodoppelseiten als Kopiervorlagen.

Worum geht es in der Lektion?

Lernziel: an formellen Diskussionen teilnehmen

Abschnitt **A: „Riskante Worte“**
Fertigkeiten: Lesen und Sprechen
Lernziel: Die TN lesen Redewendungen zum Thema Risiko und versuchen, diese zu erklären.

Abschnitt **B: „Klettern ohne Seil“**
Fertigkeiten: Lesen und Sprechen
Lernziele: In diesem Abschnitt geht es um das Freiklettern und um Risikosportarten im Allgemeinen. Die TN lesen ein Veranstaltungsplakat für einen Diavortrag, eine Reportage über einen Extremsportler sowie Statements zum Phänomen Extremsport. Sie lernen, etwas zu bewerten, Vermutungen zu formulieren und etwas mit eigenen Worten zu erklären. Zudem müssen sie ihre eigene Meinung mit Erfahrungen, Ereignissen und Einstellungen begründen. Im Arbeitsbuch wird u. a. auf die Wortbildung von zusammengesetzten Adjektiven, auf irreale Vergleiche mit *als* und *als ob* sowie auf finale Angaben mit der Präposition *als* eingegangen.

Abschnitt **C: „ ‚Bulle' und ‚Bär' “**
Fertigkeiten: Lesen, Hören und Sprechen
Lernziele: Dieser Abschnitt thematisiert das Risiko von Finanzgeschäften. Anhand von Firmenprofilen und von zwei Börsenberichten sollen die TN in einem Börsenspiel Entscheidungen über den Aktienkauf treffen und begründen. Im Arbeitsbuch vertiefen die TN ihren Wortschatz rund um Börse und Handel. Außerdem beschäftigen sie sich mit „konzessiven Angaben“ zum Ausdruck eines Widerspruchs oder Gegensatzes.

Abschnitt **D: „Schönheit um jeden Preis“**
Fertigkeiten: Lesen, Sprechen und Schreiben
Lernziele: Das Risiko bei Schönheitsoperationen steht im Mittelpunkt dieses Abschnitts. Die TN lesen einen Zeitschriftenartikel und Leserbriefe zum Thema. Sie müssen die Haltung eines Verfassers / einer Verfasserin sowie wesentliche Inhalte einer Korrespondenz verstehen. Außerdem sollen sie Textinhalte wiedergeben und selbst einen Leserbrief schreiben. In der Grammatik-Sequenz beschäftigen sie sich mit dem Thema „Partizip I und II als Adjektiv“.

Abschnitt **E: „Ein neues Leben“**
Fertigkeiten: Hören, Lesen und Sprechen
Lernziel: In einem Rollenspiel diskutieren die TN in einer fiktiven Talkshow über ein vorgegebenes Thema.

Fokus Grammatik:
1. Konzessive Angaben – Widerspruch im Kontext
2. Partizip I und Partizip II als Adjektiv im Kontext

Thematischer Einstieg: Assoziationsseite, S. 108

Hinweis zu den Assoziationsseiten im Unterricht:
siehe Lektion 1, S. 10 und S. 156

Aufgabe 1
■ Plenum / Kleingruppen:
– Die Bücher sind geschlossen.
– Schreiben Sie das Wort *Risiko* an die Tafel.
– In kleinen Gruppen machen die TN ein Brainstorming zu diesem Thema (*Ideensammlung mithilfe von „Brainstorming" und „Assoziogramm"*, S. 114).

Hinweis: Sagen Sie, dass alle Ideen willkommen sind, Wortfamilien genauso wie Gefühle zum Thema Risiko oder die Antwort auf die Frage „Was bedeutet Risiko für mich / in meinem Land?" Wenn sich die TN damit schwertun, dann schreiben Sie ein Assoziogramm mit dem Wort *Risiko* in der Mitte an die Tafel. Machen Sie eine Ideensammlung im Plenum. Beispiele für riskante Situationen (die ausländischen TN kommen möglicherweise auf völlig andere Situationen): vor einer Prüfung nichts lernen, zu schnell mit dem Auto fahren, an unübersichtlichen Stellen überholen, zu spät zum Bahnhof gehen, abseits der Skipisten fahren, ohne Helm Motorrad fahren ...
Oder machen Sie erst Aufgabe 2.

Beispiele für die Wortfamilie: risikoreich, risikoarm, riskant, risikoscheu, risikobereit, riskieren, Risikofaktor, Risikogruppe etc. / Wendungen: ein Risiko auf sich nehmen, ein Risiko eingehen, auf eigenes Risiko

Aufgabe 2
■ Kleingruppen:
Die TN schlagen nun die Bücher auf und überlegen sich, welche Situationen die Fotos darstellen und welche Risiken sich dahinter verbergen. Fragen Sie die TN: „Welches Foto stellt eine Situation dar, die Sie als besonders riskant ansehen? Welche Situation möchten Sie niemals erleben?"
Mögliche Lösungen:
Feuerschluckerin: sich verbrennen / verletzen, Spiel mit dem Feuer
Mountain-Biking / BMX-Rad: Stürze, Knochenbrüche
Börse: Finanzkrise, Börsencrash, Geld verlieren, riskante Geschäfte, finanzieller Ruin; aber vielleicht haben die TN ganz andere Assoziationen: viel Arbeit, Bildschirmarbeit etc.
Schaufensterpuppe: Schönheitswahn, riskante Schönheitsoperationen

Hinweis – Zusatzdiskussion / interkulturelle Komponente:
Was ist in Ihrem Land ein Risiko?
Gibt es in deutschsprachigen Ländern Risiken, die in Ihrem Land nicht existieren? Und umgekehrt?
Suchen die Menschen in Ihrem Land das Risiko oder vermeiden sie es? Wie schätzen Sie die Deutschen / Österreicher / Schweizer diesbezüglich ein?
Kann man sich gegen Risiko schützen? Wodurch?
Halten Sie Ihre Landsleute für risikobereit oder risikoscheu?
Sind Sie selbst risikobereit?

A Riskante Worte, S. 109

(detailliertes Lesen / Sprechen: Erklärungen finden)

Sprachlicher Hinweis:
eine dicke Lippe riskieren = großspurig sein, ein Großmaul sein, prahlen, übertreiben
es gibt nichts zu verlieren = es gibt keine allzu großen Risiken bei der Sache, man kann eigentlich nur gewinnen
ein Restrisiko bleibt bestehen = man versucht, alle Gefahren oder Risiken zu vermeiden, aber ein kleines Risiko gibt es trotzdem noch
no risk, no fun = Anglizismus, wird häufig benutzt, wenn jemand etwas Gefährliches unternimmt, z. B. in der Freizeit
frisch gewagt ist halb gewonnen = (Sprichwort) bedeutet so viel wie „packen wir's an", „lasst uns anfangen" (nicht notwendigerweise für gefährliche oder riskante Situationen)

■ Kleingruppen:
Die TN lesen die Redewendungen und versuchen, deren Bedeutung zu erraten und zu erklären.
■ Plenum:
Gemeinsame Besprechung.

Hinweis – zusätzliche Gesprächsthemen:
Gibt es ähnliche Redewendungen bzw. Sprichwörter in Ihrer Sprache? Wie lauten sie?
Gibt es andere Sprichwörter (in Ihrer Sprache) zu dem Thema?

B Klettern ohne Seil, S. 109

B1 (detailliertes Lesen / Sprechen: etwas bewerten)
■ Plenum:
Lassen Sie die TN zunächst das Foto beschreiben. Hier ist ein sogenannter „Freeclimber" zu sehen, der mit einer Hand an einer Felswand hängt. Bei dem abgebildeten Alexander Huber handelt es sich um

8

einen Extremkletterer, der das „Free Solo", d. h. das Klettern ohne Sicherung (s. u.), praktiziert.

Hinweis zur Landeskunde:
Freeclimbing ist eine Variante des Klettersports, bei der man ohne Hilfe, nur mit Händen und Füßen eine natürliche Felswand oder eine künstlich errichtete Wand emporklettert. Normalerweise wird der Kletterer mit einem Seil gesichert. Dieses dient aber nicht als Aufstiegshilfe. Im Gegensatz dazu wird beim sogenannten *Free Solo* kein Seil zur Absicherung verwendet. Der Kletterer begibt sich dabei nicht selten in Lebensgefahr.
Alexander Huber: geb. 1968 in Oberbayern. Seit frühester Kindheit geht er in die Berge. Er ist geprüfter Berg- und Skiführer, diplomierter Physiker, Abenteurer und Profi-Extremkletterer mit internationalem Ruf (u. a. extreme Klettertouren im Yosemite-Nationalpark in Kalifornien und im Himalaja). Er und sein Bruder Thomas, ebenfalls ein Extremkletterer, sind in der Szene bekannt als die „Huber Buam".

B1a
▪ Einzelarbeit:
Die TN lesen das Plakat, die Arbeitsanweisung und die angegebenen Adjektive.
▪ Partnerübung:
Die TN füllen die Tabelle aus.

Hinweis: Weisen Sie darauf hin, dass es um eine Bewertung geht, d. h. die persönliche Meinung der TN. Sollten die TN unterschiedliche Ansichten vertreten, macht das gar nichts. Dann haben sie beim nachfolgenden Vergleich mehr Gesprächsstoff. Helfen Sie bei unbekannten Adjektiven bzw. lassen Sie diese im Wörterbuch nachschlagen.

▪ Plenum:
Vergleich im Kurs.

Hinweis zur Binnendifferenzierung: Wenn Sie feststellen, dass die TN noch Schwierigkeiten mit den zusammengesetzten Adjektiven haben, dann machen Sie die Arbeitsbuch-Übungen 1–3 (S. 158) im Unterricht gemeinsam, ansonsten lassen Sie sie zu Hause bearbeiten.

◁ **Arbeitsbuch, S. 158 / Übung 1** Wortbildung: Adjektiv, zusammengesetzte Adjektive ▷
◁ **Arbeitsbuch, S. 158 / Übung 2** Wortbildung: Adjektiv, zusammengesetzte Adjektive, Wiederholung ▷
◁ **Arbeitsbuch, S. 158 / Übung 3** Wortbildung: Adjektiv, zusammengesetzte Adjektive ▷

Hinweis zur Binnendifferenzierung: Vor allem in schwächeren Kursen sollten die Arbeitsbuch-Übungen 4–9 (S. 159–161) zum irrealen Vergleich *vor* der Aufgabe B1b im Kursbuch erledigt werden (Wiederholung des Konjunktiv II in Lektion 7, vgl. S. 88). In starken Kursen können Sie die Aufgaben auch zu Hause bearbeiten lassen. Sie sollten in jedem Fall darauf achten, dass der Ablauf im Kursbuch nicht zu lange unterbrochen wird.

◁ **Arbeitsbuch, S. 159 / Übung 4 + 5** Grammatik: irreale Vergleiche mit *als* **und** *als ob* (mit Konjunktiv II), Wiederholung ▷
◁ **Arbeitsbuch, S. 159 / Übung 6** Grammatik: irreale Vergleiche mit *als* und *als ob* (mit Konjunktiv II), Vertiefung für fortgeschrittenere TN oder bessere Kurse ▷
◁ **Arbeitsbuch, S. 160 / Übung 7 + 8** Sätze bauen: etwas bewerten, irrealer Vergleich ▷
◁ **Arbeitsbuch, S. 161 / Übung 9** Phonetik: etwas bewerten, je nach verfügbarer Zeit im Unterricht oder zu Hause ▷

B1b
▪ Kleingruppen:
– Immer zwei Paare aus der Aufgabe B1a bilden zusammen eine neue Vierergruppe.
– Die TN sehen sich das Veranstaltungsplakat noch einmal an.
– In der Gruppe werden die Meinungen über die auf dem Plakat genannte Sportart ausgetauscht. Beim Sprechen sollen die TN darauf achten, dass sie die angegebenen Redemittel benutzen. Die Sprechblase dient als Beispiel.

B1c (detailliertes Lesen)
▪ Kleingruppen (dieselben Gruppen wie in B1b):
Die TN sprechen in der Gruppe darüber, ob sie zu dem Diavortrag gehen würden, und begründen ihre Antwort.

B2
B2a (detailliertes Lesen)
▪ Einzelarbeit:
Die TN lesen den Text ohne Wörterbuch und kreuzen die Aussagen an, die ihrer Meinung nach zum Text passen.

Hinweis: Die Arbeitsbuch-Übungen 10–12 (S. 161, 162) sind eine gute Vorbereitung auf die Aufgabe B2b im Kursbuch.

◁ **Arbeitsbuch, S. 161 / Übung 10** Wortschatz: Sport und Risiko ▷
◁ **Arbeitsbuch, S. 161 / Übung 11** Sätze bauen: Vermutungen formulieren, im Kurs, zuerst in Einzelarbeit, dann Kontrolle im Plenum ▷
◁ **Arbeitsbuch, S. 162 / Übung 12** Sätze bauen: Vermutungen formulieren, im Kurs, in Partnerarbeit mündlich im Unterricht, evtl. schriftlich zu Hause ▷

B2b (Vermutungen formulieren)
■ Partnerarbeit oder Kleingruppen:
– Wenn Sie die Arbeitsbuch-Übungen im Unterricht bearbeitet haben, sollten Sie den TN kurz Zeit geben, den Text von B2a noch einmal zu lesen.
– Die TN stellen Vermutungen darüber an, warum Alexander Huber diesen Sport trotz der Gefahren ausübt. Weisen Sie die TN darauf hin, dass sie die vorher in den Arbeitsbuch-Übungen geübten Redemittel bzw. die in der Aufgabe aufgeführten Wendungen und Ausdrücke benutzen sollen. Die Sprechblase dient als Beispiel.

Hinweis:
Zusätzliche Diskussionsthemen:
Wie würden Sie als Mutter oder Freundin reagieren? Was halten Sie von dem Fotografen? Wie würden Sie an seiner Stelle handeln?
Kennen Sie andere Extremsportler? Gibt es berühmte Extremsportler in Ihrem Land?
Projekt „Huber Buam":
Interessierte TN recherchieren im Internet über Alexander und Thomas Huber. Dann stellen sie die beiden Sportler kurz vor.

B2c (detailliertes Lesen)
Hinweis: Die Arbeitsbuch-Übung 13 (S. 162) können Sie als Vorbereitung auf die Aufgabe B2c bearbeiten lassen.

◁ **Arbeitsbuch, S. 162 / Übung 13** Grammatik: finale Angaben: Zweck / Absicht formulieren mit der Präposition *als*
13a Einzelarbeit, Korrektur im Plenum, **13b** Einzelarbeit, Vergleich mit dem Lernpartner ▷

■ Einzelarbeit:
Die TN lesen die Begründung des Psychologen.

B2d (detailliertes Lesen)
■ Einzelarbeit:
Die TN lesen die Texte und ordnen sie den genannten Gründen in B2c zu.
■ Partnerarbeit:
Vergleich mit der Lernpartnerin / dem Lernpartner.
■ Plenum:
Besprechung und Korrektur gemeinsam.

Hinweis: Klären Sie erst jetzt unbekannten Wortschatz (z. B. *Nervenkitzel*). Versuchen Sie dabei aber immer, den TN zuerst nur Hilfestellungen zu geben, damit sie selbst auf die Bedeutung kommen können. z. B. *Nervenkitzel*: Lassen Sie die TN das Wort in die beiden Komponenten zerlegen. Was mit *Nerven* gemeint ist, müsste bekannt sein. Fragen Sie, wie das Verb zu *Kitzel* heißt (*kitzeln*) und was damit gemeint ist. Auch dieses Wort könnte der eine oder andere TN kennen. Mit ein wenig Vorstellungsgabe können die TN verstehen, was es bedeutet, wenn man die *Nerven kitzelt.*

☐ **Box: Strategien zum Erschließen unbekannter Wörter, 110** ☐

B2e (etwas mit eigenen Worten erklären)
Hinweis zur Binnendifferenzierung: In schwächeren Kursen sollte die Arbeitsbuch-Übung 14 (S. 163) als Vorbereitung gemacht werden.

■ Einzelarbeit:
Die TN ergänzen die Sätze in Teilaufgabe 1 schriftlich mit ihren eigenen Worten.
■ Partnerarbeit:
– Die TN lesen einander die ergänzten Sätze vor.
– In Teilaufgabe 2 versuchen die TN, spontan Erklärungen zu den restlichen Thesen von Professor Dr. Perfler zu finden.
■ Plenum:
Rufen Sie nach dieser Partner-Phase einen TN auf, der eine der Thesen des Professors erklärt. Wenn er fertig ist, ruft er den nächsten TN auf. Das geht so lange, bis alle fünf Thesen im Plenum besprochen wurden. Da die Aufgabe ja bereits mit einem Partner eingeübt wurde, sollte dies nicht zu lange dauern.

◁ **Arbeitsbuch, S. 163 / Übung 14** Sätze bauen: etwas erklären ▷

C „Bulle" und „Bär", S. 112

Hinweis zur Landeskunde:
Die Tiere *Bulle* (= Synonym für Stier, männliches Rind) und *Bär* stehen symbolisch für das Auf und Ab der Aktienkurse an der Börse. Während der Bulle steigende Aktienkurse symbolisiert, steht der Bär für fallende Kurse. Der Grund: Der Bulle stößt mit seinen Hörnern immer von unten nach oben. Der Bär dagegen schlägt mit seiner Tatze von oben nach unten. Vor der Frankfurter Börse stehen die beiden in Bronze gegossen.

C1
Hinweis zur Binnendifferenzierung:
Projekt: Informationen bei einer Bank einholen. Wenn Sie in deutschsprachigen Ländern unterrichten, können Sie die Aufgabe C1 von den TN folgendermaßen vorbereiten lassen: Bitten Sie die TN in der Unterrichtsstunde davor, sich in einer Bank darüber zu informieren, welche Anlagemöglichkeiten es gibt. Verteilen Sie die Aufgabe auf verschiedene Gruppen. Jede Gruppe geht gemeinsam oder einzeln zu einer bestimmten Bank, informiert sich und bringt auch Informationsmaterial mit. Wenn Sie im Ausland unterrichten oder Ihre TN keine Zeit haben, sich per-

8

sönlich zu informieren, dann lassen Sie die Recherche über das Internet anstellen. Verteilen Sie möglicherweise auch hier die Aufgabe auf verschiedene Gruppen. Sammeln Sie dazu zunächst an der Tafel Namen von Banken.
Zu Beginn des C-Teils geben Sie den Gruppen Zeit, ihre Ergebnisse vorzustellen.

Landeskunde: Bankenlandschaft: *Deutschland:* Deutsche Bank, Commerzbank, HypoVereinsbank, Postbank, Sparkasse, Sparda Bank, Raiffeisenbank, Volksbank; *Österreich*: Bank Austria, Erste Bank / Sparkasse, Raiffeisen Zentralbank, Österreichische Volksbanken AG, BAWAG P.S.K; Schweiz: UBS, Credit Suisse, Raiffeisen-Gruppe, Zürcher Kantonalbank.

▪ Plenum:
Wenn Sie das oben genannte Projekt nicht durchführen lassen, dann sammeln Sie gemeinsam im Kurs Anlagemöglichkeiten. Schreiben Sie diese an die Tafel. Fragen Sie, was man mit seinem Geld alles machen kann (ausgeben, sparen, investieren).
Fragen Sie dann nach Beispielen für jede Möglichkeit und schließlich danach, was man dafür bekommt.

Fragen Sie:
Antworten Tafelanschrieb:

Was tun?		
ausgeben	sparen	investieren
Zum Beispiel?		
Reisen	Sparbuch	Immobilien (Wohnung, Haus
Kleidung	Wachstums-sparbuch	Aktien (Firmenanteile)
Autos	Sparbrief	Investmentfonds
Was bekommt man?		
Sachen	Geld (Zinsen)	Gewinn in Form von Geld : (Wertsteigerung für Immobilien, Dividenden, Kursgewinne für Aktien bzw. Fonds) Oder man macht Verlust …
Wo macht man das?		
Geschäfte	Banken	Banken, Börse

Hinweis: Wenn es sich um eine ganz normale Lernergruppe handelt, die sich nicht auf ein Leben im deutschsprachigen Raum vorbereitet, dann machen Sie C1 mündlich und ganz spontan, um die TN auf das Thema einzustimmen und Vorwissen abzurufen. (Der Wortschatz Bankwesen wird in Ziel B2, Band 2, Lektion 14 behandelt.)

Hinweis – Zusatzfragen / interkulturelle Komponente:
Haben Sie schon einmal eines der genannten Dinge gemacht?
Was würden Sie jemandem empfehlen, der z. B. eine größere Summe Geld gewonnen hat und nicht so recht weiß, was er damit tun soll?
Was machen die Menschen üblicherweise in Ihrem Land? Kann jeder etwas sparen oder haben die meisten Menschen nur so viel Geld, wie sie zum Leben brauchen?
Was haben die Menschen früher in Ihrem Land gemacht? Was machen sie heute?

◁ **Arbeitsbuch, S. 163, 164 / Übung 15**
Wortschatz: Börse und Handel
15a zu Hause oder Einzelarbeit, Plenum Besprechung gemeinsam. Die TN, die das Wort kennen, versuchen zunächst, es zu erklären. Erst wenn es nicht mehr weitergeht, helfen bzw. erklären Sie als KL.
15b zu Hause
15c Partnerarbeit, Besprechung im Plenum bzw. bei Zeitmangel zu Hause
15d Vertiefung, Plenum: Die TN versuchen, die Bedeutung der Wörter weitgehend selbst zu erklären, Sie als KL ergänzen bzw. berichtigen nur da, wo es nötig ist.
Übersetzung im Kurs, wenn es schnell geht, ansonsten zu Hause.
15e Vertiefung, Partnerarbeit: die TN ordnen zu, Plenum: Besprechung ▷

◁ **Arbeitsbuch, S. 164 / Übung 16** Vertiefung, Einzelarbeit, dann Vergleich mit einer Lernpartnerin / einem Lernpartner bzw. zu Hause ▷

C2
Hinweis zum Spielverlauf:
Erklären Sie den TN zunächst kurz das Börsenspiel: Jeder ist ein Börsenspekulant und kauft als solcher Aktien. Diese entwickeln sich dann positiv oder negativ, was man aber, wie im richtigen Leben, nicht vorhersehen kann.
Phase 1:
1. Schritt: Die TN informieren sich über die Firmen (Lesen).
2. Schritt: Die TN hören einen Börsenbericht (CD 2.30) und notieren die Werte der Aktien.
3. Schritt: Die TN „kaufen“ Aktien mit ihrem Startkapital von 5000 Euro.
4. Schritt: Die TN begründen, warum sie welche Aktien „gekauft“ haben.
5. Schritt: Die TN hören, wie sich die Aktien entwickelt haben (CD 2.31).
6. Schritt: Die TN ergänzen in der Tabelle den neuen Wert ihrer Aktien.

7. Schritt: Die TN rechnen ihren persönlichen Gewinn oder Verlust aus und schreiben ihn in die Tabelle.
8. Schritt: Die TN berichten im Kurs, ob sie Geld gewonnen oder verloren haben.

Phase 2:
Die TN überlegen, wie sie weiter vorgehen würden, und treffen eine Entscheidung.

C2a (detailliertes Lesen / selektives Hören / Sprechen: eine Entscheidung begründen)

▪ Einzelarbeit / Plenum:
– Die TN lesen die Aufgabenstellung und die Firmenbeschreibungen und markieren unbekannte Wörter, die im Anschluss im Plenum geklärt werden.
– Die TN bewerten die einzelnen Firmen positiv oder negativ (Schritt 1).
▪ Plenum:
CD 2.30: Die TN hören einen Börsenbericht und notieren zu jeder Aktie den gültigen Wert (Schritt 2).

Hinweis: Spielen Sie den Börsenbericht mindestens zweimal vor. Vor allem die Information über die Firma „Turboschnell" ist ein wenig versteckt (ganz am Anfang!).

▪ Einzelarbeit:
Die TN entscheiden sich, wie viele Aktien sie von welcher Firma kaufen, und schreiben das auf. Dafür verbrauchen sie möglichst ihr ganzes Kapital, Maximum: 5000 Euro (Schritt 3).

Hinweis: Bei Bedarf können Sie hier eine Wiederholung von *daher/deshalb* einschieben und die Arbeitsbuch-Übung 17 (S. 165) bearbeiten lassen. Oder Sie lassen die Übung zu Hause erledigen, wenn Sie das Planspiel nicht unterbrechen möchten.

◁ **Arbeitsbuch, S. 165 / Übung 17** Grammatik: kausale Angaben: *daher/deshalb*, Wiederholung ▷

▪ Kleingruppen:
– Die TN notieren in Stichworten, warum sie die Aktien gekauft haben.
– Sie erzählen einander von ihren Investitionen und begründen diese (Schritt 4). Die Sprechblasen dienen als Beispiel.
▪ Einzelarbeit:
CD 2.31: Die TN hören den zweiten Börsenbericht und achten dabei auf den Wert ihrer Aktien (Schritt 5). Spielen Sie auch diesen Bericht je nach Bedarf mehrfach vor.
– Die TN notieren ihre aktuellen Aktienwerte in der Tabelle (siehe oben) bzw. im Kursbuch (Schritt 6 + 7).
▪ Plenum:
Die TN berichten über Gewinne oder Verluste (Schritt 8). Die Sprechblasen dienen als Beispiel.

Hinweis: Als Vorbereitung auf die Aufgabe C2b im Kursbuch bieten sich die Arbeitsbuch-Übungen 18–21 an. Sie können die Übungen auch am Ende einer Unterrichtseinheit oder zu Hause bearbeiten lassen. Am nächsten Kurstag fahren Sie mit der Aufgabe C2b fort. Wenn Sie das Planspiel nicht unterbrechen möchten, können Sie die Grammatik-Sequenz zu den konzessiven Angaben auch nach der Aufgabe C2b durchnehmen.

C2b

▪ Einzelarbeit:
– Die TN sehen sich noch einmal ihre Tabelle bzw. die Einträge im Kursbuch (Schritt 6 + 7) an und überlegen, wie sie weiter vorgehen wollen.
– Die TN ergänzen die vorgegebenen Ausdrücke und Wendungen schriftlich.
▪ Kleingruppen oder Plenum:
Die TN unterhalten sich über ihre Pläne. Dabei verwenden sie die vorgegebenen Wendungen und Ausdrücke.

Hinweis: Sie können das Spiel noch um eine Runde verlängern. Die TN entscheiden, welche Aktien sie jetzt kaufen oder verkaufen würden, und notieren das. Am Ende schreiben Sie einen Schlusskurs an die Tafel, der mit dem „Wert 3" in die oben vorgeschlagene Tabelle eingetragen wird.
Schlusskurse z. B.: Aktie 1: 125,- / Aktie 2: 300,- / Aktie 3: 150,- / Aktie 4: 170,-
Jetzt kann der Gewinner des kompletten Spiels ermittelt werden.

Wenn dieses Thema bei Ihren TN auf Interesse stößt, können Sie ein **Projekt zum Thema „Börse"** anschließen:

1. Börsenspekulanten
Sie können alle TN oder eine Gruppe von TN dazu animieren, zu fiktiven Börsenspekulanten zu werden. Nehmen Sie aus dem Wirtschaftsteil einer überregionalen Zeitung (Süddeutsche Zeitung, FAZ oder ähnliche) die Seite mit den Aktienkursen in den Unterricht mit. Bitten Sie die Gruppe, sich für ca. zehn Unternehmen zu entscheiden, deren Kurs man beobachten und in die man fiktiv investieren wird. Helfen Sie bei der Entscheidung. Lassen Sie möglichst bekannte Unternehmen auswählen. Die TN malen ein großes Plakat mit den Namen der Firmen und schreiben darunter den aktuellen Aktienkurs mit Datum. Dieses Plakat wird im Raum aufgehängt.
Jeder TN hat wieder einen bestimmten Betrag zur Verfügung, den er investieren darf. Die individuellen Investitionen werden in eine Liste eingetragen, die bei einem Mitspieler bleibt, der die Rolle des Börsenmaklers übernimmt. Bringen Sie die Börsendaten in jede Unterrichtsstunde mit. Jedes Mal schreibt ein anderer TN den aktuellen Kurs, mit Datum versehen,

8

auf das Plakat. So können die TN jedes Mal sehen, wie sich „ihre" Aktien entwickeln. Auch das Verkaufen und das Neu-Kaufen von Aktien sind erlaubt. Es muss beim „Börsenmakler" angemeldet werden und kostet eine Gebühr, die vorher festgelegt wird (z. B. pauschal 10 Euro oder je 5 % des Aktienwerts jeder verkauften und neu gekauften Aktie). Am letzten Kurstag wird der Börsengewinner ermittelt. Dazu wird, mithilfe der Aktienkurse des letzten Kurstages, der Wert des jeweiligen Aktienpakets ermittelt. Davon werden dann noch die Gebühren für während des Spiels erfolgte Käufe und Verkäufe abgezogen. Da es sich um reale Firmen und Kurse handelt, ist es für die TN eventuell interessant, einmal die Wirtschaftsnachrichten zu hören oder zu lesen. Falls sie in ein Unternehmen „investiert" haben, das in den Schlagzeilen ist, weckt dies möglicherweise das Interesse. Ermutigen Sie die TN dazu, ihr Aktienportfolio den Nachrichten und den erwarteten Kurssteigerungen oder Kursverlusten anzupassen.
Wenn Ihr Kurs im Ausland stattfindet, können Sie die Daten ebenso gut der einheimischen Presse entnehmen.
Zusätzlich zu dem Spiel können die TN kurze Präsentationen über die Firmen halten, die sie für ihr Aktienportfolio ausgewählt haben. Die Informationen dazu finden sie im Internet. Lassen Sie die TN erzählen, um was für eine Firma es sich handelt, wie viele Mitarbeiter sie hat, was die Firma macht, wo der Firmensitz ist etc.

2. Exkursion zur Börse (z. B. Frankfurt)
Planen Sie zusammen mit den TN einen Ausflug zur Börse, vor allem wenn Ihr Unterrichtsort in der Nähe liegt.

Hinweis zur Zeitökonomie – konzessive Angaben / widersprechen und Gegensätze formulieren:
Bei wenig verfügbarer Kurszeit können Sie an dieser Stelle auch den Fokus Grammatik (Kursbuch S. 114) einschieben und die Arbeitsbuch-Übungen zu Hause bearbeiten lassen. In der Regel haben die TN die Konjunktionen schon auf dem Niveau B1 gelernt und sogar in einem B1+-Kurs wiederholt (siehe auch: Ziel B1 plus).

◁ **Arbeitsbuch, S. 165, 166 / Übung 18** Grammatik: konzessive Angaben: widersprechen
18a Wiederholung *obwohl* und *trotzdem*
18b andere Möglichkeiten, *obwohl*-Sätze auszudrücken
18c Ergänzungsübung mit *trotz, obwohl, obgleich, dennoch, trotzdem*
18d Vertiefung: *obwohl, obschon, obgleich* im Text ▷

◁ **Arbeitsbuch, S. 166 / Übung 19** Grammatik: konzessive Angaben: widersprechen, Sätze mit *trotz* ▷

Sprachlicher Hinweis:
Der Unterschied zwischen *trotzdem* und *obwohl* bereitet oft Probleme.
trotzdem = Hauptsatzverbindung, die an Position 1 oder 3 im Satz steht. Sie steht erst nach der Aussage, die damit kommentiert wird. Die Konjunktion *trotzdem* leitet etwas Unerwartetes ein, z. B.: „Karl ist risikofreudig." (Aussage)
Eine logische Konsequenz wäre: „Karl ist risikofreudig, also investiert er in Aktien." Nun folgt aber etwas Unerwartetes: „Er investiert *nicht* in Aktien." Dieser Gegensatz kann mit *trotzdem* ausgedrückt werden: „Karl ist risikofreudig, *trotzdem* investiert er nicht in Aktien."
obwohl = Nebensatzverbindung. Sie leitet die Aussage ein, steht also immer in dem Satz, der im obigen Beispiel Aussage genannt wurde. Die Konsequenz wird nicht kommentiert:
„Karl ist risikofreudig." (Aussage)
„Er investiert nicht in Aktien." (Konsequenz)
„*Obwohl* Karl risikofreudig ist, investiert er nicht in Aktien." oder:
„Karl investiert nicht in Aktien, *obwohl* er risikofreudig ist."
Im Gegensatz zum Satzbau mit *trotzdem* kann der Satz mit *obwohl* vor- oder nachgestellt werden.
Synonym verwendet werden *dennoch* für *trotzdem;* in der Schriftsprache: *obgleich, obschon* für *obwohl.*

Achtung! *trotz* ist eine Präposition, der immer ein Nomen im Genitiv folgt.
trotz + Nomen kann einen *obwohl*-Satz ersetzen, z. B.:
Obwohl er risikofreudig ist, investiert er nicht an der Börse.
Trotz seiner Risikofreude investiert er nicht an der Börse.

Hinweis – schnelle Zusatzübung:
Meistens helfen den TN theoretische Erklärungen relativ wenig. Bearbeiten Sie deshalb viele sehr einfache, einleuchtende Beispiele.
Schreiben Sie so viele Hauptsatzpaare auf kleine Zettel, wie Sie TN im Kurs haben. Verteilen Sie diese an die TN. Diese sollen die beiden Hauptsätze auf den Zetteln in je eine Variante mit *obwohl* und mit *trotzdem* umformulieren. Dann geben die TN ihren Zettel zur Kontrolle an ihre Nachbarin / ihren Nachbarn weiter. Zum Schluss lesen die TN die Sätze im Plenum vor. Hier einige Beispiele:

Ich bin müde. Ich gehe nicht ins Bett.
Ich ärgere mich über das Fernsehprogramm. Jeden Abend sehe ich fern.
Ich habe keine gute Stimme. Ich singe in einem Chor.
Uta ist total unsportlich. Sie will Tänzerin werden.

Tom ist ein sehr guter Schüler. Er will das Abitur nicht machen.
Karin lernt viel. Sie bekommt immer schlechte Noten.
Lisa ist erkältet. Sie geht ins Freibad.
Otto hat wenig Geld. Er fährt ein großes Auto.
Das Benzin kostet sehr viel. Die Leute fahren sehr viel mit dem Auto.
Die Firma macht hohe Gewinne. Viele Arbeitnehmer werden entlassen.

◁ **Arbeitsbuch, S. 167 / Übung 20** Sätze bauen: Gegensätze formulieren ▷
◁ **Arbeitsbuch, S. 167 / Übung 21** Phonetik: Gegensätze formulieren ▷

Fokus Grammatik: konzessive Angaben – Widerspruch im Kontext, S. 114

Hinweis: Wenn Sie den Kenntnisstand der TN feststellen möchten, können Sie die Arbeitsbuch-Übung 33 (S. 173) bearbeiten lassen.

Aufgabe 1
1a
■ Einzelarbeit:
Die TN kreuzen die Sätze an, die dasselbe ausdrücken wie der markierte Satz.
■ Partnerarbeit:
Vergleich mit einer Lernpartnerin / einem Lernpartner.

1b
■ Einzelarbeit:
Die TN markieren die Wörter, die anzeigen, dass ein Widerspruch formuliert wird.

1c
■ Einzelarbeit:
Die TN kreuzen die Regeln an und suchen Satzbeispiele.
■ Partnerarbeit:
Vergleich mit einer Lernpartnerin / einem Lernpartner.
■ Plenum:
Abschließende Kontrolle von 1a–c gemeinsam im Kurs.

Aufgabe 2
■ Einzelarbeit:
Die TN lesen den Text und ergänzen die Lücken.
■ Partnerarbeit:
Vergleich mit einer Lernpartnerin / einem Lernpartner.
■ Plenum:
Besprechung gemeinsam.

◁ **Arbeitsbuch, S. 173 / Übung 33** ▷

D Schönheit um jeden Preis, S. 115

D1
D1a (orientierendes Lesen)
■ Plenum:
Schreiben Sie zur Verdeutlichung des Themas die beiden Überschriften an die Tafel:
Schönheit um jeden Preis   Riskante Operationen
■ Kleingruppen:
Die TN stellen Vermutungen darüber an, welche Themen in dem folgenden Text angesprochen werden. Sie notieren ihre Ideen.
■ Plenum:
Die Ideen werden zusammengetragen und an der Tafel festgehalten.

D1b (kursorisches Lesen)
■ Einzelarbeit:
– Die TN lesen die Themenliste.
– Die TN lesen den Text (zunächst ohne Wörterbuch).
– Sie kreuzen die Themen an, die im Text angesprochen werden. Dabei sollen sie auch die entsprechenden Textstellen unterstreichen.

Hinweis: Geben Sie ein (eher knappes) Zeitlimit vor. Erklären Sie den TN, dass es hier nicht darum geht, den Text intensiv und detailliert zu lesen.

■ Plenum:
Die TN nennen die Themen.
Nur wenn die Lösungen sehr unterschiedlich ausfallen, suchen die TN gemeinsam nach den passenden Textstellen.

Hinweis: Grammatik-Sequenz im Arbeitsbuch: Partizip I und Partizip II als Adjektive
Lassen Sie als Vorbereitung auf die Grammatik alle Partizip-Formen aus dem Text heraussuchen. Fragen Sie die TN vor Erledigung des Arbeitsauftrags, was ein Partizip ist, wie viele Arten es davon gibt und wie man Partizipien jeweils erkennt. (Antwort: Partizipien sind vom Verb abgeleitete Formen, die als Adjektive bzw. Adverbien verwendet werden oder Teil der zusammengesetzten Zeiten sind – Partizip II: Perfekt, Plusquamperfekt, Passiv, Konjunktiv II Vergangenheit.)
Folgende Partizipien sind im Text zu finden: werden ... unterschätzt (Partizip II: Passiv), selbst ernannte Schönheitschirurgen (Partizip II: attributiv), der behandelnde Arzt (Partizip I: attributiv), fundierte Ausbildung (Partizip II: attributiv), gebracht werden (Partizip II: Passiv), wuchernde Narben (Partizip I: attributiv), bleibende Nervenschäden (Partizip I: attributiv), nicht schließende Augenlider (Partizip I: attributiv), behinderte Nasenatmung (Partizip II: attributiv), deformierte Lippen (Partizip II: attributiv), verzerrte Gesichtszüge (Partizip II: attributiv), wirken

8

abschreckend (Partizip I: prädikativ). ... der Patient enttäuscht ist (Partizip II: prädikativ).
Bei guten Kursen können Sie an dieser Stelle den Fokus Grammatik (S. 116) vorziehen und die Arbeitsbuch-Übungen 24–27 zu Hause bearbeiten lassen.

◁ **Arbeitsbuch, S. 170 / Übung 24** im Unterricht ▷
◁ **Arbeitsbuch, S. 170 / Übung 25** Vertiefung ▷
◁ **Arbeitsbuch, S. 170 / Übung 26** ▷
◁ **Arbeitsbuch, S. 170 / Übung 27** Vertiefung ▷

Hinweis: Das Partizip II ist den meisten Lernern auf diesem Niveau vom Perfekt her in seinen verschiedenen Funktionen geläufig. Problematischer ist das Partizip I.
Wenn Sie bei der Arbeitsbuch-Übung 24 merken, dass die TN bei der Unterscheidung noch Probleme haben, wiederholen Sie kurz, wie man ein Partizip II bzw. ein Partizip I (Infinitiv + d, z. B. lachend, weinend, bleibend etc.) bildet und welche Funktionen die beiden haben.

Funktionen:
Partizip II
– Teil von zusammengesetzten Zeiten: Perfekt, Plusquamperfekt, Konjunktiv II Vergangenheit, Passiv
– Adjektiv für abgeschlossene Handlungen, oft passivische Bedeutung: der gut versteckte Schatz, der seit Jahren verschlossene Schrank, die geretteten Touristen, der angekommene Zug
– Adverb: er dachte angestrengt nach, sie spielt begeistert Tennis
Partizip I
– Adjektiv für gleichzeitige Handlungen und Vorgänge im Aktiv: lachende Kinder (= Kinder, die gerade lachen), der ankommende Zug, die rasch vergehende Zeit, der zur Unfallstelle eilende Sanitäter
– Adverb: er lief lachend die Treppe hinunter, das Kind kam weinend zu seiner Mutter
Verweisen Sie die TN auch auf die Grammatikübersicht auf der Lerner-CD-ROM.

D1c (detailliertes Lesen)
Hinweis:
Die TN suchen aus dem Text von D1b alle Wörter heraus, die einen Körperteil bzw. eine Stelle am Körper betreffen oder als Teil des Wortes enthalten (Lösung: Fettpolster, Gesichtsfalten, Narben, Nervenschäden, Gesicht, Augenlider, Nasenatmung, Lippen, Gesichtszüge, Bindegewebe, Haut).
Daran können Sie die Arbeitsbuch-Übungen 22–23 (S. 168, 169) anschließen.

◁ **Arbeitsbuch, S. 168 / Übung 22** Wortschatz: der Körper ▷
◁ **Arbeitsbuch, S. 168, 169 / Übung 23** Wortschatz: rund um die Gesundheit
23a + b Wortschatz zum Thema Krankheit
23c + d Vertiefung ▷

▪ Einzelarbeit:
Die TN markieren im Text die negativen Folgen von Schönheitsoperationen (Lösung: wuchernde Narben, bleibende Nervenschäden ..., nicht schließende Augenlider, eine behinderte Nasenatmung, deformierte Lippen, verzerrte Gesichtszüge).
▪ Partnerarbeit / Plenum:
Die TN kontrollieren die Lösung.

◁ **Arbeitsbuch, S. 171 / Übung 28** Sätze bauen: Textinhalte in einem Satz wiedergeben, als Vorbereitung auf die Aufgabe D1d im Unterricht, Einzelarbeit, dann Besprechung im Plenum ▷

D1d (Textinhalte wiedergeben)
▪ Einzelarbeit / Plenum:
Die TN ergänzen die Sätze schriftlich. Lassen Sie einige TN ihre Sätze vorlesen.

D2
D2a (detailliertes Lesen)
▪ Einzelarbeit:
– Die TN lesen die zwei Auszüge aus Leserbriefen.
– Sie markieren die Textstellen, in denen Argumente für Schönheitsoperationen genannt werden (Text 1: nicht nur Eitelkeit, sondern manche Menschen sind wegen ihres Aussehens zu Außenseitern geworden / nicht alle plastischen Chirurgen sind schlecht / Text 2: zwingende Gründe für Schönheitsoperationen, z. B. psychische Probleme wegen angeborener anatomischer Fehler / Ärzte wollen normalerweise helfen).
▪ Kleingruppen oder Partnerarbeit:
Die TN vergleichen die gefundenen Argumente und sprechen darüber.

D2b
▪ Einzelarbeit:
Die TN markieren die Wendungen und Ausdrücke in beiden Texten, mit denen die Autoren ein weiteres Argument hinzufügen.
▪ Plenum:
Gemeinsame Besprechung (Text 1: Darüber hinaus / Text 2: Zum einen ..., zum anderen; Dazu kommt, das ...; Außerdem ...).

◁ **Arbeitsbuch, S. 171 / Übung 29** Grammatik: Argumente ergänzen ▷
◁ **Arbeitsbuch, S. 171 / Übung 30** Grammatik: Argumente ergänzen, Vertiefung ▷
◁ **Arbeitsbuch, S. 172 / Übung 31** Sätze bauen: Argumente ergänzen, im Unterricht
31a Einzelarbeit, **31b** Partnerarbeit mündlich oder schriftlich zu Hause ▷

D2c
Hinweis zur Binnendifferenzierung:
Wenn Ihre TN im Schreiben geübter sind, können Sie die Aufgabe D2c ohne Vorbereitung erledigen lassen. In Kursen, die mehr Probleme mit dem Verfassen von Texten haben, empfiehlt es sich, die folgende Arbeitsbuch-Übung zuerst bearbeiten zu lassen:

◁ **Arbeitsbuch, S. 172, 173 / Übung 32** Texte bauen: Argumente ergänzen
32a im Unterricht, Einzelarbeit, dann Besprechung im Plenum **32b** evtl. zu Hause ▷

Hinweis: Sie können an dieser Stelle auch die formale Gestaltung eines klassischen Leserbriefes besprechen. (Die meisten Zeitungen und Zeitschriften bieten aber im Internet die Möglichkeit, die Leserbriefe über eine vorgefertigte Maske an die Redaktion zu schicken.)

Absenderadresse (oben links)

Empfängeradresse (links unter Absender)
An die
XY Zeitung
Leserbriefe
...straße (Straßenname) + Hausnummer
PLZ Ort

Ort, Datum

Betreffzeile (fett gedruckt), z. B.:
Ihr Artikel vom ... zum Thema ...

Sehr geehrte Damen und Herren,
in Ihrem oben genannten Artikel schreiben Sie ...

Mit freundlichen Grüßen
Unterschrift

■ Einzelarbeit / Partnerarbeit:
– Die TN machen sich Notizen dazu, welche Argumente sie überzeugt haben.
– Zu zweit schreiben sie einen Leserbrief zum Thema „Schönheitsoperationen". Dabei sollen sie die Wendungen und Ausdrücke verwenden, die sie im Abschnitt D gelernt haben.

Hinweis: Im Anschluss an die schriftliche Produktion können Sie die Arbeitsbuch-Übung 36 (S. 174) bearbeiten lassen. Hier sollen die TN sich über die Vor- und Nachteile von Schönheitsoperationen unterhalten.

Fokus Grammatik: Partizip I und Partizip II als Adjektiv im Kontext, S. 116, 117

Aufgabe 1
a + b
■ Einzelarbeit:
Die TN ordnen zu.
■ Plenum:
Lösungsvergleich gemeinsam.

Hinweis: Sie können anhand dieses Beispiels den Unterschied zwischen Partizip I und Partizip II im Hinblick auf die passivische Bedeutung von Partizip II (der behandelte Arzt = der Arzt, der behandelt wird) und die aktive Bedeutung einer gleichzeitig verlaufenden Handlung im Partizip I gut veranschaulichen (der behandelnde Arzt = der Arzt, der behandelt).

c
■ Partnerarbeit:
Die TN versuchen zu zweit, die Zutaten zu erklären. (Lösung: gegrillter Ziegenkäse = ein Käse, der gegrillt wurde / hauchdünn geschnittenes Rinderfilet = Rinderfilet, das hauchdünn geschnitten wurde / mit hausgemachtem Basilikumpesto = mit Basilikumpesto, das selbst gemacht wurde / bestreut mit Pecorino = Rinderfilet und Pesto, das mit Pecorino bestreut wurde)
■ Plenum:
Besprechen Sie die Lösungen.

Hinweis: Klären Sie gegebenenfalls auch, um welche Speisen es sich hier handelt. Fragen Sie z. B., was ein Speckmantel sein könnte, und lassen Sie die TN Vermutungen anstellen. Lassen Sie das Wort in seine beiden Teile zerlegen. Bringen Sie die TN so auf die Gesamtbedeutung. *Carpaccio* kommt aus dem Italienischen und bezeichnet hauchdünn geschnittenes, rohes Fleisch. Manchmal gibt es das auch aus Fisch oder Gemüse. *Pecorino* ist ein italienischer Schafskäse.

Aufgabe 2
a
■ Partnerarbeit oder Kleingruppen:
Die TN versuchen, die Buchtitel zu erklären.
■ Plenum:
Die Gruppen bzw. Paare tragen ihre Ideen vor. Diskutieren Sie mit den TN darüber, welche Erklärung die beste ist.

b
■ Einzelarbeit:
Die TN lesen den Text und kreuzen die ihrer Meinung nach richtige Lösung an.
■ Plenum:
Kontrolle gemeinsam.

8

c

■ Einzelarbeit:
Die TN lesen den Text und kreuzen das jeweils korrekte Partizip an.

■ Partnerarbeit:
Vergleich mit einer Lernpartnerin / einem Lernpartner.

■ Plenum:
Kontrolle gemeinsam.

d

■ Einzelarbeit:
Die TN ergänzen die Endungen dort, wo sie nötig sind.

■ Partnerarbeit:
Vergleich mit einer Lernpartnerin / einem Lernpartner.

■ Plenum:
Kontrolle gemeinsam.

Hinweis: Wenn die TN bei der Aufgabe d Schwierigkeiten haben, erklären Sie ihnen, dass die Partizipien hier wie Adjektive behandelt werden und dieselben Regeln gelten wie bei den Adjektivendungen (vgl. Lektion 2). Die Partizipien erhalten Endungen, wenn danach ein Nomen folgt. Steht das Partizip allein, braucht man keine Endung.

◁ **Arbeitsbuch, S. 173 / Übung 34** als Mini-Test ▷

E Ein neues Leben, S. 117

E1 (kursorisches Hören)

■ Einzelarbeit:
CD 2.32: Die TN hören den Anfang einer Talkshow und beantworten die Fragen. Spielen Sie den Text, falls nötig, zweimal vor.

■ Plenum:
Kontrolle der Lösung.

E2 (diskutieren im öffentlichen Rahmen)

■ Kleingruppen:
– Lassen Sie Gruppen zu je vier TN bilden.

Hinweis: Falls Ihre Teilnehmerzahl nicht durch vier teilbar ist, lassen Sie entweder Vierergruppen und eine zusätzliche kleinere Gruppe bilden, oder Sie bilden eine zusätzliche größere Gruppe mit maximal sechs TN. Sie können die TN dieser größeren Gruppe bitten, dass sie sich selbst neue Talkshowgäste mit eigener Meinung ausdenken, z. B. die Freundin oder Schwester von Frau Gassner bzw. den Freund oder den Bruder von Herrn Gassner.

■ Einzelarbeit:
– Die TN lesen ihre Rollenkarte im Anhang (Moderator: S. 132, Pfarrer: S. 135, Herr Gassner: S. 129, Psychologin: S. 134) und versuchen, ihre Rolle zu verinnerlichen. Ideal ist es, wenn die TN nicht ins Buch schauen, sondern frei diskutieren.
– Die TN notieren Wendungen und Ausdrücke der Lektion, die sie in der nachfolgenden Diskussion verwenden möchten.

■ Gruppenarbeit (Diskussion):
Die einzelnen TN vertreten in der „Talkshow" die individuellen Standpunkte ihrer jeweiligen Rollenfigur und sprechen über ihr Problem.

Hinweis: Da sich die TN auf ihr Gespräch konzentrieren sollen, wäre es ideal, wenn Sie für jede Gruppe oder je zwei Gruppen eigene Räumlichkeiten hätten. Falls das nicht möglich ist, könnten Sie klassische oder eine andere sanfte Musik auflegen, damit die Diskussionen der anderen Gruppen ein wenig übertönt werden.

Arbeitsbuch: „Darüber hinaus"

Hinweis zum Arbeitsbuchteil „Darüber hinaus":
siehe S. 21, 105

◁ **Arbeitsbuch, S. 174 / Übung 35** Texte lesen: Steht das im Text? ▷

◁ **Arbeitsbuch, S. 174 / Übung 36** Übung zu Prüfungen: freies Sprechen

■ Partnerarbeit:
Ein TN übernimmt die Rolle der Dame, die die Schönheitsoperation machen lassen will, der andere TN spielt die Freundin. ▷

Hinweis: Wenn die Übung tatsächlich als Prüfungsvorbereitung gedacht ist, sollte auf Einhaltung der Zeitvorgaben geachtet werden.
Sollten Sie tatsächlich Prüfungskandidaten haben bzw. TN, die in nicht allzu ferner Zukunft den Test DaF ablegen möchten, so können Sie auch den einen oder anderen TN nach der Partnerphase bitten, seine Stellungnahme vor dem ganzen Kurs abzugeben.

Fotodoppelseiten, S. 106, 107

Hinweis: Im Lehrwerkservice zum kostenlosen Ausdrucken oder als Auswahl im Anhang finden Sie Arbeitsblätter für die Projektarbeit zu den Fotodoppelseiten als Kopiervorlagen.

1. Arbeitsbuch

Arbeit mit dem Arbeitsbuch und dem Lösungsschlüssel

Das Arbeitsbuch ist ein Instrumentarium, das die TN beim Erlernen der Sprache, also beim Erreichen des Sprachstandes, unterstützt. Deshalb sind die Übungseinheiten in ganz bestimmte Sequenzen eingeteilt:

▸ **WORTSCHATZ:** Wortschatzarbeit bedeutet für die TN die Erarbeitung von Wortnetzen, also Wörtern, die zu einem bestimmten Themengebiet gehören. Der Wortschatzerwerb besteht aber nicht nur aus dem Erlernen von Einzelwörtern. Darüber hinaus werden in der Regel Wortverbindungen und Chunks angeboten. Die Sätze, in denen die Wörter vorkommen, sind nach Sinnzusammenhang, Gebrauchsschwerpunkt und Frequenz ausgesucht worden. In vielen unterschiedlichen Übungs- und Aufgabentypen werden verschiedene Lernertypen angesprochen.
Da der Wortschatz nicht nur im Sinne einer Wortliste, sondern vielmehr in Inhaltszusammenhängen aufgebaut wird, kommt dem Lösungsschlüssel eine große Bedeutung zu: Der Lösungsschlüssel ist kein Mittel, um festzustellen, wie viele Aufgaben der TN korrekt gelöst hat, sondern er soll ihn dabei unterstützen, richtige Lösungen zu finden. Oftmals gibt es mehrere korrekte Lösungen oder gar ganz individuelle Lösungsmöglichkeiten.

▸ **GRAMMATIK:** In der Grammatik geht es darum, Phänomene in ihrer Funktion zu verstehen, Anwendungsmöglichkeiten (nach Intention) zu systematisieren, dann aber auch das Regelwerk des speziellen Phänomens zu verstehen und anzuwenden. Auch hier ist der Lösungsschlüssel ein Hilfs- und kein Kontrollmittel.

▸ **SÄTZE BAUEN:** Hier geht es darum, Wendungen und Ausdrücke (sowohl der gesprochenen als auch der geschriebenen Sprache) zu verstehen und anzuwenden: Dazu gibt es für die TN Übungen und Aufgaben, die ihnen zunächst helfen sollen, die Intention und die Anwendungsbereiche der betreffenden Wendungen und Ausdrücke zu verstehen. Dann wird die Anwendung geübt, d. h. in der Regel werden dem TN Inhalte angeboten (als Hörtext, als Lesetext, als Sprechblase, als Dialogausschnitt, als Zeichnung, als Foto), die er der beschriebenen Situation entsprechend mithilfe der Wendungen und Ausdrücke versprachlichen muss. Der Lösungsschlüssel dient als Hilfsmittel.

▸ **TEXTE BAUEN:** Diese Sequenz hat eine ähnliche Funktion wie die Sequenz SÄTZE BAUEN, nur werden hier auch die üblichen Strukturen bestimmter Textsorten geübt, das gilt vor allem auch für Ziel B2, Band 2, Lektion 9–16, Arbeitsbuch. Der Lösungsschlüssel kann in diesem Fall nur Musterlösungen anbieten, an denen sich die TN aber von der Länge und vom Niveau her orientieren können.

▸ **PHONETIK:** Diese Sequenz bietet Übungen und Aufgaben zu ausgewählten schwierigen Einzellauten oder Lautverbindungen, meist aber zu bestimmten Intonationsschwierigkeiten, die im Zusammenhang mit den Wendungen und Ausdrücken stehen.

▸ **FOKUS GRAMMATIK:** Hier handelt es sich um Tests, bei denen der Wissensstand oder der Erkenntnisstand zu einem bestimmten Grammatikkapitel abgefragt werden soll. In diesem Fall dient der Lösungsschlüssel der Überprüfung.

▸ **ÜBUNG ZU PRÜFUNGEN:** Diese Übungen und Aufgaben haben das Ziel, mit bestimmten Aufgabentypen vertraut zu machen, die in Prüfungen vorkommen können. Sie können ganz individuell während des Kursverlaufs oder gebündelt am Ende eines Kurses gelöst werden. Sie ersetzen jedoch kein gezieltes Prüfungstraining. Der Lösungsschlüssel dient hier der Kontrolle.

▸ **TEXTE LESEN:** Da man im Unterricht in der Regel nicht genügend Zeit hat, das Lesen längerer Texte individuell zu üben, bieten wir in jeder Lektion noch einmal die Möglichkeit, zu Hause in Ruhe Leseaufgaben zu bearbeiten. Die TN sollten sich an den Aufbau der Übungssequenz halten. Der Lösungsschlüssel wird hier zur Kontrolle eingesetzt.

Die Kennzeichnung *Wiederholung (rot)* und *Vertiefung (braun)* dient der Binnendifferenzierung. Es sei aber darauf hingewiesen, dass die roten Aufgaben das Erlernen der sprachlichen Phänomene in einem B1-Kurs nicht ersetzen.
Die Aufgaben zur Vertiefung sprechen entweder bestimmte Interessengebiete der TN an oder sind speziell für TN konzipiert, die später einen C1-Kurs besuchen, im deutschen Sprachraum studieren möchten oder Ähnliches. Diesen TN sei auch die Extra-CD-ROM empfohlen.

2. Binnendifferenzierung

Binnendifferenzierung nach Lernzielen

Mit dem Begriff Binnendifferenzierung werden im Lehrwerk Ziel B2 verschiedene Bereiche bezeichnet (vgl. auch *Binnendifferenzierung nach Sprachstand,* S. 107, und *Binnendifferenzierung nach Interesse,* S. 107).

▸ **Lernziel allgemein:** Je nachdem, welche Ziele die einzelnen Lerner verfolgen, können inhaltliche Schwerpunkte gesetzt sowie bestimmte Zusatzmaterialien eingesetzt werden. Dabei bildet das Kursbuch mit seinen acht bzw. sechzehn Lektionen die Grundlage des Spracherwerbs. Gemeinsames Ziel aller TN ist es ja, den Sprachstand B2 zu erreichen.
Trotzdem kann man, je nach Kurszusammensetzung, manche Abschnitte der Lektionen nur kurz, andere hingegen ausführlicher durchnehmen. Tipps dazu gibt es immer wieder in den Hinweisen zum Unterrichtsverlauf im Lehrerhandbuch.

▸ **Lernziel: Prüfung:** Lerner, die dieses Ziel verfolgen, sollten im Lernerportfolio prüfungsorientiert ihre Wendungen und Ausdrücke sammeln, die Rubriken TEXTE LESEN und ÜBUNG ZU PRÜFUNGEN sowie die prüfungsvorbereitenden Hefte bearbeiten. Außerdem wäre es ratsam, alle blauen Übungen, zumindest aber die zu SÄTZE BAUEN und TEXTE BAUEN vollständig zu bearbeiten.
Für TN, die die Prüfung Test-DaF ablegen wollen, um dann im deutschen Sprachraum zu studieren, empfehlen wir, auch die Extra-CD-ROM durchzuarbeiten. Sie bietet Zusatz-Aufgaben zum Lese- und Hörverstehen sowie zusätzliche landeskundliche Informationen. Für diese Lerner sind auch die Landeskundeinformationen und Informationen zur Sprachanwendung, die Sie im Lehrerhandbuch finden, von Interesse.

▸ **Lernziel: Festigung der Grammatik:** Dies ist eine häufige Motivation der TN. Machen Sie den TN jedoch deutlich, dass die Grammatik nur ein Werkzeug ist. Ihre Beherrschung allein führt nicht zum Ziel, sondern ihre Umsetzung in Kombination mit den Wendungen und Ausdrücken. Trotzdem bieten die Fokus-Grammatik-Seiten und die zahlreichen Übungen und Aufgaben zu einzelnen Grammatikthemen gerade diesen TN die Sicherheit, die sie brauchen. Im Gegensatz zu umfassenden Übungsgrammatiken finden die TN hier die grammatischen Lernziele, die zum Sprachniveau B2 gehören. Im Internetservice gibt es noch ausgewählte, zusätzliche Online-Grammatikübungen.
Lerner-CD-ROM: Darauf finden die TN eine genaue, detaillierte Gesamtübersicht der Grammatik (Ziel B2, Band 1, Lektion 1–8 die Grammatik dieses Bandes, in Band 2, Lektion 9–16 die vollständige Übersicht zu beiden Bänden) als pdf-Datei zum Nachschlagen und als rtf-Datei zum Bearbeiten. So können sich die TN bestimmte Schwierigkeiten markieren, diese kontrastiv bearbeiten oder mit Erklärungen der/des KL erweitern usw.

▸ **Lernziel: Erweiterung des Wortschatzes:** Wir unterscheiden in Ziel B2 zwischen aktivem und rezeptivem Wortschatz. Natürlich wird auch im Kursbuch mit Wortschatz gearbeitet: Vorhandenes Wissen wird aktiviert und dann erweitert. Auf der Lerner-CD-ROM findet der TN zu jeder Lektion den ausgewiesenen Lernwortschatz, als pdf und als rtf-Datei. Die rtf-Datei kann er individuell bearbeiten und mit Wörtern und festen Ausdrücken seines Interessengebiets erweitern.
Die zahlreichen Übungen und Aufgaben im Arbeitsbuch dienen der Erweiterung des aktiven Wortschatzes. Die Zusammenstellung der Wortnetze im Arbeitsbuch basiert sowohl auf der Liste in *Profile**, auf anderen Wortschatzsammlungen (Grund- und Aufbauwortschatz) sowie auf Recherchen im Internet und der Wortumfeldanalyse unter http://wortschatz.uni-leipzig.de/abfrage/.
TN, die ihren persönlichen aktiven Wortschatz erweitern möchten, finden in den Wortlisten zu den einzelnen Lektionen ein gutes Hilfsmittel. Die Wortlisten können sie auf der Lerner-CD-ROM individuell bearbeiten. Wortschatzübungen werden aber neben den Übungen im Arbeitsbuch auch in den Zusatzmaterialien angeboten.

▸ **Lernziel: Verbesserung der produktiven Sprachanwendung:** Sprechen und Schreiben. Diesem Lernziel dienen neben dem normalen Unterricht die Aufgaben und Übungen im Arbeitsbuch unter SÄTZE BAUEN und TEXTE BAUEN: Dahinter verbirgt sich ein Schreib- und Sprechtraining mit einer außerordentlich hohen Zahl an unterschiedlichen Übungstypen, sodass verschiedene Lernerpersönlichkeiten angesprochen werden können. Die Textsorten, die produktiv erstellt werden, richten sich nach den Textsorten der Niveaubeschreibung (Gemeinsamer Referenzrahmen für Sprachen), aber auch nach den Prüfungsanforderungen. TN, die im deutschsprachigen Raum studieren oder arbeiten wollen, wird der Besuch eines C1-Kurses empfohlen. Die Übungen im Arbeitsbuch geben den Rahmen an, in welchem diese Fertigkeiten auf dem Niveau B2 beherrscht werden müssen.
Manche TN werden den Wunsch äußern, im Rahmen des Schreibens auch ihre Rechtschreibung zu verbessern. Diesen TN empfehlen wir die begleitenden Diktate.

▸ **Lernziel: arbeiten im deutschen Sprachraum:** Zahlreiche Lernziele im Kursbuch bieten dafür eine gute Basis: Probleme beschreiben, Lösungen erörtern, gemeinsam etwas planen, an formellen Diskussionen teilnehmen, einen kurzen Vortrag halten / etwas präsentieren, Informationen in ein Gespräch einbringen usw. Im Bereich der Wortnetze finden die TN nützliches Vokabular.
Diesen TN bietet das zusätzliche kursbegleitende Material zur Berufssprache weiterführende Übungen, die zum Teil im Kurs, zum Teil aber auch selbstständig zu

* Profile deutsch, Langenscheidt KG, Berlin und München, 2005

Hause bearbeitet werden können. Die Extra-CD-ROM enthält wertvolle landeskundliche Informationen.

▸ **Lernziel: studieren im deutschen Sprachraum:** siehe *Lernziel: Prüfung* und *arbeiten im deutschen Sprachraum*

Binnendifferenzierung nach Sprachstand
Der Aufbau des Kursbuchs mit seinen kurzen Lektionen und den Verweisen auf das Arbeitsbuch, bietet der/dem KL ausreichend Möglichkeit, für die TN unterschiedliche Aufgaben und Übungen herauszusuchen bzw. im Kurs zu entscheiden, welche Lerninhalte für den gesamten Kurs notwendig sind (siehe auch: *Arbeit mit dem Arbeitsbuch und dem Lösungsschlüssel*). In den Hinweisen zum Unterrichtsverlauf im Lehrerhandbuch findet die/der KL darüber hinaus zahlreiche Anregungen. Weitere Möglichkeiten zur Binnendifferenzierung bieten die Projekte zu den Fotodoppelseiten sowie die Aufgaben auf der Extra-CD-ROM.

Binnendifferenzierung nach Interesse
Der Themenmix in den einzelnen Lektionen, die einzelnen Abschnitte und das Arbeitsblatt zur Einstiegsseite erlauben es, mithilfe der Extra-CD-ROM interessenbezogene Schwerpunkte zu setzen, da in jeder Lektion unterschiedliche Lebensbereiche dargestellt werden. Auch die Fotodoppelseiten sprechen verschiedene Interessen an.

Binnendifferenzierung nach Schnelligkeit und Lernstärke der TN
Gerade die umfangreichen Arbeitsbuch-Übungen ermöglichen es Ihnen, schnellere TN sinnvoll zu beschäftigen. So erhalten auch die langsameren TN die Chance, eine Übung oder eine Aufgabe in Ruhe im Unterricht zu Ende zu bringen. In den Hinweisen zum Unterrichtsverlauf im Lehrerhandbuch findet die/der KL zahlreiche Anregungen dazu.

3. Lesen

Das Trainieren von Lesestrategien

Beim Lesen gibt es verschiedene Lesestrategien, die in dem Lehrwerk Ziel B 2 geübt werden sollen. In der Inhaltsübersicht (S. 6–9) finden Sie eine genaue Beschreibung der Strategien, die bei den jeweiligen Texten zum Einsatz kommen. Die Fragestellungen zum Leseverstehen sind so formuliert, dass sie jeweils eine der Lesestrategien abrufen bzw. trainieren. Machen Sie den TN immer wieder bewusst, dass die gestellte Frage und die Dauer der Lesezeit einen direkten Bezug zueinander haben: Je tiefer durch die Fragestellung in den Text eingestiegen wird, desto komplexer werden die Antworten und desto länger wird auch die benötigte Lesezeit.

▸ **Orientierendes Lesen:** Hier genügt in der Regel ein Blick auf die Überschrift und den einleitenden Abschnitt, um die Frage zu beantworten. Es soll z. B. lediglich die Textart erkannt werden bzw. anhand einer Überschrift auf den Inhalt des Artikels oder des Buches geschlossen werden.

▸ **Selektives Lesen:** Hierbei liest man nur oberflächlich und konzentriert sich darauf, bestimmte Stichworte und die dazugehörenden Informationen zu erkennen, beispielsweise beim Lesen von Stellenanzeigen darüber, welche Qualifikationen verlangt werden.

▸ **Kursorisches Lesen:** Dabei wird ein Text relativ schnell gelesen. Im Anschluss daran sollten sich Fragen beantworten lassen, die die Hauptaussagen des Textes betreffen. Einzelinformationen, die nur durch ein detailliertes Lesen erkannt werden können, werden hier nicht verlangt.
Vor allem das schnelle Lesen muss oft erst trainiert werden. Besonders wichtig ist diese Vorgehensweise für TN, die eine Prüfung ablegen wollen, denn so lässt sich viel kostbare Zeit einsparen. Eine gute Zeiteinteilung ist in Prüfungen essenziell.

▸ **Detailliertes Lesen:** Der Text soll nun in allen Details verstanden werden. Es werden Einzelinformationen abgefragt, interpretatorische Kommentare sind erwünscht. Für den Unterricht bedeutet dies, dass Sie unbekannten Wortschatz sowie neue Satzstrukturen größtenteils klären sollten.
Für das detaillierte Lesen im Kurs bieten sich verschiedene Vorgehensweisen an.
1. Variante:
Lassen Sie einen Text zuerst still lesen. Fordern Sie die TN auf, dies ohne Wörterbuch zu tun (siehe auch *Der Umgang mit schwierigen Texten,* S. 108). Danach versuchen die TN, unbekannte Wörter und unklare Textpassagen in Partnerarbeit zu entschlüsseln. Schritt für Schritt wird der Text anschließend im Plenum besprochen. Fragen Sie von Zeit zu Zeit nach, was dieses oder jenes Wort bedeutet. Lassen Sie immer zuerst die TN erklären. Wenn ein TN die Bedeutung eines Wortes wissen möchte, fragen Sie zunächst die anderen TN, ob ihnen das Wort bekannt ist und sie es erklären können. Helfen Sie selbst erst dann mit einer Erklärung, wenn der Kurs zu keiner Lösung kommt.
2. Variante:
Die TN lesen den Text zunächst still in Einzelarbeit. Danach gehen immer so viele TN zusammen in eine Gruppe, wie der Text Abschnitte hat. Der Text wird nun

unter den Gruppenmitgliedern aufgeteilt. Jeder Einzelne nimmt sich einen Absatz vor, liest ihn noch einmal und formuliert, je nach Länge des Absatzes, bis zu fünf schriftliche Fragen dazu. Diese werden dann den anderen Gruppenmitgliedern gestellt und, je nach Vorgabe, in Einzelarbeit bzw. in der Gruppe mündlich oder schriftlich beantwortet. Man kann auch eine kleine Rallye daraus machen. Dazu schreiben die TN ihre Fragen auf Kärtchen. Reihum werden die Fragen gestellt, wobei das entsprechende Kärtchen dem Gefragten vorgelegt wird. Weiß der TN die Antwort, darf er das Kärtchen behalten und die nächste Frage stellen. Weiß er keine Antwort, wird die Frage so lange weitergereicht, bis sie beantwortet ist. Weiß niemand die Antwort, antwortet der Autor der Frage selbst, darf das Kärtchen aber nicht behalten.

3. Variante:
Wie Variante 2, nur dass jetzt so viele Gruppen wie Textabschnitte gebildet werden. Jede Gruppe bearbeitet einen Abschnitt und bereitet schriftlich Fragen dazu vor. Diese Fragen werden im Anschluss mit einer Gruppe, die einen anderen Abschnitt bearbeitet hat, ausgetauscht und schriftlich beantwortet.

Mit steigendem Sprachstandniveau nehmen die Leseanforderungen zu: Das kursorische Lesen begleitet die Lerner bis ins höhere Niveau, jedoch nimmt das selektive Lesen auf B2-Niveau ab und wird auf C1-Niveau so gut wie gar nicht mehr trainiert. Auf B2-Niveau nimmt das detaillierte Lesen hingegen stark zu. Auf C1-Niveau steht es dann im Zentrum.

Das Lernerportfolio (siehe eingelegte Lerner-CD-ROM) unterstützt den TN beim Erkennen und Verinnerlichen von Lesestrategien.

Der Umgang mit schwierigen Texten
Auf dieser Stufe ist es sehr wichtig, dass die TN eine Strategie entwickeln, mit deren Hilfe sie Texte, die eigentlich über ihrem sprachlichen Niveau liegen, lesen und verstehen können. Die TN sollten nicht zu viele Wörter nachschlagen. Ermutigen Sie sie, Fantasie zu entwickeln, um die Lücken sinngemäß aus dem Kontext zu ergänzen (vgl. auch *Strategien zum Erschließen unbekannter Wörter,* S. 110). Die TN müssen lernen, sich damit zufrieden zu geben, Texte nur „so ungefähr" zu verstehen. Es hilft sehr, wenn man viel liest, und zwar alles, was einen thematisch interessiert.

Lautes Lesen im Plenum
Generell sollten im Unterricht nur Texte laut vorgelesen werden, welche die TN selbst produziert haben, z. B. Dialoge oder Aufgaben. Auch bei phonetischen Übungen ist es manchmal notwendig, Texte nachzusprechen bzw. laut zu lesen. Vorleseübungen beanspruchen viel Kurszeit und können bei den Zuhörern zu Langeweile führen, wenn der Text lang ist oder nicht gut gelesen wird. Vorlesen kann man in der Regel nur, wenn man auch in der Muttersprache vorlesen kann. Vorlesen hat viel mit Wahrnehmungspsychologie zu tun; das kann der DaF/Daf-Unterricht nicht leisten.

4. Hören

Der Umgang mit Hörtexten
Anhand von Hörtexten werden verschiedene Strategien trainiert, die sowohl im Alltag wichtig sind, als auch zum Lösen diverser Prüfungsaufgaben benötigt werden. Man unterscheidet vier Arten des Zuhörens, auf die in diesem Buch vor den Hörübungen immer hingewiesen wird:

▸ **Orientierendes Hören:** Die TN konzentrieren sich darauf, den Text global zu erfassen und das Thema sowie den Gesamtzusammenhang zu erkennen. Die zentralen Fragen sind: Worum geht es? Was ist das Thema? Wer spricht? Wie viele Leute sprechen?

▸ **Kursorisches Hören:** Hierbei geht es darum, die Hauptaussagen des Textes, den sogenannten „roten Faden", zu erkennen.

▸ **Selektives Hören:** Die TN sollen aus dem Hörtext bestimmte Informationen heraushören, die zur Lösung der Aufgabe benötigt werden. Der restliche Hörtext ist für die Aufgabenstellung nicht relevant.

▸ **Detailliertes Hören:** Hierbei müssen sich die TN auf Details konzentrieren. Sehr oft heißt es in der Aufgabenstellung: „Haben Sie folgende Sätze gehört? Ja/Nein."

Wie hört man „richtig" zu?
Geben Sie Ihren TN den Tipp, dass es beim ersten Zuhören sinnvoll ist, die Bücher und eventuell sogar die Augen zu schließen. So lässt man sich weniger leicht ablenken und kann sich besser auf das Gehörte konzentrieren. Wichtig ist auch, dass die TN sich auf das konzentrieren, was sie verstehen, und nicht auf das, was sie nicht verstanden haben. Sie konzentrieren sich dabei auf die Inhalte und Zusammenhänge, die in der Aufgabenstellung verlangt werden. Mit etwas Fantasie und Routine kann man die unklaren Passagen aus dem Kontext im Kopf ergänzen. Wenn Sie Ihren TN diese Lernstrategie demonstrieren möchten, können Sie folgendermaßen vorgehen: Kopieren Sie irgendeinen Text (bei homogenen Gruppen gern auch in der Mutter-

sprache), in den Sie einige Lücken „einbauen". Die TN ergänzen die Lücken aus dem Kontext. Diese Strategie ist besonders bei Hörtexten nützlich. In der Muttersprache wendet man sie automatisch an, wenn man z. B. Radio hört und ein Wort nicht mitbekommt.

Wie oft soll man einen Text vorspielen?
Das kommt sehr auf die Gruppe, die Kursumstände (findet der Kurs in einem deutschsprachigen Land oder im Ausland statt?) und die jeweilige Aufgabenstellung an. Manchmal ist es sinnvoll, eine Hörübung ohne Wiederholung lösen zu lassen. So lernen die TN, dass bestimmte Aufgaben auch dann gelöst werden können, wenn man nicht alles oder sogar relativ wenig verstanden hat. Andererseits ist es für die TN durchaus motivierend, wenn sie bei wiederholtem Hören jedes Mal mehr mitbekommen. Beobachten Sie Ihre TN und fragen Sie diese, ob sie den Hörtext noch einmal hören möchten. Sie sollten allerdings im Auge behalten, ob im Kursbuch selbst noch mehrmaliges Hören vorgesehen ist.
Einige Prüfungen arbeiten mit Hörtexten, die nur einmal gehört werden. Hier empfiehlt sich dann ein Prüfungstraining.

Das Trainieren von Hörstrategien
Ebenso wie beim Lesen gibt es auch beim Hören verschiedene Strategien. In der Inhaltsübersicht finden Sie eine genaue Beschreibung der Hörstrategien, die bei den einzelnen Aufgaben geübt werden. Die Fragestellungen sind so formuliert, dass sie jeweils eine der Lesestrategien abrufen bzw. trainieren. Machen Sie den TN immer wieder bewusst, dass die Aufgabenstellung und die Frage, wie oft ein Text gehört wird, sehr viel miteinander zu tun haben. Je komplexer die Aufgabenstellung gehalten ist, desto öfter muss der Hörtext gehört werden und desto ausführlicher fallen die Antworten aus.
Orientierendes Hören: Hier genügt in der Regel ein erster Höreindruck, d.h. aufgrund des gehörten Titels, der Einleitung oder der ersten Sequenz soll z. B. die Textart erkannt werden bzw. auf den Inhalt des Hörtextes geschlossen werden.
Selektives Hören: Es handelt sich hier um ein oberflächliches Hören, bei dem man sich darauf konzentriert, bestimmte Schlüsselwörter und die dazugehörenden Informationen herauszuhören. Man darf sich nicht von anderen Informationen oder unverstandenen Passagen irritieren lassen. Der Text wird ein- oder zweimal gehört.
Kursorisches Hören: Das kursorische Hören betrifft zwar den ganzen Text, aber nur in seinen Hauptaussagen; Einzelinformationen, die nur durch ein detailliertes Hören erkannt werden können, werden nicht verlangt. Der Text wird in der Regel ein- oder zweimal gehört. Auch hier sollten sich die TN nicht von unverstandenen Passagen irritieren lassen.
Detailliertes Hören: Der Text soll nun in allen Details verstanden werden.
Es werden Einzelinformationen abgefragt, interpretatorische Kommentare sind erwünscht. Natürlich erfordert ein detailliertes Hören in der Regel eine mehrmalige Wiederholung.
Mit steigendem Sprachstandniveau nehmen auch die Höranforderungen zu: Das kursorische Hören begleitet die Lerner bis ins höhere Niveau, jedoch nimmt das selektive Hören auf B2-Niveau ab und wird auf C1-Niveau so gut wie gar nicht mehr trainiert. Auf B2-Niveau nimmt das detaillierte Hören zu. Detailliertes Hören ist aber nur mit relativ kurzen Texten möglich.

Das Lernerportfolio (siehe eingelegte Lerner-CD-ROM) unterstützt den TN beim Erkennen und Verinnerlichen von Hörstrategien.

5. Wortschatz, Wendungen und Ausdrücke

Die Arbeit mit dem Wörterbuch
Vielen TN ist auch auf dieser Stufe noch nicht bewusst, wie viele Informationen man aus guten Wörterbüchern herausholen kann. Wichtigste Voraussetzung: Man hat ein wirklich gutes Wörterbuch und weiß damit umzugehen. Auf B2-Niveau sollten die TN zu Hause ein zweisprachiges Wörterbuch mit, wenn möglich, mindestens 200.000 Stichwörtern sowie ein einsprachiges Wörterbuch zur Verfügung haben. Für den Unterricht tut es auch ein kleineres zum Mitnehmen, das nicht so schwer ist.
Erklären Sie anhand eines Beispiels, wie man feststellt, ob das Wörterbuch gut ist. Lassen Sie die TN z. B. das Verb *bestehen* suchen. Es sollten an dieser Stelle in dem Wörterbuch alle Varianten erscheinen: etwas bestehen (z. B. eine Prüfung), bestehen im Sinn von existieren (es besteht das Risiko, dass .../ dieser Klub besteht seit 30 Jahren), bestehen aus (der Topf besteht aus Gusseisen), bestehen in (das Problem besteht darin, dass ...), bestehen auf (ich bestehe darauf, den Chef zu sprechen).
In zweisprachigen Wörterbüchern sollten neben den Übersetzungen des einzelnen Wortes in die Muttersprache auch komplette Beispielsätze angegeben sein. Darüber hinaus sollte das Wörterbuch die unregelmäßigen Formen *bestand, bestanden* angeben, sei es direkt beim Verb, sei es durch einen Verweis auf eine Liste mit unregelmäßigen Verben.
Erklären Sie den TN, dass sie immer prüfen müssen, ob die aus dem Wörterbuch herausgesuchte Überset-

zung im Kontext logisch ist und damit in der benötigten Situation auch wirklich passt. Wenn man nicht sicher ist, hilft es manchmal auch, einen Gegentest zu machen und die muttersprachliche Übersetzung des Wortes in dem anderen Teil des Wörterbuchs nachzuschlagen. Wenn die Beispiele oder angegebenen Synonyme in der Muttersprache passen, dann ist die Übersetzung richtig. Die TN können die Bedeutung auch mittels eines einsprachigen Wörterbuchs überprüfen.
Weisen Sie auch darauf hin, dass die Bedeutungen immer in absteigender Häufigkeit aufgeführt werden. Das heißt, die zuerst genannte Bedeutung ist die gebräuchlichste. Ein gutes Wörterbuch enthält zudem Listen mit unregelmäßigen Verben. Vorsicht! Wenn zweisprachige Wörterbücher in deutschsprachigen Ländern gekauft werden, ist darauf zu achten, dass es kein Wörterbuch für Deutschsprachige ist, denn dann sind die Listen mit unregelmäßigen Verben oft nur in der Muttersprache der TN vorhanden, was zwar amüsant sein kann, aber sinnlos ist.

Strategien zum Erschließen unbekannter Wörter
Halten Sie die TN dazu an, unbekannte Wörter nicht sofort im Wörterbuch nachzuschlagen. Erklären Sie, dass die TN Strategien entwickeln sollen, mit deren Hilfe sie unbekannte Wörter selbst erschließen können. Hier einige Möglichkeiten:
1. **Kontext:** Sehr oft kann man mit etwas Fantasie neue Wörter aus dem Kontext heraus erschließen. Um dies zu demonstrieren, können Sie eine Textpassage kopieren (bei homogenen Kursen auch gern in der Muttersprache der TN) und einen Lückentext daraus machen. Die TN raten, welche Wörter fehlen.
2. **Komposita:** Man zerlegt zusammengesetzte Wörter in ihre Einzelbestandteile. Über die Grundbedeutung der einzelnen Wörter kann man häufig auf die Bedeutung des neuen, zusammengesetzten Wortes schließen (Beispiel *Nervenkitzel,* siehe Lektion 8, B2d, S. 97).
3. **Wortbildung:** Bei Adjektiven zum Beispiel die Suffixe *-los, -voll, -bar* etc. (vgl. Lektion 4, Arbeitsbuch-Übungen 18 + 19, S. 76, 77).
In vielen Wörtern „verstecken" sich andere Wörter, z. B. Nomen, aus denen Adjektive gebildet werden (vgl. Lektion 2, Arbeitsbuch-Übung 9b, S. 29) oder auch Verben, die sich in Adjektiven verbergen (vgl. Lektion 4, Arbeitsbuch-Übung 20, S. 78).

Wendungen und Ausdrücke im Unterricht
Jede Lektion bzw. jeder einzelne Abschnitt innerhalb der Lektionen führt bestimmte, ausgewählte Wendungen und Ausdrücke ein. Diese werden oft gemeinhin als Redemittel bezeichnet. Da sie aber nicht nur für die gesprochene Sprache, sondern auch für die geschriebene Sprache und mit wachsendem Sprachstand manchmal nur für den einen oder den anderen Bereich von Bedeutung sind, wird in **Ziel** von Wendungen und Ausdrücken gesprochen.
Sinnvoll wäre es, die TN dazu anzuhalten, nicht nur die schon eingeschliffenen Wendungen und Ausdrücke der A2- und B1-Stufen zu verwenden, sondern ihren aktiven Schatz an Wendungen und Ausdrücken gezielt zu erweitern. Dazu werden in einigen Lektionen Beobachtungsaufgaben angeboten. Diese sind natürlich ebenso gut für die anderen Lektionen geeignet.
Jeweils der letzte Abschnitt jeder Lektion – er ist in der Leiste durch ein Symbol statt durch ein Foto gekennzeichnet – fasst die einzelnen Lernziele in einer umfassenderen Anwendungsaufgabe / Interaktionsaufgabe zusammen. Sensibilisieren Sie die TN dafür, dass bei diesen Aufgaben die Sprachanwendung wichtiger ist als das inhaltliche Ergebnis. Es ist in der Regel ausreichend, die angebotenen Argumente bzw. Inhalte in die angemessene sprachliche Form zu bringen, und dazu dienen die angebotenen Wendungen und Ausdrücke.
Nun werden natürlich immer nur die neuen aufgelistet, d. h., dass in den Aufgaben Wendungen und Ausdrücke der vorangegangenen Lektionen vorausgesetzt werden.
In Ziel B2, Band 2, Lektion 9–16 werden einige der wichtigsten aus Band 1 noch einmal in einem etwas anders gelagerten Zusammenhang wiederholt.
Im Lernerportfolio (siehe eingelegte Lerner-CD-ROM) werden die TN dazu angehalten, sich aus jedem Kommunikationsbereich zwei Wendungen und Ausdrücke herauszusuchen, die zu ihrer Persönlichkeit passen und die sie dann auch ganz bewusst anwenden. Mit dieser Methode verfügen die TN nach fünfzehn Lektionen über eine beachtliche Erweiterung ihrer aktiven Sprech- und Schreibkompetenz.
Es sollten aber auf keinen Fall Listen von Wendungen und Ausdrücken auswendig gelernt oder in Tests ohne Kontext abgefragt werden. Dadurch gelangen sie nicht in den aktiven Sprachgebrauch.

Feste Ausdrücke / Chunks lernen
Unter festen Ausdrücken oder Chunks werden Verbindungen von Wörtern verstanden, die zusammengehören oder häufig gemeinsam verwendet werden.
Es reicht zum Beispiel nicht aus, zu wissen, was *die Wand* und was *fahren* bedeutet, wenn in einem Text der Ausdruck *etwas an die Wand fahren* vorkommt. Prüfungen gehen in der Regel davon aus, dass feste Ausdrücke und Chunks gelernt wurden, wenn die Einzelwörter in den Wortlisten vorgekommen sind. Sensibilisieren Sie Ihre TN für dieses Phänomen. Weisen Sie sie darauf hin, dass im Arbeitsbuch diesbezüglich großes Gewicht auf die rezeptive und aktive Erweiterung des Wortschatzes gelegt wird. Feste Ausdrücke kom-

men aber auch im Bereich der Grammatik vor, zum Beispiel „Verben mit festen Präpositionen", „Ausdrücke mit obligatorischem *es*" usw.
Weiteres Zusatzmaterial zum Thema Wortschatz finden Sie im Produktkranz zu **Ziel** B2, Band 1 und Band 2.

Wortschatzarbeit oder „Was mache ich mit neuen Wörtern?"
Eine Möglichkeit, neues Vokabular festzuhalten, sind natürlich Vokabelhefte, die kontinuierlich geführt werden sollten. Zum einen sollte dort der neue Wortschatz nach Lektionen aufgeschrieben werden. In diesem Zusammenhang sind auch die Seiten „Ausdrücke und Wendungen" am Ende jeder Lektion von Interesse.
Zum anderen können in einem Vokabelheft Wörter zu einem bestimmten Themengebiet zusammengetragen werden (siehe oben, Aufgabe C3b).
Eine weitere Methode ist das Lernen mit einer Vokabelkartei. Es geht allerdings nicht darum, sich fertige Karteien zu kaufen, sondern darum, sie selbst zu beschriften. Dies hat den Vorteil, dass man sich die Vokabeln sowohl beim Schreiben als auch beim Wiederholen einprägt. Verweisen Sie die TN auch auf die Lerner-CD-ROM, auf der sie ihren Lernwortschatz in Dateien bearbeiten können. Manche TN lernen neue Wörter in Beispielsätzen. Bauen Sie immer wieder Wortschatzarbeit in Ihren Unterricht ein.

Tipps zum Aussprache-Training
▶ **Übungen zur Phonetik** finden Sie im Arbeitsbuch, wo vor allem Satzmelodie und Satzbetonung geübt werden.
Auf diesem relativ hohen sprachlichen Niveau haben sich bereits individuelle Färbungen in der Aussprache eines jeden Lerners ergeben. Diese sind auch nicht weiter problematisch, sofern sie die Kommunikation nicht beeinträchtigen. Vor allem bei Muttersprachen, die phonetisch weit vom Deutschen entfernt sind, kann es zu Verständnisproblemen kommen. In so einem Fall ist individuelle Betreuung notwendig. Allerdings gibt es ein paar Tricks, mit denen man die Aussprache verbessern kann.

▶ **Laut genug sprechen:** Bei vielen eher schüchternen TN ist allein schon die fehlende Lautstärke manchmal störend. Machen Sie die TN auf dieses Problem aufmerksam, indem Sie im Unterricht immer wieder die Hand an Ihr Ohr legen. Sagen Sie, Sie hätten nichts verstanden, weil zu leise gesprochen worden sei.

▶ **„Korkensprechen":** Schauspieler praktizieren diese Übung, um ihre Aussprache deutlicher zu machen. Diese Übung eignet sich besonders für Partnerarbeit. Partner A liest Partner B einen unbekannten Text mit einem „Hindernis", z. B. mit einem Korken oder einem trockenen Brötchen im Mund vor. Partner B signalisiert, ob er etwas verstanden hat oder nicht. Dann ist Partner B an der Reihe vorzulesen, und Partner A hört zu.

▶ **Einzelne Laute üben:** Für einige (wenige) „Klassiker" bei den Ausspracheproblemen gibt es Hilfestellungen:
„ü": Ein „ü" kann dadurch erreicht werden, dass man zuerst ein „i" ausspricht. Dann versucht man, mit der gleichen Mundstellung, nur durch Schürzen der Lippen, ein „u" auszusprechen.
„r": Das für Asiaten problematische „r" wird auch weiterhin ein Problem bleiben ... Allerdings könnte sich der Versuch lohnen, ein gerolltes „r" über die Aussprache von „d-d-d-d-d" über „d-t-d, d-t-d, ...", „d-d-d-dei, d-d-d-dei, ..." bis hin zu „d-d-drrrei, d-d-d-drrrrei" zu erreichen.
„w": Für TN mit spanischer Muttersprache ist oft die Aussprache des deutschen „w"- Lautes schwierig. Hier kann man so vorgehen: Die TN sprechen ein lautes „aaaa" mit geöffnetem Mund. Dann legen sie die Unterlippe an die oberen Zähne. Aus dem „aaaa" wird ein „wwww".
„z": Ein deutsches „z" kann man folgendermaßen trainieren: Die / Der KL schreibt die Buchstabenkombi nation „ts" an die Tafel sowie mehrere Wörter in der korrekten Schreibweise und daneben dieselben Begriffe mit „ts" geschrieben anstatt mit „z". Die TN lesen die Wörter laut vor.

▶ **Lautes Vorlesen:** Wenn Lerner einem deutschen Muttersprachler Texte laut vorlesen und dieser sie versteht, ohne nachfragen zu müssen, ist das der beste Beweis für eine akzeptable Aussprache. Die TN können das laute Lesen aber auch allein trainieren, z. B. indem sie sich dabei mithilfe eines Kassettenrekorders oder eines MP3-Players selbst aufnehmen. Lautes Sprechen mit oder ohne Publikum wirkt wie Gymnastik für den Mund und trainiert die Aussprache (vgl. *Lautes Lesen im Plenum,* S. 108). Hierzu eignen sich die Übungssätze SÄTZE BAUEN im Arbeitsbuch.

▶ **Partnerdiktate:** Wenn zwei TN einander Texte diktieren, wird unter anderem auch die deutliche Aussprache geübt.

▶ **Zungenbrecher:** Immer wieder beliebt sind Zungenbrecher, die bei schwierigen Lauten erst im Plenum, dann einzeln oder paarweise geübt werden können.

▶ **Konkrete Poesie:** Manchen TN bereiten diese Gedichte Freude und lenken ein wenig von dem Ziel „Aussprachetraining" ab.

6. Diktate

Diktate im Unterricht

Viele TN möchten im Rahmen des Schreibens auch ihre Rechtschreibung verbessern. Zahlreiche Übungsdiktate sind in dem Zusatzmaterial Diktate zu finden.
Eine Möglichkeit, Diktate auf amüsante Weise in den Unterrichtsablauf zu integrieren, sind Laufdiktate: Kopieren Sie einen Text, der diktiert werden soll, je nach Gruppengröße drei- oder viermal und verteilen Sie ihn im Unterrichtsraum, legen Sie z. B. einen auf das Fensterbrett, einen auf das Lehrerpult etc. Der Text muss in zwei annähernd gleich lange Abschnitte aufgeteilt sein. Die TN finden sich in Paaren zusammen. Die erste Hälfte des Textes wird von dem einen, die andere Hälfte von dem anderen Lernpartner diktiert. Dazu müssen die TN aufstehen, zum Text laufen, sich jeweils einen Satz merken, zurücklaufen und dem Partner den Satz diktieren. Bereiten Sie zur Endkorrektur auch eine Folie bzw. eine Kopie des Textes für jeden TN vor. Anschließend korrigiert jeder entweder seinen eigenen Text oder den des Lernpartners.
Ein Laufdiktat hat einige Vorteile: Die TN müssen sich bewegen, der Kreislauf kommt in Schwung. Zudem wird das Gedächtnis trainiert, weil man sich die Sätze merken muss, und die Aussprache muss korrekt sein, damit der Lernpartner den diktierten Text gut verstehen kann. Der TN, der schreibt, muss gut zuhören und mit dem mehr oder weniger starken Akzent des Partners zurechtkommen.
Das zusätzliche Material zu Rechtschreibung – Diktate finden Sie im Produktkranz von Ziel B2, Band 1 und Band 2.

7. Sozial- und Arbeitsformen

Sozialformen

In der Beschreibung des Unterrichtsablaufs im Lehrerhandbuch gibt es jeweils Hinweise zu den Sozialformen. Es wird empfohlen, diese einzuhalten, weil die TN dadurch mehr für sich erarbeiten können. Sie sammeln mehr Erfahrungen im Umgang mit der Sprache, müssen stärker darauf achten, sich verständlich auszudrükken, und es gibt weniger „Leerlauf" für den einzelnen TN im Unterricht.
Die Beschreibung der Sozialformen beschränkt sich hierbei auf Plenum, Einzelarbeit, Gruppenarbeit und Partnerarbeit. Die dazu passenden Sitzordnungen müssen Sie den Gegebenheiten des Unterrichtsraumes anpassen.

Funktionen von Arbeitsformen

Jede Lektion im Kursbuch folgt in ihrem Ganzen sowie in ihren einzelnen Abschnitten bestimmten Arbeitsformen, die zu dem gewünschten Ergebnis führen. Diese sind nicht willkürlich gewählt und sollten, wenn es der Unterricht erlaubt, auch so ausgeführt und angewandt werden.

▸ **wahrnehmen:** meditativ, im Gespräch, im Unterrichtsgang, Arbeit mit Realien usw.

▸ **sammeln / assoziieren:** einen persönlichen Bezug herstellen, Eigenerfahrungen einbringen, freies Gespräch, freie Schreibaufgabe

▸ **vergleichen / ordnen:** gezieltes Gespräch zwischen TN (Partner oder Kleingruppen) oder KL und TN. Dient der Vorbereitung von Regelfindung, Texterstellung usw.

▸ **beschreiben / benennen:** wie *vergleichen / ordnen;* ist die systematisierende Fortsetzung davon

▸ **dokumentieren / darstellen:** festhalten der Ergebnisse auf einem Arbeitsblatt, im Heft, als Collage, als Wandzeitung, Poster usw.

▸ **mitteilen / austauschen:** im Gespräch, in der Präsentation, im Vortrag usw. mithilfe der unter *dokumentieren / darstellen* genannten Fixierungen

▸ **planen / handeln:** Dies wäre ein freies Projekt, das noch einmal die verschiedenen Phasen des Erwerbs durchläuft, aber in der selbst gesteuerten Umsetzung durch die Lerner.

▸ **wiederholen / üben / automatisieren / vertiefen:** mithilfe gesteuerter, gelenkter Aufgaben und Übungen, in der Regel im Arbeitsbuch

▸ **reflektieren / evaluieren:** Gespräch, Bearbeitung entsprechender Aufgaben (Lernerportfolio), Lernzielkontrollen usw.

▸ **kontrollieren:** Tests, Lehrerkorrektur

Ideen zur Gruppenbildung

▸ **Abzählen:** Die TN zählen der Reihe nach von 1 bis zu der Zahl, die die gewünschte Gruppenzahl angibt. Brauchen Sie z. B. vier Gruppen, lassen Sie von 1 bis 4 zählen, brauchen Sie fünf Gruppen, von 1 bis 5 etc. Die TN mit derselben Zahl gehören zusammen. Achtung: Das funktioniert nicht bei der Bildung von Paaren!

▸ **persönliche Daten:** Die TN stehen auf und suchen Partner, deren Nachname oder Vorname mit demselben Buchstaben anfängt, oder die Partner mit demselben Geburtsmonat / Geburtsjahr finden zusammen.

(Vorsicht! Der Kursleiter sollte vorher die Angaben über Geburtsjahr/-monat herausfinden, da bei dieser Methode eventuell zu wenige oder zu viele Gruppen entstehen können.)

▸ **Farben:** Bringen Sie verschiedenfarbige Zettel, Spielsteine, Gegenstände etc. mit. Sie brauchen so viele unterschiedliche Farben, wie Sie Gruppen bilden möchten. Geben Sie alle Zettel oder Spielsteine etc. in ein Gefäß. Jeder TN zieht einen Zettel bzw. einen Spielstein o. Ä. Alle TN, die dieselben Farben gezogen haben, arbeiten zusammen. Das funktioniert für alle Gruppengrößen. Nett und vor allem lecker ist diese Art der Gruppeneinteilung auch mit Gummibärchen oder Smarties.

▸ **Fäden (nur Paarbildung!):** Sie brauchen halb so viele Schnüre/Fäden wie TN in einer Länge von ca. 2–3 m. Halten Sie alle Schnüre in der Mitte, sodass die zwei Enden nach unten hängen. Die TN stellen sich in einem Kreis um Ihre Hand mit den Schnüren auf und jeder ergreift ein Schnurende. Sobald jeder TN ein Schnurende in der Hand hält, lassen Sie die Schnüre los. Nun ist jeder TN mit einem anderen TN verbunden. Wenn Sie jeweils an ein Ende der Schnüre einen Knoten machen, können Sie auch gleich den TN bestimmen, der eine bestimmte Aufgabe übernehmen soll. Z. B. könnte der TN mit dem Knoten der Interviewer sein, während der Partner mit dem Schnurende ohne Knoten die Rolle des Interviewten spielt.

▸ **Namen:** Schreiben Sie Familiennamen auf Karteikarten, jeweils zweimal denselben Namen – einmal mit „Herr“ (z. B. „Herr Huber“), einmal mit „Frau“ („Frau Huber“). Sie brauchen so viele Kärtchen wie TN. Verteilen Sie die Kärtchen im Kurs. Danach finden sich die „Ehepaare“ zusammen. Falls Sie größere Gruppen brauchen, können Sie Familienkarten erstellen (Vater Huber, Mutter Huber, Tochter Huber, Sohn Huber, Onkel Huber etc.). Der Vorteil ist, dass diese Kärtchen je nach Gruppengröße sehr flexibel einsetzbar sind und es den TN oft Spaß macht, ihre „Familienmitglieder“ zu suchen.

▸ **Puzzle:** Zerschneiden Sie ein Foto, eine Ansichtskarte, ein Bild o. Ä. pro Gruppe. Wenn Sie vier Gruppen à drei TN bilden möchten, brauchen Sie vier Fotos, die Sie in je drei Teile zerschneiden. Verteilen Sie die zerschnittenen Fotos unter den TN. Jeder bekommt einen Schnipsel. Die TN rekonstruieren die zerschnittenen Bilder und finden so ihre Lernpartner. Das funktioniert für alle Gruppengrößen.

▸ **Satzpuzzle:** Nehmen Sie Sätze, Wendungen, Ausdrücke aus der aktuellen Lektion, eventuell mit gerade besprochenen Grammatikstrukturen. Sie brauchen so viele Sätze, wie Sie Gruppen bilden möchten. Zerschneiden Sie die Sätze so, dass jeder TN einen Satzschnipsel bekommt. Die TN rekonstruieren die Sätze und finden so ihre Gruppe.

▸ **Sprichwörter:** Schreiben Sie Halbsätze oder mehrfach zerteilte Sätze von Sprichwörtern auf Kärtchen, teilen Sie diese aus und lassen Sie die TN herausfinden, was zusammenpasst („Der Apfel fällt / nicht weit vom Stamm“ oder „Der Apfel / fällt nicht weit / vom Stamm“ etc.). Alle TN mit zueinanderpassenden Kärtchen bilden eine Gruppe.

▸ **Grammatik:**
– Dreier-Gruppen: Schreiben Sie unregelmäßige Verben auf Kärtchen (je ein Kärtchen für Infinitiv, Präteritum und Partizip II). Jeder TN sucht dann die anderen beiden TN mit den fehlenden Verbformen.
– Paare: Verben mit Präpositionen. Schreiben Sie auf ein Kärtchen den Infinitiv, auf ein anderes die dazu passende Präposition (z. B.: sich kümmern / um). Erweiterung zu Dreier-Gruppen: der geforderte Kasus (z. B.: sich kümmern / um / + Akkusativ).

▸ **Kursleiterin/Kursleiter:** In manchen Situationen ist es aber auch angebracht, dass die/der KL die Gruppen so einteilt, wie sie/er es für gut hält. Das ist z. B. der Fall, wenn stärkere TN schwächeren TN helfen und gemeinsam in einer Gruppe arbeiten sollen. Natürlich ist es ebenso möglich, stärkere und schwächere Lerner in getrennte Gruppen einzuteilen, insbesondere wenn die/der KL Aufgaben für unterschiedliche Niveaus vorbereitet hat (Binnendifferenzierung). Dann sollten die Gruppen, sprachlich gesehen, möglichst homogen sein.

▸ **Kugellager:** Diese Methode eignet sich besonders dann, wenn möglichst oft verschieden zusammengesetzte Paare miteinander arbeiten sollen. Dazu braucht man Platz für zwei Stuhlkreise, einen innen, einen außen, mit jeweils derselben Menge an Stühlen. Dabei müssen die Stühle so stehen, dass sich die darauf sitzenden TN anschauen. Je ein TN des äußeren Kreises arbeitet mit seinem Gegenüber im inneren Kreis zusammen. Auf ein Signal der/des KL bewegen sich die TN innen und außen in gegensätzliche Richtungen um einen Platz weiter. Also z. B. innen im Uhrzeigersinn, außen gegen den Uhrzeigersinn.

Auswertung von Gruppenarbeit

▸ **Plenumsvortrag:** durch einen Sprecher oder durch mehrere/alle TN pro Gruppe mit verschiedenen Aufgaben.

▸ **Gruppenmixverfahren:** In einem ersten Durchgang arbeiten z. B. drei Gruppen zu vier TN. Im zweiten Durchgang soll ein maximaler Informationsaustausch stattfinden. Dazu wird in jeder Gruppe abgezählt, d. h. jeder TN bekommt eine Zahl zwischen 1 und 4 zugewiesen. Dann treffen sich die TN in vier neuen Gruppen wieder, alle 1er in einer Gruppe, aller 2er in der nächsten Gruppe etc. Jeder TN berichtet aus seiner ursprünglichen Gruppe.
Erweiterung: Jede Gruppe hält im ersten Durchgang ihr Ergebnis auf einem Plakat fest. Die Plakate werden dann im Raum verteilt – entweder auf Tische gelegt, oder an verschiedenen Stellen aufgehängt. Die Neueinteilung erfolgt wie oben; die neuen Gruppen gehen von Plakat zu Plakat, und der jeweilige „Experte" der Gruppe erläutert die Ergebnisse aus seiner ersten Arbeitsgruppe.

▸ **Messe:** Die Gruppen erstellen Plakate zu ihren Ergebnissen, die im Raum verteilt aufgehängt oder ausgelegt werden. Die TN gehen dann allein und frei zu allen Plakaten, lesen diese und überlegen sich Fragen dazu bzw. schreiben diese auf. In einer dritten Phase wird je ein „Experte" pro Gruppe neben das jeweilige Gruppenplakat gestellt; dieser muss die Fragen der anderen TN beantworten.

Ideensammlung mithilfe von „Brainstorming" und „Assoziogramm"
„Brainstorming" bedeutet, dass man alle Ideen zulässt, die den TN zum vorgegebenen Thema spontan einfallen. Ursprünglich eine Methode zur Ideenfindung in Firmen, eignet sie sich gut als Einstieg in ein Thema und zum Abfragen von vorhandenem Wissen. Um diese ungesteuerten Ideen festzuhalten, bietet sich das sogenannte „Assoziogramm" an, bei dem die Ideen um das vorgegebene Wort gruppiert werden. Oft werden Assoziogramme auch als „Wortigel" bezeichnet.

Unterrichtsbeiträge – wie bringt man schüchterne TN zum Reden?
Häufig tritt im Unterricht folgendes Problem auf: Wenn die / der KL eine Frage stellt, antworten immer nur dieselben TN.
Welche Methoden gibt es, um das zu verhindern?
– **TN namentlich aufrufen,** möglichst nach Blickkontakt (wenn ein TN eindeutig den Blickkontakt meidet, will er damit signalisieren „Ich will nichts sagen, ich weiß nichts ...")
– TN rufen sich gegenseitig namentlich auf.
– TN antworten der Reihe nach (Achtung! Nicht zu lange machen, wird langweilig ...).
– Teilnehmer formulieren ihre Gedanken schriftlich. Geben Sie allen TN etwas Zeit, um ihre Gedanken kurz zu notieren. Auf diese Weise kommen auch die langsameren TN zum Zug.
– **Alternative Übungsformen:** Wenn Sie wissen, dass sich bestimmte TN im Plenum nicht gern einbringen, bestimmen Sie diese nach einer Gruppenarbeit als Gruppensprecher und lassen Sie sie die Ergebnisse im Plenum präsentieren. Da sie dann genau wissen, was sie sagen können, fühlen sie sich sicherer.
– Machen Sie deutlich, dass man in der Regel keine tollen Ideen erwartet, sondern dass es vielmehr darum geht, das Sprachmaterial, die Wendungen und Ausdrücke zu verwenden.

Projekte zu den Fotodoppelseiten
Für viele TN bieten die Projektvorschläge individuelle Aufgaben (Auswahl siehe Anhang oder Gesamtangebot im Lehrwerksservice www.hueber.de/ziel unter ***Lehren,*** und dann unter **Kopiervorlagen zu den Fotodoppelseiten**). Diese freieren Aufgaben können auf viele Teilnehmer sehr motivierend wirken, weil sie ihren persönlichen Interessen entsprechende Texte erstellen können.

Projekt Kurszeitung
Im Lehrerhandbuch wird immer wieder der Hinweis gegeben, dass sich diese oder jene Aufgabe für einen Beitrag in der Kurszeitung eignet. Was ist eigentlich unter einer Kurszeitung zu verstehen?
Die TN verfassen zu verschiedenen Themen kleine Texte, die für den gesamten Kurs interessant oder unterhaltsam sind. Die Beiträge werden gesammelt, am Kursende kopiert und in gebundener Form jedem TN als Erinnerung mit nach Hause gegeben. Der Hintergedanke ist natürlich, dass die TN Lust zum Schreiben bekommen. Durch den authentischen Schreibanlass hat das Verfassen von Texten in den Augen der TN einen Sinn. Natürlich ist es heutzutage auch möglich, eine eigene Kurs-Website zu kreieren oder die Texte per E-Mail zu verschicken.

Vorschläge für Rubriken einer Kurszeitung:
– Titelblatt: Künstlerisch veranlagte TN gestalten eine Titelseite.
– Gruppenfoto des ganzen Kurses
– Steckbriefe mit Fotos: Oft entwickeln sich in den Kursen Freundschaften und eine regelrechte Gruppendynamik. Deshalb bereitet es den TN viel Freude, so eine Zeitung als Erinnerung an eine schöne Zeit im Kurs mit nach Hause zu nehmen. Ein Steckbrief jedes TN mit Foto hilft, die Erinnerung an die anderen TN lebendig zu erhalten. Beispiele für Stichpunkte in einem Steckbrief:
Vorname und Familienname
Alter

Herkunftsland
Muttersprache
Familienstand
Ausbildung
Tätigkeit
Sternzeichen
Grund, warum ich in Deutschland bin
Lieblingsbeschäftigungen / Hobbys
Lieblingsspeise, -getränk
Lieblingstier
Lieblingsbuch, -schriftsteller
Lieblingsmusik, -sänger, -musiker, -gruppe ...
Lieblingsfilm, -schauspieler, -regisseur
Was ich überhaupt nicht leiden kann:
Was ich besonders schätze:
Meine Stärken
Meine Schwächen
Persönliche Wünsche
Generelle Wünsche für die Zukunft

– Rezepte (eventuell: aus meiner Heimat)
– Das wichtigste Fest in meiner Heimat / das für mich wichtigste Fest
– Mein Lieblingsfilm, mein Lieblingsbuch
– Ein besonderes Erlebnis
Für Kurse in deutschsprachigen Ländern auch:
– Meine Heimat: eine kurze persönliche Vorstellung der Heimatstadt oder des Heimatlandes oder sogar der Muttersprache (z. B.: Japanisch – Meine Muttersprache ist ziemlich anders als Deutsch oder andere westliche Sprachen. Ich hoffe, dass dieser Artikel hilft, euch in der japanischen Sprachwelt besser zu orientieren ...)
– Der Anfang in der neuen Heimat: Lustiges oder Nachdenkliches
– Rätsel, Witze, Cartoons
– Sprachbeispiele: kurze Beispiele der verschiedenen Muttersprachen, z. B. Grußformeln, Danke, Bitte, gute Wünsche etc.

8. Schreiben

Schreiben auf Niveau B2

Diese Fertigkeit stellt die TN, die das Niveau B2 oder sogar höher erreichen wollen, vor neue Herausforderungen. Es reicht nach dem Referenzrahmen nicht mehr, wenn der Leser versteht, was wohl gemeint ist. Der Text auf B2-Niveau muss vielmehr folgenden Kriterien entsprechen:
– Texte zu Themen des eigenen Interesses sind klar und detailliert formuliert.
– Gefundene, erhaltene Informationen sind verständlich als solche wiedergegeben und in den Text eingebaut.
– Argumente und Gegenargumente zu einem bestimmten Standpunkt sind nachvollziehbar dargelegt.
– Vorteile und Nachteile bestimmter Sachverhalte werden verständlich erörtert.
– Der eigene Standpunkt am Ende einer Erörterung ist nachvollziehbar.
– Die persönliche Bedeutung bestimmter Ereignisse oder Erfahrungen ist im Text (zum Beispiel Brief) deutlich gemacht.
– Die Bewertung (Rezension) eines Films, Buchs usw. ist nachvollziehbar.
– Der Bezug der Argumente zueinander ist deutlich nachvollziehbar.

Das stellt eine enorme Herausforderung an KL und TN, weil die TN in der Regel nicht gern schreiben und die Zeit im Unterricht nicht ausreichend erscheint. Andererseits verfügen die TN im Verlauf des B2-Unterrichts über ein anwachsendes Inventar, das es Ihnen ermöglicht, individuelle Texte zu erstellen.

In der Regel reagiert der TN in schriftlicher Form auf einen Schreibanlass, den er im Unterricht erhält. Dies kann über einen verstandenen Text (Hörtext oder Lesetext) erfolgen, wie etwa eine Nachricht, eine Anzeige, eine Werbung usw., auf den in einer realen Form reagiert wird: persönliche Briefe, halboffizielle oder offizielle Briefe, E-Mails, Postings oder Ergebnisse kreativer Schreibaufgaben. Lebensläufe und Bewerbungen sind in der Regel nur für einzelne TN von Interesse.

Im Unterricht geht es weniger darum, herausragende Inhalte oder Lösungen zu finden, sondern darum die Sprache, die gerade gelernten Redemittel, die Strukturen angemessen in den Text einzubauen. Angemessen bedeutet hier auch schon die Unterscheidung zwischen gesprochener und geschriebener Sprache, aber auch die Verwendung von textstrukturierenden Elementen, wie Konjunktionen usw.
In der Regel reichen die im Kursbuch bzw. im Arbeitsbuch angegebenen Inhalte, um einen Text zu verfassen.

Schreibaufgaben im Unterricht
Auch wenn man weniger UEs zur Verfügung hat, empfiehlt es sich, ab und zu im Unterricht kleinere Schreibaufgaben erledigen zu lassen und diese zur Korrektur einzusammeln. So können sich schreibschwache und/oder schreibungewohnte TN nicht vor der schriftlichen Textproduktion drücken. Zur Prüfungsvorbereitung ist es mitunter nützlich, die TN ohne Wörterbücher und bei vorgegebenem Zeitlimit eine Schreibaufgabe erledigen zu lassen. Werden allerdings zu oft Texte im Unterricht geschrieben, empfinden die TN dies möglicherweise als Verschwendung wertvoller Unterrichtszeit. Je nach Kurszusammensetzung müssen Sie als KL entscheiden, ob und wie oft Schreibphasen nötig sind.

Nutzen Sie aber auch die Möglichkeit, Texte in Partnerarbeit oder in Gruppen erstellen zu lassen. Dabei können die TN besser dazu angehalten werden, systematisch vorzugehen.

Vor dem Schreiben:
- Thema bestimmen.
- Argumente, Inhaltspunkte finden, Stichworte sammeln.
- Festlegen: Was kommt zuerst? Was dann? Was ist das Ende des Textes?
- Zu den Stichworten/Argumenten Wendungen und Ausdrücke sammeln.
- Hauptargumente evtl. sogar in Einzelsätzen, Statements ausformulieren.

Während des Schreibens:
- Auf sinnvolle Satzverbindungen achten.
- Auf den Satzbau achten.
- Auf die Zeitformen achten.
- Sich beim Schreiben überprüfen/korrigieren.

Nach dem Schreiben:
- Text anderen TN zum Lesen geben.
- Überarbeiten.

Notizen machen:
Erfahrungsgemäß beherrschen nur wenige TN die Methode der Ideensammlung in Stichpunkten. Sowohl zur Vorbereitung von Diskussionen als auch zur Sammlung von Ideen für schriftliche Aufgaben ist dieses Instrument jedoch enorm wichtig. Die TN sollten folgende Punkte beachten:
- keine ganzen, d.h. ausformulierten Sätze schreiben,
- die Ideen nur kurz in Stichpunkten notieren,
- sich auf die wichtigsten Informationen beschränken,
- Infinitive benutzen;
- grammatikalische Richtigkeit ist nicht so wichtig.

Eine einfache Übung: Notieren Sie in Stichpunkten, was Sie gestern/letzte Woche gemacht haben.

9 Sprechen

Sprechen auf Niveau B2

Der Anstieg des Sprachstands in den Fertigkeiten Lesen, Hören und Schreiben lässt sich durch bestimmte Vorgaben relativ leicht steuern. Im Bereich Sprechen ist dies schwieriger, können sich die TN doch erfahrungsgemäß im Alltag ganz gut verständigen oder empfinden es so.
Andererseits sind die TN manchmal etwas entmutigt, weil gerade auf dem Niveau B2 die erzielbaren Ergebnisse in den rezeptiven Fertigkeiten und auch im Schreiben, wenn es ausreichend trainiert wird, wesentlich besser nachweisbar und erkennbar sind als im Bereich Sprechen.
Das verwundert nicht, weil im Rahmen der mündlichen Sprachproduktion sehr viele Aspekte beachtet werden müssen, man sich als Sprecher aber „endlich“ primär auf den Inhalt konzentrieren möchte.
Erklären Sie den TN, dass das Lehrwerk Ziel B2 ihnen ganz bewusst Aufgaben und Übungen anbietet, in denen bestimmte Wendungen und Ausdrücke intensiv geübt werden können. Die Inhalte dafür werden angeboten, wobei das Angebot zum Kursende hin komplexer wird. Die TN können sich dann in der Regel auf die inhaltlichen Vorgaben (Notizen, Stichpunkte etc.) stützen und sich auf die Sprachproduktion konzentrieren. Es kommt beim Trainieren der Fertigkeit Sprechen also nicht darauf an, besonders gute Einfälle im Unterricht zu produzieren, sondern darauf, die Wendungen und Ausdrücke angemessen und möglichst korrekt einzusetzen.

Das Sprechen fällt den TN aber auch dann besonders schwer, wenn sie zu dem Thema nichts mitzuteilen haben Aus diesem Grund kommt dem Anhang im Kursbuch eine ganz besondere Rolle zu: Hier finden die TN gerade für die Partnerarbeit, aber auch für Diskussionen Informationen, über die nur sie allein verfügen. Sie müssen diese Informationen dem Partner oder den Partner in einer Form nahe bringen, dass diese sie verstehen. Dies ist ein Kommunikationstraining, das der Kommunikation in der Realität ziemlich nahekommt: Der „Wissensvorsprung“ macht das zu Sagende interessant. Deshalb ist es wichtig, sich in diesen Fällen an die Aufgabenstellungen zu halten. Dann muss der TN sich anstrengen und seine Inhalte so formulieren, dass sie verstanden werden. Der zuhörende TN wiederum muss wie in der Realität nachfragen, wenn er etwas nicht verstanden hat.

Auch beim Sprechen sollte man deshalb, wenn es die Aufgabenstellung ermöglicht oder gar verlangt, die Schritte *Vor dem Sprechen, Während des Sprechens* und *Nach dem Sprechen* einhalten.

Vor dem Sprechen
Die TN sammeln Argumente / Inhalte und die dafür notwendigen Wendungen und Ausdrücke.

Während des Sprechens
Die TN versuchen, die geplanten Argumente / Inhalte mithilfe der Wendungen und Ausdrücke im Austausch mit anderen TN verständlich und korrekt zu formulieren.

Nach dem Sprechen
Die TN reflektieren (u. U. gemeinsam mit dem KL), ob und wie sie ihre Sprechabsicht umgesetzt haben.

Pragmatische Sprachanwendung
Versucht man, den TN die Lernziele eines Spracherwerbs zu vermitteln, ist wohl der Ansatz der pragmatischen Sprachanwendung am sinnvollsten: Die pragmatische Sprachbetrachtung analysiert nämlich, in welcher Situation Sprache mit welcher Absicht angewandt wird, das bezieht sich sowohl auf die gesprochene als auch auf die geschriebene Sprache. Hierbei ist vor allem auch zu betonen, dass die *Produktion korrekter Sätze* nicht allein die einzige Voraussetzung für die Realisation einer beabsichtigten Sprechhandlung ist. Sie kann sich sogar ins Gegenteil verkehren, wenn falsche Register oder Elemente der Schriftsprache verstärkt in die gesprochene Sprache Einzug halten. Dazu gehört deshalb auch eine Sensibilisierung dafür, was bestimmte Wörter, Begriffe, Sätze oder Grammatikformen für mitschwingende Bedeutungsebenen haben. „So soll es ausgeführt werden!", wäre eindeutig falsch, wenn man sagen will: „So machen wir es."
Ziel B2, Band 1 und Band 2 legen großen Wert darauf, den TN die situationsgerechte, der Sprechabsicht entsprechende Anwendung der Sprache nahezubringen; in diesem Sinne sind nicht nur die Wendungen und Ausdrücke, sondern auch die Grammatikvermittlung und die Wortschatzarbeit zu verstehen.

10 Niveau B2 und der Gemeinsame Europäische Referenzrahmen

Detaillierte Kannbestimmungen im Rahmen von Interaktionsmodellen / Sprechhandlungen; globale Kannbestimmungen*

Band 1

Lektion 1 Erlebt: mit vertrauten Menschen diskutieren
- Erfahrungen und Einstellungen darlegen und dabei die eigene Meinung begründen
- Vermutungen über Gründe, Sachverhalte und Folgen äußern
- über aktuelle oder abstrakte Themen sprechen und seine / ihre Gedanken und Meinungen äußern
- persönliches Interesse an einem Gespräch zeigen und im Gespräch auf Inhalte reagieren
- Artikel und Berichte über aktuelle Themen verstehen, in denen der Verfasser eine bestimmte Haltung oder einen Standpunkt vertritt, und darauf zustimmend oder einschränkend reagieren
- in einer Diskussion über Themen des eigenen Fach- oder Interessengebiets der Argumentation folgen und die besonders hervorgehobenen Punkte im Detail verstehen
- Inhalte und Ereignisse wiedergeben

Lektion 2 Faszination: ein persönliches Erlebnis erzählen
- über ein persönlich erlebtes Ereignis berichten/erzählen
- eine Geschichte zusammenhängend erzählen
- eine zusammenhängende Geschichte schreiben
- Erfahrungen und reale oder fiktive Ereignisse detailliert und zusammenhängend beschreiben
- (literarische) Texte lesen, die Gesamtaussage und viele Details verstehen
- literarischen oder alltäglichen Erzählungen zuhören und dabei viele Details verstehen

Lektion 3 Vertrautes: persönliche Erfahrungen und eigene Empfindungen beschreiben
- Gefühle, Erlebnisse und persönliche Erfahrungen beschreiben
- entsprechende Mitteilungen kommentieren
- Gedanken / Gefühle beschreiben
- Empfindungswörter verstehen

Lektion 4 Erwischt: eigenes Interessengebiet darstellen
- zu vielen Themen des eigenen Fach- oder Interessengebiets eine ziemlich klare und detaillierte Beschreibung geben
- in Texten neue Sachverhalte und detaillierte Informationen verstehen
- in längeren Texten rasch wichtige Einzelinformationen finden
- zu einem Thema positive oder negative Kritikpunkte kurz aufführen
- ihre/seine Ziele / Absichten darlegen

Lektion 5 Eintauchen: Alltagsgespräche führen
- Umgangssprache und Kurzreaktionen verstehen und darauf reagieren
- das persönliche Interesse an etwas darstellen
- Vermutungen zu dem Verhalten anderer anstellen und begründen
- Informationen zu einem Thema, das einen selbst interessiert, einholen
- gemeinsam mit anderen Ideen entwickeln

Lektion 6 Gewinnen: Probleme beschreiben, Lösungen erörtern
- Informationen und Sachverhalte weitergeben und (schriftlich) erklären
- detaillierte Anweisungen und Aufträge inhaltlich genau verstehen
- detaillierte Informationen umfassend und inhaltlich korrekt weitergeben

* Gemeinsamer europäischer Referenzrahmen für Sprachen: lernen, lehren, beurteilen, Langenscheidt, 2001

- einen formellen Brief schreiben, der über standardisierte Anfragen oder Bestätigungen hinausgeht
- Sachverhalte kontrovers darstellen

Lektion 7 Verrückt: gemeinsam etwas planen
- komplexere Sachverhalte darstellen und seine/ihre Meinung dazu äußern
- komplexe Informationen über alltägliche oder berufsbezogene Themen verstehen
- im Rahmen einer geplanten gemeinsamen Handlung das gemeinsame Vorgehen besprechen
- sich gemeinsam auf eine Aufgabenverteilung und einen Zeitrahmen einigen
- im Rahmen einer gemeinsamen Aufgabe Aufforderungen formulieren und auf solche angemessen reagieren
- im Rahmen einer Diskussion auf die Argumente anderer verweisen

Lektion 8 Risiko: an formellen Diskussionen teilnehmen
- zu einem Arbeitspapier oder einem Dossier schriftlich Stellung nehmen und positive oder negative Kritikpunkte kurz aufführen
- Erfahrungen, Ereignisse und Einstellungen darlegen und dabei die eigene Meinung mit Argumenten stützen
- Vermutungen über Sachverhalte, Gründe und Folgen anstellen
- über aktuelle oder abstrakte Themen sprechen und ihre/seine Gedanken und Meinungen dazu äußern
- sich während eines Gesprächs oder einer Präsentation im eigenen Fach- oder Interessengebiet Notizen machen
- ein vertrautes Thema systematisch darlegen und dabei entscheidende Punkte angemessen hervorheben sowie stützende Beispiele anführen
- Artikel und Berichte über diverse aktuelle Themen, in denen der Verfasser eine bestimmte Haltung vertritt, verstehen
- in Korrespondenz, die sich auf das eigene Fach- oder Interessengebiet bezieht, die wesentlichen Aussagen verstehen

Band 2
Lektion 9 Überzeugt: Kompromisse aushandeln
- ein Problem darstellen
- sich über ein Problem beschweren
- jemandem klarmachen, welche Zugeständnisse man von ihm erwartet
- die Hauptpunkte in einem alltäglichen Fachtext verstehen
- Hauptpunkte in einem vertraglichen Text verstehen
- komplexere Informationen zu einem Thema verstehen
- bestimmte Sachverhalte öffentlichen Stellen mitteilen
- einen Interessenkonflikt lösen
- Kompromisse aushandeln / verstehen
- Stellungnahmen formulieren

Lektion 10 Angepasst: Alltagsgespräche führen
- Alltagsgespräche verstehen
- eine komplexere Radiosendung verstehen
- verkürzte Antworten verstehen
- zustimmen und verneinen / ablehnen im Alltagsgespräch
- etwas subjektiv bewerten
- sich kurz austauschen und nach Möglichkeit einigen
- Meinungen kurz zusammenfassen
- ein komplexeres Interview verstehen

Lektion 11 Versäumt: Rat oder Hilfe suchen und anbieten
- bestimmte Sachverhalte öffentlichen Stellen mitteilen
- bestimmte Erwartungen formulieren
- Ratschläge geben
- auf Ratschläge reagieren
- um Hilfe bitten / ansuchen
- Verträge kündigen

Lektion 12 Geschafft: Vereinbarungen treffen
- komplexere Informationen über alltägliche Sachverhalte verstehen
- komplexere Informationen über berufliche Sachverhalte verstehen
- Anzeigen verstehen
- Hauptinformationen in einem Text über Rechtsfragen verstehen
- Hauptinformationen in einer Anzeige verstehen
- Hauptinformationen in einer Radiosendungen verstehen
- Vereinbarungen treffen
- Maßnahmen vereinbaren und formulieren
- beruflichen Werdegang beschreiben

Lektion 13 Vergessen: etwas oder jemanden kurz vorstellen / beschreiben
- einen kurzen Text relativ spontan vortragen
- eine Besprechung, eine Diskussion, eine Präsentation eröffnen
- Teilnehmer oder Zuhörer einer Diskussion, eines Vortrags begrüßen
- ausführlichere Darlegung von Sachverhalten verstehen
- Informationen aus längeren Texten wiedergeben
- Vermutungen über Gründe, Folgen und Sachverhalte anstellen

Lektion 14 Nachgemacht?: spezielle Informationen einholen, zusammenfassen und weitergeben

- wichtige Informationen aus längeren, komplexeren Texte wiedergeben
- Informationstexte zu einem bekannten Sachgebiet verstehen
- die Hauptaussagen aus komplexeren Texten des eigenen Wissens- oder Fachgebiets verstehen und wiedergeben (Vorträge, Rezensionen, Präsentationen)
- Informationen aus verschiedenen Quellen zusammenfassen und kommentiert wiedergeben
- über aktuelle und abstrakte Themen schreiben

Lektion 15 Entdeckt: einen kurzen Vortrag halten

- Informationen aus verschiedenen Quellen zusammenfassen und kommentiert wiedergeben
- Sachverhalte von aktuellem oder persönlichem Interesse klar und systematisch erörtern
- wichtige und relevante Details und Punkte hervorheben
- eine vorbereitete Kurzpräsentation verständlich vortragen
- komplexere Abläufe beschreiben
- über aktuelle und abstrakte Themen schreiben
- Vermutungen über Gründe, Folgen und Sachverhalte anstellen
- Informationen und Argumente aus verschiedenen Quellen zusammenführen und abwägen
- zwischen Tatsachen, Meinungen und Schlussfolgerungen unterscheiden
- wesentliche Informationen aus Radiosendungen verstehen

Lektion 16: Entspannt: Wiederholungslektion: mit anderen diskutieren und gemeinsam etwas planen (im Prüfungskontext)

Globale Kannbeschreibung Niveau B2 – Selbstständige Sprachanwendung

- Kann die Hauptinhalte komplexer Texte zu konkreten und abstrakten Themen verstehen; versteht im eigenen Spezialgebiet auch Fachdiskussionen,
- kann sich so spontan und fließend verständigen, dass ein normales Gespräch mit Muttersprachlern ohne größere Anstrengung auf beiden Seiten gut möglich ist,
- kann sich zu einem breiten Themenspektrum klar und detailliert ausdrücken, einen Standpunkt zu einer aktuellen Frage erläutern und die Vor- und Nachteile verschiedener Möglichkeiten angeben.

Globale Kannbeschreibungen – Einzelfertigkeiten (Auswahl)

Lesen

Ich kann Artikel und Berichte über Probleme der Gegenwart lesen und verstehen, in denen die Schreibenden eine bestimmte Haltung oder einen bestimmten Standpunkt vertreten. Ich kann zeitgenössische literarische Prosatexte verstehen.

Hören

Ich kann längere Redebeiträge und Vorträge verstehen und auch komplexeren Argumentationen folgen, wenn mir das Thema einigermaßen vertraut ist. Ich kann im Fernsehen die meisten Nachrichtensendungen und aktuellen Reportagen verstehen. Ich kann die meisten Spielfilme verstehen, sofern Standardsprache gesprochen wird.

Sprechen – an Gesprächen teilnehmen

Ich kann mich so spontan und fließend verständigen, dass ein normales Gespräch mit einem Muttersprachler recht gut möglich ist. Ich kann mich in vertrauten Situationen aktiv an einer Diskussion beteiligen und meine Ansichten begründen und verteidigen.

Sprechen – zusammenhängend

Ich kann zu vielen Themen aus meinen Interessengebieten eine klare und detaillierte Darstellung geben. Ich kann einen Standpunkt zu einer aktuellen Frage erläutern und Vor- und Nachteile verschiedener Möglichkeiten angeben.

Schreiben

Ich kann über eine Vielzahl von Themen, die mich interessieren, klare und detaillierte Texte schreiben. Ich kann in einem Aufsatz oder Bericht Informationen wiedergeben oder Argumente und Gegenargumente für oder gegen einen bestimmten Standpunkt darlegen. Ich kann Briefe schreiben und darin die persönliche Bedeutung von Ereignissen und Erfahrungen deutlich machen.

Globale Kannbeschreibungen – Beurteilungsraster mündliche Kommunikation (Auswahl)

Spektrum

Verfügt über ein ausreichend breites Spektrum von Redemitteln, um in klaren Beschreibungen oder Berichten über die meisten Themen allgemeiner Art zu sprechen und eigene Standpunkte auszudrücken; sucht nicht auffällig nach Worten und verwendet einige komplexe Satzstrukturen.

Korrektheit
Zeigt eine recht gute Beherrschung der Grammatik. Macht keine Fehler, die zu Missverständnissen führen, und kann die meisten eigenen Fehler selbst korrigieren.

Flüssigkeit
Kann in recht gleichmäßigem Tempo sprechen. Auch wenn sie/er eventuell zögert, um nach Strukturen oder Wörtern zu suchen, entstehen kaum auffällig lange Pausen.

Interaktion
Kann Gespräche beginnen, die Sprecherrolle übernehmen, wenn es angemessen ist, und das Gespräch beenden, wenn er/sie möchte, auch wenn das möglicherweise nicht immer elegant gelingt. Kann auf vertrautem Gebiet zum Fortgang des Gesprächs beitragen, indem sie/er das Verstehen bestätigt, andere zum Sprechen auffordert usw.

Kohärenz
Kann eine begrenzte Anzahl von Verknüpfungselementen verwenden, um seine/ihre Äußerung zu einem klaren, zusammenhängenden Beitrag zu verbinden; längere Beiträge sind möglicherweise etwas sprunghaft.

11 Hausaufgaben

Projekte als Hausaufgaben

Viele der Projekte – siehe Projekte zu den Fotodoppelseiten oder die Hinweise in den einzelnen Lektionen – sind so angelegt, dass sie von interessierten TN zu Hause gemacht oder vorbereitet werden können. Dies empfinden viele TN als sehr motivierend. Der Erfolg, das Ergebnis ist dann die Präsentation im Kurs.

Warum Hausaufgaben?
Hausaufgaben sind eine sinnvolle Ergänzung der Unterrichtseinheit. Das müssen auch die TN verstehen. Dazu ist es wichtig, dass es für die TN transparent ist, warum die und keine anderen Hausaufgaben aufgegeben werden. Besprechen Sie mit Ihren TN, wie sie die Hausaufgabe bearbeiten sollen, geben Sie bei komplizierteren Aufgaben Lösungsbeispiele, erklären Sie ihnen, wie sie sie gegebenenfalls in der folgenden Unterrichtseinheit präsentieren sollen.
Hausaufgaben dienen dazu, Gelerntes zu üben, zu festigen, zu überdenken.
Sicherlich ist das Führen des Lernerportfolios (auf der eingelegten Lerner-CD-ROM) dabei hilfreich, weil sich dort die TN noch einmal vor Augen führen können, was sie gelernt haben, analysieren ihre Leistungen und erkennen vielleicht selbst, dass sie das ein oder andere noch üben müssten.

Bei erwachsenen TN ist es sinnvoll, die Rolle des Lösungsschlüssels zum Arbeitsbuch (auf der eingelegten Lerner-CD-ROM oder im separat erhältlichen Lösungsschlüssel) mit ihnen zu besprechen (siehe dazu Seite 105. Dort wird bei jedem Übungstyp beschrieben, welche Rolle der Lösungsschlüssel jeweils einnimmt.) Bitten Sie die TN, am Anfang einer Unterrichtsstunde Fragen zu den Hausaufgaben zu stellen, z. B. wenn sie sich unsicher sind, warum eine Lösung so und nicht anders lautet, oder sie eine Aufgabe, Lösung nicht verstanden haben. Korrigieren Sie nur in Ausnahmefällen die Hausaufgaben gemeinsam im Kurs; manche TN, die keine Hausaufgaben machen konnten, kommen dann eher nicht, als dass sie das im Kurs zugeben.
Vor allem ist es sinnvoll, auch bei den Hausaufgaben die Binnendifferenzierung (siehe S. 105) nicht aus den Augen zu verlieren. Es kann durchaus sinnvoll sein, bestimmte TN mit einem Projekt zu motivieren und andere TN mit ausgewählten Übungen zu stabilisieren.

Meine TN machen keine Hausaufgaben
Da helfen vielleicht folgende Maßnahmen.
– Sprechen Sie mit jedem TN jeweils einzeln (oder in kleinen Gruppen) und erklären Sie, warum für den / die TN gerade die von Ihnen ausgewählten Übungen die sinnvollsten sind. Zeigen Sie ihnen ihre Defizite und helfen Sie ihnen, diese zu beheben. Besprechen Sie mit den TN Abgabetermine.
– Manchmal hilft auch ein Test: Die Besprechung der Ergebnisse (der eine sinnvolle Hausaufgabe zur Korrektur der Fehler oder zur Festigung des Stoffes folgt) mit der Ankündigung, dass der Test wiederholt und der alte vernichtet wird. In der Regel sind TN allen Alters motiviert, den Test besser zu machen.
– Fragen Sie die TN, die jede Hausaufgabe verweigern, mit welchem Ziel sie Deutsch lernen. Geben Sie ihnen dann Hausaufgaben, die ihrem Ziel entsprechen.
– Manche TN machen sehr ungern Aufgaben, die sie mit der Hand schreiben müssen. Motivieren Sie diese TN durch die Möglichkeit der Online-Übungen oder der Extra-CD-ROM. Bieten Sie ihnen auch an, die Lösungen mit einem bestimmten System (siehe z. B. Lösungsschlüssel) in den Computer zu schreiben und auszudrucken.
– Animieren Sie die TN, Lernergruppen zu bilden (z. B. drei TN), die in dem Gebäude, wo der Kurs stattfindet, nach dem Unterricht gemeinsam Hausaufgaben machen können, wenn das nicht geht, an einem festgelegten Ort. Manche TN haben Schwierigkeiten, zu Hause mit den Hausaufgaben anzufangen, oder finden dort nicht die nötige Ruhe.

Kursbuch

Im Folgenden wurden nur die Transkriptionen der Kursbuch-Hörtexte abgedruckt, die nicht im Kursbuch stehen und die für den Unterricht von Bedeutung sind. Nicht abgedruckt sind die Liedtexte sowie die Hörtexte der Fotodoppelseiten, mit Ausnahme des Märchens (S. 36/37).

CD 1

Lektion 1: Erlebt

▸ Track 2 Abschnitt A, A1

Statement 1 Ja, also ... also ich muss sagen, was ich wirklich, einem wirklich empfehlen kann, ist, wirklich, mal mit jemandem ein Blind Date auszumachen, weil, also, das ist wirklich sehr spannend. Also, kann sehr spannend sein, muss nicht, aber ich hab wirklich Glück gehabt, es war in dem Fall spannend. Und hat sich wirklich zufällig ereignet, dadurch, dass ich eine Telefonnummer von einem Freund, von einem alten Freund angerufen habe, der aber nicht mehr diese Telefonnummer hatte, und es war jemand anderes dran, den ich überhaupt nicht kannte und ... und irgendwie sind wir uns ... über das Gespräch haben wir uns halt irgendwie kennengelernt und ja, dann haben wir am nächsten Tag, nicht direkt, aber dann noch mal telefoniert und uns dann für die nächste Woche verabredet und ja, also wir haben einen supernetten Abend gehabt.

Statement 2 Ja, also, wir haben da ein ganz tolles Erlebnis gehabt, meine Freundin und ich. Letztes Jahr im Urlaub am Meer sind wir mit dem Schiff gefahren und auf einmal hat man so ein lautes Platschen gehört und dann haben wir sie schon gesehen ... Wale ... riesen Tiere und zum Angreifen so nah, direkt neben dem Schiff. Wir haben sogar die Wassertropfen spüren können von ihren Fontänen und dann sind sie gesprungen. Toll, einfach toll!

Statement 3 Letzte Woche habe ich mich mit einer Freundin getroffen und wir haben wegen, eigentlich wegen nix so zum Lachen angefangen und immer wieder. Und dann haben wir uns wieder angeschaut und wieder so losgeprustet. Und mir hat am nächsten Tag so richtig der Bauch wehgetan vom Lachen. Also, ich hab einen richtigen Muskelkater gehabt vom Lachen. Und wenn ich dran denke, muss schon wieder anfangen, das ist irgendwie total ...

Statement 4 Zu den schönsten Erlebnissen für mich gehört zum Beispiel einmal im Freien übernachten. So richtig auf den Boden zurückkommen, ganz nah mit der Natur verbunden. Die Erde fühlen, die Erde aufnehmen, fast eins werden mit der Erde. Das finde ich ein unglaublich intensives Erlebnis. Ich mach das manchmal, leider viel zu selten. Aber ich kann das wirklich nur empfehlen.

Statement 5 Ja, also letztes Jahr, da war ich auf einer Motorrallye in South Dakota. Ja, und ich bin immer noch total begeistert davon. Also das war so: Wir sind, ein paar Kumpels und ich, wir sind da hingefahren. Also, ich muss sagen, das war absolut das Coolste, was ich je erlebt hab. Na ja, und das musst du dir einfach mal vorstellen: Um die 100 000 Biker treffen sich da, und zwar jedes Jahr, immer so im August. Und das in der fantastischen Landschaft. Das Gefühl der Freiheit, das war echt – wie soll ich sagen – einfach super.

▸ Track 4 Abschnitt E, E2 a

Enkelin: Du, Oma, hör mal, wir sollen für – so eine Jugendzeitschrift jemanden aus unserer Familie interviewen, und ich dachte, vielleicht hättest du ja Lust, mir zu erzählen, wie Opa und du, also wie ihr euch kennengelernt habt, das wär doch spannend. Was meinst du?
Oma: Na ja ... Ich weiß ja nicht, ob das für andere so interessant ist. Aber meinetwegen.
Enkelin: Ja, gut, dann erzähl doch mal.
Oma: Oje ... Da weiß ich ja gar nicht, wo ich anfangen soll. ... Na ja, es fing eigentlich mit einem Kunden von mir an. Der hieß Richard Höhe.
Enkelin: Ein Kunde? Wieso ein Kunde?
Oma: Ja, ich arbeitete damals in Hamburg in einem Tabakgroßhandel, und Herr Höhe hatte ein Zigarrengeschäft und kam regelmäßig bei uns vorbei.
Enkelin: Aha. Ja, und dann?
Oma: Also, es muss an einem Sonnabend gewesen sein, wir mussten ja damals auch sonnabends arbeiten, nichts von wegen Freitagmittag nach Haus oder so. Bis zwei Uhr war er auf, unser Laden da. – Da klopft es plötzlich.
Enkelin: Moment noch. Und wie alt warst du damals?

▸ Track 5 Abschnitt E, E2 b

Abschnitt A

Enkelin: Du, Oma, hör mal, wir sollen für – so eine Jugendzeitschrift jemanden aus unserer Familie interviewen, und ich dachte, vielleicht hättest du ja Lust, mir zu erzählen, wie Opa und du, also wie ihr euch kennengelernt habt, das wär doch spannend. Was meinst du?
Oma: Na ja ... Ich weiß ja nicht, ob das für andere so interessant ist. Aber meinetwegen.
Enkelin: Ja, gut, dann erzähl doch mal.
Oma: Oje ... Da weiß ich ja gar nicht, wo ich anfangen soll. ... Na ja, es fing eigentlich mit einem Kunden von mir an. Der hieß Richard Höhe.
Enkelin: Ein Kunde? Wieso ein Kunde?
Oma: Ja, ich arbeitete damals in Hamburg in einem Tabakgroßhandel, und Herr Höhe hatte ein Zigarrengeschäft und kam regelmäßig bei uns vorbei.
Enkelin: Aha. Ja, und dann?
Oma: Also, es muss an einem Sonnabend gewesen sein, wir mussten ja damals auch sonnabends arbeiten, nichts von wegen Freitagmittag nach Haus oder so. Bis zwei Uhr war er auf, unser Laden da. – Da klopft es plötzlich.
Enkelin: Moment noch. Und wie alt warst du damals?
Oma: Ich weiß nicht so genau. Ich glaub, ich war 21. – Also, es klopft und ich sag: „Wer ist denn da?"; „Herr Höhe", sagt er. „Ware will ich nicht, Fräulein Wulf." Und ich sag: „Sie hätten auch gar nichts mehr kriegen können, denn ich hab gerade abgerechnet." Und dann sagt er zu mir: „Sie müssen aber heute mal ...", und da mach ich denn die Tür auf, „... heute müssen Sie mal mit mir ausgehen, Fräulein Wulf. Wir haben heute nämlich Budenzauber."
Enkelin: Budenzauber? Was ist das denn? Fasching oder was?
Oma: Ja genau, heute sagt man, glaub' ich, Faschingsparty. Also, er sagt: „Wir haben heute Budenzauber, und zwar hab

ich einen Kartenklub, wir sind vier Männer, da spielen wir immer Karten, und dieses Kartengeld kommt in eine Kasse und das wollen wir heute Abend auf den Kopf hauen – und zwar bei Kurt Smidt in der Framheinstraße." Und dann hat er so erzählt. „Ganz toller Mann", sagt er. „Musiker noch und noch. Der spielt Geige und der kann Klavier. Kommen Sie man mal mit, ich nehm Sie mit, aber Sie müssen ein Kostüm haben!"
Enkelin: Und, hattest du denn ein Kostüm?
Oma: Na ja, ich hab mir dann ein Kostüm in so einem Kostümverleih ausgesucht – und zwar, weil es ein Kartenklub war, ein Karobube-Kostüm ... in Weiß und Rot: Ein Zylinder in Rot und das Kostüm war oben weiß und dann ein rotes Karo – eben: Karobube! Die Hose, das linke Bein war ein langes Bein und das rechte war ein kurzes Hosenbein. Da konnte man natürlich das eine Bein noch so wunderbar sehen. Ich hatte immer wunderschöne Beine, ja.
Enkelin: Ist ja witzig! Das hätte ich gern mal gesehen! Und wie ging's dann weiter?

▸ Track 6
Abschnitt B
Oma: Dann hat Richard Höhe mich abgeholt, mit'm Auto, um sechs Uhr abends. Aber von Mittagessen oder überhaupt was essen war überhaupt keine Rede. Ich hatte vor Aufregung gar keinen Appetit. Und so fuhr er dann mit mir ... Das war 'ne Taxe, weißt du? Die hatten ja damals noch nicht alle gleich einen eigenen Wagen. Die gab es ja noch gar nicht so viel.
Enkelin: Echt? Wann war das denn? Ich meine, in welchem Jahr?
Oma: Na ja, das kannst du dir ja nun selbst ausrechnen. Ich bin 1908 geboren und war 21, als ich deinen Opa kennengelernt hab.
Enkelin: 8, 21, dann war das 1929.
Oma: Ja, genau. – Also, wo war ich denn stehen geblieben? Ach ja, richtig! Der Richard Höhe fuhr dann mit mir nach Barmbek in die Framheinstraße. Während der Taxifahrt hat er mir so'n bisschen was erzählt über den Herrn oder Mann, wo wir hinfuhren, also seinen Kartenfreund da. Und ... als wir vor der Tür standen, vor der Wohnungstür, bevor er klingelte, sagt er zu mir: „Oh Gott, Fräulein Wulf", sagt er, „wie heißen Sie denn mit Vornamen? Ich darf nicht sagen, dass ich Sie nun heute extra geholt hab. Es sollten nämlich nur unsere besten und intimsten Freundinnen kommen." Ich sag: „Herr Höhe, was geht Sie mein Vorname an?" – „Na ja", sagt er, „ich hab schon einen. Ich nenn Sie Wölfle. Wulf – Wölfle, das passt doch gut", sagt er. Na ja, und dann hat er geklingelt, und dann ging die Wohnungstür auf, und da stand er also: Kurt Smidt!

▸ Track 7
Abschnitt C
Oma: Als Spanier angezogen – das hab ich noch genau vor Augen – mit einem wundervollen Spanierhut auf ... und einem großen, breiten Schal um, so'n Tuch, so'n buntes, wie die Spanier so tragen. Und eine Hose, weiß ich noch, die war grau, und 50-Pfennigstücke aus Aluminium von der ... von der ... Inflation, die ganzen 50-Pfennigstücke an beiden Hosenseiten aufgenäht. Und schwarze Lackschuh'. Seine Geige unterm Arm und den Stock, den Geigenstock in der Hand. Und ich wurde vorgestellt. „Das ist Wölfle, Kurt", sagt er. – Ja, was ich nun gesagt hab ... Ich hab Herr Smidt gesagt. Er hat Wölfle gesagt, Wölfle und Sie. Na ja, jetzt kamen die anderen Herren alle. Einer war im Pyjama! Der hatte nur'n Schlafanzug an als Kostüm. Und die anderen Herren, die hatten ... das weiß ich nicht mehr so genau, was die eigentlich anhatten. Jedenfalls ... Der Spanier, das war der schönste, der sah einfach am besten aus. Der hatte ... Das Wohnzimmer hatte er ziemlich ausgeräumt. In der Mitte stand'n Grammophon auf dem Boden und zu dem Grammophon hat er dann Geige gespielt. „Valencia – trallalallalallala", das war zu der Zeit, als das Lied „Valencia" modern war. Na ja, und die ganze Stube war mit Girlanden geschmückt – und Kerzen. Weiter gab's keine Beleuchtung. Jedenfalls wurde dann gleich was eingeschenkt und Pralinen gereicht und Gebäck. Es wurde getanzt und gesungen, wie das dann so ist. Aber, ich hatte mir schon im Unterbewusstsein immer so gesagt: Vernaschen lassen willst du dich nicht, von keinem Mann hier! Denn wir hatten ja früher auch Angst. Ja, wir hatten ja schon beinahe Angst, wenn wir nur geküsst wurden ... zu der Zeit noch. Und dann ... dann war es drei. Es war jedenfalls drei Uhr nachts, und dann hat der Richard Höhe wieder eine Taxe bestellt und hat mich nach Hause gebracht.

▸ Track 8
Abschnitt D
Enkelin: Ja, und dann? Igendwie musst du Opa doch wiedergetroffen haben? Ich meine, der dachte doch, du bist die Freundin von diesem Höhe.
Oma: Jaja, das is'es ja gerade. So nach zwei Tagen ... hab ich immer gedacht, wie kannst du eigentlich diesen Kurt Smidt mal wieder treffen? Den möchtest du doch gerne mal wiedersehen! Der hat dir doch so gut gefallen! Schon mal, weil er Musik machen konnte. Na ja, wenn es darauf ankam, hat er jedenfalls die ganze Gesellschaft unterhalten. Ich hab mich dann einfach hingesetzt und hab eine Karte geschrieben. Er möchte doch mal nachgucken und suchen, ich hätte auf dem Fest einen Ohrring verloren. Das stimmte aber nicht, ich hatte keinen verloren. Das hab ich als Vorwand genommen. Dann hab ich gedacht, dann muss er sich ja irgendwie denn melden.
Enkelin: Ganz schön schlau!
Oma: Ja, ... und dann hat er mich bei der Firma Greiling angerufen, wo ich tätig war. Die Telefonnummer hatte er sich von Richard Höhe geben lassen. Und dann sagt er am Telefon zu mir „Ach Fräulein Wulf, wissen Sie, ich hab' die ganze Bude auf den Kopf gestellt, einen Ohrring hab ich nicht gefunden. Das tut mir furchtbar leid." – „Aber", sagt er dann, „wir könnten uns ja eigentlich mal treffen!" Ich sagte: „Liebend gern." Ja, und dann haben wir uns verabredet. In Eppendorf ... äh ... wie hieß das noch? An der Friedenseiche. „Da komm ich dann mit der Straßenbahn gefahren", sagt er, „und da treffen wir uns."
Enkelin: Wahnsinn! Du warst bestimmt total aufgeregt, oder?
Oma: Ja, was denkst du denn? Ich hab mich natürlich fein gemacht und schick gemacht und denk noch so, wenn der da nun aussteigt ... Ich hatte ihn ja nun ganz anders in Erinnerung. Ohne Brille und dann nur in diesem Spanierkostüm. – Wer stieg da aus?! Ein Herr ... mit so'm Künstlerhut auf, weißt

du, so'n flachen Filzhut und ein Mantel an mit Pelzkragen drauf, Handschuh an, ein Spazierstock und dann Schuhe mit Gamaschen! Das war damals ja noch so modern. Und er: „Guten Tag, Fräulein Wulf. Wollen wir vielleicht eine Tasse Kaffee trinken gehen?" Da im Café haben wir uns dann unterhalten. Sehr nett ... und sind anschließend ... „Ach", sagt er, „wir wollen hier mal nicht lange sitzen." Da sind wir dann spazieren gegangen. Er hat mich wieder nach Hause gebracht und hat gesagt: „Aber wir wollen uns mal wiedersehen!" Ich hatte zwar noch einen Freund, einen Spanier, Anselm ... Anselmo, aber ... mit dem hab ich dann Schluss gemacht, und wir, Kurt und ich, wir sind dann für immer zusammengeblieben!

Lektion 2: Faszination

▸ Track 11 Abschnitt C, C3 c

Meine Fragen über die verschiedenen Gerichte auf der Karte beantwortete sie geduldig und mit viel Humor. Sie hatte wirklich ein unglaublich nettes Lächeln.
Die direkt aus dem Eisfach servierte Schokoladencreme war nach kurzer Aufwärmzeit herrlich sahnig wie auch die Panna Cotta mit Brombeersoße.

▸ Track 13 Fokus Grammatik: Tempus – Gegenwart und Vergangenheit verstehen

1a Diesmal wird es eine regelrechte Weihnachtsgeschichte. Eigentlich wollte ich sie schon vor zwei Jahren schreiben; und dann, ganz bestimmt, im vorigen Jahr. Aber wie das so ist, es kam immer etwas dazwischen. Bis meine Mutter neulich sagte: „Wenn du sie heuer nicht schreibst, kriegst du nichts zu Weihnachten." Damit war alles entschieden. Ich packte schleunigst meine Koffer, legte den Tennisschläger, den Badeanzug, den grünen Bleistift und furchtbar viel Schreibpapier hinein und fragte, als wir schwitzend und abgehetzt in der Bahnhofshalle standen: „Und wohin nun?" [...] Frauen sind praktisch. Meine Mutter wusste Rat. Sie trat an den Fahrkartenschalter, nickte dem Beamten freundlich zu und fragte „Entschuldigen Sie, wo liegt im August Schnee?" „Am Nordpol", wollte der Mann erst sagen, dann aber erkannte er meine Mutter, unterdrückte seine vorlaute Bemerkung und meinte höflich: „Auf der Zugspitze, Frau Kästner."

▸ Track 14

1b Früher einmal, vor vielen Jahren, hab ich meistens gewusst, was Dich bedrückt. Weil Du mir viel von Dir erzählt hast, liebe Tochter. Du hast Dich immer bei mir ausgeweint. Und ich habe Dich, so gut ich es eben konnte, getröstet. Aber das hat sich im Laufe der Jahre geändert.

▸ Track 15 Fotodoppelseite – eine Geschichte

Ich erzähle euch jetzt von Jan. Jan war groß, er war stark, er war ein Holzfäller. Jan hatte ganz dunkle Augen, schwarz wie Kirschen, sagt man, und Haare, ganz lockig, ganz dunkel. Die fielen ihm bis auf die Schultern, diese Locken. Jan nahm jeden Tag sein Beil und ging hinein in den Wald, ein Holzfäller, und dort schlug er Holz. Am Abend ging Jan nach Hause. Er war sehr müde, aber er machte im Dorf immer einen kleinen Umweg, denn auf der anderen Seite des Dorfes, dort lebte Marie. Und Marie war die schönste Frau vom Dorf. Marie hatte ganz dunkle Augen, schwarz wie Kirschen waren die, lockige Haare, ganz dunkle Haare, die Locken fielen ihr bis über den Rücken hinunter. Und Marie hatte einen Mund wie eine Erdbeere. Und Jan stellte sich manchmal vor, wie es wohl wäre, diesen Mund zu küssen.

▸ Track 16

Irgendwann, Jan wusste selbst nicht, wie ihm geschah, sagte Marie: „Ja!", und die beiden heirateten. Ha, nun war Jan der stolzeste Mann im Dorf. Die schöne Marie hatte zu ihm „ja" gesagt. Sie hatten eine wunderbare Zeit, am Anfang. Aber dann, schon bald, ging Jan immer sehr zögerlich fort von Marie, Schritt für Schritt hinein in den Wald, machte er sich Sorgen: Marie ist ganz allein zu Hause und sie ist so schön. Was kann da nicht alles passieren, oder? Ich mein', sie bleibt ja auch gar nicht immer allein zu Hause, sie geht hinunter zum Fluss, wäscht dort, ja, was kann da nicht alles passieren, sie ist so schön, meine Marie, ja, zum Beispiel könnten dort andere Männer kommen, und die könnten meine Marie sehen, und Marie könnte ihnen sehr gut gefallen, oder schlimmer noch, Marie könnte die Männer sehen, und die Männer könnten ihr gut gefallen. Und so grämte sich Jan. Jeden Tag mehr. Und abends kam er nach Hause, griesgrämig. „Was ist mit dir, Jan? Sag es mir doch!", sagte Marie, „Ich bin doch deine Frau!" Aber er sagte nichts.

▸ Track 17

Jeden Tag ging er hinein in den Wald. Einmal kam er im Wald an eine Wegkreuzung, und dort saß ein uralter Mann. Der sieht Jan kommen, steht auf und sagt: „Jan, was siehst du so griesgrämig aus? Du hast die schönste Frau vom Dorf." – „Was weißt du von meiner Marie?", schrie Jan. „Nichts, nichts!", sagte der Alte, „Ich weiß, was alle wissen: Du hast die schönste Frau vom Dorf. Warum siehst du so griesgrämig aus?" Und da, irgendwie, Jan wusste selbst nicht, wie ihm geschah, schüttete er diesem uralten Mann sein Herz aus und erzählt von seinen Sorgen um Marie. „Ach das", sagte der Alte. „Da weiß ich etwas für dich." Und dann zog er aus seinem Wams ein kleines Fläschchen und sagte Jan: „Nimm das Fläschchen, geh nach Hause und morgen, bevor du zur Arbeit gehst, öffne das Fläschchen, nimm den Korken aus dem Fläschchen, schau auf deine Marie und – fffff – blas ganz leicht über das Fläschchen: Sofort wird Marie im Fläschchen verschwinden, du machst den Korken aufs Fläschchen, steckst das Fläschchen ein und nimmst sie mit in den Wald." „Boh, und das funktioniert?", fragte Jan. „Ja", sagte der Alte, „und am Abend, wenn du heimkommst, stell das Fläschchen auf den Tisch, nimm den Korken heraus und sag: Frau, komm heraus! Dann ist sie wieder bei dir." – „Och!" – „Ich schenk dir das Fläschchen." Ha, könnt ihr euch die Freude von Jan vorstellen? Er nahm das Fläschchen, bedankt sich und läuft ganz schnell nach Hause. Am nächsten Morgen, Marie steht grad dort beim Spülstein und wäscht Obst, da kommt Jan auf sie zu, und sie fragt: „Was ist mit dir?", denn er sah sie an auf eine ganz besondere Weise. So hatte er sie noch nie angesehen. Und er hatte dieses Fläschchen bei sich. Jan nimmt das Fläschchen, öffnet es, schaut auf seine Marie und – ffff – bläst übers Fläschchen. Und wirklich: Winzig klein war seine Marie nun im Fläschchen drin. Er musste nur noch den Korken draufmachen, steckt das Fläschchen ein und geht in den Wald. Und tagsüber, manchmal, wenn's ihn gelüstet, nahm er das Fläschchen heraus und schaut auf seine winzig kleine Marie. Am Abend kommt Jan heim. Stellt das Fläschchen auf den Tisch und sagt: „Frau, komm heraus!" „Was glaubst du nur?", schrie Marie, „bist du verrückt, mich in ein Fläschchen zu bannen, den ganzen Tag, und zu begaffen? So darf das nicht sein." „Doch, doch", sagte Jan, „so sei das nun jeden Tag." Und wirklich, jeden Morgen nahm Jan das Fläschchen, schaut auf seine Marie, und – ffff – bläst sie hinein ins Fläschchen und nimmt sie mit in den Wald. Ihr könnt euch vorstellen, der Haussegen hing nun schief. Abends, wenn Marie aus dem Fläschchen kam, schimpfte sie: „Wann soll ich denn die ganze Arbeit tun? Immer nur hier in der Nacht! Wäsche waschen kann ich nicht, oder soll ich ersaufen im Fluss, wenn ich nachts Wäsche wasch?", so schimpfte sie. Und tagsüber musste sie trotzdem ins Fläschchen. Am dritten oder vierten Tag gelang es Marie, Stoff, Nadel und Faden mit ins Fläschchen zu nehmen. Und dort nähte sie sich Vorhänge. Und die hielt sie nun stets zugezogen. „Ein bisschen Privatsphäre wirst du mir ja erlauben, oder? Begaffst mich noch die ganze Zeit im Wald. Nein, nein!" Die Vorhänge blieben zu. Einmal, als nicht einmal mehr ein sauberes Schnupftuch im Haus war, sagte Jan: „Gut Frau, morgen ist Waschtag, da kannst du zu Hause bleiben." Und am Morgen rannte Jan in den Wald. Marie stand vor dem Haus: „Endlich, endlich wieder einmal dort unter dem Himmel zu stehen, im Sonnenlicht!"

▸ Track 18

Sie hat sich so gefreut. Und sie nahm die ganze Wäsche aus dem Haus und auch die Jacke von Jan, die dort hinten an der Türe hing, alles hinein in den Waschkorb und sie lief hinunter zum Fluss. Die Frauen, die dort waren, sagten: „Marie, wo bist du so lang gewesen? Wir haben dich lange nicht gesehen." Aber sie hat gar nichts gesagt. Ich glaub, sie hat sich geschämt. Sie hat nur gewaschen und gesungen, den ganzen Vormittag. Und irgendwann nahm sie aus dem Waschkorb die Jacke von Jan und schaut in die Taschen hinein: Und da war – boh, das Fläschchen. Er hat vergessen, es mitzunehmen in den Wald. Und sie nimmt das Fläschchen und überlegt sich: „Wenn ich's hineinfallen lass, in den Fluss, hat diese Pein für immer ein End." Aber in dem Moment, als sie es gerade fallen lassen will, kommt über die Brücke her ein fremder, junger, blonder Handwerksbursche. Es war ein sehr heißer Sonnentag, das Hemd stand ihm weit auf und Marie schien es, als habe er eine Haut, zart wie ein Pfirsich. Da nahm sie das Fläschchen, öffnet's, schaut auf den fremden Mann und – fff – bläst ihn hinein ins Fläschchen. Steckt das Fläschchen zurück in die Jacke von Jan, wäscht die Jacke natürlich nicht, sondern läuft nach Haus mit ihr und hängt sie hinter die Tür an den Haken. Früh kam Jan heim an diesem Tag, geht hin zur Jacke an der Wand. „Gott sei Dank, das Fläschchen ist noch da." Am nächsten Morgen nimmt Jan das Fläschchen, wie jeden Morgen, geht zu seiner Marie und – fff – bläst sie hinein ins Fläschchen. Erinnert ihr euch an die Vorhänge? Die waren zu. Jan geht in den Wald mit dem Fläschchen. Und so hatte Marie den ganzen Tag Zeit, sich bei dem fremden, schönen, blonden, jungen Handwerksburschen zu entschuldigen. Am Abend kommt Jan heim, stellt das Fläschchen auf den Tisch und öffnet's: „Frau, komm heraus!" Er sagte nur ‚Frau'. Der Mann blieb darinnen. Jan schien es in nächster Zeit, als sei es für Marie nicht ganz so schlimm, ins Fläschchen zu müssen. Und wirklich, es heißt, sie führten eine wunderbare Ehe, und dieser Ehe waren viele Kinder beschieden: Es gab Kinder, die hatten Augen, schwarz wie Kirschen und ganz dunkle, lockige Haare. Das eine oder andere war aber ganz blond und hatte eine ganz zarte Pfirsichhaut.

Lektion 3: Vertrautes

▸ Track 20 Abschnitt C, C3 a

Intro: Unterwegs in unserem Land. Heute in einer Stadt am Niederrhein, einer über 700 Jahre alten Stadt, in der in vielen Stadtvierteln noch Sankt Martin gefeiert wird.

Moderator: Sankt Martin, ein Tag, auf den sich Kindergarten- und Grundschulkinder lange vorbereiten, an dem Mütter überlegen, was sie ihren Kindern wohl anziehen sollen, an so einem kalten Novemberabend, ein Tag, von dem nicht mehr jeder weiß, was er denn eigentlich soll in unserem städtischen Festkalender. Und so haben wir uns auf den Weg gemacht, um uns gemeinsam mit Ihnen schlau zu machen: Wer war Sankt Martin und warum und wie feiern wir ihn? Wir stehen hier in Dinslaken vor der Heilig-Blut-Kirche und fragen mal so in die Runde. – Entschuldigung, können Sie uns was zu Sankt Martin sagen?

Passant: Ach, wissen Sie, ich bin mit meinem Enkel hier, bin ja nicht katholisch, müssen Sie wissen, also, das war wohl ein Heiliger, aber da fragen Sie besser jemand anders.

Moderator: Und du, weißt du, wer Sankt Martin war?

Kind: Ein Mann, der hat seinen Mantel geteilt, weil, da war ein Bettler, und der hatte nichts.

Kind 2: Und der hat ihm das dann gegeben.

Kind 3: Damit ihm nich mehr kalt ist.

Moderator: Hier bei mir stehen jetzt Herr Josef Klein, Pastor in dieser Kirche ...

Klein: Guten Tag.

Moderator: ... sowie Herr Heinrich Müller und Frau Christa Koch, die mit ihren Klassen an dem heutigen Festzug teilgenommen haben.

Koch: Guten Tag.

Müller: Tach auch.

Moderator: Ja, Sankt Martin feiern wir ja heute, aber was ist denn das eigentlich für ein Fest? Und wissen wir eigentlich noch, warum wir das feiern? Wo der Ursprung dieses Festes liegt?

▸ Track 21

Klein: Vielleicht sollten wir erst mal sagen, dass in unserer Gemeinde der Sankt-Martins-Tag seit Bestehen dieser Kirche hier, also seit den Sechzigern, jedes Jahr gefeiert wird. Höhepunkt war und ist immer das große Martinsfeuer vor der Kirche und unser Martinsspiel mit der Teilung des Mantels, so, wie wir es gerade sehen konnten.

Moderator: Vielleicht doch erst mal ein paar Worte zum Festtag, bevor wir uns hier dem aktuellen Geschehen zuwenden. Also, Sankt Martin, der wird immer am 11. November gefeiert?

Müller: So ungefähr. Manchmal sind die Umzüge in einigen Städten auch schon ein paar Tage vorher, das hat dann meistens organisatorische Gründe oder, wenn Sankt Martin auf ein Wochenende fällt, da verlegen wir das Fest halt ein wenig, ich denke, dem Sankt Martin macht das wenig aus.
Moderator: Sie beide sind ja mit Ihren Schulklassen hier, aber wer feiert eigentlich Sankt Martin, wer ist heute hier alles mit dabei?
Koch: Na ja, unser ganzes Stadtviertel eigentlich.
Moderator: Das Hagenviertel also?
Koch: Ja, unsere Schulen und Tagesstätten, die Kindergärten, die Kirchengemeinde und dann eben, wie bei uns jetzt, die Feuerwehr, die macht die Musik.
Moderator: Die Sie, liebe Hörerinnen und Hörer, hier im Hintergrund hören können.
Müller: Ja – also, die Stadt, die organisiert den Umzug, sorgt für die Sicherheit. Aber dann arbeiten wir halt alle zusammen, nicht, die Schulen hier, und ja, natürlich auch der Kindergarten, also die basteln die Laternen und nehmen an dem Umzug teil.
Koch: Mit ihnen kommen dann natürlich die Eltern und Großeltern ...
Klein: ... und die Anwohner und Gemeindemitglieder, eben jeder, der noch Freude an so was hat.
Müller: Unterstützt wird das dann auch von allen, die hier so wohnen, aber zum Glück auch von den Geschäften, die hier in der Umgebung sind.
Klein: Ja, und von den vielen ehrenamtlichen Helfern, die mitmachen – bei der ganzen Vorbereitung und so.
Müller: Wissen Sie, wir sind doch schon als Kinder mitgegangen, da ist doch klar, dass man da auch noch als Erwachsener mitmacht.

▸ Track 22
Moderator: Es gibt also einen Festumzug ...
Koch: Genau, die Leute, die mitgehen wollen, sammeln sich auf dem Schulhof der Hagenschule, vorn reitet Sankt Martin auf seinem Pferd, und hinter ihm gehen, in schöner Ordnung, die Kinder mit ihren leuchtenden Laternen. Wir finden es schöner, wenn echte Kerzen in den Laternen sind, deshalb gehen ja auch die Eltern oder halt auch Großeltern mit bei den Klassen und Gruppen, die passen dann schon auf, dass nichts passiert. Dazu spielt die Kapelle der Feuerwehr ... und dahinter gehen dann die anderen Leute.
Müller: Und alle singen mit, ob groß oder klein.
Moderator: Und alle kennen die Lieder?
Koch: Ja klar doch, die Kleinen lernen sie schon im Kindergarten, und die anderen, ach wissen Sie, die vergisst man doch nicht.
Müller: Der Umzug folgt dann einer festgelegten Route und kommt dann hier auf dem Vorplatz der Kirche zum Stehen.
Klein: Richtig. Denn hier findet die Mantelteilung statt. – Manchmal ist es gar nicht einfach, einen „Bettler" zu finden, ...
Koch: ... denn, wissen Sie, das ist meist eine ziemlich kalte Angelegenheit, der muss ja auf dem Boden liegen und darauf warten, dass Sankt Martin auf dem Pferd angeritten kommt und ihm seinen halben Mantel gibt.
Müller: Da brennt zwar dann schon – weithin sichtbar – das große Martinsfeuer, aber es ist abends doch recht kühl und feucht. Und der Bettler ist ja arm, hat nichts Wärmendes an – also der ist dann echt froh, wenn er sich den halben Mantel umlegen kann.
Koch: Also, dann kommt Sankt Martin an der Spitze des Zuges angeritten, sieht den Bettler dort neben unserem Kirchturm am Boden liegen, denkt kurz nach, nimmt seinen Mantel und teilt ihn mit seinem Schwert. Das ist wirklich eine sehr beeindruckende Geste. Die eine Hälfte reicht er dem Bettler hinunter, die andere Hälfte legt er sich wieder um die Schultern.
Moderator: Und der Text?
Müller: Nein, nein, gesprochen wird bei dieser Szene nicht, sondern nur gesungen: Alle singen das Lied vom Sankt Martin, und das Spiel wird eben dem Lied angepasst.
Moderator: Woher kommen denn diese vielen wunderbaren Laternen?
Koch: Wie gesagt, die basteln wir mit unseren Kindern meistens in der Schule oder im Kindergarten, man kann natürlich auch welche kaufen, aber die haben dann eher die Erwachsenen oder die kleinen Geschwister. Aber wir möchten schon, dass selbst gebastelte Laternen mitgenommen werden.
Moderator: Sagen Sie mal, was ist denn in den Tüten da?
Klein: Ach, die hätten wir jetzt fast vergessen zu erwähnen: Nachdem also der Bettler seinen Mantel bekommen hat und Sankt Martin nach Hause geritten ist, bekommen die Kinder bei uns die Martinstüte mit einem Stutenkerl drin.
Moderator: Also, jetzt muss ich doch mal gucken, was das ist, so ein Stutenkerl. – Du, sag mal, darf ich mal deinen Stutenkerl sehen?
Kind: Klar doch, aber nichts kaputtmachen.
Moderator: Also, was ich jetzt in der Hand habe, ist ein gebackenes Männchen mit einer, Sie werden es mir nicht glauben, Tonpfeife im Mund. Sie haben richtig gehört: einer weißen Tonpfeife. Aber nun zum Schluss wohl die spannendste Frage: Warum wird Sankt Martin eigentlich gefeiert – mal davon abgesehen, dass es Spaß macht?

▸ Track 23
Koch: Tja, warum Sankt Martin gefeiert wird ... hm ... so genau weiß ich das gar nicht. Aber ich kann Ihnen die Geschichte erzählen: Es geschah wohl im Jahr 338. Zu dieser Zeit war Martin als Soldat des römischen Heers in der Nähe des heutigen Paris in einer Kleinstadt stationiert. Er trug, wie die anderen Soldaten, einen Metallpanzer, einen Helm, einen Schild, ein Schwert und einen warmen Mantel, der im oberen Bereich sogar mit Schaffell gefüttert war. An einem bitterkalten Tag im Winter, als Martin zur Stadt zurückkehrte, begegnete er vor dem Stadttor einem fast nackten Bettler. Martin sah sofort, dass der arme Mann in der kalten Nacht sicher erfrieren würde. Er fühlte tiefes Mitleid. Ohne weiter nachzudenken, teilte er seinen Mantel mit dem Schwert und gab eine Hälfte dem armen Bettler und rettete so sein Leben.
Klein: Was man weiß, ist, dass Sankt Martin ein Bischof war, so vor 1600 Jahren, der vielen Not leidenden Menschen geholfen hat und uns noch heute ein Vorbild sein sollte. Er wurde dann als Heiliger verehrt, wegen seiner Wohltätigkeit, Güte und Bescheidenheit.
Müller: Und man erzählt sich, dass er, als man ihn zum Bischof weihen wollte, dass er da plötzlich Angst vor der

Aufgabe hatte und sich in einem Gänsestall versteckt hielt. Aber die ganze Stadt suchte nach ihm, weil sie ihn und keinen anderen zum Bischof haben wollten. Als die Menschen schon aufgeben wollten, schrien die Gänse so laut, dass die Leute ihn fanden, nämlich genau dort, bei den Gänsen. Damals gab es aber natürlich noch kein Licht, deshalb waren die Städter wohl mit Fackeln und Laternen unterwegs.
Moderator: Deshalb die Laternen ...
Koch: Genau. Und deshalb isst man in vielen Gegenden an Sankt Martin einen Gänsebraten, wegen der vorlauten Gänse. Die nennt man dann Martinsgans.
Klein: Aber das hat in Wirklichkeit nichts mit Sankt Martin zu tun, vielmehr war das so, dass die Menschen am 11. November ihre Steuern zahlen mussten, und das machten sie mit Naturalien, nicht mit Geld. Sie gaben halt ihre Gänse ab. Und weil man die Tiere im Winter schwer vor der Kälte schützen konnte, wurden früher im November und Dezember halt viele Gänse gegessen.

▸ Track 24
Moderator: Und jetzt noch eine letzte, aber wichtige Frage: Warum ist dieses Fest heute noch aktuell?
Klein: Ja, da ist ein ganz wesentlicher Gedanke dabei. Wir feiern ja nicht nur diesen Abend mit dem Umzug, sondern wir sprechen auch in den Schulen und Kindergärten – oder ich in meiner Predigt zum Beispiel – darüber, warum Sankt Martin noch immer ein Vorbild für uns ist: Dass man die Armen in seiner Umgebung und auf der ganzen Welt nicht vergessen darf, sondern vielmehr darüber nachdenken sollte, ob und wie man teilen könnte. Gerade heute, in unserer globalisierten Welt, eine sehr ernst zu nehmende Frage, eine zentrale Frage.
Koch: Und an die Geschichte von Sankt Martin kann man im Gespräch mit den Kindern ja gut anknüpfen, man kann mit ihnen darüber nachdenken, was man von dem, was man hat, abgeben könnte. So hat zum Beispiel in meiner Klasse jeder ein Spielzeug, das er aber wirklich gern hat – das war ganz wichtig: also etwas abzugeben, woran man hängt –, für die Kinder in einem Flüchtlingsheim gespendet.
Moderator: Und das ist das Stichwort für unsere Sendung morgen: Gutes tun in unserer Nachbarschaft.

▸ Track 26 Fokus Grammatik: indirekte Fragesätze im Kontext
1d St. Martin, St. Martin, St. Martin ritt durch Schnee und Wind, sein Ross, das trug ihn fort geschwind. / St. Martin ritt mit leichtem Mut, sein Mantel deckt ihn warm und gut. / Im Schnee saß, im Schnee saß, im Schnee, da saß ein armer Mann, hatt' Kleider nicht, hatt' Lumpen an: / „Oh helft mir doch in meiner Not, sonst ist der bitt're Frost mein Tod!" / St. Martin, St. Martin, St. Martin zieht die Zügel an, das Ross steht still beim armen Mann. / St. Martin mit dem Schwerte teilt den warmen Mantel unverweilt. / St. Martin, St. Martin, St. Martin gibt den halben still, der Bettler rasch ihm danken will. / St. Martin aber ritt in Eil' hinweg mit seinem Mantelteil.

▸ Track 27 Abschnitt E, E2 a
Intro: Radio Sara präsentiert: Psychologie im Alltag, heute mit Myriam Wilkowski. Zu Gast im Studio heute: Herr Professor Dr. Heinz-Wolfgang Reinhardt.
Moderatorin: Fast jeder kennt diesen Wunsch, dieses Verlangen: Mal rauszukönnen aus dem Alltag, mal 'was Neues, Spannendes erleben. Neue Leute, eine neue Umgebung kennenlernen, irgendetwas verändern im Leben ... Doch wenn es dann wirklich soweit ist, dann sieht die Realität häufig ein bisschen anders aus: Denn sich in neuen Situationen zurechtfinden, das kostet schon ganz schön viel Mut, Kraft und Zeit. Und ist nicht jeder Neuanfang wirklich erwünscht; zwingt uns doch manchmal eine Krankheit oder eine plötzliche Veränderung der Lebenssituation, plötzlich ganz anders zu leben, unter anderen Bedingungen zu leben, unser Leben neu zu gestalten. „Ein neues Leben beginnen", das ist das Thema unserer heutigen Sendung. Am Mikrofon, wie gewohnt, Myriam Wilkowski. Unser Studiogast ist heute Professor Dr. Reinhardt vom Psychologischen Institut Innsbruck. Herr Dr. Reinhardt, herzlich willkommen hier bei uns im Studio.
Dr. Reinhardt: Grüße Sie, Frau Wilkowski, und auch Ihnen, liebe Hörerinnen und Hörer, einen schönen guten Tag.
Mod.: Bevor ich nun mit Herrn Professor Dr. Reinhardt tiefer in das Thema einsteige, hören wir uns ein paar Stimmen dazu an. Zunächst Friederike Fischer und Monika Kirchner:

▸ Track 28
Friederike: „Allein in einer fremden Stadt? – Kein Problem für mich!", dachte ich. „Ich lerne bestimmt schnell Leute kennen." Na ja, im Prinzip stimmte das ja auch – ich hab' schon „schnell viele Leute" kennengelernt. Nur leider gab es dabei wenige, die ich gerne noch ein zweites Mal treffen wollte. Das erste halbe Jahr hab' ich mich deshalb ziemlich oft sehr einsam gefühlt, die ganze Stadt war so fremd. Aber dann ging's plötzlich ganz schnell und inzwischen kenne ich ein paar wirklich nette Leute, kann Touristen den Weg sagen und der Bäcker weiß jetzt auch, welche Brötchen ich haben möchte. Seither habe ich ein bisschen das Gefühl, „zu Hause" zu sein, mich auszukennen, nicht mehr so verloren dazustehen.

▸ Track 29
Monika: „Von der Stadt aufs Land zu ziehen ist kein großer Schritt für dich, schließlich bist du ja auf dem Land aufgewachsen und liebst die Ruhe des Landlebens" – so dachte ich, als ich vor zwei Jahren von München nach Bad Reichenhall zog, ein Ort mit 18.000 Einwohnern. Doch obwohl ich nie mehr in die Stadt zurück möchte, fiel mir die Eingewöhnung viel schwerer, als ich gedacht hatte. Man kann hier nicht einfach spontan ins Kino gehen oder noch schnell etwas Vergessenes einkaufen, man muss alles viel besser planen. Neulich ist es mir sogar passiert, dass ich das ganze Wochenende ohne Brot dasaß, weil ich am Samstag erst um 14 Uhr zu unserem Lebensmittelladen gegangen bin.
Mod.: Oft sind es aber gar nicht so großartige Veränderungen wie ein Ortswechsel, sondern vielmehr ganz alltägliche Situationen, die uns herausfordern. Hören wir dazu Herrn Behrend und Kristin Mühlberger.

▸ Track 30
Herr Behrend: Bammel hatte ich ja schon, wo ich nach dem Studium meinen ersten richtigen Arbeitsplatz als Journalist

bei einer großen Tageszeitung angefangen hab'. Die ersten paar Tage bin ich immer in Anzug und Krawatte in die Arbeit gekommen – ich habe gedacht, dass ich das jetzt so machen müsste. Trotzdem habe ich das wirklich als ziemlich unangenehm empfunden. Dann hat mir eine Kollegin nach einer Woche gesagt, dass ich mich in Zukunft gerne etwas „legerer" anziehen könne. Hinterher ist mir das ziemlich peinlich gewesen!

▸ Track 31

Kristin: Dass eine Frau Mühlberger aufgerufen wurde und ich diejenige war, die am wenigsten darauf reagierte, manchmal sogar dachte, mein Gott, wo ist die denn, diese Situation beim Arzt, auf dem Amt usw. gab es nach meiner Hochzeit zunächst ständig. Es hat ziemlich lange gedauert, bis mir mein neuer Nachname so vertraut war, dass ich auch darauf reagierte. Manchmal vermisse ich richtig meinen alten Namen, aber dann denke ich auch daran, dass ich es ja so wollte und dass sich mit meinem neuen Namen ja doch auch mein Leben verändern wird.

Mod.: Herr Professor Reinhardt, das sind ja nun eigentlich wirklich Situationen, die sich jeder ganz gut vorstellen kann oder in die der eine oder andere schnell mal kommen kann, oder? Aber bevor wir jetzt in unser Gespräch einsteigen, hören wir uns doch noch Herrn Max Rehbein an, für den es tatsächlich lebensnotwendig war, sein Leben zu verändern:

▸ Track 32

Max: Ja, bei mir wurde eine ... eine schwere Lebensmittel-Unverträglichkeit festgestellt. Und als ich dann so langsam verstanden hab', was das für mich bedeutet, dass ich also nichts mehr essen darf, was ... was Gluten enthält, also zum Beispiel nichts mehr mit Weizen, Weizenmehl, kein Toastbrot, keine Nudeln, keinen Kuchen usw., da ist eine Welt für mich zusammengebrochen. Also nie mehr all ... all das, was ich sonst so gern gegessen hab'! Ich musste meine Ernährung innerhalb von wenigen Tagen komplett umstellen. „Das schaffst du nie!", dachte ich am Anfang. Und doch, es ging dann einfacher, als ich gedacht hatte. Also, inzwischen ist es für mich selbstverständlich geworden, auf gewisse Dinge zu verzichten. Ganz einfach vor allem, weil es mir dann besser geht. Und was wirklich toll ist: Es gibt langsam auch Restaurants, die glutenfrei kochen, sodass ich mich jetzt auch wieder mit Freunden zum Essen treffen kann. Das Restaurant darf dann aber ich bestimmen, klar.

Mod.: Herr Professor Reinhardt, das sind ja nun interessante Schicksale ...

Professor Reinhardt: Ja, in der Tat, hier haben wir nun fünf Geschichten, fünf unterschiedliche Schicksale, und doch ist ihnen allen eines gemeinsam: Alle fünf Personen standen vor einem Neuanfang, alle fünf mussten sich in irgendeiner Weise neu orientieren, an eine Situation gewöhnen und dann, die einen mehr, die anderen weniger, ihr Verhalten auf diese neue Situation einstellen.

▸ Track 33 Abschnitt F, F2

Text 1: A: Du Arme, das ist ja furchtbar! **B:** Na ja, es gibt Schlimmeres.

Text 2: A: Hast du's schon gehört? Das Benzin soll viel billiger werden! **B:** Na ja, das glaub' ich erst, wenn ich's sehe!

Text 3: A: Und, wie war der Film? **B:** Na ja, ging so.

Text 4: A: Hm! Das schmeckt echt super!

Text 5: A: Also, du musst erst mit der U6 Richtung Kieferngarten fahren und dann in die U3 Richtung Olympiazentrum umsteigen. **B:** Hm? Warum muss ich erst die U6 nehmen? Ich kann doch gleich mit der U3 fahren, oder?

Text 6: A: Vielleicht kommt er ja noch. **B:** Hm. Ich weiß nicht. Wenn er bis jetzt noch nicht da ist ...

Text 7: A: Hast du's schon gehört? Das Gas soll viel billiger werden! **B:** Ach ja? Und wer sagt das?

Text 8: A: Kommst du heute auch zum Meeting? **B:** Ach ja, gut, dass du's sagst! Ich hätt's fast vergessen.

Text 9: A: Nein, das hast du falsch verstanden! Du bist nicht automatisch im Internet, sondern du musst erst eine Verbindung herstellen. **B:** Aha! Deshalb bin ich also nie ins Internet gekommen!

Text 10: A: Hast du's schon gehört? Das Heizöl soll viel billiger werden! **B:** Aha? Und das glaubst du?

Lektion 4: Erwischt

▸ Track 35 Abschnitt A, A2a

1. Runde:

Spielerin 1: Fünfundzwan..., nein, halt: zweiundfünfzig.

Spieler 2: So, schauen wir mal. Prima. Vierundfünfzig. Das musst du erst mal überbieten.

Spielerin 3: Ach, kein Problem, das ist doch meine leichteste Übung! Vierundsechzig!

Spieler 4: Dreier-Pasch.

Spielerin 1: Das glaub' ich nicht. Das will ich sehen! ... Ertappt! Du hast ja nur eine Drei, wo ist denn die andere?

Spieler 4: So ein Mist!

Spieler 2: Hier ein Streichholz für dich. Du bist noch mal dran.

Spielerin 3: Tja, auch schummeln muss man können.

2. Runde

Spieler 4: Aber jetzt zeig ich's euch. Zweiundsechzig. Das ist doch mal ein guter Anfang! Diese Runde verliere ich nicht.

Spielerin 1: Na, abwarten. ... Fünfundsechzig

Spieler 2: Zweier-Pasch.

Spielerin 3: Soll ich dir das glauben oder schummelst du ein bisschen? Na ja, ich glaub dir mal. ... Mäxchen!

Spieler 4: Tatsächlich, eine Zwei und eine Eins! Also, her mit dem Streichholz.

▸ Track 36 Abschnitt B, B2b

Journalist: Das war „Alles nur geklaut" von den Prinzen. Kommen wir nun wie jeden Donnerstag zu den Filmtipps bei Kultur aktuell. Marina hat für Sie die neuesten Filme in unsern Kinos angeschaut. Und hier ihre Empfehlungen für die kommende Woche. Bitte, Marina.

Marina: Ja hallo, liebe Hörerinnen und Hörer, diese Woche kommen einige ganz erstklassige Filme in unsere Kinos. Sie können sich auf ein spannendes Wochenende freuen. Beginnen möchte ich mit einem Film von Steven Spielberg: „Catch me if you can – Die wahre Story einer genialen

Täuschung" mit Leonardo DiCaprio, Tom Hanks und Christopher Walken in den Hauptrollen. Der Film spielt in den 60er-Jahren und erzählt die wahre Geschichte des Hochstaplers Frank W. Abagnale. Den 20-jährigen Frank – glänzend gespielt von Leonardo DiCaprio – treibt der Wunsch nach einem ganz anderen Leben aus dem Haus seiner Eltern, nachdem sein Vater – gespielt von Christopher Walken – mit seiner Firma bankrott macht und die Ehe der Eltern zerbricht. Sein Ziel ist es, schnell reich zu werden. Aber wie soll er das ohne Schulabschluss anstellen? Ganz einfach: Ein weißer Kittel, eine schöne Uniform, und die Welt liegt dem jungen Frank zu Füßen. Wenn er als Kopilot auftritt, lösen die Kassiererinnen in der Bank gern ungedeckte Schecks ein; spielt er den Arzt, zieht er alle Krankenschwestern in seinen Bann; und als Anwalt überzeugt er vor Gericht. Und so gelingt es ihm wirklich, ein paar Millionen US-Dollars mit seinen Täuschungsmanövern zu erschwindeln. „Wieso schafft der Mann das? Und warum merkt niemand etwas, obwohl er doch keine wirklichen Fachkenntnisse hat?", fragt man sich als Zuschauer. Auf seine Rollen hat Frank sich allein durch das genaue Studium von Arzt- und Gerichtsserien im Fernsehen vorbereitet. Aber ein guter Hochstapler ist immer auch ein guter Schauspieler und überzeugender Selbstdarsteller, und die meisten Menschen stellen Autoritäten nun mal nicht in Frage. Die Welt will betrogen sein! Und schließlich kauft man ja auch als Zuschauer dem charmanten DiCaprio auf der Leinwand gerne alles ab. Regisseur Steven Spielberg ist mit der Verfilmung der Hochstapler-Geschichte eine locker inszenierte Komödie gelungen, in der es auch um die Suche nach einer Vaterfigur geht. Den findet DiCaprio in der Gestalt seines etwas ungeschickten FBI-Verfolgers Carl Hanratty, gespielt von Tom Hanks. Und – Ironie der Geschichte – auch der echte Abagnale kam nach seinen Abenteuern als Hochstapler wieder auf den richtigen Weg zurück: Heute arbeitet der 54-Jährige auf der anderen Seite und entwirft für das FBI Sicherheitssysteme. Schauen Sie sich den Film an, Sie werden Ihren Spaß haben! Dann haben wir für die nächste Woche noch einen ganz anderen, aber nicht weniger interessanten Film.

▸ Track 37 Abschnitt C, C3a

Im Anschluss an die Nachrichten begrüßen wir Sie, liebe Hörerinnen und Hörer, wie jeden Mittwochnachmittag in unserem Kochstudio zu unserer Sendereihe „Hausmannskost neu entdeckt" mit Marlene Krieger.

Journalistin: Guten Tag, liebe Hörerinnen und Hörer. Ich begrüße Sie ganz herzlich in unserem Kochstudio. Unser Gast heute: Bruno Klang. Bruno, was wirst du heute für uns zubereiten?

Klang: Das Thema dieser Woche sind ja die Klassiker der deutschen Küche. Und darum wollen wir uns heute an die gute alte Hühnersuppe heranwagen.

Journalistin: Sehr schön, da freu' ich mich schon drauf! Gerade jetzt im Winter tut eine Suppe ja immer gut! Was brauchen wir dafür denn alles?

Klang: Da möchte ich doch noch ein wenig was zu sagen: Es ist nicht nur so, dass eine wärmende Suppe guttut, es ist tatsächlich so, dass die Hühnersuppe aus guten Zutaten bei Erkrankungen eine heilende Wirkung hat, und das liegt, das weiß heute kaum einer, an den Wirkstoffen im Hühnerfleisch. Aber nun zu unserer Aufgabe: Also, für die Hühnersuppe brauchen wir erst einmal ein schönes zartes Huhn. Wir wollen das Hühnerfleisch ja mitessen, also bitte: Kein altes Suppenhuhn kaufen, das ist nur gut für eine Bouillon oder einen Fond. Achten Sie beim Kauf auf gute Qualität. Am besten schmecken natürlich Hühner, die draußen spazieren gegangen sind. Aber im Ernst: Ein Huhn aus der Käfighaltung kann ich nicht essen, das ist kein Genuss mehr, da können Sie sich das Kochen sparen.

Journalistin: Ja.

Klang: Ja, dann brauchen wir noch Suppengrün, also Möhren, ein Stück Sellerie, Petersilienwurzel und ein Stück Lauch, Petersilie, eine mittelgroße Zwiebel, ein Lorbeerblatt, Salz, Paprika, Pfefferkörner und dann nehme ich noch ein bis zwei Kardamomkerne, die geben der Suppe einen ganz feinen Geschmack.

Journalistin: Kardamom? Das kenne ich nur von den Weihnachtsplätzchen. Wir haben immer ein paar Wacholderbeeren in die Suppe geworfen.

Klang: Ja ja, das kann man natürlich auch machen, aber die Kardamomkerne geben der Suppe einen leichten Geschmack nach Zitrone. Das passt besser zu dem zarten Huhn.

Journalistin: Ja, da bin ich aber sehr gespannt, wie das schmeckt.

Klang: Noch ein Tipp: Wenn man erkältet ist, kann man auch Ingwer oder eine klein geschnittene Chilischote dazugeben, das macht den Hals wieder frei.

Journalistin: Das machen wir heute aber nicht. Wir sind ja beide ganz gesund.

Klang: Ja, ... Jetzt fehlt nur noch eine gute Einlage: Wir nehmen heute mal Suppennudeln, man kann aber auch Reis oder Grießklößchen hineintun, ganz nach Belieben. So, jetzt brauche ich erst mal einen Topf mit 1,5 Litern Wasser. Das kannst du dann schon mal machen. Und nimm bitte den größten Topf, den wir hier haben, denn die Zutaten sollen ja viel Platz haben!

Journalistin: Okay, jetzt habe ich den Sechs-Liter-Topf hervorgekramt. – Ist der hier okay?

Klang: Ja, absolut perfekt.

Journalistin: So, der Topf steht auf dem Herd.

Klang: Gut. Bis das Wasser kocht, schneiden wir den Sellerie und das Wurzelgemüse in schöne kleine Würfel und den Lauch in dünne Scheiben. ... So hier, die Zwiebel, die darfst du schälen und halbieren, aber pass auf, dass du nicht so viel weinen musst.

Journalistin: Na, das ist aber sehr lieb von dir, dass du dich so um mich sorgst!

Klang: So, das war's dann schon fast. Das Huhn muss noch von innen und außen gründlich gesäubert werden. Kocht das Wasser?

Journalistin: Ja, das kocht ganz ordentlich.

Klang: Okay, dann hinein mit dem Huhn. So, Vorsicht, heiß! Das Salz dazu, deine Zwiebelhälften, ein wenig Paprika. Das Lorbeerblatt, die Pfefferkörner und die Kardamomkerne tue ich erst hier in das Tee-Ei und dann in den Topf. Dann können wir das nachher ganz leicht wieder aus der Suppe herausholen.

Journalistin: Das mit dem Tee-Ei muss ich mir merken. Ein toller Trick!

Klang: So, das Huhn muss jetzt je nach Größe eine gute Stunde kochen. Aber bitte nur bei kleiner Hitze, die Flüssigkeit darf nicht brodeln, die Suppe muss sieden, so nennt man das.
Journalistin: Also, meine Oma hat mir immer gesagt, dass man das Huhn auf keinen Fall ins heiße Wasser geben soll, weil sonst die Suppe nicht gut schmeckt. Was sagst du dazu?
Klang: Wenn du das Huhn in heißes Wasser gibst, dann schließen sich die Poren schnell und das Aroma geht nicht ganz in die Brühe über. Dann schmecken das Huhn und die Brühe gut. Wenn man eine Bouillon machen möchte, dann sollte man das Huhn, wie deine Oma gesagt hat, ins kalte Wasser geben, dann geht der ganze Geschmack in die Suppe.
Journalistin: Ach, so ist das. Jetzt habe ich wieder was gelernt! So, dann zurück zu unserem Huhn. Wir haben natürlich vor dieser Sendung schon ein Huhn vorbereitet, damit wir jetzt gleich weitermachen können.
Klang: Sehr gut. Wenn das Huhn gar ist, nehmen wir es heraus, lösen das Fleisch von den Knochen, das geht ganz einfach, und schneiden es in kleine Stücke. Das klein geschnittene Suppengrün kann jetzt in die Suppe. Machst du das bitte, ich kümmere mich um das Huhn.
Journalistin: Okay. Hm, das riecht wirklich schon sehr lecker.
Klang: Mmmh, das Suppengrün ist nun schon schön halb gar, jetzt fehlen nur noch die Suppennudeln und das klein geschnittene Huhn.
Journalistin: Jetzt muss ich noch mal meine Oma zitieren. Die hat immer gesagt, man darf auf keinen Fall die Nudeln in der Suppe mitkochen, sondern sollte sie separat garen und erst zum Schluss in die Suppe tun.
Klang: Ja, das kann man natürlich so machen. Das ist vor allem wichtig, wenn man die Suppe auch noch am nächsten Tag essen möchte oder wenn man sie einfrieren will. Dann würden die Nudeln die Suppe trüb oder breiig machen. ... So, die 10 Minuten sind vorbei, unsere Hühnersuppe ist fertig. Holst du Teller für uns? Ich schneide noch ein bisschen Petersilie für die Dekoration. Mal schauen, wie sie schmeckt, ... vielleicht noch ein bisschen Pfeffer. So, fertig.
Journalistin: Ja, dann probieren wir mal. Hm, sehr gut, Bruno! Ja, liebe Hörerinnen und Hörer, dann bleibt uns nur noch, Ihnen viel Spaß beim Nachkochen zu wünschen und ...
Klang und Journalistin: ... guten Appetit!

CD 2

Lektion 5: Eintauchen

▸ Track 2 Abschnitt C, C2a
Bert: Was hast du mir'n da geschickt?!
Jan: Wieso?
Bert: Da findet man ja gar nichts!
Jan: Oje! Checkst du's schon wieder nicht?
Bert: Blöder Rechner. – Erklärst du's mir?
Jan: Meinetwegen ... gib die Adresse ein, aber ohne das „www".
Bert: Da mach ich die Seite auf und seh erst mal 'n Foto ...
Jan: Da steht dann „Pick your view". Du musst zuerst einmal da draufklicken ... das geht doch ganz einfach!
Bert: Verdammt! Jetzt ist er abgestürzt!
Jan: Quatsch! Wart halt.
Bert: Unglaublich!
Jan: Na, hast du's doch gefunden? „Pick your view", da kannst du aussuchen, ob du mit dem Sportwagen fahren willst oder lieber den Rennwagen nimmst oder zu Fuß gehen willst. Angenommen, du nimmst den Sportwagen ...
Bert: Oje! Und jetzt?
Jan: Klick auf dein Auto, das steht da auf dem Stadtplan. Da auf der unteren Bildhälfte fährst du die Straßen ab, die du oben als Foto siehst. Um abzubiegen oder die Richtung zu wechseln, bleibst du mit der linken Maustaste gedrückt auf dem Auto. Wenn die Pfeile erscheinen, kannst du es drehen.
Bert: Wie jetzt?
Jan: Probier's doch erst mal!
Bert: Das Auto dreht sich um die eigene Achse.
Jan: Statt mit der Maus zu fahren, ist es leichter, mit den Pfeilen auf der Tastatur zu fahren. Und, geht's?
Bert: Das ist ja ends... unglaublich!
Jan: Eben, und jetzt fährste halt die Straßen ab, die wir entlanggegangen sind. Da findste dann sicher die Kneipe.

▸ Track 4 Abschnitt E, E2b
Moderator: Wir sind hier vor der Wohnung von Petra Umlauf und Michael Numberger – mal sehen, ob die beiden wirklich zu Hause sind.
Petra: Oh, ihr seid schon da ... Ja, kommt doch einfach hier lang ...
Michael: Ja, grüß euch, hallo. Freut uns, dass ihr hier seid. Wollt ihr irgendwas trinken?
Mod.: Vielleicht später. Ihr da draußen, ihr habt ja keine Ahnung, wie es hier aussieht: Regale, wohin man guckt. Vom Boden bis zur Decke. – „Wofür um Gottes willen die vielen Regale?", werden jetzt unsere Hörer sagen.
Petra: Für unsere Sammlung, deswegen seid ihr doch da.
Mod.: Logo.
Michael: Also hier in unserer Lauschlounge haben wir von einer Ecke bis zur anderen ein großes Regal mit Kinderkassetten und hier unten sieht man unsere Schallplatten, die wir jetzt in den letzten Jahren gesammelt haben.
Petra: Ja, wir sammeln nämlich Kinderhörspiele, das heißt, das sind hauptsächlich Hörspiele, die in den 80er-Jahren, in denen wir auch aufgewachsen sind, entstanden sind. Aber darüber hinaus sammeln wir natürlich auch aktuelle Produktionen, das heißt, auch Hörbücher für Erwachsene.
Mod.: Ihr seid also richtige Kassettenkinder?
Petra: Was? Ach so, ja, ich glaube, das könnte man so sagen. Wir haben die Helden unserer Kindheit immer noch nicht vergessen.
Michael: Ich würd mich nicht ganz als Kassettenkind bezeichnen, denn ich bin noch mehr mit den Vinylproduktionen der 70er-Jahre aufgewachsen. Und die hab ich nur immer auf einem alten Reiseplattenspieler angehört, den ich von meiner Oma geerbt hab.
Mod.: Das ist ja unglaublich! Wie finden es denn eure Freunde, dass ihr euch so intensiv mit euren Erinnerungen beschäftigt?
Petra: Also, die meisten unserer Freunde denken, dass wir ein paar Kassetten besitzen, die wir ab und zu beim Ein-

schlafen anhören. Aber wenn sie dann bei uns zu Hause sind und unsere Sammlung in natura sehen, dann merken wir schon immer, dass sich ein leichtes Lächeln auf ihr Gesicht legt und sie uns für ziemlich verrückt halten, was wohl auch daran liegen mag, dass unsere Sammlung, die aus LPs, MCs und CDs besteht, sich mittlerweile schon im vierstelligen Bereich bewegt.
Mod.: Wahnsinn!!
Michael: Aber auch wenn es sehr viel Spaß macht, Hörspiele zu hören, wollen wir natürlich nicht nur in eine akustische Phantasiewelt eintauchen.

▸ Track 5
Mod.: Aber im Ernst, ihr hört doch eure Kassetten auch, oder?
Michael: Natürlich, mein Held zum Beispiel ist der Pumuckl und der wird's auch immer bleiben. Aber in erster Linie macht es auch Spaß, unsere Homepage aufzubauen. Und damit beschäftigen wir uns auch sehr intensiv. Und dann berichten wir auch nicht nur über Kinderhörspiele, sondern auch über Erwachsenengeschichten und aktuelle Produktionen und Veranstaltungen.
Mod.: Und weißt du noch, welches deine erste Kassette war?
Petra: Meinst du die erste, die ich gehört habe? Ach, daran kann ich mich eigentlich gar nicht mehr wirklich erinnern. Ich weiß nur, dass meine ersten Kassetten Märchenkassetten waren, aber die Hörspielleidenschaft hat mich dann erst richtig gepackt, als ich von meiner ein paar Jahre älteren Cousine ihre „Drei ???"-Kassetten geschenkt bekommen hab.
Mod.: Das war dann wohl das Gespensterschloss, oder?
Michael: Also, die „Drei ???", das ist was ganz Besonderes, vor allem auf Vinyl, denn es wurden ursprünglich nur die ersten dreißig Folgen produziert, und wir haben eine ganz tolle Rarität ergattern können, nämlich eine original verschweißte „Drei ???"-LP. Hier, schau mal, die hab ich extra schon vorbereitet.
Mod.: Also muss es immer die Originalkassette oder -platte sein?
Petra: Ja, also, es muss immer das Original sein. Hat natürlich auch viel mit nostalgischen Gründen zu tun. Aber es ist einfach sehr schön, wenn man die Kassette aufklappen und sich das Cover ansehen kann. Und als Kind fand ich vor allen Dingen immer besonders schön, wenn die Kassette noch originalverpackt war und wenn man die dann aus der Verpackung genommen hat, dann hat es immer einen sehr eigenartigen neuen Geruch – und ja, so soll's auch heute noch sein.
Mod.: Petra, was ist denn heute so dein Lieblingshörspiel?
Petra: Also, mein Lieblingshörspiel ist eigentlich immer von meiner Stimmung abhängig. Im Moment sind's ganz klar die „Drei ???", aber auch Bibi Blocksberg, aber ich kann mich eigentlich auf gar keine Lieblingsfolge festlegen.
Michael: Mir geht's da genauso. Es ist sehr viel von der Stimmung abhängig und wir haben auch 'ne richtig große Auswahl, wie ihr hier in unserer Lauschlounge sehen könnt. Aber ich kehr dann doch immer wieder zurück zu den guten alten Pumuckl-Geschichten mit Alfred Pongratz. Erinnert ihr euch an die Geschichte mit der Spieluhr?
Mod.: Nee, im Moment nicht so richtig – Und was ist die schrecklichste Hörkassette, die es gibt?
Michael: Also, ich würd' sagen, die Kassette mit den Häschenwitzen.
Petra: Häschenwitze! Da verliert man auch als absoluter Hörspielheld die Nerven! ... Haddu Möhrchen und muddu, muddu, muddu ...

Lektion 6: Gewinnen

▸ Track 6 Abschnitt B, B2 b
Reporter 1: Ja, meine Damen und Herren, hören Sie mich eigentlich? Der Techniker nickt, ein ohrenbetäubender Krach hier, und Lärm, Sie hören es ja selbst, wenn so ein Fass mal ins Rollen kommt, unglaublich, was hier so abgeht. Willkommen beim grenzüberschreitenden Wettbewerb 2007 im Bierfassrollen. Los ging's um 10 Uhr mit dem Anpfiff, und jetzt sind wir schon mittendrin. Sage und schreibe 30 Teams sind dieses Jahr dabei und die Mannschaften kommen aus Kenia, England, Slowenien, Österreich, Italien, Deutschland und Tschechien. Deutschland ist dieses Jahr sogar mit drei Mannschaften vertreten, und wie mir gesagt wurde, sind das alles Mannschaften aus dem Verein der freiwilligen Feuerwehr in Brückenstedt, die hier mit dem Fanklub und fünf Feuerwehr-Sondereinsatzwagen angerückt sind. Meine Damen und Herren, die Stimmung ist fantastisch und die ersten Fässer sind bereits die 600 m lange Strecke ins Ziel gerollt. Einen kleinen Unfall gab es schon: Das Fass der ersten deutschen Mannschaft ist mitten in die Zuschauermenge gerollt – sie hören richtig, in die Zuschauermenge. Die beiden Fassroller haben die Kontrolle über das Fass verloren – aber, Gott sei Dank, es ist niemandem etwas passiert. Wie so was passieren kann, fragt man sich da schon. Wie können zwei Profis, sozusagen, die Kontrolle über ein Fass verlieren? Dazu gibt es dann im Anschluss ein Interview mit dem Trainer der deutschen Mannschaften, Lothar Muse. Vielleicht noch, bevor's weitergeht, ein paar Infos für unsere neuen Hörer: So ein Fass, ich sagte es schon, fasst 100 Liter und hat ein Eigengewicht von 52 Kilogramm. Zwei Stöcke dienen den beiden Wettkämpfern einer Mannschaft dazu, das Fass in die richtige Richtung zu bekommen. – Aha, ... die nächsten beiden Mannschaften machen sich gerade fertig zum Start, bekommen ihre Fässer und Stöcke, ja, also in Führung liegt im Moment die Mannschaft aus Tschechien. – Und Start! – Das gibt es doch nicht, nein, da hat doch, wo ist denn der Schiedsrichter, ist der blind!? Das war doch Bein, eindeutig mit dem Oberschenkel das Fass wieder in die richtige Richtung gebracht, das englische Duo gehört disqualifiziert! Die Zuschauer an der Kurve pfeifen, aber was war denn mit dem Schiedsrichter? Was ist denn los? Sieht der das denn nicht?

▸ Track 7
Reporter 2: Willkommen, meine Damen und Herren, ich melde mich hier von den Wettkämpfen im Extrembügeln, ja, Sie haben schon richtig gehört, „bügeln". Wenn Sie bisher gedacht haben, das sei nur etwas für langweilige Abende vor dem Fernsehen, dann kommen Sie hierher: einfach spektakulär, was die Athletinnen und Athleten hier zu bieten haben. Die Zeiten, in denen es noch genügt hat, eine makellose Bügelfalte in die Anzughose zu bekommen oder eine verknit-

terte Bluse wieder zu glätten, sind hier jedenfalls vorbei. Die Wäsche wird zwar am Ende bewertet, je mehr Falten bleiben, desto weniger Punkte. Aber wie das hier gemacht wird, das ist schon unglaublich. Heute haben wir es mit dem klassischen Bügeln an der Kletterwand zu tun. Ich stehe jetzt hier an der Kletterwand und – oh, das gibt es doch gar nicht: Riesenpech für den Teilnehmer aus der Schweiz an der Kletterwand: Gerade als er mit seinen frisch gebügelten Blusen und Hemden in Führung liegt und absteigen will, fällt ihm seine Wäsche zu Boden! Nun, das wäre noch nicht so schlimm, aber als er sie wieder aufheben will, gleitet sie ihm weiter hinunter, keine Chance mehr, die Wäsche mitzubringen. Ausgeschieden, disqualifiziert! Das hätte er wissen müssen ... also, natürlich, der weiß doch, dass Bügeleisen, Bügelbrett und Wäschestück während des gesamten Wettkampfes am eigenen Körper mitzuführen sind. Wie konnte er nur so ein Risiko eingehen! Na, schauen wir weiter, das verändert natürlich die Situation am Berg ...

▸ Track 8

Reporter 3: Petrus hat Gnade walten lassen und für die heutigen Wettkämpfe im Handy-Weitwurf und im Besonderen im gerade laufenden Einzelwettkampf Herren die Sonne strahlen lassen. Ja, der Wettkampf Herren lässt sich gut an, später folgen die Durchläufe im Einzel Frauen und die Mannschaftswettkämpfe. In Führung liegt im ersten Durchlauf, also mit dem bis 100 Gramm schweren Handy, der Finne Mika Salo, dicht gefolgt von unseren österreichischen Nachbarn. Doch es fehlen noch die anderen zwei Durchgänge, mit den bis 200 bzw. bis 300 Gramm schweren Handys, und der insgesamt weiteste Wurf wird entscheiden. Disqualifiziert wurde bislang nur der Italiener Marino Totti wegen Übertretens der Abwurflinie. Oh, und da gab es gerade wieder einen super Wurf aus dem belgischen Lager ...

▸ Track 9

Reporter 4: Also, hier geht es schon heftig zur Sache, die Fußballer sind schon kaum mehr voneinander zu unterscheiden, über und über mit Schlamm bedeckt, man kann die Farben der Trikots kaum mehr erkennen, möchte wissen, wie das die Spieler machen, dass sie nicht den Falschen die Bälle zuspielen. Es sind nun schon etwas mehr als 15 Minuten gespielt, da bleiben noch harte neun Minuten. „Schlammfußball“, manche sagen auch „Sumpffußball“ dazu, ist eine der anstrengendsten Sportarten der Welt, die Spieler stecken bis zu den Knöcheln, teilweise sogar bis zu den Knien im Schlamm. Es sind schon harte Burschen, den Spielern wird wirklich alles abverlangt. Um nicht stecken zu bleiben oder zu versinken, müssen die Mannschaften ständig in Bewegung bleiben. Das Spiel ist kleiner als beim regulären Fußball, nur 20 mal 40 Meter, es sind auch nur sechs Spieler pro Mannschaft auf dem Feld, sonst ist es ganz „normaler“ Fußball, in dem es ums Toreschießen geht – je mehr, desto besser. Das Spiel mit der Hand ist verboten, außer bei Einwürfen, Eckbällen, Freistößen und Strafstößen, da lässt man den Ball mit den Händen auf den gewählten Fuß fallen. Der Ball wird mit den Füßen getreten, Kopfbälle sind erlaubt, wie beim normalen Feldfußball eben. War das eben nicht ein Foul! Meine Damen und Herren, wie soll man das jetzt noch erkennen? Aber von hier oben gesehen war eine Hand im Spiel, wie vorhin schon – aber ich halt mich da zurück, ich erkenne ja bald nichts mehr, wo ist der Schiedsrichter? Nicht dass Sie meinen, es handelt sich hier um ein paar wenige verrückte Freaks: Bei den letzten Weltmeisterschaften haben über 250 Teams teilgenommen, auch Länder wie Somalia oder Chile waren vertreten. Aber jetzt wenden wir uns wieder dem Wettkampf zu, in Führung liegt derzeit die Mannschaft ...

▸ Track 10 Fokus Grammatik: Adversative Angaben – Gegensätze darstellen

2 b *am Anfang eines Hauptsatzes oder eines Nebensatzes*

Satz 1: Während mein Freund gern süße Sachen isst, esse ich lieber scharfe Sachen.

Satz 2: Im Gegensatz zu meinem Freund schmecken mir süße Sachen überhaupt nicht.

Satz 3: Mein Freund isst sehr gern Torten, Kuchen und auch Schokolade, während ich lieber Käse und Salami esse.

Satz 4: Mein Freund ist ganz wild auf Süßigkeiten, aber ich mag sie einfach nicht.

im Satz

Satz 5: Ich esse gern scharfe und würzige Sachen, mein Freund dagegen lieber Süßigkeiten.

Ich esse gern scharfe und würzige Sachen, mein Freund mag aber lieber Süßigkeiten.

Ich esse gern scharfe und würzige Sachen, mein Freund mag jedoch lieber Süßigkeiten.

Satz 6: Ich esse gern scharfe und würzige Sachen. Mein Freund mag dagegen lieber Süßigkeiten.

Ich esse gern scharfe und würzige Sachen. Mein Freund aber lieber Süßigkeiten.

Ich esse gern scharfe und würzige Sachen. Mein Freund jedoch lieber Süßigkeiten.

▸ Track 11 Abschnitt D, D1 a

Intro: ... Radio 3 am Nachmittag präsentiert: Wissen der Welt – heute mit Roland Jocks.

Moderator: Haben Sie genug Zeit? Eine Binsenweisheit ist wohl: Alle haben gleich viel Zeit, nämlich pro Tag 24 Stunden. Aber da hört wohl das Gleichsein auch schon wieder auf. Manche Menschen brauchen nämlich neun Stunden Schlaf und beneiden die, die nur fünf schlafen: Haben die doch zusätzlich vier Stunden Zeit für die wichtigen Dinge des Lebens. Wer dagegen nur fünf Stunden schlafen kann, beneidet den, der neun schläft, kann der doch ausgeruht, produktiv den Tag angehen und hängt nicht übermüdet, uneffektiv in den Seilen. Laut einer Umfrage leidet ein Großteil der Bevölkerung darunter, keine Zeit zu haben. Zunehmend auch Kinder. Hat man gerade mal Zeit nachzudenken, fragt man sich aber, wozu man eigentlich keine Zeit hat und womit man die denn so verbringt, wenn man zu dem, was man eigentlich machen wollte, keine Zeit hat. Um das Problem in den Griff zu bekommen, als Einzelner und auch gesamtgesellschaftlich sozusagen, gibt es ein Zauberwort, und das heißt „Zeitmanagement“. Meine Großmutter würde sagen: „So ein Quatsch, man soll sich halt nur so viel vornehmen, wie's geht.“ Wir wollen's aber genauer wissen und hören deshalb kurz in einen Vortrag von Frau Dr. Zeiler rein, die sich mit dem Thema Zeitmanagement seit Jahren intensiv beschäftigt.

Zeiler: Doch was ist „Zeitmanagement" überhaupt? Um seine Zeit systematisch und diszipliniert planen zu können, ist es wichtig, dass man sich einen Überblick über die eigene momentane Lebenssituation verschafft. Sehr hilfreich ist es dabei, ein sogenanntes Zeitprotokoll anzulegen. Das heißt: Sie schreiben die Tätigkeiten auf, die Ihren Tag bestimmen, und bilden Sie Kategorien (z. B. Arbeiten, Essen, Schlafen, Besorgungen machen). Schreiben Sie, wie viel Zeit Sie wofür aufwenden, und berechnen Sie die Zeit in den einzelnen Kategorien ...

▸ Track 12 D1c
Mod.: Doch wie sieht nun das Leben einer einzelnen Person aus? Wie teilt Otto Normalverbraucher seine Zeit ein? Damit beschäftigt sich eine ganze Studie. Ich habe im Institut für Managementfragen mal den Leiter dieser Studie aufgesucht. Herr Doktor Lübinger, wie sieht denn nun der typische Tag eines, sagen wir mal, Studenten hier in Köln aus?
Lübinger: Ob es den typischen Studenten gibt, weiß ich noch nicht. Das erforschen wir ja gerade. Aber wir können hier den mal herauspicken. Also, die meiste Zeit des Tages verbringt unser Student mit Schlafen, ganze acht Stunden ruht er sich von seiner anstrengenden Tätigkeit im Hörsaal und in der Bibliothek aus. Um sein Leben zu finanzieren, muss er im Schnitt zweieinhalb Stunden pro Tag arbeiten. Das ist wiederum mehr, als unser Student pro Tag an der Universität zugebracht hat, denn dort ist er nach seinen Angaben im Schnitt eineinhalb Stunden. Übrigens genauso viel, wie er für Essen und Kontakt mit Freunden pro Tag reserviert. Demgegenüber nehmen sich die 30 Minuten Sport geradezu mickrig aus. Für die Vorbereitungen auf die Vorlesungen und Seminare an der Uni braucht er ca. zwei Stunden.
Mod.: Was für ein Leben! Student müsste man sein!
Lübinger: Da müssen wir fair bleiben, in der Summe machen die Vorbereitung für die Uni, der Weg von zu Hause in den Hörsaal, dann der Aufenthalt in der Uni dann doch den größten Teil des Tages aus, wenn man einmal vom Schlafen absieht. Da bleibt für die eigene Familie nicht mehr als eine Stunde. Eine Stunde Körperpflege runden den Tag unseres Studenten dann ab.
Mod.: Wie ist nun dieses Beispiel zu beurteilen?

▸ Track 13 D2 a
Mod.: „Wissen der Welt" wäre ja nicht „Wissen der Welt", wenn wir nicht auch heute unsere Hörer mit unseren Fachleuten verbinden würden. Sie rufen uns an, schildern uns Ihren Tagesablauf, und Frau Dr. Zeiler, unserer Sendung nun direkt zugeschaltet ...
Zeiler: Hallo!
Mod.: ... wird – hoffentlich – Ihnen einige wertvolle Tipps für den Alltag geben können. In der Leitung begrüße ich Nina, Studentin in Leipzig. Wenn ich das richtig sehe, haben Sie eher ein Zeitchaos als ein Zeitmanagement?
Nina: Hallo? – Ja?
Mod.: Ja, grüße Sie, Nina, wir hören Sie. Wie sieht es denn bei Ihnen mit Ihrer Zeit aus?
Nina: Ja, also, bei mir ist es so, also, ich bin Studentin und ich arbeite aber auch, so nebenbei. Na ja, so dreißig Stunden in der Woche, in einem Café als Kellnerin.
Mod.: Tagsüber?
Nina: Was – ach so, ja, ist total unterschiedlich, meistens beginne ich gegen Abend, das geht dann so bis Mitternacht, am Wochenende kann's auch später werden, aber das ist nicht immer so. Es gibt auch Tage, da brauchen sie mich am Vormittag, manchmal auch schon am frühen Nachmittag, na ja, unterschiedlich eben.
Mod.: Ja und ...
Nina: ... ja, und ich frag mich dann jeden Tag: Wo ist bloß die Zeit geblieben? Wieder alles Mögliche getan, aber nichts geschafft. Verstehen Sie, was ich meine?
Mod.: Und wie lässt sich das mit dem Studium verbinden?
Nina: Ja eben, sehen Sie, schlecht! Aber ich hab da ein paar Leute, mit denen ich zusammen studiere, die arbeiten auch und wir wechseln uns manchmal ab, manchmal geh ich in die Vorlesung, manchmal wer anders, das geht schon so, irgendwie. Manchmal müssen wir halt in Büchern nachlesen, wenn's keiner schafft, selbst in die Vorlesung zu kommen. Man muss schon ein bisschen improvisieren können.
Mod.: Und, können Sie's?
Nina: Solang' mein Hund nicht krank wird, geht's schon.
Mod.: Haben Sie „Hund" gesagt?
Nina: Ja, so ein Spaniel, mein kleiner Hund, ganz okay, der ist aber unempfindlich, der bleibt schon mal ein paar Stunden zu Hause, oder ich bitte halt meine Nachbarn, ihn kurz nach draußen zu lassen oder eine Runde um den Häuserblock zu gehen, die vertragen sich super gut. Es ist nicht immer ...
Zeiler: Also, wenn ich Sie kurz mal unterbrechen darf, ich denke, da ergeben sich schon eine ganze Menge Anhaltspunkte, ...

Lektion 7: Verrückt

▸ Track 16 Abschnitt A, A b
Statement 1: Toll, so richtig schön verrückt. Das ist echt meins, dieses Bild von Picasso.

▸ Track 17
Statement 2: Also, ich persönlich kann damit ja nun nichts anfangen. Dieses Bild ist doch total verrückt, das hat doch nichts mit Kunst zu tun. Und schön ist auch was anderes. Nee ehrlich, irgendwo gibt's doch Grenzen.

▸ Track 18
Statement 3: Das Bild erinnert mich an ein Gedicht. Genau: „Ordnung" hieß es, von so einem Ulrich oder Ulrichs oder so ähnlich. Bei dem sitzt das Wort an der falschen Stelle, hier die Nase, die Augen, ob das 'was miteinander zu tun hat, künstlerisch mein ich?

▸ Track 19
Statement 4: Ach, eigentlich ist das Bild doch ganz in Ordnung, oder? Na ja, aufhängen würde ich mir so was ja nicht. Und um so was zu malen, muss man ja schon ein bisschen verrückt sein, oder?

▸ Track 20
Statement 5: [Gedicht] Verrückt. Total verrückt. Aber gut, echt gut. [Gedicht]

▸ **Track 21**
Statement 6: [Musik] Mir gefällt diese verrückte Musik, endlich mal was anderes als diese langweiligen Konzerte sonst.
Statement 7: Mir ist das zu schräg. Keine Melodie, kein Punkt, an dem man sich orientieren kann. Und zu laut, zu chaotisch – auf die Dauer macht mich das verrückt.

▸ **Track 22 Abschnitt B, B2 b**
Zum Glück kam auch dann gleich der ICE Annette von Droste-Hülshoff. Auf dem Schild stand nur ..., ein Lächeln von Droste-Hülshoff passte nicht mehr drauf. Ich sofort rein, hab's ja eilig gehabt, sofort mein Gepäck abgestellt und ganz schnell in dieses Klo, oder wie sagt man, in dieses ICE-WC, die Türe zu, und dann stand ein Schild hinter der Türe: „Bitte verlassen Sie diesen Raum so, wie Sie ihn selbst gerne vorfinden möchten.“ ... Wie ich ihn selbst gerne vorfinden möchte! ... Das war eine Arbeit! ... Bis ich die ganzen Reinigungsmittel beieinand' gehabt hab, ja super! Ako-Pads und eingeweicht, eingeschäumt ... Ich sag's Ihnen ehrlich, manches geht gar nicht mehr richtig weg! Den Urinstein innen rausgeputzt, ja mei o mei, ... Und ich brauch immer ein bisschen Musik auf dem Klo, hab' mein eigenes Transistorradio geopfert, hab einen schönen Sender eingestellt ... Was war noch? Was zum Lesen! Ja, ich kann doch nicht auf's Klo gehen, ohne was zum Lesen! Was legst jetzt da hin? Wir haben doch so viele unterschiedliche Fahrgäste bei der Bahn, ne! Na gut, ich hab dann so ein kleines Ensemble zusammengestellt, hab mir gedacht, das geht so einigermaßen ... Musste dann noch unter größten Schwierigkeiten die Pflanzen und Blumen aus dem Zugrestaurant klauen, ne, dass ein bisschen was Buntes, Frisches da ist, hab ich mir gedacht, ne ... Hab mir gedacht, so geht's einigermaßen ... Es war ja improvisiert ... Mir hat ja vorher keiner was gesagt! Allerdings mit relativ großem Erfolg! Ja, also, wie ich raus bin, waren immerhin sechs Menschen vor der Tür gestanden. Die haben sicherlich alle überlegt: „Na, jetzt bin ich mal gespannt, wie es der gemacht hat!“ Das ist ja immer so eine Art Vernissage, ja. Sind auch gleich zwei auf einmal rein, also quasi ausverkauft. Nur ist mir dann eingefallen, dass ich eigentlich aufs Klo hätte müssen. ... Ich war nicht mehr in Stuttgart, sondern schon fast in Karlsruhe. In Stuttgart hätte ich aussteigen sollen! Das ist, wenn man in der Arbeit drin ist, dann vergisst man Zeit und Raum! ... Gut, ich mach's kurz: In Karlsruhe kam auf der anderen Seite dann auch gleich der ICE Andreas Hofer. Ich sofort rüber, ich musste ja zurück und Gepäck abstellen und sofort wieder auf dieses Klo, die Türe zu, und ich sag's Ihnen ehrlich ...

▸ **Track 23 Abschnitt C, C2 b**
Moderatorin: Alle reden vom Wetterwandel. Wir auch, hier in „Fachleute direkt“, wie jeden Mittwoch aus unserer Sendezentrale in Dresden. Sie kennen unsere Spielregeln? Ein Wissenschaftler, ein Politiker, ein Thema, kurz vor eins. Im Studio begrüße ich Herrn Professor Witter von der Universität Freiburg, vom Lehrstuhl für Klimaforschung.
Witter: Guten Tag.
Mod.: Und am Telefon zugeschaltet unser Umweltbeauftragter aus Berlin, guten Tag, Herr Möller.
Möller: Guten Tag.
Mod.: Den Wetterwandel spüren wir ja am eigenen Leib, heißer Frühling, kalter Spätsommer, Dürre im April, Schneekatastrophe im letzten Winter – wir erinnern uns gut. Die Medien sprechen von einem dramatischen Klimawandel, der unser Leben in Kürze verändern wird, wenn wir nicht klimabewusster werden: d.h. weniger Auto fahren, nicht mehr so oft in die Ferne fliegen, sparsamer heizen, also, mit einem Wort: Energie sparen. Wir wollen es jetzt genau wissen: Lässt sich dies alles auf wissenschaftlich fundierte Ergebnisse zurückführen? Herr Professor Witter, vielleicht geben Sie uns zunächst einen kleinen Einblick in Ihre Forschungsergebnisse.

▸ **Track 24 C2 c**
Moderatorin: Alle reden vom Wetterwandel. Wir auch, hier in „Fachleute direkt“, wie jeden Mittwoch aus unserer Sendezentrale in Dresden. Sie kennen unsere Spielregeln? Ein Wissenschaftler, ein Politiker, ein Thema, kurz vor eins. Im Studio begrüße ich Herrn Professor Witter von der Universität Freiburg, vom Lehrstuhl für Klimaforschung.
Witter: Guten Tag.
Mod.: Und am Telefon zugeschaltet, unser Umweltbeauftragter aus Berlin, guten Tag, Herr Möller.
Möller: Guten Tag.
Mod.: Den Wetterwandel spüren wir ja am eigenen Leib, heißer Frühling, kalter Spätsommer, Dürre im April, Schneekatastrophe im letzten Winter – wir erinnern uns gut. Die Medien sprechen von einem dramatischen Klimawandel, der unser Leben in Kürze verändern wird, wenn wir nicht klimabewusster werden: d.h. weniger Auto fahren, nicht mehr so oft in die Ferne fliegen, sparsamer heizen, also, mit einem Wort: Energie sparen. Wir wollen es jetzt genau wissen: Lässt sich dies alles auf wissenschaftlich fundierte Ergebnisse zurückführen? Herr Professor Witter, vielleicht geben Sie uns zunächst einen kleinen Einblick in Ihre Forschungsergebnisse.
Witter: Ja, gern. Natürlich haben wir es in der Forschung mit Fakten zu tun. Und ein Fakt ist, darin sind wir Fachleute uns einig, dass es den Klimawandel gibt und er sich wohl kaum noch stoppen lässt. Das heißt, dass nur mit politischen, wirtschaftlichen und technischen Maßnahmen, und zwar intensiven Maßnahmen über Ländergrenzen hinweg, der Anstieg der globalen Erwärmung noch gebremst werden kann.
Mod.: Das heißt, wir befinden uns in einer Phase des Klimawandels und die Frage ist nur, ob und wie dieser zu bremsen ist.
Witter: Genau.
Mod.: Und ein Merkmal dieses Klimawandels ist ja, wenn ich Sie richtig verstanden habe, das Schmelzen des Eises an den Polen?
Witter: Genau so ist es. Das lässt sich relativ leicht erklären: Je mehr wir, also wir Erdenbewohner insgesamt, die Atmosphäre erwärmen, desto mehr Eis schmilzt in den Hochgebirgen der Welt und an den Polen. Das heißt, die weißen Eisflächen nehmen ständig ab. Und je weniger Eis die Erde bedeckt, desto weniger Sonnenlicht wird von der Erde reflektiert, das heißt, desto mehr Sonnenstrahlen können der Erde sozusagen einheizen, und je wärmer es wird, desto weniger ...
Mod.: ... Eisflächen bleiben übrig. Aber das hat doch auch 'was mit unserer Luftverschmutzung zu tun, oder? Vor allem wohl mit dem so oft zitierten CO_2-Ausstoß.

Möller: Erlauben Sie mir, dass ich mich hier einschalte, von außen quasi. Im Augenblick können wir davon ausgehen, dass die Pflanzenwelt derzeit etwa die Hälfte des globalen CO_2-Ausstoßes aufnimmt. Also 50 %. Die anderen 50 % gehen in die Erdatmosphäre, was ja eine der Hauptursachen der Erderwärmung ist.
Witter: In der Tat. Die Veränderung der Erdatmosphäre durch unter anderem CO_2 führt dazu, dass wir hier leben wie in einer Art Gewächshaus. Das ist der sogenannte Treibhauseffekt. Und deshalb ist, aus meiner Sicht, eine weltweite Initiative zum Schutz der Regenwälder das oberste Gebot der Stunde. Ich betrachte es sehr kritisch, dass der Erhalt unserer Wälder, und da sollten wir nicht nur an die exotischen Regenwälder weitab unserer Heimat denken, nur im internationalen Klima-Protokoll geregelt wird. Da gilt es, sowohl weltumfassend als auch ganz konkret in den einzelnen Ländern, Gebieten zu handeln.
Mod.: Herr Möller, wie sehen Sie als Politiker diese doch klare Aufforderung, nicht nur auf internationaler Ebene sondern auch hier, vor Ort, etwas für den Erhalt unserer einheimischen Wälder zu tun?
Möller: Ich kann dem, aufgrund unserer eigenen Untersuchungsergebnisse, nur zustimmen. Der letzte Bericht meiner Abteilung, den ich hier kurz zitieren möchte, zeigt, dass ein Teil der zunehmenden CO_2-Belastung in der Luft seine Ursache darin hat, dass wir Wälder und Moore verloren haben ...
Witter: ... vernichtet haben, konkreter gesagt.
Mod.: Das hieße ja, dass wir nicht nur durch unsere Umweltverschmutzung, also Abgase, unsere Luft verschlechtern, sondern auch dadurch, dass wir immer mehr bauen, und damit unsere Natur immer mehr zerstören. So wären wir ja eigentlich doppelt für den Klimawandel verantwortlich.
Möller: In der Tat. Wir haben gesehen, je mehr Eis schmilzt, desto schneller erwärmt die Sonne die Atmosphäre. Und je weniger Pflanzen es gibt, desto weniger CO_2-Ausstoß können sie verarbeiten, desto mehr CO_2 geht in die Atmosphäre. Und desto wärmer wird es.
Mod.: Erschreckend. – Ich sehe, Sie haben nur noch einige wenige Minuten Zeit. Gibt es aus Ihrer Sicht noch einen wichtigen Aspekt?
Möller: In diesem Zusammenhang möchte ich auch noch daran erinnern, dass Pflanzen, von der oben genannten Funktion abgesehen, in Zukunft ja noch stärker auch Rohstoffe liefern sollen. Und es gibt ja auch Versuche, die zeigen, dass sie als Energielieferanten eine wichtige Rolle spielen könnten. Und das geht nur, wenn wir uns die Natur erhalten.
Witter: Aber auch hier stehen wir vor großen Problemen. Wie wir vorhin gesagt haben, werden die Lebensräume der meisten Tier- und Pflanzenarten immer kleiner und damit nimmt die Zahl der lebenden Tiere einer Art auch beständig ab. Und diese geschwächten Bestände werden durch den Klimawandel unter zusätzlichen Druck geraten, sodass sich der Artenschwund verstärken wird.
Mod.: Sie meinen damit, dass sich viele Pflanzen- und Tierarten mit den veränderten klimatischen Verhältnissen nicht arrangieren können und aussterben.
Witter: Genau, so zum ...
Mod.: Herr Professor Witter, Herr Möller, Sie wissen, „Kurz vor eins" endet mit den Ein-Uhr-Nachrichten und ich danke Ihnen für unser sehr aufschlussreiches Gespräch und übergebe an Herrn Fletscher in der Nachrichtenredaktion.

▸ Track 25 C2 c in Abschnitten
Abschnitt 1
Moderatorin: Alle reden vom Wetterwandel. Wir auch, hier in „Fachleute direkt", wie jeden Mittwoch aus unserer Sendezentrale in Dresden. Sie kennen unsere Spielregeln? Ein Wissenschaftler, ein Politiker, ein Thema, kurz vor eins. Im Studio begrüße ich Herrn Professor Witter von der Universität Freiburg, vom Lehrstuhl für Klimaforschung.
Witter: Guten Tag.
Mod.: Und am Telefon zugeschaltet, unser Umweltbeauftragter aus Berlin, guten Tag, Herr Möller, ...
Möller: Guten Tag.
Mod.: Den Wetterwandel spüren wir ja am eigenen Leib, heißer Frühling, kalter Spätsommer, Dürre im April, Schneekatastrophe im letzten Winter – wir erinnern uns gut. Die Medien sprechen von einem dramatischen Klimawandel, der unser Leben in Kürze verändern wird, wenn wir nicht klimabewusster werden: d.h. weniger Auto fahren, nicht mehr so oft in die Ferne fliegen, sparsamer heizen, also, mit einem Wort: Energie sparen. Wir wollen es jetzt genau wissen: Lässt sich dies alles auf wissenschaftlich fundierte Ergebnisse zurückführen? Herr Professor Witter, vielleicht geben Sie uns zunächst einen kleinen Einblick in Ihre Forschungsergebnisse.
Witter: Ja gern. Natürlich haben wir es in der Forschung mit Fakten zu tun. Und ein Fakt ist, darin sind wir Fachleute uns einig, dass es den Klimawandel gibt, und er sich wohl kaum noch stoppen lässt. Das heißt, dass nur mit politischen, wirtschaftlichen und technischen Maßnahmen, und zwar intensiven Maßnahmen über Ländergrenzen hinweg, der Anstieg der globalen Erwärmung noch gebremst werden kann.
Mod.: Das heißt, wir befinden uns in einer Phase des Klimawandels und die Frage ist nur, ob und wie dieser zu bremsen ist.
Witter: Genau.
Mod.: Und ein Merkmal dieses Klimawandels ist ja, wenn ich Sie richtig verstanden habe, das Schmelzen des Eises an den Polen?
Witter: Genauso ist es. Das lässt sich relativ leicht erklären: Je mehr wir, also wir Erdenbewohner insgesamt, die Atmosphäre erwärmen, desto mehr Eis schmilzt in den Hochgebirgen der Welt und an den Polen. Das heißt, die weißen Eisflächen nehmen ständig ab. Und je weniger Eis die Erde bedeckt, desto weniger Sonnenlicht wird von der Erde reflektiert, das heißt, desto mehr Sonnenstrahlen können der Erde sozusagen einheizen, und je wärmer es wird, desto weniger ...
Mod.: ... Eisflächen bleiben übrig.

▸ Track 26
Abschnitt 2
Mod.: Aber das hat doch auch 'was mit unserer Luftverschmutzung zu tun, oder? Vor allem wohl mit dem so oft zitierten CO_2-Ausstoß.

Möller: Erlauben Sie mir, dass ich mich hier einschalte, von außen quasi. Im Augenblick können wir davon ausgehen, dass die Pflanzenwelt derzeit etwa die Hälfte des globalen CO_2-Ausstoßes aufnimmt. Also 50 %. Die anderen 50 % gehen in die Erdatmosphäre, was ja eine der Hauptursachen der Erderwärmung ist.
Witter: In der Tat. Die Veränderung der Erdatmosphäre durch unter anderem CO_2 führt dazu, dass wir hier leben wie in einer Art Gewächshaus. Das ist der sogenannte Treibhauseffekt. Und deshalb ist, aus meiner Sicht, eine weltweite Initiative zum Schutz der Regenwälder das oberste Gebot der Stunde. Ich betrachte es sehr kritisch, dass der Erhalt unserer Wälder, und da sollten wir nicht nur an die exotischen Regenwälder weitab unserer Heimat denken, nur im internationalen Klima-Protokoll geregelt wird. Da gilt es, sowohl weltumfassend als auch ganz konkret in den einzelnen Ländern, Gebieten zu handeln.
Mod.: Herr Möller, wie sehen Sie als Politiker diese doch klare Aufforderung, nicht nur auf internationaler Ebene sondern auch hier, vor Ort, etwas für den Erhalt unserer einheimischen Wälder zu tun?
Möller: Ich kann dem, aufgrund unserer eigenen Untersuchungsergebnisse, nur zustimmen. Der letzte Bericht meiner Abteilung, den ich hier kurz zitieren möchte, zeigt, dass ein Teil der zunehmenden CO_2-Belastung in der Luft seine Ursache darin hat, dass wir Wälder und Moore verloren haben ...
Witter: ... vernichtet haben, konkreter gesagt.
Mod.: Das hieße ja, dass wir nicht nur durch unsere Umweltverschmutzung, also Abgase, unsere Luft verschlechtern, sondern auch dadurch, dass wir immer mehr bauen, und damit unsere Natur immer mehr zerstören. So wären wir ja eigentlich doppelt für den Klimawandel verantwortlich.
Möller: In der Tat. Wir haben gesehen, je mehr Eis schmilzt, desto schneller erwärmt die Sonne die Atmosphäre. Und je weniger Pflanzen es gibt, desto weniger CO_2-Ausstoß können sie verarbeiten, desto mehr CO_2 geht in die Atmosphäre. Und desto wärmer wird es.
Mod.: Erschreckend. – Ich sehe, Sie haben nur noch einige wenige Minuten Zeit. Gibt es aus Ihrer Sicht noch einen wichtigen Aspekt?

▸ Track 27
Abschnitt 3
Möller: In diesem Zusammenhang möchte ich auch noch daran erinnern, dass Pflanzen, von der oben genannten Funktion abgesehen, in Zukunft ja noch stärker auch Rohstoffe liefern sollen. Und es gibt ja auch Versuche, die zeigen, dass sie als Energielieferanten eine wichtige Rolle spielen könnten. Und das geht nur, wenn wir uns die Natur erhalten.
Witter: Aber auch hier stehen wir vor großen Problemen. Wie wir vorhin gesagt haben, werden die Lebensräume der meisten Tier- und Pflanzenarten immer kleiner, und damit nimmt die Zahl der lebenden Tiere einer Art auch beständig ab. Und diese geschwächten Bestände werden durch den Klimawandel unter zusätzlichen Druck geraten, sodass sich der Artenschwund verstärken wird.
Mod.: Sie meinen damit, dass sich viele Pflanzen- und Tierarten mit den veränderten klimatischen Verhältnissen nicht arrangieren können und aussterben.
Witter: Genau, so zum ...
Mod.: Herr Professor Witter, Herr Möller, Sie wissen, „Kurz vor eins" endet mit den Ein-Uhr-Nachrichten und ich danke Ihnen für unser sehr aufschlussreiches Gespräch und übergebe an Herrn Fletscher in der Nachrichtenredaktion.

▸ Track 28 Abschnitt D, D2
Sarah: Du, Frank, wegen der Präsentation am Mittwoch ...
Frank: Was, welche Präsentation?
Sarah: Die bei unserem „Tag der offenen Tür" für Schulen und Gymnasien, weißt du doch ...
Frank: Gott, die hab ich verdrängt! Du, ich hab so viel zu tun, ich weiß gar nicht ...
Sarah: Glaubst du, mir geht's besser?
Frank: Ach Sarah, komm, können wir nicht die vom letzten Mal nehmen?
Sarah: Die für die Vertriebsleute von ... das fände ich, ehrlich gesagt, nicht so gut. Weißt du, das sind doch jetzt ganz andere Leute, das sind Schüler, die sich informieren wollen, die wollen doch sehen, wie man Studium, Ideen, Planung und Produktion miteinander verbinden kann. ... Nee, da müssen wir was Neues machen.
Frank: Ich weiß nicht so recht. Das ist doch echt viel Arbeit, alles umzubauen. Glaubst du wirklich?
Sarah: Überleg doch mal, wem wir uns da präsentieren wollen. Die wissen doch überhaupt nichts über uns. Die haben auch keine Vorstellung davon, was wir eigentlich machen.
Frank: Na gut, das hier wird dann wohl eine Nachtschicht. Also, was schlägst du vor? Du scheinst dir ja schon mächtig Gedanken gemacht zu haben, oder?
Sarah: Also, ich würde erst mal unser „erfolgreichstes Produkt" zeigen und vorstellen.
Frank: Hm, „mr. wilson" also. Okay. Und wie genau willst du das machen?
Sarah: Wir könnten das Publikum am Anfang doch gleich ein bisschen in unsere Veranstaltung einbeziehen. Wir geben „mr. wilson" rum und zeigen ihn einfach nur und lassen die Leute raten, was das ist und wofür das gut sein soll.
Frank: Super Idee, das gibt bestimmt ein paar Lacher.
Sarah: Ja. Und wenn die Raterei vorbei ist, zeigen wir einfach konkret, was man mit „mr. wilson" macht. Wir brauchen also ein Handtuch zum Vorführen.
Frank: Genau, so machen wir's! Hm, super Einstieg. Das passt dann auch ganz gut zu unserer Zielgruppe. ... Obwohl, wenn's gut läuft, können wir's sonst auch so machen, komisch, dass uns das noch nie eingefallen ist. Egal! Stimmt, die Präsentation darf auf keinen Fall langweilig werden. Ich würde vorschlagen, dass wir dann noch ein paar Bilder von weiteren Produkten zeigen. Und dann könnten wir fragen: „Wie kommt es zu diesen Designerstücken? Wie entstehen sie?"
Sarah: Genau. Dann müssten wir als Erstes uns Studenten vorstellen, auch unsere Namen, und von unserem Studiengang erzählen.
Frank: Ich weiß nicht, vielleicht versuchen wir's mal andersrum? Erst mal, würd ich vorschlagen, sagen wir kurz und knapp, was das für ein Projekt ist, in dem unsere Produkte entstehen. Sonst versteht ja keiner was, wenn wir ewig lang erst mal unser Studium vorstellen. Also zum Beispiel: Wir sind Industriedesignstudenten und haben die

Produkte entworfen, hergestellt werden sie aber in Behindertenwerkstätten.
Sarah: Okay. Hast recht. Und dann zeigen wir ein paar Fotos von den Werkstätten und den Leuten, die dort arbeiten, und erklären, was das für Werkstätten sind. Dass die Handwerker dort eine Behinderung haben, wie sie arbeiten und wer sie betreut. Irgendeiner müsste das mal aufschreiben, was wir hier so besprechen, sonst vergessen wir die Hälfte wieder und können gleich wieder von vorn anfangen.
Frank: Ja, ja, verstanden, kann ich schon machen. Hab sowieso fast alles notiert.
Sarah: So. Und dann können wir alles andere schön nacheinander in einer verständlichen Reihenfolge präsentieren: unser Studium und auch, dass alles ziemlich theoretisch ist. Und dann das mit der Projektidee.
Frank: Genau. Nämlich dass wir Studenten mal etwas für einen Hersteller entwerfen und damit auf den Markt kommen wollten.
Sarah: Und dass die Mitarbeiter in den Behindertenwerkstätten etwas bauen, was einen Wert hat und was gern gekauft wird, weil's echt einen Wert hat. Wir müssen also auch erklären, dass es für diese Leute einfach wichtig ist, dass ihre Produkte nicht aus Mitleid gekauft werden, sondern weil es eben Designerstücke sind, die ihnen gefallen.
Frank: Einverstanden. Zum Schluss müssten wir natürlich noch die Träger und Geldgeber des Projektes nennen und ein paar Zahlen: Wie lange es das schon gibt, wer alles dabei ist, wie viel Geld benötigt wird usw., Therapieerfolge für die Behinderten, Studienerfolge für uns usw. Verstehst du, was ich meine?
Sarah: Ja, ja. Gefällt mir. Wie wär's, wenn wir noch ein bisschen erzählen, wie der persönliche Kontakt zu den Behinderten und zu den Werkstätten ist? Wie wir zusammenarbeiten, was gut ist und was schwierig ist?
Frank: Nicht schlecht. Hättest du Lust, das zu übernehmen? Du bist schließlich am häufigsten in der Werkstatt.
Sarah: Wenn's sonst keiner machen will. Dafür baust du die Power-Point-Präsentation um.
Frank: Okay, okay. Das hat man davon, wenn man sich mal auskennt. Immer muss ich herhalten.
Sarah: Weißt du was, ich glaub, das wird ne super Veranstaltung, oder?
Frank: Wenn wir fertig werden, schon.
Sarah: Mensch, jetzt tu nicht so.

Lektion 8: Risiko

▸ Track 30 Abschnitt C, C2 a2
Sprecher *(aus dem Fernseher im Hintergrund):* Die Börse am Dienstagabend, meine Damen und Herren, lässt sich im Vergleich zu gestern als doch eher ruhig bezeichnen. Bis auf wenige Ausnahmen blieben alle notierten Werte weiter im Trend. Die Automobilindustrie hat sich, wie erwartet, im Laufe des Tages leicht erholt. Nur der Autozulieferer Turboschnell & Partner hat wieder um 3 % zugelegt und wird nun mit 500 Euro notiert ...
Frau: Sag mal, was sollen wir eigentlich zu Abend essen? Sollen wir vielleicht mal ...
Mann: Egal, da kommen gerade die Börsennachrichten.
Frau: Hast du das gehört, 500 Euro, kann doch nicht wahr sein, wie kann denn so was ...
Mann: Erklär ich dir später ... Euro-Bonz 123 Euro, Ökofahr mit 83 Euro, Sicher-Schnell mit 54 Euro.
Sprecher: ... Analysten führen das darauf zurück, dass Turboschnell als einziger deutscher Hersteller ein Hybridauto entwickelt und im Bereich der Luxusmarken auf den Markt gebracht hat. Diese Hybridlimousine ist über Nacht zu *dem* Imageauto des umweltbewussten Managers geworden. In der gesamten Baubranche sind keine großen Veränderungen zu erwarten. Hier macht sich das rückläufige Investitionsverhalten des Bundes und der Länder bemerkbar ...
Frau: Und was ist mit Baugroßfix?
Mann: Wenn du ruhig wärst, würden wir's vielleicht hören!
Sprecher: ... Die Aktienwerte im Einzelnen: Ein Rekordtief bei Hoch und Tief, Hagen mit 30 Komma vier null Euro ... Investitionen im Ausland sichern der Firma Baugroßfix AG einen wenn auch sehr langsamen Aufwärtstrend. Die Investitionen im Industrieanlagebau sichern auch die Arbeitsplätze im Inland. Die morgige Aktionärssitzung verspricht daher, in einem friedlichen Klima abzulaufen, auch wenn die Aktionäre langfristig mehr als die zur Zeit notierten 62,50 Euro erwarten ... Die Kosmetikbranche präsentiert sich mit den aktuellen Werten etwas schlechter als gestern bei Börsenschluss. Sowohl Spieglein mit einem Aktienwert von 125 Euro als auch Owieschön mit 98 Komma drei null Euro lagen heute ganz leicht im Minus, doch erwarten die Börsianer aufgrund gesunkener Rohstoffpreise auch im Bereich der Bioprodukte und steigender Marktchancen einen längerfristigen Anstieg. Ganz im Fokus des heutigen Tages die Firma Strengdichan, deren Sportartikel sich größter Beliebtheit auf dem Weltmarkt erfreuen. Hier ist die Stimmung nach wie vor euphorisch, da die Werte immer noch im starken Aufwärtstrend sind. Der Aktienwert liegt derzeit bei exakt 250 Euro. Analysten sprechen von einem lang anhaltenden Trend, an dem das Sponsoringverhalten der Firma und die unerwartet guten Ergebnisse der Weltmeisterschaft keinen unerheblichen Anteil zu haben scheinen ...
Frau: Das war's, was ich vergessen hatte, die Übertragung des Finales! Los, schalt schon um!
Sprecher: ... In der Bekleidungsindustrie ist die Stimmung insgesamt etwas gedämpfter. Bei Firma B&X beträgt das Kursminus vor Handelsschluss 0,7 %, bei Knetie 0,4 %. Nur die Klamottenher AG schließt den Handelstag mit einem Kurszuwachs von 0,9 % auf ...

▸ Track 31 C2 a5
Sprecher: Nach den Umweltkatastrophen in Asien und Nordamerika spielte die Börse heute verrückt. Das hatte auch auf unsere Werte erhebliche Auswirkungen. Analysten weltweit sprechen von einem zu erwartenden Börsencrash, andere prophezeien angesichts doch auch unerwarteter Rekordgewinne eine Bereinigung des Marktes. Hören Sie nun den Kommentar unseres ...
Frau: Also komm, dazu hab ich nun echt keinen Nerv, schalt doch einfach auf Teletext und lies vor, ich schreib mit.
Mann: Hast ja recht. Und ich mach auch mal schnell den Ton weg. Wahnsinn, der pure Wahnsinn, Turboschnell und Partner 50 Euro, Euro-Bonz 39 Euro 30, Ökofahr mit 11 Euro 20,

Sicher-Schnell mit 27 Euro 40. Hoch und Tief, Hagen, mit 125 Euro, Baugroßfix AG 375 Euro, Spieglein 31 Euro 75, Owieschön 75,40, oh wow, nicht schlecht, Strengdichan 50 Euro, oh Gott, das ist doch der Wahnsinn, du mit deiner Schwäche für Sport, bei Baugroßfix hätten wir bleiben sollen!

▸ Track 32 Abschnitt E, E1

Moderator: Unsere heutige Talk-Runde ist einem Thema gewidmet, das in den letzten Tagen die Kommentarseiten aller Zeitungen gefüllt hat, einem Thema, das bei den meisten Menschen die Emotionen hochkochen lässt – und bei dem man deshalb umso mehr seine Gefühle zügeln sollte. Liebe Zuschauer, seien Sie nicht zu hart, verurteilen Sie nicht gleich, sondern lassen Sie sich ein auf das Schicksal einer Frau, eines Mannes, einer Familie also, die nun von allen Seiten mit Zuschriften, Anrufen bombardiert wird : wohlmeinenden wie auch kritischen. Unser Thema heute: „Darf eine Mutter ihre Familie verlassen?" Betrachtet und besprochen am Beispiel der Familie Gassner – aus Rücksicht auf die Familie haben wir den Namen geändert. Kurz die Geschichte: Lena Gassner war Landwirtin im Allgäu. Sie ist 41 Jahre alt und sie hat fünf Kinder im Alter von 16, 13, 12, 9 und 5 Jahren. Auf dem Hof lebt außerdem ihr demenzkranker Schwiegervater, den sie schon viele Jahre gepflegt hat. Lena Gassner ist eigentlich gelernte Krankenschwester. Vor 18 Jahren hat sie ihren heutigen Mann, Franz Gassner, kennengelernt und geheiratet. Von da an war sie Tag und Nacht mit dem Hof, im Stall, auf dem Feld, mit ihren Kindern und den anderen Familienmitgliedern beschäftigt. Wie hoch die Belastung für so eine Frau ist, können sich die meisten von uns vermutlich gar nicht vorstellen. Vor sieben Monaten hat es Lena Gassner nicht mehr ausgehalten und hat sich einen alten Traum verwirklicht: Sie ist als Krankenschwester in die Dritte Welt gegangen. Was das für ihre Familie, aber auch für sie bedeutet, wollen wir uns heute näher ansehen. Zu Gast sind heute bei uns: Lena Gassners Ehemann, Franz Gassner, Pfarrer Rieger aus der Gemeinde der Familie Gassner sowie Frau Dr. Annemarie Keppler, erfahrene Psychologin in Sachen Familie und Beruf, die ich hier alle ganz herzlich begrüße.

Transkriptionen der Hörtexte

Arbeitsbuch

Hier sind nur die Transkriptionen der Hörtexte abgedruckt, die nicht bereits im Arbeitsbuch stehen.

Lektion 1

▸ Track 1 Übung 5 b

1 „Das ist ja eine lustige Geschichte! Wirklich witzig!"
2 „Hey! Du hast ja eine neue Frisur. Sieht gut aus!"
3 „Du bist ja schon da. Wie schön!"
4 „Ihr habt ja ein neues Sofa. Tolle Farbe!"
5 „Nur 800 Euro? Das ist ja gar nicht teuer."
6 „Paul, du hier? Das ist ja ein Zufall."
7 „Den Witz kannte ich ja noch gar nicht. Der ist ja wirklich klasse.

▸ Track 3 Übung 27 b

Dialog 1:
A: Also, stell dir vor, auf diesem Kongress habe ich dann den berühmten Professor getroffen – und der hat mir dann auch gleich eine Stelle in Amerika angeboten.
B: Wahnsinn!
Dialog 2:
A: Schau mal, da drüben ist Maria. Du, die hat schon zwei Literaturpreise gewonnen.
B: Das ist ja wirklich beeindruckend.
A: Ja, aber sie schreibt unter einem anderen Namen, sie will nicht, dass man sie erkennt.
B: Wirklich?
Dialog 3:
A: Und auf meiner letzten Reise nach Australien gab es auch noch ein kleines Abenteuer.
B: Erzähl doch mal.
Dialog 4:
A: Nein, nein, mein Sohn ist da ganz anders, als ich es war: ... Mathe: gut, Deutsch: sehr gut, Englisch: gut.
B: Nicht schlecht.
Dialog 5:
A: Und, hast du Kinder?
B: Ich bin vor zwei Wochen Vater geworden.
A: Ist ja toll!
Dialog 6:
A: Udo hat gesagt, du hättest die größte Konditorei in Linz. Stimmt das?
B: Ja klar, und dort wird gerade die höchste Hochzeitstorte der Welt gebacken.
A: Find ich ja irre.

▸ Track 4 Übung 28 a

Gesprächsausschnitt 1:
Sie: Und dann hat mir Elmar gesagt, ich müsse unbedingt auf diese Casting-Show gehen, weil ich so gut bin, und stell dir vor, das hat geklappt, ich war wirklich dort und habe vor diesem Heinz-Dietrich Bretter gesungen, du weißt doch, dieser super berühmte Star, und der hat mich dann zwar nicht in die engere Auswahl kommen lassen, aber er hat wirklich lange überlegt, und das war sicher ganz knapp und eine schwierige Entscheidung für ihn, und er hat mich auch angelächelt, kannst du dir das vorstellen?
Er: Wahnsinn.
Sie: Ja, das war absolut sagenhaft, ich hab' ihn dann nachher noch einmal gesehen, sozusagen hinter den Kulissen, weißt du, und da hat er mich noch einmal so angeschaut.
Gesprächsausschnitt 2:
Sie: Na ja, ich hab dann schließlich doch Jura studiert, weil mein Vater das doch unbedingt wollte. Und eigentlich fand ich's ganz spannend. Seit einem guten Jahr bin ich jetzt Staatsanwältin am Landesgericht und ...
Er: Was? Das ist ja beeindruckend! Toll!
Sie: Ja, und jetzt bin ich halt sehr beschäftigt am Gericht. Ist interessant, muss ich schon sagen, immer noch, aber auch wahnsinnig viel Arbeit, das war mir vorher eigentlich gar nicht so klar.
Gesprächsausschnitt 3:
Sie: Also am Anfang hatten wir nur etwa zwei Minuten Verspätung, der Zug ist fast pünktlich abgefahren. Aber dann, nach Mannheim, wurde er immer langsamer, und dann stand er plötzlich still. Eine Dreiviertelstunde lang!
Er: Wirklich? Wie ärgerlich!
Sie: Eine Dreiviertelstunde haben wir gewartet! Und zuerst kam nicht mal eine Durchsage, niemand wusste, was los ist. Irgendwann hieß es dann, dass vor uns ein Güterzug die Strecke blockiert.
Gesprächsausschnitt 4:
Sie: Am Sonntagnachmittag bleibe ich eigentlich meistens zu Hause. Da mache ich es mir gern vor dem Fernseher gemütlich und esse eine Schokolade.
Er: Na, das ist doch super!
Sie: Wenn es möglich ist, mache ich einfach das, wozu ich Lust habe. Ja, und am Sonntag, da ist es eben möglich. Und dann mache ich das auch. Einfach so.
Gesprächsausschnitt 5:
Sie: Und dann hat er gesagt, dass er endgültig genug hat, und ist einfach weggegangen. Hat nicht mal seine Sachen mitgenommen.
Er: Das war bestimmt ganz schrecklich für dich.
Sie: Hm, ja, furchtbar. Natürlich hat er sich am nächsten Tag dann gemeldet und sich auch irgendwie entschuldigt, aber es war eben doch vorbei. Er ist zuerst wieder zu seinen Eltern gezogen, und zwei Wochen später hat seine Mutter dann seine Sachen abgeholt. Das war peinlich, kann ich dir sagen.
Gesprächsausschnitt 6:
Sie: Ich hab von Anfang an gemerkt, dass die mich fertigmachen wollten. Mobbing, weißt du? Aber nicht mit mir! Ha, die wussten nämlich nicht, dass ich diesen direkten Draht zum Chef hatte. Die habe ich voll ins Leere laufen lassen!
Er: Nicht schlecht. Und wie? Erzähl mal.
Sie: Ja, also das war so: Die wollten mich als den Deppen hinstellen und haben mir deshalb immer erst im letzten Augenblick gesagt, was meine nächste Aufgabe war. Aber natürlich wusste ich immer schon vorher, was kommt, weil ich doch jeden Morgen mit dem Chef gefrühstückt habe.

▸ Track 6 Übung 30 b

Aussage 1: Seit drei Jahren sitze ich in diesem Büro – und langweile mich zu Tode. Okay, ich verdiene mein Geld, aber ich will doch auch noch was erleben. Soll das die nächsten dreißig Jahre so weitergehen?

Aussage 2: Immer aus dem gleichen Fenster starren, immer die gleichen Leute sehen, immer in die gleiche Wohnung nach Hause gehen – das findest du vielleicht langweilig, aber ich bin wirklich glücklich. Ich habe meinen Alltag, meine Freunde, lebe in einer tollen Stadt, was will ich mehr?
Aussage 3: Mein Leben besteht aus lernen, lernen und noch mal lernen. Und wenn das vorbei ist, dann gehe ich an eine Universitätsklinik, werde Assistenzarzt und muss für den Facharzt lernen. Dann besteht mein Leben aus arbeiten, lernen, arbeiten und so weiter.
Aussage 4: Das ist ein unglaubliches Gefühl, morgens loszufahren und zu wissen, ich fahre in die Arbeit, ich habe eine Stelle. Und muss nicht mehr für irgendwelche Prüfungen irgendwelche Aufgaben machen und Formeln lernen.

▸ Track 7 Übung 31 a und b
1: Felix Große, 17, Auszubildender aus Berlin: Ich wünsche mir vor allem, dass ich meine Ausbildung schaffe und meine Freundin ihr Abitur – und dass wir uns dabei gegenseitig unterstützen. Ich möchte mit ihr zusammen eine gute Zukunft haben. Das heißt auch, dass wir beide im Beruf die gleichen Chancen haben. Es wirkt vielleicht komisch, wenn ich „wir" sage, obwohl ich noch so jung bin. Aber ich hoffe echt, dass es bei diesem „wir" bleibt. Ich will Kinder haben und einen guten Beruf. Mein Traum ist es, dass ich immer viel Zeit für meine Familie habe, denn die Familie ist das Wichtigste überhaupt. Sie steht einem immer bei, sie ist wie eine Höhle, die einen schützt. Mein Vater ist Rechtsanwalt, den sehe ich unter der Woche gar nicht. Ich möchte später mehr Zeit haben und mich nicht kaputt arbeiten. Ich bin sicher: Man kann auch ohne viel Geld gut leben.

▸ Track 8
2: Larissa Turner, 16, Schülerin aus Berlin: Ich gehe bald für ein halbes Jahr nach Neuseeland, besuche dort die Schule und lebe in einer Gastfamilie. Ich habe es mir immer schon ausgemalt, wie es ist, mal für einige Zeit im Ausland zu sein, und nun darf ich schon mit 16 Jahren so weit weg. Das ist ein großes Glück. Sehr wichtig ist es für mich, später einen Beruf zu haben, den ich wirklich gern mache und nicht nur wegen des Geldes. Was das sein soll, weiß ich noch nicht so genau: Journalistin könnte es sein, Schriftstellerin, Schauspielerin oder ein Job im Auswärtigen Amt. Ich kann mir gut vorstellen, ganz woanders zu wohnen: in Brasilien zum Beispiel, wo viele Menschen mit verschiedenen Hautfarben zusammenleben und wo es immer warm ist. Wer weiß? Es ist noch alles offen.

▸ Track 9
3: Timm Lo, 19, Schüler aus Meschede: Vor Kurzem sind meine beiden großen Schwestern ausgezogen. Zwar kommen sie noch oft zu Besuch, aber irgendwie führen sie halt schon ihr eigenes Leben. Wenn man jünger ist, weiß man die Zeit mit der Familie gar nicht zu schätzen. Mittlerweile weiß ich, dass es echt toll war, als alle noch im Haus waren. Wenn es einem schlecht geht, kann man sich eben nur auf seine Familie verlassen. Mein Traum ist es, dass wir immer zusammenhalten und uns niemals aus den Augen verlieren. Man hört ja immer wieder von Geschwistern, die sich irgendwann nur noch einmal im Jahr sehen, zu Weihnachten. So darf das bei uns nie werden. Ich rappe in einer Band, und bisher läuft das ganz gut. Wäre cool, wenn das irgendwann mal richtig lukrativ würde. Da würde ich meiner Familie alle Träume erfüllen.

Lektion 2

▸ Track 12 Übung 12 b
1 Es war so traumhaft einsam dort, dass wir uns so richtig vom Stress in der Stadt erholen konnten.
2 Es war echt unheimlich einsam dort, ich habe mich so nach einer Kneipe gesehnt!
3 Es war so herrlich einsam dort, wir hatten fast die ganze Insel für uns alleine.
4 Es war schrecklich einsam dort, da war nichts los.
5 Es war unglaublich einsam dort, ich habe mich richtig alleine und verlassen gefühlt!
6 Es war furchtbar einsam dort, so etwas habe ich vorher noch nie erlebt!

▸ Track 13 Übung 13 a und b
Gespräch 1:
A: Wie war's?
B: Schön. Sehr schön.
C: Stimmt, es war besonders schön.
B: Nicht wahr? Ganz besonders schön war's.
Gespräch 2:
A: Na, wie schmeckt's?
B: Mm ... ziemlich gut.
A: So? Also ... ich find's richtig gut.
C: Ich auch. Einfach richtig gut. Außerordentlich gut sogar.
A: Ja, ganz außerordentlich gut.
B: Na, ich weiß nicht.

▸ Track 14 Übung 13 c
Gespräch 1:
A: Wie war's?
B: Gut. Recht gut.
C: Stimmt! Es war recht gut.
B: Nicht wahr? Ziemlich gut war's.
Gespräch 2:
A: Na, wie schmeckt's?
B: Mm ... nicht besonders gut.
A: So? Also ... ich find's recht gut.
C: Ich auch. Einfach wirklich gut. Unheimlich gut sogar.
A: Ja, besonders gut.
B: Na, ich weiß nicht.

▸ Track 15 Übung 22
Aussage 1: Also, mein Freund: Manchmal spinnt der total. Er hat schon nur am Wochenende Zeit, aber bei jeder Gelegenheit zieht er seine Joggingschuhe an. Dann rennt er durch den Wald, und ich sehe ihn stundenlang überhaupt nicht mehr.
Aussage 2: Ich fahre im Urlaub immer an den gleichen Ort. Das Schöne ist: Ich treffe dort stets die gleichen Leute, man kennt sich und fühlt sich gleich wie zu Hause.
Aussage 3: Bei Sonnenaufgang gehe ich in unseren kleinen Garten vor dem Haus und mache Morgengymnastik. Es ist

herrlich, den kühlen Rasen zu spüren und die frische Luft einzuatmen. Ich mache das jeden Tag.
Aussage 4: Und am Abend setzen die sich mit ihrem Fernseher vor den Wohnwagen und gucken Sport – volle Lautstärke. Jeden Abend! Stell dir das mal vor. Ich halte dieses Geschrei nicht mehr aus, wirklich nicht.

▸ Track 16 Übung 31 a
Moderator: Und jetzt, wie immer am Donnerstagnachmittag, „unser schönster Heiratsantrag": Im Studio begrüßen wir Susi. Susi, du hast deinen Heiratsantrag in einem Palast bekommen?
Susi: Na ja, nicht ganz, also das war in der Türkei, in Istanbul, als wir da Urlaub gemacht haben.
Moderator: Und da seid ihr in ein tolles Restaurant gegangen.
Susi: Genau, das war eigentlich wie immer, wissen Sie, wir gehen in jedem Urlaub einmal in ein ganz schickes Restaurant. Und dieses war wirklich märchenhaft: Das Restaurant war eigentlich ein Palast, den hatte ein Sultan für seine Lieblingstochter bauen lassen, als Hochzeitsgeschenk. Ich glaube, im 18. Jahrhundert. Wir saßen am Fenster, durch das warme Sommerluft hereinströmte, der Blick direkt auf den Bosporus.
Moderator: Und Sie waren verliebt?
Susi: Und wie! Wir waren wie verzaubert, ja, diese unglaubliche Musik, wie in einem Märchen, auf so ganz alten türkischen Instrumenten. Das Essen war herrlich. Und wir saßen da, einfach so, und träumten vor uns hin ...
Moderator: Hm, hm, ja und dann?
Susi: Ach so, ja, Tschuldigung. Da fragte er plötzlich: „Geht's dir gut?" – „Klar geht's mir gut", sagte ich, „wieso?" – „Ich habe nämlich eine Frage", antwortete er.
Moderator: Und war sie das, die wichtigste Frage in Ihrem Leben?
Susi: Noch nicht, ich wollte ja eigentlich gar nicht reden, über was Wichtiges, und ich hab nur so gesagt: „Was ist denn los?" Da flüsterte er: „Es ist eine wirklich wichtige Frage."
Moderator: Das ist ja richtig spannend.
Susi: Und ob. Da zog er nämlich ein Schächtelchen aus der Jackentasche, und bevor ich überhaupt überlegen konnte, sah ich ihn, den schönsten Ring in meinem Leben, einen Märchenring in einem Zauberschloss. Und dann sank der Prinz auf die Knie und fragte mich, ob ich ihn heiraten möchte ...
Moderator: Und Sie haben ...
Susi: ... erst mal geheult, weil alles so schön war ... und er hat gewartet ... und ich hab geheult, und es waren nur noch wir beide in diesem Palast ... und dann habe ich „ja" gesagt.
Moderator: Wow, Susi, herzlichen Dank für Ihre Geschichte! Ihnen da draußen einen schönen Nachmittag aus der Redaktion, und wenn Sie, meine Damen und Herren, einen romantischen Antrag bekommen oder gemacht haben oder jemanden kennen, rufen Sie uns an: 0800556. Mike und sein Team ...

Lektion 3

▸ Track 24 Übung 8 c
1 Das schmeckt ja großartig.
2 Das riecht ja furchtbar.
3 Das Essen hier finde ich echt gewöhnungsbedürftig.
4 Eine wirklich aromatische Suppe.
5 Frische Erbsen, nur eins fünfzig das Kilo. Frische Erbsen.
6 Frische Fische. Greifen Sie zu! Heute im Sonderangebot. Frische Fische ...
7 Das klingt ja wunderbar.
8 Sie hat einfach wunderbare Haare.
9 Ich finde ihn merkwürdig. Alles an ihm ist mir fremd.
10 Prima, dass du schon da bist!
11 Schrecklich, dieser Unfall! Ein schreckliches Unglück!

▸ Track 25 Übung 13 b
1 Es scheint bald zu schneien. Das wäre schön! Dann gäbe es ja vielleicht dieses Jahr mal eine weiße Weihnacht.
2 **A:** Gibt es etwas, was ich dir mitbringen kann?
B: Es kommt darauf an, was es gibt.
3 Das kann doch nicht wahr sein!! Die waren doch letztes Jahr nicht so teuer! So geht es echt nicht mehr weiter.
4 **A:** Schmeckt es dir nicht?
B: Doch, doch – das ist mir halt alles etwas zu süß.
5 **A:** Es geht mir so gut, so gut wie schon lange nicht mehr.
B: Das kann ich mir gut vorstellen.
6 **A:** Glaubst du, es war richtig, ihr die 50 Euro zu geben?
B: Na ja, das war der kleinste Schein, den wir hatten. Es wird schon gut gehen.

▸ Track 26 Übung 14 a
A: Hey, hi, super, dass du's geschafft hast, zu kommen!
B: Ja, ist doch klar! Danke auch nochmal für die Einladung! Ich weiß nur leider nicht, wie lange ich bleiben kann – ich muss morgen arbeiten ...
A: Ach so, schade! Aber bis 12 bleibst du schon, oder?
B: Ja klar bleib ich bis 12! Davor gibt's ja schließlich noch gar nichts zu Feiern!
A: Genau! Ach ja, übrigens: die Getränke stehen hier und in der Küche ist ein Büffet – bedien dich einfach!
B: Ja super, gerne, danke!
C: Du, wie viel Uhr ist es jetzt eigentlich?
D: Hm, warte ... halb 11. Noch anderthalb Stunden.
C: Ah, o.k. Ich muss nämlich noch die Kerzen auf den „Piep"-Kuchen stecken und den Sekt kalt stellen. Dann mach ich das mal.
C: Leute, gleich ist es soweit, nur noch 10 Sekunden! 10, 9, 8, 7, 6, 5, 4, 3, 2, ... Alles Gute zum ...

▸ Track 28 Übung 16
1 Das ist auf keinen Fall normal, wenn sich jemand so benimmt.
2 Das ist auf jeden Fall das richtige Kleid für mich. Das nehme ich.
3 Du guck mal, das ist ganz bestimmt ein Star. So, wie der da steht ...
4 Das ist bestimmt nicht Augsburg, das sieht eher nach Köln aus, meinst du nicht?

5 Das ist bestimmt kein Zufall, dass er heute anruft.
6 „Sicher ist, dass nichts sicher ist. Doch nicht mal das ist sicher." Das ist sicher ein Satz von irgendeinem Philosophen.
7 Ich bin mir sicher, dass das ein Bär war und kein Wolf.
8 Das ist garantiert ihr Lieblingskleid.
9 Es handelt sich hier garantiert um ein Original, und ein Original ist nie billig.

▸ Track 29 Übung 18
Moderator: Hallo und herzlich willkommen zum Deutsch-Podcast für alle Deutschlerner. In unserer Reihe „Feste in Deutschland" gibt es heute ein interessantes Interview mit Melanie, einer jungen Deutschen aus Köln. Viel Spaß beim Zuhören! Melanie, Karneval in Rio, Maskenball in Venedig – diese Feste sind weltberühmt und jeder kennt sie. Aber wie ist das eigentlich in Deutschland?
Melanie: Ja klar wird in Deutschland auch Karneval gefeiert. Vor allem in Köln, meiner Heimatstadt. Da ist an Karneval richtig was los!
Mod.: Ja, und wie muss man sich das dann vorstellen?
Melanie: Ja, also, die Leute verkleiden sich. Und dann gibt es noch die Faschingsumzüge, da fahren geschmückte Wagen durch die Stadt, mit verkleideten Leuten obendrauf, die werfen Bonbons und Süßigkeiten von den Wagen. Das ist immer ein Riesenspaß für die ganze Stadt.
Mod.: Das klingt ja wirklich nach viel Spaß! Warum gibt es eigentlich Karneval?
Melanie: Weil man früher glaubte, dass man damit die bösen Winterdämonen vertreiben kann. Man hat sich also verkleidet und viel Krach gemacht. Heute glaubt das natürlich kein Mensch mehr. Aber das Verkleiden und Krachmachen ist geblieben.
Mod.: Und wann geht es immer los?
Melanie: Die Karnevals- oder auch Faschingszeit, wie die Leute im Süden sagen, beginnt am 11. 11. um 11 Uhr 11. Aber richtig gefeiert wird erst im Februar. Man nennt die Karnevalszeit übrigens auch die „fünfte Jahreszeit".
Mod.: Du sagst, dass der Kölner Karneval in Deutschland sehr bekannt und beliebt ist. Gibt es den Karneval auch noch in anderen Städten als in Köln?
Melanie: Ja, klar. Andere typische Karnevalstädte in Deutschland sind zum Beispiel Mainz und Düsseldorf.
Mod.: Jedes Fest hat normalerweise typische Speisen und Getränke.
Melanie: Das ist in Köln ganz klar der Fastnachtskrapfen. Das ist ein Gebäckteil aus Hefeteig, das in Fett ausgebacken wird und mit Marmelade gefüllt ist.

▸ Track 30 Übung 24 a
einsam / heimisch / unsicher / schockiert / entspannt / peinlich / unangenehm / ungewohnt / ungepflegt / anstrengend

▸ Track 31 Übung 31
1 Im Restaurant:
A: Na, und wie schmeckt dein Essen?
B: Echt super, hm! Und deins?
A: Na ja, geht so. Hab schon besseres Lammcurry gegessen.
2 Beim Einkaufen:
A: Siehst du die Frau da drüben?
B: Welche? Die mit dem grünen Tuch?
A: Nein, nein, nicht die! Mit den roten Haaren.
B: Ach so, die meinst du! Wieso, was ist mit ihr?
A: Das ist die Verkäuferin, du weißt schon ...!
B: Hm, welche Verkäuferin?
A: Die mir immer Komplimente gemacht hat.
B: Ach ja, die Verrückte! Jetzt weiß ich, wen du meinst. Hoffentlich erkennt sie dich nicht!
3 Geld verliehen:
A: Übrigens, ich hab dem Martin gestern 30 Euro geliehen. Meinst du, er gibt mir das Geld zurück?
B: Hm, keine Ahnung!

▸ Track 36 Übung 36
Hallo, Maria, hier ist Sophie. Du, wegen unserem Schulfest, du weißt schon, da hat sich jetzt doch einiges geändert, weil der Herr Meier, du weißt schon, der vom Stadtrat, doch erst später kommen kann. Also, wir fangen wie geplant um 14.00 Uhr an, und alle sollten sich erst einmal in der Eingangshalle treffen. Aber jetzt werden es wohl doch zu viele Leute, also, wir treffen uns alle in der Turnhalle. Unser Rektor hält dann um 14.15 Uhr seine Rede, natürlich auch in der Turnhalle. Dafür brauchen wir ein Mikrofon und einen Verstärker. Danach hält dann die Vorsitzende des Elternbeirats eine Ansprache, so ungefähr um 14.30 Uhr. Danach fängt um 15.00 Uhr das Einzelprogramm an. Die Aufsicht im Physiksaal übernimmt Frau Kluge und nicht Herr Münster, der wegen Krankheit ausfällt. Die anderen Programmpunkte laufen wie geplant, denke ich. Um 16.15 Uhr wollten wir ja das Buffet eröffnen, da möchte jetzt der Herr Meier vom Stadtrat seine Rede halten. Somit verschiebt sich das Buffet auf 16.30 Uhr. Und könntest du noch ins Programm schreiben, dass am Ende, also um 18.00 Uhr die Klasse 9a aufräumt, also Aufräumen, Klasse 9a, die haben bis jetzt nämlich noch nichts gemacht.

Lektion 4

▸ Track 37 Übung 13 b
Aussage 1: Also, ich lese im Moment den Roman „Ein liebender Mann" von Martin Walser, ein interessantes Buch, aber auch lesenswert. Ja, eigentlich eine hochinteressante Geschichte: dass sich ein älterer Autor ausdenkt, wie sich ein älterer Autor vor ungefähr zweihundert Jahren in ein junges Mädchen verliebt. Und dann liegt bei mir schon seit Längerem ein Buch über Preußen, der genaue Titel fällt mir jetzt nicht ein, ein informatives Buch, wenn auch manchmal etwas langweilig. Darum lese ich auch so lange daran.
Aussage 2: Ich bin Krimi-Fan. Fast ausgelesen habe ich „Spiel der Teufel" von Andreas Franz, und das ist ein Buch, das ist wirklich nicht nur spannend, das ist ja bei einem Krimi normal, sondern auch politisch und kritisch. Und dann lese ich immer wieder die Bücher von Friedrich Ani, intelligente Krimis, gut geschrieben und in der Regel auch nicht dick.
Aussage 3: Das Problem ist, ich lese immer vier oder fünf Bücher gleichzeitig. Aber vielleicht könnte ich dieses erwähnen, weil es wirklich schön und lesenswert ist: „Riemen-

schneider" von Tilmann Röhrig, der Schriftsteller hat vor Kurzem auch einen Literaturpreis erhalten. Und dann lese ich mal wieder „Drei Männer im Schnee" von Erich Kästner, obwohl, ich kann es schon fast auswendig. Warum, ach so: Weil es lustig ist, weil es komisch ist, und dann auch wieder ernst und kritisch. Kästner eben.
Aussage 4: Ich lese zur Zeit ziemlich viel, weil ich die Bibliothek in unserer Schule betreue. Und da bekomme ich auch mit, was die Schüler immer wieder ausleihen. Klar, Harry Potter steht ganz oben, aber auch immer wieder „Jim Knopf", „Die Unendliche Geschichte", aber auch die Bücher von Ottfried Preußler oder James Krüss. Diese Bücher bleiben immer modern, weil sie intelligent, mal lustig, mal traurig, aber eben auch immer interessant sind.
Aussage 5: Wenn ich ein Buch empfehlen kann, dann sind es die gesammelten Gedichte von Robert Gernhardt. Einige seiner komischen Gedichte sind wahrscheinlich vielen bekannt, aber man findet dort auch unbekannte Gedichte, die erstaunlich ernst oder traurig sind.

Lektion 5

▸ Track 40 Übung 12 a
Aussage 1: Mein Hobby ist Lesen. Ja, wirklich, das mache ich viel lieber als Fernsehen oder ins Theater oder ins Kino gehen. Am liebsten lese ich Thriller oder Kriminalromane. Wenn ich dann abends zu Hause in meinem Lesesessel sitze und mich in mein Buch vertiefe, vergesse ich alles um mich herum. Da kann es auch passieren, dass das Telefon klingelt und ich es nicht höre, obwohl es neben mir steht.
Aussage 2: Musik ist meine Welt. Wenn ich nach Hause komme, nach der Arbeit, mache ich mir einen Tee, schalte den Anrufbeantworter an, mein Handy aus, denn jetzt ist Zeit für Musik: Opernmusik. Am liebsten höre ich Mozart oder Rossini. Aber nur mit Kopfhörer, damit mich nichts dabei stört.
Aussage 3: Ich könnte jeden Tag stundenlang in Schuhgeschäften von einem Regal zum anderen gehen. Wirklich, meine Leidenschaft sind Schuhe. Also, wenn ich vor einem Schaufenster mit Schuhen stehe, dann vergesse ich, warum ich in die Stadt gegangen bin. Und wenn ich dann Schuhe sehe, die mir gefallen, ja, dann muss ich ins Geschäft, dann muss ich sehen, wie sie gemacht sind, wie sie sich anfühlen. Verstehen Sie, denn Schuhe sind nicht gleich Schuhe. Also, ich hab sicher zweihundert Paar Schuhe zu Hause, alles wunderbare, interessante, ausgefallene Schuhe. Nein, tragen will ich die Schuhe nicht.

▸ Track 41 Übung 13
Situation 1:
A: Hallo, Udo, und wie steht's so bei euch?
B: Ach, so weit ganz gut. Und bei euch?
A: Auch gut. Ja, dann – mach's mal gut.
B: Ja, du auch. Tschüss.
Situation 2:
A: Hallo, Karin. Wie läuft's denn so?
B: Ach, Jutta, du kennst doch meinen Chef. Anstrengend ist es. Und wie.
Situation 3:
A: Ah, guten Tag, Herr Meier, lang nicht mehr gesehen. Wie geht's?
B: Danke gut, und Ihnen?

▸ Track 42 Übung 14 a
Situation 1:
Besuch: Und wie geht's heute?
Kranke Person: Ach, ich weiß nicht. Eigentlich noch schlechter als gestern. Mein Fieber ist auch noch nicht weg, und ich hab die ganze Nacht gehustet. Ich hab fast nicht geschlafen. Ich bin völlig gerädert.
Situation 2:
Kollege 1: Und, wie geht's?
Kollege 2: Hör auf, ich kann nicht mehr! Gestern war ich bis 1 Uhr im Büro. Und, glaubst du es hilft, der Berg hier wächst und wächst. Das kann doch so nicht weitergehen. Und dann noch die Geschichte mit dem neuen Projekt, ach weißt es ja eh.
Situation 3:
Nachbarin 1: Ach, hallo, wie geht's?
Nachbarin 2: Ach, danke, prima.

Track 43 Übung 14 c
Dialog 1:
Hans: Moin.
Kurt: Morgen Hans. Na, wie war's?
Dialog 2:
Hans: Hans Moltke, Guten Tag.
Silke: Ich bin's, dein Schwesterherz, na, sag schon, wie war's?

▸ Track 44 Übung 17 b
1 Können wir statt morgen auch am Freitag zum Sport gehen? Mir ist etwas dazwischengekommen.
2 Du, mein Wohnungsschlüssel ist weg, ich kann ihn nicht finden.
3 So, nun tust du das Fleisch rein, klar, aber, jetzt hätte ich es ja fast vergessen, du musst natürlich erst die Zwiebeln schneiden ... Und vergiss nicht, das Wasser hinzuzugeben, aber warte, also die Zwiebeln schneiden, ja, kannst du das? Und anbraten, nicht braun werden lassen, nur glasig ... Ich hoffe, du hast das Fleisch nicht schon gesalzen ... Nein, aber vergiss die anderen Gewürze nicht! Also, und dann das Fleisch zu den Zwiebeln ... Nein, nicht die Zwiebeln dazu ...

▸ Track 46 Übung 25
A: Ihr habt doch auch die Einladung gesehen. Ich würde gern eine Geschichte dazu erfinden, habt ihr eine Idee? Was ist wohl passiert, nachdem er seine Jugendliebe verlassen hat. Sie haben sich dreißig Jahre nicht gesehen und dann?
B: Was hältst du davon, wenn er sie dann in einer Reisegruppe zufällig wiedergesehen hat, oder so ähnlich?
C: Na, also, der Gedanke wäre mir nie gekommen. Das ist gut, das ist sogar sehr gut. Und dann haben sie sich auch zu Hause wieder öfter getroffen.
A: Das glaube ich nicht. Dann wäre das doch keine romantische Geschichte. Ich glaube, die haben sofort geheiratet.
C: Glaubst du wirklich, dass sie sofort geheiratet haben? Ich denke, sie haben sich erst öfter getroffen. Dann ist ihr

Freund böse geworden. Und dann hat sie sich für ihre Jugendliebe entschieden. Und dann sind sie zusammengezogen.
A: Aber sie haben doch geheiratet, oder?
B: Ja klar, ganz bestimmt, sonst würden die uns doch jetzt nicht einladen.

▸ Track 48 Übung 26 b
A: Was hältst du davon, wenn er sie dann ...
B: Na, also, der Gedanke wäre mir nie gekommen. Das ist gut, das ist sogar sehr gut.
C: Das glaube ich nicht. Dann wäre das doch keine romantische Geschichte. Ich glaube, ...
B: Glaubst du wirklich, dass sie sofort geheiratet haben?
A: Ja klar, ganz bestimmt ...

Lektion 6

▸ Track 50 Übung 14 a
Hi, du sammelst doch Spiele für deinen Spielenachmittag. Da du wohl nicht zu Hause bist, quatsch ich sie dir auf deine Nachrichtenbox auf deinem Computer. Die Spiele sind aus „Das kleine Buch der neuen Spiele", ziemlich klasse! Wenn du willst, kann ich es dir leihen. Also, das erste Spiel heißt „Tote Löwen". Das kann man gut spielen, wenn alle total müde sind. Auch dieses Spiel ist für die ganze Familie geeignet. Ziel des Spiels ist es, dass man sich möglichst lange nicht bewegt. Und so geht das Spiel: Alle legen sich hin. Nur einer bleibt stehen. Er ist der Jäger. Die, die bequem auf dem Boden liegen, dürfen sich nicht bewegen. Sobald sich jemand bewegt, und der Jäger sieht das, ist er auch ein Jäger. Als Bewegung gilt alles, tiefes Schnaufen, mit den Augen zwinkern, einen Fuß bewegen. Der Jäger nun versucht alles, damit die toten Löwen sich bewegen. Aber kitzeln, anfassen, treten oder spucken ist natürlich nicht erlaubt. Aber man darf Quatsch machen, Witze erzählen, Grimassen schneiden, singen, Gedichte aufsagen, herumspringen, alles, was einem so einfällt. Je mehr Jäger es gibt, desto schwerer haben es die Löwen. Viel Spaß!

▸ Track 51 Übung 14 b
Ein anderes Spiel: „Captain Video". Das ist ganz einfach und ist für drei bis vier Personen. Das kann die ganze Familie spielen. Ziel des Spieles ist es, Bewegungen genau zu beobachten, nachzumachen, sodass eine andere Person sie wiederholen kann. Das Spiel geht so: Die Spieler stellen sich im Kreis auf, blicken aber nicht in den Kreis, sondern nach außen. In der Mitte des Kreises steht ein Spieler, Captain Video genannt. Er tippt einer Person im Kreis auf die Schulter, diese Person dreht sich um. Captain Video macht nun eine einfache Bewegung vor. Die andere Person tippt nun dem zweiten Spieler auf die Schulter. Dieser dreht sich nun um, schaut in den Kreis. Der erste macht die Bewegung wieder vor. Und so weiter. Am Ende machen Captain Video und der letzte Spieler im Kreis die Bewegung vor. Das ist meistens sehr lustig, weil sich die Bewegung im Laufe des Spiels total verändert hat. Bei diesem Spiel gibt es keine Gewinner oder Verlierer.

▸ Track 55 Übung 32 a
Normalerweise stehe ich wochentags um Viertel nach sechs auf. Dann mache ich mir einen Kaffee und gehe in die Badewanne. Nicht lange, aber das brauche ich, um wach zu werden. Danach wird es hektisch. Gegen sieben fahre ich los, mit meinem Auto in die nächste Stadt, wo mein Arbeitsplatz ist. Ich arbeite in einem kleinen Unternehmen als Sekretärin. Normalerweise bin ich die Erste, das heißt, ich mache alle Geräte an: Kopierer, Drucker, Wasserkocher. Schaue nach, ob irgendetwas im Faxgerät liegt. Im Sommer öffne ich auch ein paar Fenster. Dann koche ich mir einen Tee und setze mich an meinen Computer. Ich arbeite für eine ganze Abteilung: Ich koordiniere alle Termine, in der Abteilung und mit unseren Kunden. Ich bin aber auch für die gesamte Post verantwortlich, obwohl natürlich meine Kollegen viele E-Mails selber beantworten. Ich bearbeite auch alle eingehenden Rechnungen, organisiere Geschäftsreisen. Für die Organisation von Veranstaltungen im Haus bin ich natürlich auch zuständig, sowie für die Verpflegung und technische Ausstattung während der Veranstaltungen. Manchmal etwas viel, aber nie langweilig. So gegen fünf fahre ich nach Hause. Zweimal in der Woche gehe ich zum Sport, sonst halte ich die Büroarbeit nicht aus. Den Haushalt teile ich mir mit meinem Mann und meinen beiden fast erwachsenen Kindern. Für die Überstunden kann ich mir mal zwischendurch freinehmen, das sind dann meine ganz privaten Tage, an denen ich etwas für mich tue.

▸ Track 56 Übung 32 b
Meine Woche fängt eigentlich am Sonntagabend an. Das habe ich mir so angewöhnt. Da setze ich mich an meinen Schreibtisch und gucke mir an, was ich in der nächsten Woche zu tun habe. Ich studiere im vierten Jahr Musik. Das heißt, ich habe sechs Vorlesungen in der Woche, daneben ein oder zwei Unterrichtsstunden bei meinem Professor und ansonsten üben, üben, üben. Dazu kommen aber auch alle möglichen Auftritte: Manchmal spiele ich in Kirchen oder auf Hochzeiten oder auch in einem Orchester, wenn da mal ein Musiker fehlt oder krank geworden ist. Damit verdiene ich mir mein Studium. Das sind also ziemlich viele Termine, die ich da habe, und ich möchte keinen verpassen. Auf die Auftritte muss ich mich ja auch immer vorbereiten, aber die sind meistens nicht so schwer. Ich übe für verschiedene Dinge: Ich habe natürlich Prüfungskonzerte, aber ich nehme auch an Wettbewerben teil. Haushalt – also so kann man das bei mir nicht nennen. Ich habe ein Zimmer in einem Studentenwohnheim, mit meiner Wäsche gehe ich in einen Waschsalon, essen tue ich in der Mensa. Sport, ja Sport mache ich ziemlich viel, das brauche ich, damit meine Arme und mein Rücken nicht wehtun. In meiner Freizeit spiele ich Schach, meine Freundin zum Glück auch, das heißt, wir sind im gleichen Klub. Sonst würden wir uns ja auch viel zu selten sehen.

▸ Track 57 Übung 32 c
Ich bin von Beruf Krankenschwester. Ich arbeite auf einer Station, die in erster Linie Herzkrankheiten behandelt. Die Arbeit ist sehr anstrengend, weil die meisten unserer Patienten schon älter sind. Außerdem sind auch die Krankheiten meist schwerer und die Patienten müssen lernen, ihr Leben

umzustellen. Dabei müssen wir ihnen helfen. Also ich fange morgens um sechs an, das heißt, ich stehe um halb fünf auf. Wenn ich ins Schwesternzimmer komme, liegt der Pflegeplan für den Tag schon fertig auf dem Tisch. Und kurz darauf fängt auch unsere Runde durch die Station an: Wir gehen zu jedem Patienten, messen den Blutdruck, das Fieber und erledigen sonst noch alles, was auf dem Plan steht. Den Patienten bei der Körperpflege helfen, Betten machen, Medikamente verteilen gehört auch dazu. Das Frühstück bringen die Helferinnen den Patienten. Meine Schicht endet meistens gegen 14 Uhr, dann muss ich mich beeilen, weil ich die beiden älteren Kinder vom Hort abholen muss. Zu Hause mache ich dann mit den Kindern Hausaufgaben, gehe mit ihnen noch auf den Spielplatz oder spazieren. Und einkaufen, das muss ich natürlich auch. Dann bringe ich die Kinder ins Bett. Mein Mann arbeitet bei der Stadt als Straßenbahnfahrer, er hat dort die Nachmittagsschicht. Er ist dann vormittags mit der Kleinen zu Hause. So können wir uns abwechselnd um die Kinder und den Haushalt kümmern. Feierabend haben wir so eigentlich in der Woche keinen.

▸ Track 58 Übung 39
Fred und Frieda, Folge 7: Die Emanzenrunde, *Abschnitt 1*
Manchmal habe ich in meiner Rolle als moderner Mann einfach Schwierigkeiten. Als ob die Beziehungen zwischen Frieda und mir nicht komplex genug wären! Schon die umgekehrte Rollenverteilung – Frieda verdient und ich koche, wasche und putze – bringt für mich als Mann echte gesellschaftliche Akzeptanzprobleme, und zeitweise Minderwertigkeitskomplexe. Doch Frieda treibt das jetzt wirklich auf die Spitze; sie lädt vier weitere Lehrerinnen zu uns ein und lässt mich kochen.

▸ Track 59
Abschnitt 2
Da stehe ich also in der Küche und zaubere ein thailändisches Reisgericht mit Curry, während die Damen bei Champagner zusammensitzen und über das Thema „Frauen in Führungspositionen" philosophieren. Ich rechne kurz nach: Da nippen also dreimal Besoldungsgruppe A 13 und zweimal A 14 am Champagner und sehen das größte Unrecht der Welt darin, dass die Rektorenstelle in ihrem Gymnasium mit einem Mann besetzt ist. „Fred, willst du nicht mit uns anstoßen?", ruft Frieda und setzt hinterher „aber zieh bitte die Schürze aus." Was tut man nicht alles, um „frau" zu gefallen; ich zieh die Schürze aus und lege mir ein smartes Gastgeberlächeln auf die Lippen. „Das ist Fred, mein Partner", werde ich vorgestellt. „Fred, das sind Marie-Luise Hoppenstedt-Randsau, Elvira Pforz-Schmiedermeier, Gudrun Schmölln-Siebenbeck und Eva Beck-Neusenburger." Ich bewahre Haltung, steigere mein Lächeln bis zur Schmerzgrenze und antworte: „Ich freue mich sehr, dass Sie alle gekommen sind." Daraufhin fragt Gudrun Schmölln-Siebenbeck: „Fred, können wir Ihnen in der Küche irgendwie zur Hand gehen?" Spätestens jetzt wirkt mein Lächeln gequält: „Nein danke, das braucht es doch nicht."

▸ Track 60
Abschnitt 3
Wieder in der Küche. Jetzt noch die Currypaste und die Cashewkerne dazu und mit Ananassaft aufgießen. Nach der Formel „süßes Essen – schwerer Wein" öffne ich einen Wein aus dem Elsass. Das nächste Mal werde ich euch mit einer dieser Fix-und-Fertig-Maggigerichte bestrafen. Dieser Racheplan gibt mir eine gewisse Befriedigung.

Track 61
Abschnitt 4
Bei Tisch gibt's dann viel Lob für den Herrn des Hauses: „Fred, das haben Sie großartig zubereitet", war das Standard-Kompliment, zu dem ich mich stets artig verbeugte; doch die dienstälteste Emanze, die Beck-Neusenburger, fragt: „Frieda, darf ich mir deinen Fred mal ausleihen?" Frieda zögerte, darauf ihre Kollegin: „Nur so für die Küche." Die Oberstudienrätinnen grinsen. Ich versuche, der Situation irgendwie etwas Lustiges abzugewinnen und antworte: „Wenn mich Frieda ausleiht, koche ich gerne für Sie, Frau Beck-Neusenburger." Nach dem Essen hilft mir Frieda beim Abräumen, immerhin. Ich verstehe, dass die Frauen jetzt unter sich bleiben wollen. Als ich mich zurückziehe, wird von mir erneut Haltung abverlangt: „Fred, lesen Sie noch vor dem Schlafengehen?" Ich schaue die Fragestellerin an und antworte: „Nein, verehrte Frau Hoppenstedt-Randsau, ich gehe noch in die Männergruppe; wir stricken heute ein Maschinengewehr."

Lektion 7

▸ Track 62 Übung 3
1 Komm, jetzt hör mir doch einfach mal zu.
2 Und auf 3 geht's los: 1, 2, 3 bücken, aufrichten, rechtes Bein anheben, und Ausgangsstellung – und noch einmal bücken, aufrichten, Bein anheben – super – und gleich ...
3 Bleiben Sie sofort stehen!
4 Tun Sie was, so tun Sie doch endlich was!
5 Frau Feuerbach, könnten Sie mal vielleicht einen Tee kochen?
6 Hände hoch oder ich schieße!
7 Hier, nimm doch noch ein Stückchen von dem Kuchen, wäre doch schade, ihn liegen zu lassen.
8 Du wirst jetzt sofort dein Zimmer aufräumen, hast du gehört!
9 Bitte, bitte, könntest du mich heute Abend nicht abholen, diese eine Mal noch?
10 Unterschreiben Sie bitte Ihre Formulare.
11 Sei still.
12 Sei endlich still!
13 Wer schreibt das Protokoll? Frau Suskowitz, wollen Sie das machen?
14 Hätten Sie heute vielleicht Zeit, auch die Regale aufzuräumen?
15 Würdest du mal ausnahmsweise das Spülen übernehmen? Mir geht's heute nicht gut.
16 Es dauert noch ein bisschen. Setzen Sie sich doch.
17 Dürfte ich Sie höflich bitten, mir zu sagen, wie spät es ist?

▸ Track 64 Übung 9a

1 Würden Sie mir die Datei bitte per E-Mail schicken?
2 Würden Sie mir die Datei bitte per E-Mail schicken?
3 Würden Sie mir die Datei bitte per E-Mail schicken?
4 Könnten wir uns um vierzehn Uhr im Konferenzraum treffen?
5 Könnten wir uns um vierzehn Uhr im Konferenzraum treffen?
6 Könnten wir uns um vierzehn Uhr im Konferenzraum treffen?
7 Bitte beantworten Sie den Brief von Herrn Hausmann möglichst noch heute.
8 Bitte beantworten Sie den Brief von Herrn Hausmann möglichst noch heute.
9 Bitte beantworten Sie den Brief von Herrn Hausmann möglichst noch heute.
10 Diese Abrechnung müsste noch kontrolliert werden.
11 Diese Abrechnung müsste noch kontrolliert werden.
12 Diese Abrechnung müsste noch kontrolliert werden.

▸ Track 65 Übung 23

A: Na Otto, lang nicht mehr gesehen, wie geht's denn so im Geschäft?
B: Wie's geht? Gut, du, meiner Firma geht's wirklich gut. Die Situation ist wesentlich besser, als wir vor einem Jahr gedacht haben.
C: Sag mal, Jenny, weißt du, warum Silke nicht gekommen ist?
D: Ich glaub', sie ist sauer auf Opa. Weil ihm letztens ihre Frisur nicht gefallen hat.
E: Ich bin sicher, dass es morgen regnet und der Ausflug ausfallen muss.
F: Mensch, Onkel Hans, du bist immer so pessimistisch, vielleicht wird es morgen richtig schön! Was meinst du, Tante Martha?
G: Ich weiß nicht, also die Idee mit dem Ausflug finde ich eigentlich super.
H: Ich glaube, ich nehme mir noch ein Stückchen von dem Kuchen.
I: Siegfried, bitte denk an deine Figur!

▸ Track 66 Übung 26 a

Bei einem Verkehrsunfall ist Mittwochnacht auf der Kreuzung Möllner Straße / Franzstraße eine 44 Jahre alte Autofahrerin schwer verletzt worden. Die Frau wurde von Rettungskräften in ein Krankenhaus gebracht. Ein weiterer Autofahrer erlitt leichte Verletzungen. Ein Notarzt sowie die Feuerwehr waren im Einsatz. Bei dem Unfall entstand ein Sachschaden von circa 55 000 Euro. Es konnte nicht geklärt werden, wie der Unfall passiert ist. Zeugen melden sich bitte bei der Verkehrspolizei.

▸ Track 67 Übung 26 b

Feuerbach: Ein mit einem Messer bewaffneter Räuber hat am Dienstagabend ein Sonnenstudio an der Stuttgarter Straße überfallen. Der Mann betrat gegen 20.50 Uhr das Studio, bedrohte die 29-jährige Mitarbeiterin mit einem Klappmesser und forderte Bargeld. Mit mehreren Hundert Euro flüchtete der Unbekannte in Richtung der Scharfenschlossstraße. Die Mitarbeiterin konnte den Täter nicht beschreiben. Hinweise nehmen die Beamten der Kriminalpolizei unter der Telefonnummer 8990-6333 entgegen.

▸ Track 68 Übung 26 c

Dreizehn Computer und zwei Beamer im Wert von mehreren Tausend Euro haben Unbekannte in der Nacht zum Mittwoch bei einem Einbruch in ein Schulgebäude an der Ottostraße gestohlen. Der Hausmeister bemerkte den Einbruch, als er am Morgen die Klassenräume für die Schüler aufsperren wollte. Die Unbekannten hatten die Tür des Computerlehrsaals aufgebrochen. Zum Abtransport der Beute wurde wahrscheinlich ein Fahrzeug benutzt, möglicherweise ein gestohlenes Auto. Wir glauben, dass die Täter Schüler der Schule sind. Wir bitten daher alle Schüler, sich bei ihren Lehrern, beim Direktor der Schule oder mit ihren Eltern bei uns in der Dienststelle zu melden. Wir möchten betonen, dass dieser Diebstahl kein Streich, sondern eine Straftat ist. Trotzdem möchte ich hier mitteilen, dass die Schulleitung keine Anzeige erstatten will, wenn die Computer und die Beamer noch heute zurückgebracht werden.

▸ Track 69 Übung 28 a

A: Du, darf ich dich mal kurz stören, wegen unserer Abteilungsfeier ...
B: Ach Gott, ich weiß nicht, ich habe im Moment überhaupt keine Zeit dafür, du weißt doch ...
A: Zeit habe ich auch nicht, aber die Feier ist schon in drei Wochen, und wir wissen noch gar nicht, wie die Überraschung für unsere Kolleginnen und Kollegen aussehen soll ...
B: Okay, hast recht, also, was schlägst du vor? Könnten wir nicht, wie beim letzten Mal, eine Band organisieren, die beim letzten Mal war doch ganz gut ...
A: Ehrlich gesagt finde ich die Idee nicht so gut. Das wäre dann doch keine Überraschung. Und du hast ihnen was ganz Tolles versprochen.
B: Also, gut. Was schlägst du vor? Hast du schon eine Idee?
A: Na ja, ich dachte, wir könnten doch statt hier zu feiern vielleicht irgendwo hingehen ...
B: Das ist doch viel zu kompliziert, wie stellst du dir denn das vor?
A: Na ja, man könnte doch ein kleines Theater mieten, mit der Vorstellung, meine ich ...
B: Das ist eine super Idee. Das machen wir ... Und danach könnten wir in einem Restaurant noch eine Kleinigkeit essen – muss ja nichts Teures sein.
A: Du müsstest nur mal klären, was wir ausgeben dürfen ...
B: Mach ich sofort, wenn du dich dann um die ganzen anderen Fragen kümmerst. Nein, im Ernst, hättest du nicht Lust, das Theater zu suchen und ein nettes Restaurant dazu – du kennst dich doch aus. Ich geh doch nur auf den Fußballplatz.
A: Das hat man davon, dass man gern ins Theater geht. Mach ich, aber dann kriegst du den Bericht über die Tagung erst einen Tag später.
B: Einverstanden.
A: Das wird 'ne super Abteilungsfeier. Die werden sich wundern.

Lektion 8

▸ **Track 70 Übung 3**

1 Mein Gott, wie heißt denn das bloß, wenn man es ganz toll findet, wenn jemand etwas macht, was man total bewundert, was man selber nicht könnte ...

2 Ich war heute bei Maria im Krankenhaus, ich glaube, das Problem ist gar nicht ihr hohes Alter. Eigentlich ist sie noch ganz fit, ich glaube, sie ist einfach, wie sagt man nur? Also, sie hat eigentlich keine Freude mehr daran zu leben, keine Lust mehr, sie ist einfach ..., ach, du weißt schon, was ich meine ...

3 Manchmal hab' ich ja das Gefühl, Extremsportler sind einfach nur ..., hach, wie heißt denn das Wort, wenn jemand nur an sich selbst denkt und sich nur um sich selbst kümmert? Die sind ...

4 Neulich hat mich ein Autofahrer überholt, Wahnsinn! Der ist bestimmt über 200 Stundenkilometer gefahren. Der Typ ist nicht nur für sich selbst gefährlich, der bringt auch das Leben von anderen in Gefahr. Da gibt es doch ein Wort dafür. Was der macht, ist einfach ... Wie heißt denn das?

5 Der Extremkletterer Alex Huber hat einen Bruder, Thomas heißt der. Der macht genauso gefährliche Sachen wie Alexander, hat aber zwei Kinder. Das musst du dir mal vorstellen. Das ist doch ... Mein Gott, wie sagt man gleich wieder? Der muss sich eigentlich um zwei Kinder kümmern, die brauchen ihn, und ihm ist das scheinbar egal. Wie nennt man denn solche Leute?

6 In dem See da ist letzten Winter ein Kind im Eis eingebrochen und ist von einem, ... einem, na wie sagt man? Jedenfalls hat ihn ein Nichtschwimmer gerettet. Toll, oder? Dass der keine Angst vor dem Tod hatte. Der hätte doch auch sterben können. Wie nennt man denn das, wenn einer so wahnsinnig mutig ist?

▸ **Track 74 Übung 26**

1 [lachende Kinder]

2 [bremsendes Auto]

3 Meine Damen und Herren, Bühne frei für den preisgekrönten Autor Friedrich ...

Hinweis: Bei den Kursbuch-Aufgaben, bei denen die TN frei sprechen, sollten Sie darauf achten, dass auch die erlernten Wendungen und Ausdrücke benutzt werden. Die „Lösungsinhalte" zeigen Ihnen mögliche Lösungen, die so ähnlich von den TN genannt werden könnten. Die Lösungen zu den Fokus-Grammatik-Seiten sind hier nicht aufgeführt, da sie im Kursbuch auf S. 137 abgedruckt sind. Die Lösungen zum Arbeitsbuch finden Sie auf der Lerner-CD-ROM oder im separaten Lösungsschlüssel.

Lektion 1 Erlebt

Assoziationsseite

1: Die Fotos stellen individuelle Erlebnisse einzelner Personen dar.
Lösungsinhalte: Foto A: ein außergewöhnliches Erlebnis wie eine Abenteuerreise mit dem Motorrad; Foto B: Zusammenleben von „jung" und „alt"; Foto C: Erbstücke und ihre Geschichte; Foto D: virtuelle Erlebnisse im Internet; Foto E: Jugenderinnerungen: Foto F: Freundschaft / Liebe.
2: Die TN antworten frei.

A

A1 1E, 2D, 3C, 4A, 5B
A2 a Die TN kreuzen individuell an.
b Die TN antworten frei.

B

B1 *Lösungsinhalte:* jung: Musik, Partys, der Führerschein, Freunde, Spaß, ausgehen, nervende Geschwister...; alt: Rente, wenig Geld, Großeltern, viel Zeit, Brille tragen, Schmerzen, klassische Musik, Lebenserfahrung ...
B2 a Text 1: a) Die TN kreuzen individuell an.
b) 1 ... aller Kinder ohne Geschwister leben; 2 ...10-jährige Kind besitzt ein eigenes Handy ...; 3 ..., nämlich 71 % der Jugendlichen, würden ihre eigenen Kinder ungefähr so oder genauso erziehen, wie sie es von ihren Eltern kennen ...; 4 ... im Alter von 18 bis 21 Jahren bei ihren Eltern.; 5 ... Studentinnen und Studenten beenden ihr Studium ohne Abschluss ...
Text 2: a) Die TN kreuzen individuell an.
b) 1 ... Senioren heute Rock- und Popkonzerte besuchen wie noch vor 10 Jahren; 2 Die Deutschen werden heute ...ihre Vorfahren im 19. Jahrhundert ...; 3 ... der über Sechzigjährigen würden gern „Essen auf Rädern" in Anspruch nehmen ...; 4 ... 95-Jährigen lebt im Seniorenheim ...; 5 ... 37000 Rentner, die an deutschen Universitäten studieren, ist Geschichte ...
b + c Die TN antworten frei.

C

C1 Die TN antworten frei.
C2 b *Lösungsinhalte:* 1: Der Ring gehörte ursprünglich der Großtante Irma, die ihn von ihrem Mann geschenkt bekommen hatte. Er hat einen großen roten Stein und auf der Innenseite sind die Zahl 1897 und die Initialen L.C. eingraviert. Solange die Erzählerin denken kann, hat ihre Mutter den Ring getragen. 2: Der Juwelier soll den Ring schätzen. Die Mutter möchte wissen, wie viel er wert ist.
3: Die Familie glaubt, dass der Ring sehr wertvoll ist, aber der Juwelier lässt diesen Traum platzen, indem er den Wert des Glassteins auf 50–60 Euro schätzt.
C3 a *Lösungsinhalte:* ... Die Erzählerin bekommt zum 18. Geburtstag von ihrer Mutter einen Ring geschenkt. Der Ring hat einen großen roten Stein. Die Familie glaubt, dass der Stein sehr wertvoll ist. Eines Tages lässt die Mutter den Ring von einem Juwelier schätzen. Sie erfährt, dass er aus Glas ist und nur 50–60 Euro wert ist. Sie ist enttäuscht, aber Simone trägt ihn trotzdem.
b Gelenkte schriftliche Textproduktion (vgl. Musterlösung in C3a).
C4 a *Lösungsinhalte:* Möglicherweise aus Tradition. / Vielleicht auch aus Pflichtgefühl. / Es könnte sein, dass er ihr gefällt. / Ich könnte mir vorstellen, dass er sie an ihre Großtante erinnert. / Vermutlich trägt sie den Ring, weil ihre Mutter ihn getragen hat. / Sie hat das Gefühl, dass sie ihn tragen muss.
b + c Die TN sprechen frei.
C5 Die TN sprechen frei.

D

D1 a Singlebörsen sind Foren im Internet. Dort kann man Menschen kennenlernen, die einen Partner suchen. Es gibt sehr viele verschiedene Singlebörsen, seriöse und unseriöse.
b 1 r, 2 r, 3 f
D2 a 1 Timo und Maja sprechen das Vorurteil an, dass viele das Kennenlernen im Internet unromantisch finden. 2 Nein. 3 Sie hatten Zweifel. 4 Sie haben sich im Dating-Café kennengelernt und sind glücklich.
b 1 *Lösungsinhalte:* pro: nette Menschen kennenlernen, die man sonst nie treffen würde / schnelles, unkompliziertes Kennenlernen / man kann sich über den Menschen informieren, bevor man mit ihm Kontakt aufnimmt (z. B. über seine Hobbys) und so schon sehen, ob man zusammenpasst / zeitlich flexibel (ich kann Kontakt aufnehmen, wann ich möchte) / steigende Zahl der Singlebörsennutzer; kontra: unromantisch / Zweifel, ob das funktioniert / Unehrlichkeit (man kann nicht überprüfen, ob die Angaben des anderen der Wahrheit entsprechen) / verletzend, weil viele plötzlich nicht (mehr) antworten / man fühlt sich wie ein Angebot im Supermarkt 2 Die TN sprechen frei.

E

E1 b 20er-/30er-Jahre
E2 a 1 privat; 2 verwandt; 3 sehr vertraut; 4 locker
b A-3 Sie besorgt sich ein Kostüm ...; B-4 Richard Höhe holt sie mit dem Taxi ab ...; B-5 Vor der Tür des Gastgebers ...; C-6 Also stellt er sie als „Wölfle" vor ...; C-7 Das Fest ist in vollem Gange ...; C-8 Spät in der Nacht bringt Richard Höhe ...; D-9 Fräulein Wulf will Kurt Smidt wiedersehen ...; D-10 Sie schreibt eine Postkarte ...; D-11 Kurt Smidt ruft sie an ...
E3 Die TN sprechen frei, ihren Rollen entsprechend.

F

F1 *Lösungsinhalte:* ... wenn man: 18 Jahre alt ist; eine eigene Wohnung hat; den Führerschein hat, heiraten darf etc.
F2 a 1 in einem Online-Magazin; 2 um die eigenen Ziele im Leben
b 1 f; 2 r; 3 f; 4 r
c 1 eher positiv; 2 eher negativ; 3 eher positiv; 4 eher negativ; 5 eher negativ
F3 Die TN sprechen frei.

G

G1 Die TN sprechen frei.
G2 a + b Die TN antworten und markieren individuell.
G3 Freie Aufgabe.

Lektion 2 Faszination

Assoziationsseite

1 Freie Ideensammlung.
2 Die TN antworten frei. Foto A: faszinierendes, verzauberndes Naturerlebnis; Foto B: Faszination in der Liebe; Foto C: kulinarische Genüsse; Foto D: schöne Augenblicke in der Natur; Foto E: Faszination Musik.

A

A1 Die TN sprechen frei.
A2 a Die TN sprechen frei.
A2 b *Lösungsinhalte:* Ich bin immer wieder fasziniert vom Internet und von den Möglichkeiten, die es bietet. Zum Beispiel kann ich innerhalb von Sekunden meiner Cousine am anderen Ende der Welt eine Nachricht schicken. Auf meinem Foto ist eine Frau zu sehen, die vor ihrem PC sitzt und sich freut.

B

B1 a Die TN entscheiden individuell.
b Die TN sprechen frei.
c Die Sortierung erfolgt anhand der Vorschläge der TN.
B2 a + b 1 Ziel; 2 das Größte; 3 Süßwarenabteilung; 4 Lösung; 5 schön
c Freie schriftliche Textproduktion.

C

C1 a Die TN machen sich individuell Notizen.
b Die TN sprechen frei.
C2 a Es könnte sich um eine Liebesgeschichte zwischen dem Autor und der Kellnerin handeln. Tatsächlich ist der Text eine Restaurantkritik.
b über den Service, das Essen, die Einrichtung, die Preise, die Kellnerin
c Restaurantkritik
d 1 ja, 2 nein; 3 ja; 4 nein; 5 nein; 6 ja; 7 ja; 8 nein
C3 a großer; falsche; halber, freundlichen; dunklem; einfach; modern; besetzt, gutes; verführerischer; viel; kleinen; sympathisch; freundlich; falschen; verschiedenen; viel, unglaublich; nettes; moderne; cremige; gerösteten; zarten; saftigen; körniger; leckeres; herzhaftes; perfekt; aromatisch-scharf; kurzer, herrlich, sahnig; freundliche, nächsten
offensichtlich; eindeutig; fröhlich; schlagartig; geduldig; frisch; absichtlich
b Mensch: groß, falsch, freundlich, einfach, modern, gut, verführerisch, klein, sympathisch, fröhlich, geduldig, nett; Duft: lecker, modern, gut, verführerisch, frisch, aromatisch-scharf; Speise: einfach, modern, gut, verführerisch, geröstet, falsch, frisch, cremig, zart, saftig, körnig, lecker, herzhaft, aromatisch-scharf, sahnig, verschieden; Raum: groß, freundlich, dunkel, einfach, besetzt, modern, klein, falsch, nett, halb, verschieden
c 1 *Satz 1:* unheimlich / furchtbar / unglaublich / herrlich; *Satz 2:* unheimlich / furchtbar / unglaublich / schrecklich / herrlich. 2 unglaublich nettes; herrlich sahnig.
C4 Freie schriftliche Textproduktion (siehe Kursbuch S. 28).

D

D1 a Klangbild 1 – Fotos B und C: Bienenstock, orientalische Musik, Leute, die sich unterhalten; Klangbild 2 – Fotos A, D und E: Orchester vor dem Konzert, Vogelgezwitscher, Meeresrauschen.
b Text 1: 1 Der Autor beschreibt, wie es immer sein soll, wenn man am Meer ist; 2 Was man tun soll: zu schweigen beginnen, den Faden verlieren, den Salzschaum und das sanfte Zischen des Windes einatmen und ausatmen und wieder einatmen, aufhören zu sollen, nichts mehr wollen wollen; Was man nicht tun soll: den Faden nicht verlieren (an vorhin denken), sollen (etwas für andere tun), wollen wollen (etwas tun); 3 *Lösungsinhalte:* ... Immer wenn man ans Meer kommt, soll man schweigen und nicht mehr an vorhin denken. Man soll auch den Salzschaum und das Zischen vom Wind einatmen und ausatmen und wieder einatmen. Und man soll nichts mehr für andere machen und einfach nichts mehr tun. Text 2: 1 Der Autor beschreibt ein Ereignis in Kairo, das er immer wieder erlebt.
2 Kairo wird zum Klangkörper. Das Singen der Muezzine verschwimmt sechzig Meter über der Stadt zu einem Klang, der an das Gesumm im Bienenstock erinnert, wenn sich ein Mensch nähert. Oder an den Moment vor dem Beginn eines klassischen Konzerts, wenn der Dirigent erscheint und sich alle Musiker auf einen Ton einstimmen. 3 Gehupe und Motoren; 4 *Lösungsinhalte:* ... Immer wenn er auf der Terrasse seiner Wohnung steht und die Muezzine zum Gebet rufen, dann wird Kairo zu einem Klangkörper. Das Singen der Muezzine verschwimmt sechzig Meter über der Stadt zu einem Klang, der an das Gesumm in einem Bienenstock erinnert, wenn ein Mensch näher kommt. Oder es ist wie in dem Moment vor dem Beginn eines klassischen Konzerts, wenn der Dirigent kommt und alle Musiker sich auf einen Ton einstimmen.
c vgl. D1 b Text 1, Teilaufgabe 3 / D1 b Text 2, Teilaufgabe 4.
D2 Die TN sprechen frei.

E
1 Die TN sprechen frei.
2 a Vielleicht geht es im Text um eine Person, die sehr schnell das Trommeln erlernt hat.
b 1 b; 2 d; 3 b; 4 d
3 Die TN sprechen frei.

F
F1 Die TN machen sich individuell Notizen.
F2 Die TN sprechen frei.
F3 Freie schriftliche Textproduktion mit Partnerkorrektur.

Lektion 3 Vertrautes

Assoziationsseite

1 Die TN sprechen frei.
2 Foto A: optische Täuschung; Foto B: Schweinshaxe; Foto C: Sankt-Martins-Fest; Foto D: Kaffee trinken; Foto E: Hochzeit; Foto F: Gestik, die Vergesslichkeit ausdrückt.

A
A1 1, 2 + 3 Lösungen siehe Kursbuch S. 135.
A2 a + b Die TN sprechen frei.

B
B1 a Die TN ergänzen die Gedankenblasen individuell.
b Bild A
B2 Die TN sprechen frei.
B3 a + b Die TN sprechen frei.

C
C1 Die TN sprechen frei über die Fotos.
Foto A: Bleigießen an Silvester; Foto B: Weihnachten; Foto C: Firmenjubiläum; Foto D: Taufe; Foto E: Schweizer Nationalfeiertag.
C2 a Die TN sprechen frei.
b 1 Große Kindergartengruppen und Grundschulkinder ziehen, begleitet von ihren Eltern, im November mit Laternen und Gesang durch die Straßen. Die Erwachsenen essen Würste und trinken Glühwein. 2 Als ein Fest, das er beobachtet, das er aber nicht ganz versteht. 3 b) *Lösungsinhalte:* ... Sankt Martin war. c) ... die Kinder mit ihren Laternen singend durch die Straßen ziehen. d) ... Sankt Martin ein Prediger war, der sich schon im Mittelalter für das Laternentragen und Würsteessen eingesetzt hat. e) ... er nicht genau weiß, warum gefeiert wird. f) ... das Fest.
C3 a Wer feiert? Kindergarten- und Grundschulkinder, Eltern, Großeltern, der Pastor, Tagesstätten, die Kirchengemeinde, die Feuerwehr, die Anwohner, Gemeindemitglieder, ehrenamtliche Helfer, eigentlich das ganze Stadtviertel und alle, die daran Freude haben; Wann wird gefeiert? Am 11. November, abends, manchmal auch ein paar Tage früher oder später; Wie wird gefeiert? Es gibt ein großes Martinsfeuer vor der Kirche, ein Martinsspiel mit der Teilung des Mantels und einen Festumzug mit St. Martin auf dem Pferd. Dabei spielt die Kapelle der Feuerwehr, die Kinder tragen Laternen und alle Leute gehen hinter dem Pferd her und singen. Außerdem essen viele Menschen eine Martinsgans und die Kinder bekommen einen Stutenkerl geschenkt; Warum wird gefeiert? St. Martin war als Soldat im Jahr 338 in der Nähe von Paris. Dort traf er an einem bitterkalten Wintertag einen fast nackten Bettler vor dem Stadttor und gab dem Mann, ohne zu zögern, die Hälfte von seinem Mantel, sodass der Mann nicht erfror. St. Martin wurde später ein Bischof und Heiliger, der vielen Menschen half und der noch heute ein Vorbild sein soll, denn man darf die armen Leute nicht vergessen; Weitere Informationen: Die Kinder basteln ihre Laternen meistens selbst, in den Laternen sind echte Kerzen; Die Lieder lernt man schon im Kindergarten; Der Stutenkerl ist ein gebackenes Männchen mit einer weißen Tonpfeife im Mund; Als St. Martin zum Bischof geweiht werden sollte, bekam er Angst und versteckte sich in einem Gänsestall. Die Gänse aber riefen so laut, dass die Leute ihn fanden; Die Martinsgans aber hat eigentlich mit St. Martin nichts zu tun; Die Kinder spenden auch Spielzeug;
b Die TN sprechen frei.
C4 Die TN sprechen frei.

D
D1 a Die TN sprechen frei.
b Ritual
D2 a 1 und 3
b 1 ... sie sich eine Viertelstunde der ganz persönlichen Entspannung gönnt; 2 ... dürfen bewusst einen Moment der Langeweile erzeugen; 3 Sie sind Augenblicke der Ruhe und der Konzentration.
D3 Die TN sprechen frei.

E
E1 Die TN sprechen frei. Das Sprichwort bedeutet, dass alle neuen Situationen immer schwierig bzw. eine Herausforderung sind, egal, ob es sich dabei z. B. um eine neue Arbeit handelt oder um eine neue Situation im Privatleben.
E2 a A: fremde Stadt, keine Freunde; B: erster Arbeitsplatz, passende Kleidung; C: Heirat, neuer Name; D: Umzug aufs Land, Organisation des Alltags; E: Lebensmittel-Unverträglichkeit, Ernährungsplan.
b unsicher sein: B; etwas als fremd empfinden: A; jemandem vertraut sein: C; für jemanden ungewohnt sein: D; überrascht reagieren: C; sich unsicher fühlen: B; etwas als unangenehm empfinden: B; jemandem peinlich sein: B; gewohnt sein: E; schockiert sein: E; sich heimisch fühlen: A.
E3 a Die TN kreuzen individuell an.
b Die TN sprechen frei.

F
F1 A 4; B 2; C 3; D 1; E 5
F2 2 d; 4 h;5 f; 6 b; 7 b; 8 a; 9 e; 10 d
F3 b Je nach Intonation ändert sich die Bedeutung.

Lösungsinhalte: Version 1: Vers 1 – Bestätigung eines Vorurteils, Vers 2 – Überraschung, Vers 3 – Sarkasmus, Vers 4 – Abscheu, Vers 5 – etwas nicht ernst nehmen, Vers 6 – Wiederholung zur Klarstellung, Vers 7 – Überraschung, Vers 8 – Kopfschütteln, Vers 9 – Unglaube, Vers 10 – Verärgerung; Version 2: Vers 1 – Freude, Vers 2 – Bewunderung, Vers 3 – Begeisterung, Vers 4 – Abscheu, Vers 5 – Genervtheit, Vers 6 – erklärend, Vers 7 – Anerkennung, in der Überraschung mitschwingt, Vers 8 – Nachdenklichkeit, Vers 9 – erklärend, zur Abgrenzung, Vers 10 – etwas beiläufig abtun.
F4 Die TN sprechen frei.

G
G1 Die TN sprechen frei.
G2 a + b Die TN machen sich individuell Notizen und sprechen dann frei über die Bilder.
G3 a 1 Der Autor fühlt sich zunächst nicht beachtet, niemand grüßt ihn oder spricht mit ihm. Vielleicht denkt er sogar, dass die Deutschen ihn nicht in ihrem Land haben möchten. In seinen Augen ist das Vorbeischauen der Leute eine Missbilligung, die Nichtinteresse signalisiert. 2 Ihm fällt sein Notizbuch aus der Tasche und eine Frau, die in der U-Bahn an ihm vorbeigesehen hatte, rennt ihm hinterher, um es ihm zurückzugeben. Der Autor erkennt, dass die Deutschen im Grunde genommen freundlich und hilfsbereit sind.
b Die TN sprechen frei.
c Freie schriftliche Textproduktion.

Lektion 4 Erwischt
Assoziationsseite
1 Die TN sprechen frei.
2 Foto A: in einem Spiel beim Schummeln erwischt werden; Foto B: ein Arzt sagt dem Patienten vielleicht nicht die Wahrheit oder ist ein Hochstapler; Foto C: eine Fertigsuppe besteht nicht aus den Zutaten, die man in ihr vermutet, sie enthält künstliche Aromastoffe; Foto D: Mobbing in der Arbeit.

A
A1 Die Personen sitzen an einem Tisch und spielen ein Spiel mit 2 Würfeln, Mäxchen genannt.
A2 a 1 Die beiden Würfel zeigen dieselbe Zahl an, z.B.: zwei Vierer. 2 Wenn man in einem Spiel nicht die Wahrheit sagt oder betrügt. 3 Wenn ein Spieler nach dem Würfeln eine falsche Augenzahl nennt. 4 Wenn jemand beim Schummeln erwischt wird. 5 Er bekommt ein Streichholz. 6 Eine Zwei und eine Eins.
b + d Die TN sprechen frei.

B
B1 Die TN sprechen frei.
B2 a Ein Hochstapler ist eine Person, die andere zum eigenen Vorteil absichtlich täuscht, z. B. gibt sie sich fälschlicherweise als Arzt aus.
b 1 b; 2 b; 3 a; 4 b
B3 a Die TN kreuzen individuell an.
b Die TN sprechen frei.
B4 a ... schaffte es schnell ... in seinen Bann zu ziehen; Besonders gut hat mir auch ... gefallen; ... packte mich ...; ... unterhaltsamer ...; ... begeistert hat ...; ... interessante ...; ... es spricht ...für ...; ... sogar gelingt ...; ... Interesse ... zu wecken ...; ... interessanter.
b 1 Die TN machen individuell Notizen. 2 Die TN sprechen frei.

C
C1 a Die TN erstellen ihre individuelle Liste.
b Die Kategorisierung erfolgt anhand der Einkaufslisten der TN.
c Die TN sprechen frei.
C2 a + b Die TN sprechen frei.
c 1 a: nein; b: ja; c: ja; 2 a: *Lösungsinhalte:* Am Beispiel der Hühnersuppe. Eine normale Suppe enthält natürliche Zutaten, die der Suppe Geschmack verleihen. Bei einem Fertigprodukt sind nur geringe Mengen der natürlichen Zutaten enthalten. Der Geschmack wird mithilfe von Aromastoffen künstlich erzeugt. b: Er würde sie wohl nicht kaufen. 3 geschmacklos (Z. 4): ohne Geschmack; ungenießbar (Z. 3): man kann es nicht essen; unverkäuflich (Z. 3): man kann es nicht verkaufen; vergleichbar (Z. 15): man kann es vergleichen; geheimnisvoll (Z. 2): voller Geheimnisse.
d Die TN betrachten ihre Einkaufsliste kritisch: Bekommen sie auch das, was die Packung verspricht?
C3 a *Lösungsinhalte:* Zutaten: ein zartes Huhn (nicht aus Käfighaltung); Suppengrün = Möhren, ein Stück Sellerie, Petersilienwurzel, Lauch; Petersilie; eine mittelgroße Zwiebel; ein Lorbeerblatt; Salz; Paprika; Pfefferkörner; 1–2 Kardamomkerne; Suppennudeln; Wasser; eventuell: Wacholderbeeren, Ingwer, Chilischote, Reis, Grießklößchen; Arbeitsschritte: 1. 1,5 Liter Wasser zum Kochen bringen; 2. Sellerie und Wurzelgemüse in Würfel bzw. Scheiben schneiden; 3. Zwiebel schälen und halbieren; 4. Huhn innen und außen säubern; 5. Huhn mit Zwiebelhälften, Paprika, ein Tee-Ei mit Lorbeerblatt, Pfefferkörnern und Kardamomkernen in den Topf geben; 6. Suppe nur sieden lassen; 7. Wenn das Huhn gar ist, es herausnehmen, Fleisch von den Knochen lösen und in Stücke schneiden, das Suppengrün in den Topf geben; 8. Wenn das Suppengrün halb gar ist, Suppennudeln und das kleingeschnittene Huhn in den Topf geben; 9. Nach 10 Minuten ist die Suppe fertig, mit Petersilie dekorieren; Tipps: kein Huhn aus Käfighaltung und kein Suppenhuhn kaufen; Kardamomkerne geben der Suppe einen leichten Zitronengeschmack; Ingwer oder Chilischote machen den Hals frei; Lorbeerblatt, Pfefferkörner und Kardamomkerne in ein Tee-Ei geben, damit man sie später leicht aus der Suppe holen kann; Suppe nicht brodeln lassen, nur sieden; für eine Bouillon das Huhn nicht ins heiße Wasser geben; Nudeln separat kochen, wenn man die Suppe einfrieren oder am nächsten Tag essen möchte.
b + c Die TN sprechen frei.

D
D1 a Jutta berichtet über ihre Arbeit und die Konflikte, die sie dort mit ihrer Kollegin Birgit hat, also über eine Arbeitssituation.
b 1 negativ; 2 positiv; 3 negativ; 4 positiv.
c *Lösungsinhalte:* Jutta hat zwei Wochen die Urlaubsvertretung für ihre Kollegin Birgit gemacht. Birgit hatte nichts organisiert, aber Jutta hat alles wunderbar gemacht. Ihr Chef hat sie gelobt und allen gesagt, dass man sich voll auf sie verlassen kann. Trotzdem hat sie sich dabei ertappt, dass sie mit einem Kloß im Hals an die Rückkehr ihrer Kollegin denkt. Das Gefühl der Angst ist sogar stärker geworden. Darüber hat sich Jutta geärgert. Zum Glück ist dann aber nach der Rückkehr nichts passiert, Birgit hat sich ganz neutral verhalten. Der Konflikt liegt bei ihrer Kollegin, die sich mit sich selbst im Konflikt befindet. Trotzdem fragt sie sich, wie alles weitergehen soll.
D2 a Merkmal 1.
b *Lösungsinhalte:* Liebe Jutta, ich habe Dein Online-Tagebuch mit großem Interesse gelesen. Wenn ich es richtig verstanden habe, ist es ja nur Deine Kollegin Birgit, die Dir Schwierigkeiten macht. Dein Chef unterstützt Dich und hat Dich sogar gelobt. Das ist doch das Wichtigste! Der Chef ist auf Deiner Seite. Und Menschen wie diese Birgit werden immer Probleme mit Kollegen, Freunden etc. haben, weil sie selbst nicht mit sich zurechtkommen. Also keine Sorge! Ich hatte bisher Glück und habe noch keine Erfahrungen mit Mobbing oder unfreundlichen Kollegen wie Birgit gemacht. Also, Kopf hoch, Du schaffst das! Deine Marlene

E
E a Die TN wählen individuell zwei Themen aus.
b Die TN machen sich individuell Notizen.
c Die TN sprechen frei.

Lektion 5 Eintauchen
Assoziationsseite
1 Foto A: wörtliche Bedeutung von *eintauchen* = ins Wasser springen und darin eintauchen; Foto B: Musik hören = in musikalische Welten eintauchen;
Foto C: Stadtplan = eintauchen in eine Stadt;
Foto D: beim Lesen in die Geschichte des Buches eintauchen; Foto E: Schmuckdosen, Spiegel = durch das Sammeln von Gegenständen in eine eigene Welt eintauchen; Foto F: Handy = in die Welt der SMS-Sprache eintauchen.
2 Die TN sprechen frei.

A
A1 a + b Die TN sprechen frei.
A2 a Die TN entscheiden individuell darüber, ob die Meldung wahr oder falsch ist.
b Die TN sprechen frei.
c Seine Kunden wünschen sich, dass das Auto entweder fliegen oder tauchen kann.
d Die TN sprechen frei.

B
B a A 6; B 5; C 7; D 4; E 2; F 3; G 1
b + c Die TN sprechen frei.

C
C1 a *Lösungsinhalte:* Er hätte gern die Adresse von der Kneipe in San Francisco. / Die Kneipe ist in San Francisco und war super. Es ging am Parkhaus links rein und dann noch ein Stück und gegenüber von der Tankstelle lag sie. Die Musik war super, der Kellner ist eine echte Nummer.
b Die TN kreuzen individuell an und sprechen frei über ihre Wahl.
c Er meint, die angegebene Internetseite würde Bert helfen.
d 1 Tut mir leid, dass die E-Mail nicht länger ist. 2 Ich muss jetzt weiterarbeiten.
C2 a 1 am Computer und am Telefon (übers Internet); 2 Beide sind frustriert; 3 Bert erkennt den Wert der Info.
b 1 d; 2 f; 4 c; 5 a; 6 g; 7 b
C3 a a 2, 5; b 1, 2; c 1, 3, 4; d 2, 3, 4; e 3, 4
C4 Die TN sprechen frei.

D
D1 Hajime: hat Familie, ist nicht glücklich, träumt von der Jugendliebe; Shimamoto weckt Erinnerungen, ist faszinierend, ist geheimnisvoll.
D2 a Die TN kreuzen individuell an.
b, c + d Die TN sprechen frei.

E
E1 Es bedeutet, dass die Liebe nicht aufhört, auch nach vielen Jahren nicht.
E2 a Die TN sprechen frei.
b 1 Sie ist zu Hause in ihrer Wohnung und zeigt dem Moderator ihre Hörkassetten-Sammlung; 2 von der Liebe zu alten Kassetten und Schallplatten mit Hörspielen aus der Kindheit.
E3 a 2, 4, 5, 6, 7, 9, 10, 11
b a 4, 5; b 2, 6, 9, 10; c: 7, 11
E4 Die TN sprechen frei.

F
F1 1 r; 2 r; 3 f; 4 f.
F2 a Stehe im Stau. Komme 20 Minuten später. Bis bald. Ulla; Bin gleich zu Hause. Was machst Du heute? Ruf mich an. Pet
b Freie Aufgabe.

G
Die TN sprechen frei.

Lektion 6 Gewinnen

Assoziationsseite

1 Die TN sprechen frei.

2 Foto A: Kreuzworträtsel – mit dem richtigen Lösungswort kann man etwas gewinnen; Foto B: Wettbewerb im Extrembügeln (vgl. B2a, S. 82); Foto C: persönlicher Gewinn von mehr Fitness und einem besseren Körpergefühl; Foto D: die Person mit dem vollen Terminkalender möchte Zeit gewinnen.

A

A a DACH; die TN kreuzen individuell an.

b + c Die TN sprechen frei.

B

B1 a Die TN sprechen frei.

b Die Zuordnung erfolgt je nach Wörtersammlung der TN.

B2 a, *Lösungsinhalte:* **b + c** *Bierfassrollen:* Kategorie: Mannschaftssport, Freiluftsport; Ziel der Sportart: ein Bierfass zu zweit mit 2 Stöcken auf der 600 m langen Strecke so schnell wie möglich ins Ziel zu rollen; Wo wird der Sport ausgeübt? irgendwo in Deutschland, im Freien; Wer spielt miteinander / gegeneinander? Mannschaften mit je 2 Spielern, Teams aus verschiedenen Ländern; Regeln: Was ist erlaubt? Vorwärtsschieben des Fasses mit zwei Stöcken; Was ist verboten? mit dem Körper das Fass zu berühren; Wann oder wofür wird man disqualifiziert? Wenn man das Fass mit dem Körper berührt und der Schiedsrichter das merkt oder wenn man eine andere Mannschaft behindert. Gewonnen hat die Mannschaft, die am schnellsten im Ziel ist. *Extrembügeln:* Kategorie: Einzelsport, Freiluftsport; Ziel: Wäsche so schnell wie möglich in extremen Situationen möglichst faltenfrei bügeln; Wo? draußen, hier an einer Kletterwand; Wer? einzelne Athleten; Was ist erlaubt? –; Was ist verboten? Bügeleisen, Wäsche und Bügelbrett nicht am eigenen Körper mitzuführen; Wann oder wofür wird man disqualifiziert? Wenn man Wäsche fallen lässt bzw. nicht mit ins Ziel bringt, gleiches gilt für Bügelbrett und Bügeleisen; Gewonnen hat, wer die meisten Punkte hat, die sich aus der Schnelligkeit und der Faltenfreiheit der Wäsche zusammensetzen. *Sumpffußball:* Kategorie: Mannschaftssport, Freiluftsport; Ziel: mehr Tore als die gegnerische Mannschaft schießen; Wo? im Freien, im Schlamm oder Sumpf auf einem 20 x 40 m großen Feld; Wer? 2 Mannschaften mit je 6 Spielern spielen gegeneinander; Regeln: Was ist erlaubt? Schießen und Treten mit dem Fuß, Kopfball, nur bei Einwürfen, Freistößen, Strafstößen und Eckbällen darf man den Ball mit der Hand auf den Fuß gleiten lassen; Was ist verboten? Handspiel und Fouls; Wann und wofür wird man disqualifiziert? Wenn man ein grobes Foul begeht, gewaltsam spielt, einen Gegner anspuckt, ein Tor durch Handspiel verhindert, beleidigende oder anstößige Äußerungen oder Gebärden gebraucht, eine zweite Verwarnung erhält. Gewonnen hat die Mannschaft, die mehr Tore machen kann. *Handy-Weitwurf:* Kategorie: Einzelsport oder Mannschaftswettkampf, Freiluftsport; Ziel: 100–300 g schwere Handys so weit wie möglich zu werfen; Wo? im Freien; Wer? Internationale Einzelkämpfer und Teams; Was ist erlaubt? Der Handy-Weitwerfer kann frei entscheiden, wie er sein Handy abwirft; Was ist verboten? Die Abwurflinie zu übertreten und sein eigenes Handy zu benutzen; Wann oder wofür wird man disqualifiziert? Wenn man dreimal die Abwurflinie übertreten hat; Gewonnen hat, wer das Handy am weitesten wirft.

d Die TN sprechen frei.

C

C1 *Lösungsinhalte:* 1 b; 2 a: Sie kann keine Sportart finden, die ihr Spaß macht und die sie regelmäßig und über einen längeren Zeitraum betreiben möchte. Wenn sie sich sportlich betätigt, fühlt sie sich danach wunderbar, aber das motiviert sie nicht weiterzumachen. Außerdem hasst sie es, wenn sie schwitzt und sich anstrengen muss.;
2 b: Ihre Freunde treiben regelmäßig Sport, und im Gegensatz zu ihr lieben sie die Anstrengung und das Schwitzen.

C2 a *Lösungsinhalte:* A: jeden Tag eine Stunde spazieren gehen, am besten mit Schrittzähler; B: Volkstanzgruppe; C: Yoga; D: putzen.

b A Alternative: täglich eine Stunde spazieren gehen, Vorteile: sich fit halten, ohne zu schwitzen; B Nachteile: schwitzen, sich anstrengen, Regelmäßigkeit, Alternative: Volkstanz, Vorteile: nicht so ernst, Musik macht fröhlich, mit Tanzpartnern danach essen gehen; C Nachteile: schwitzen, sich anstrengen, jeden Tag, Alternative: Yoga, Vorteile: keine Anstrengung, überall möglich;
D Nachteile: Zeit vertrödeln, schwitzen, sich anstrengen, Alternative: putzen, Vorteile: Wohnung ist sauber.

c *Lösungsinhalte:* Während man sich beim Fitnesstraining anstrengen muss, schwitzt und danach duschen muss, hält Spazierengehen fit und man schwitzt nicht. Bei normalem Sport ist alles ernst, aber beim Volkstanz geht es wegen der Musik fröhlich zu. Im Gegensatz zum Krafttraining mit Joggen, Schwimmen und viel Anstrengung muss man sich bei Yoga nicht anstrengen. Beim Training vertrödelt man kostbare Zeit, beim Putzen jedoch / dagegen bewegt man sich richtig gut und hat auch noch eine saubere Wohnung.

d *Lösungsinhalte:* Hallo Sindie, Du schreibst, dass Du Dich für keine Sportart so richtig begeistern kannst und Anstrengung und Schwitzen nicht magst. Das verstehe ich wirklich gut. Ich habe das gleiche Problem. Für mich ist es die beste Fitness, jeden Tag über eine Stunde mit meinem Hund spazieren zu gehen. Im Gegensatz zum Krafttraining bewege ich mich ohne zu schwitzen, komme an die frische Luft und treffe manchmal andere Leute mit Hunden, mit denen ich mich kurz unterhalte. Vielleicht ist das auch etwas für Dich? Aber Du musst natürlich keinen Sport machen, wenn Du keine Freude daran hast. Ich kann Dir aus eigener Erfahrung sagen, dass Du Dich viel besser fühlst, wenn Du Dich von den anderen Sportverrückten nicht unter Druck setzen lässt. Such Dir statt einer Sportart ein Hobby, das Dir gefällt, vielleicht nähen oder kochen, und es wird Dir viel besser gehen. Probier's mal aus! Alles Gute, Armin

D

D1 a 3

b + c Schlaf (8 Std.); Job (2,5 Std.); Freunde (1,5 Std.); Sport (30 Min.).

d Die TN sprechen frei.

D2 a Die Zeit vergeht zu schnell und sie hat das Gefühl, nichts zu schaffen.

b Die TN kreuzen individuell an

c, d + e Die TN sprechen frei.

E

E1 a + b Text 1: Abstand gewinnen bedeutet hier: auf der Autobahn den Sicherheitsabstand zum vorausfahrenden Auto durch Bremsen wiederherzustellen; Peters Problem: Peter hatte zu wenig Abstand zum Auto des Vordermanns und soll jetzt 75 Euro Bußgeld bezahlen und zwei Punkte in Flensburg bekommen. Was ärgert ihn an der Strafe? Peter ärgert, dass er eigentlich nichts dafür kann, denn der andere Autofahrer ist von der linken Spur in die viel zu kleine Lücke zwischen Peters Auto und dem Auto davor eingeschert. Somit hat dieser den Sicherheitsabstand, den Peter gehalten hatte, verkleinert. Aber das interessiert die Polizei nicht. Vorschläge zur Lösung des Problems: *Lösungsinhalte:* Hilfe bei einem Anwalt suchen, der sich mit Verkehrsrecht auskennt.

Text 2: Abstand gewinnen bedeutet hier: Abstand zum Alltag bekommen, um über sein Leben nachzudenken; Brittas Alltag: Früher hat sie nicht gearbeitet, den Haushalt erledigte sie problemlos, jetzt arbeitet sie und muss den Haushalt nach Feierabend machen; Brittas eigentliches Problem: Sie muss ihren Alltag besser organisieren; Vorschläge zur Lösung des Problems: *Lösungsinhalte:* Ihr Mann, Holger, hilft im Haushalt, große Einkäufe am Wochenende machen, aufräumen am Wochenende.

c Die TN sprechen frei.

E2 b + c *Lösungsinhalte:* Sehr geehrte Damen und Herren, ich habe Ihren Artikel „Frau von Lottogewinn genervt" in der ...zeitung vom ... 2009 gelesen. Diese Frau tut mir sehr leid. Jeder wünscht sich einen Lottogewinn. Wenn man ihn hingegen zurückgeben möchte, dann muss es einem schon sehr schlecht gehen. Ich finde es unglaublich, dass ihr Name und ihre Adresse bekannt wurden. So etwas drf nicht passieren. Für die Medien hätte es nicht besser laufen können, denn die wollen nur ihre Exclusivstory haben, alles andere interessiert die nicht. Besonders erschreckend finde ich, dass sie die Kinder nicht in Ruhe lassen und die ganze Familie „terrorisieren". Niemand kann mit so vielen Telefonanrufen leben, in denen Leute Geld haben wollen. Ebenso wenig kann man in einer Wohnung bleiben, in die zweimal eingebrochen wurde. Meiner Meinung nach wäre es am besten, das Geld zu nehmen und wegzuziehen. Mit dem Lottogewinn kann man in einer anderen Stadt sehr gut ein neues Leben anfangen. Ich persönlich würde das so machen, vielleicht auch nur für eine kurze Zeit, z. B. zwei Jahre, dann kann die Familie wieder zurückkommen und die Presse hat sie bis dahin vergessen. Mit freundlichen Grüßen ...

Lektion 7 Verrückt

Assoziationsseite

1 Foto A: verrückte Malerei; Foto B: ein verrücktes Theaterstück, Kabarett; Foto C: verrücktes Wetter; Foto D: verrücktes Design.

2 Die TN sprechen frei.

A

A a Die TN sprechen frei.

b Person 1: Bild: so richtig schön verrückt; Person 2: Bild: total verrückt, hat nichts mit Kunst zu tun, nicht schön; Person 3: Bild: erinnert an ein Gedicht; Person 4: Bild: ist ganz in Ordnung, aufhängen würde ich mir das nicht, man muss verrückt sein, um so etwas zu malen; Person 5: Gedicht: total verrückt, aber gut; Person 6: Musik: gefällt die verrückte Musik, etwas anderes, nicht langweilig; Person 7: Musik: zu schräg, keine Melodie, kein Orientierungspunkt, zu laut, zu chaotisch, sie macht verrückt.

c + d Die TN kreuzen individuell an.

B

B1 a Ernst: 2, 4, 6, 7; Ironie: 1, 3, 5, 8

b Spruch 1: In der Arbeit; die Menschen wünschen sich, dass der Freitag schnell kommt. Spruch 2: Am Flughafen oder Bahnhof; Man muss auf sein Gepäck aufpassen. Spruch 3: In der Arbeit oder zu Hause; es gibt viel Arbeit und die anderen sollen schon einmal damit beginnen. Spruch 4: In der Arbeit oder zu Hause; es gibt viel Arbeit und alle sollen gemeinsam damit anfangen. Spruch 5: In der Arbeit; man soll in Ruhe arbeiten können und möchte sich nicht so gehetzt fühlen wie jemand auf der Flucht. Spruch 6: Auf der Toilette, besonders in Gaststätten; Erinnerung, die Hände zu waschen, z. B. vor dem Essen. Spruch 7: In der Arbeit oder zu Hause; man soll Dinge, die man tun muss, sofort erledigen und nicht auf später verschieben. Spruch 8: In der Arbeit; man soll die Arbeit sofort an andere delegieren, um sie nicht selbst tun zu müssen.

B2 a *Lösungsinhalte:* in einem Besprechungszimmer in einer Firma; in einer Schule, in der abends Unterricht für Erwachsene stattfindet; vielleicht auch auf Toiletten.

b Kabarettstück

c ...; er steigt in den ICE; er stellt sein Gepäck ab; er geht auf die Toilette; er liest, was auf dem Schild steht; er sucht die nötigen Putzmittel zusammen; er putzt die Toilette; er stellt sein Radio in die Toilette; er besorgt Zeitschriften etc. und legt sie im Toilettenraum ab; er klaut die Pflanzen und Blumen aus dem Zugrestaurant; er verlässt die Toilette nach getaner Arbeit; er steigt in

Karlsruhe aus; er steigt in den ICE auf dem anderen Bahnsteig, um nach Stuttgart zurückzufahren; er stellt sein Gepäck ab; er geht auf die Zugtoilette.
d Der Kabarettist hat den Hinweis so interpretiert, dass er die Zugtoilette so gestalten muss wie seine Toilette zu Hause: sauber geputzt, mit Musik, Grünpflanzen und Lesestoff ausgestattet. Der Hinweis bedeutet wirklich, dass man die Toilette möglichst sauber und ordentlich für den nächsten Benutzer hinterlassen sollte.
e *Lösungsinhalte:* Nehmen Sie Ihren Müll wieder mit! / Nichts wegwerfen! / Genießen Sie die Aussicht und schützen Sie Ihre Erde!

C
C1 a Die TN sprechen frei.
b *Lösungsinhalte:* Freitag: Es ist sehr windig, regnerisch und kalt. Samstag: Es ist schwach windig und bis zu 4 Grad wärmer als am Freitag; es gibt nur vormittags noch etwas Regen, mittags und nachmittags ist es stark bewölkt, zeitweise kommt die Sonne durch. Sonntag: Es ist windstill und heiß mit bis zu 32 Grad, die Sonne scheint, am Abend leichte Bewölkung.
c Die TN sprechen frei.
C2 a 1 c; 2 d; 3 e; 4 b; 5 a
b 1 b; 2 b; 3 a
c Abschnitt 1: 1 nein; 2 ja; 3 ja. Abschnitt 2: 1 nein; 2 ja; 3 nein. Abschnitt 3: 1 ja; 2 ja; 3 nein.
C3 a es wird Malaria in Deutschland geben / Biodiesel
b gebe (Z. 7), sei (Z. 7 + 9), wegdiskutieren lasse (Z. 10), ergäben (Z. 12), sei (Z. 15), seien (Z. 22), zerstöre (Z. 23), befinde (Z. 27), werde (Z. 28), würden schmelzen (Z. 28), gebe (Z. 29), könnten ... einwirken (Z. 30, 31), laut ... müsse (Z. 32); die Konjunktivformen des Verbs fallen auf.
C4 *Lösungsinhalte:* Sehr geehrte Damen und Herren, in Ihrem Artikel „Klimawandel im Gespräch" schreiben Sie über die Sendung „Fachleute direkt", in der Professor Witter und der Umweltbeauftragte Möller über den Klimawandel gesprochen haben. Ich habe dieses Gespräch im Radio gehört. Ich fand es sehr interessant zu erfahren, dass sich der Klimawandel laut Expertenmeinung nur aufhalten lässt, wenn die Länder zusammenarbeiten, und dass auch unsere heimischen Wälder geschützt werden müssen. Nachdenklich hat mich die Information gemacht, dass die Idee, auf pflanzliche Rohstoffe zurückzugreifen, weitere Lebensräume der Tiere und der Pflanzen zerstört. Ich habe aber im Rundfunk nicht gehört, dass die Malaria nach Deutschland zurückkehren wird. Professor Witter erklärte zwar, dass sich unsere Lebensbedingungen durch den Klimawandel verändern werden, sagte aber nichts über diese gefährliche Tropenkrankheit. Auch das Thema Biodiesel wurde mit keinem Wort erwähnt. Ich finde es unmöglich, dass Sie diese Themen frei erfunden haben. Ich erwarte, dass Sie diese erfundenen Aussagen in der nächsten Ausgabe Ihrer Zeitschrift zurücknehmen. Außerdem gab es kein Publikum, da es sich um eine Radiosendung handelte.

D
D1 a „mr. wilson" ist ein Handtuchhalter.
b Abschnitt 2
c *Lösungsinhalte:* Wer macht was? Dominik Langhammer ist der Erfinder von „mr. wilson", Industriedesignstudenten entwickeln schöne Alltagsprodukte, psychisch Kranke fertigen die Gegenstände, unter ihnen Alexander S. Was produzieren die Studenten und die Mitarbeiter der Werkstätten? Sie produzieren schöne Alltagsgegenstände. Warum kaufen die Menschen die Produkte? Weil sie sie schön und funktional finden, weil sie ein Designerstück haben möchten. Warum produzieren sie die „Alltagsprodukte"? Weil sie etwas Sinnvolles tun und erste Erfahrungen mit einem Hersteller machen wollen. Eins der erfolgreichsten Stücke: „mr wilson".
D2 2: Sie besprechen, dass sie eine neue Präsentation machen. 3: Sie beginnen die Präsentation damit, dass sie den Schülern ihr erfolgreichstes Produkt, „mr. wilson", zeigen und sie raten lassen, wofür man ihn benutzt. 4: Anschließend präsentieren sie weitere Produkte und stellen ihr Projekt vor, d. h. die Zusammenarbeit von Industriedesignstudenten und Behindertenwerkstätten. 5: Zum Schluss nennen sie die Träger und die Geldgeber des Projekts und ein paar Zahlen. Außerdem berichten sie über den persönlichen Kontakt zu den Behinderten in den Werkstätten.
6: Frank notiert alles und macht auch die Powerpoint-Präsentation.
D3 Die TN sprechen frei.
D4 a *Lösungsinhalte: etwas ablehnen wollen:* Du, ich hab so viel zu tun, ich weiß gar nicht ... / Wenn's sonst keiner machen will. / Okay. Okay. Das hat man davon, wenn ...; *einen Vorschlag machen:* Können wir nicht die vom letzten Mal nehmen? / Ich würde erst mal ... / Okay. Und wie genau willst du das machen? / Wir könnten doch ... / Ich würde vorschlagen, ... / Und dann könnten wir ... / Dann müssten wir als Erstes ... / Erst mal würd' ich vorschlagen, ... / Kann ich schon machen. / Zum Schluss müssten wir natürlich noch ... / Wie wär's, wenn wir ...?; *den anderen /jmdn. auffordern:* Du, wegen der Präsentation am Mittwoch ... / Glaubst du, mir geht's besser? / Überleg doch mal ... / Also, was schlägst du vor? / Irgendeiner müsste das mal aufschreiben. / Verstehst du, was ich meine? / Hättest du Lust, das zu übernehmen? / Dafür baust du ... um.; *einen Vorschlag positiv bewerten:* Super Idee. / Genau, so machen wir's. / Genau. / Okay. Hast recht. / Ja, ja. – Gefällt mir. / Nicht schlecht. / Weißt du was, ich glaub', das wird 'ne super Veranstaltung, oder? / Wenn wir fertig werden, schon.; *einen Vorschlag negativ bewerten:* Das fände ich, ehrlich gesagt, nicht so gut. / Ich weiß nicht so recht. / Glaubst du wirklich?
b Die TN vergleichen ihre Plakate und sprechen darüber.
D5 a + b Die TN sprechen frei.

E
E1 b Die TN sprechen frei.
E2 Die TN sprechen frei.
E3 Die TN sprechen frei.

Lektion 8 Risiko
Assoziationsseite
1 Die TN sprechen frei.
2 Foto A: Feuerschluckerin, Gefahr, sich zu verbrennen; Foto B: Mountainbiker, gefährliches und riskantes Hobby; Foto C: Börse, fallende Wertpapiere, riskante Geldgeschäfte; Foto D: riskante Schönheitsoperationen.

A
Eine dicke Lippe riskieren: großspurig sein, prahlen, übertreiben; Es gibt nichts zu verlieren: es gibt keine allzu großen Risiken bei der Sache, man kann eigentlich nur gewinnen; Das Restrisiko bleibt bestehen: man versucht, alle Gefahren oder Risiken zu vermeiden, aber ein kleines Risiko gibt es trotzdem noch; No risk, no fun: Anglizismus, wird häufig benutzt, wenn jemand etwas Gefährliches unternimmt, ohne Risiko machen die Aktivitäten keinen Spaß; Frisch gewagt ist halb gewonnen: man sollte mit viel Mut und positivem Denken an eine Sache herangehen, dann hat man schon fast sein Ziel erreicht.

B
B1 a Die TN ergänzen die Tabelle individuell.
b + c Die TN sprechen frei.
B2 a A. Huber übt einen gefährlichen Sport aus; A. Huber ist überzeugt, dass er nicht zu viel Risiko eingeht; Seine Mutter hat Angst um ihn.
b Die TN sprechen frei.
d als Kontrast zu ihrem oft langweiligen Alltag: 3; als Kampf mit der Natur: 2; zur Abgrenzung von anderen: 4; als Körpertraining: 1; als intensives Erlebnis: 5
e 1: *Lösungsinhalte:* 1. These: Wenn jemand jeden Tag ins Büro geht und immer dasselbe tun muss, sucht er in seiner Freizeit nach Abwechslung und Spannung. / „Extremsport erleben als Kontrast zum langweiligen Alltag": Das heißt wahrscheinlich, dass man in seiner Freizeit nach Abwechslung und Spannung sucht.
2. These: Beim Exremsport sucht man den Kampf mit der Natur. Das heißt vermutlich, dass man sich ohne Hilfe von anderen den Gefahren der Natur aussetzt und glücklich ist, wenn man es schafft zu überleben.
3. These: Durch den Exremsport will man sich von den Mitmenschen abgrenzen, die so gefährliche Hobbys nie machen würden. 4. These: Wenn man den ganzen Tag im Büro am Schreibtisch sitzt, muss man im Sport an seine körperlichen Grenzen gehen.
5. These: Ich denke, „Extremsport als intensives Erlebnis" bedeutet, dass man ganz in die Natur und die körperliche Anstrengung eintaucht. 2: Die TN sprechen frei.

C
C1 Die TN sprechen frei.
C2 a 1 Die TN markieren individuell. 2 Turboschnell & Partner: 500 Euro; Baugroßfix AG: 62,50 Euro; Spieglein: 125 Euro; Strengdichan: 250 Euro. 3 Die TN entscheiden individuell. 4 Die TN sprechen frei.
5 Turboschnell & Partner: 50 Euro; Baugroßfix AG: 375 Euro; Spieglein: 31,75 Euro; Strengdichan: 50 Euro. 6 + 7 Die TN rechnen ihren Gewinn bzw. Verlust aus. 8 Die TN sprechen frei.
b Die TN sprechen frei.

D
D1 a Die TN sprechen frei.
b *Lösungsinhalte:* Qualifikationen von Schönheitschirurgen; gesetzliche Rahmenbedingungen; Werbung von Schönheitschirurgen; Risiken von Schönheitsoperationen; körperliche Faktoren der Patienten bei einer Operation.
c wuchernde Narben, bleibende Nervenschäden im Gesicht, nicht schließende Augenlider, eine behinderte Nasenatmung, deformierte Lippen, verzerrte Gesichtszüge, enttäuschte Patienten.
d *Lösungsinhalte:* ... Ansicht, dass Schönheitsoperationen riskant sind. / ... heißt es, dass es Tausende selbsternannter Schönheitschirurgen gibt. / ... kritisiert, dass die gesetzliche Grundlage eine Grauzone zulässt. / ... steht, dass das Ergebnis einer Operation von vielen Faktoren abhängt.
D2 a *Lösungsinhalte:* Text 1: Menschen sind wegen ihres Aussehens zu Außenseitern geworden, plastische Chirurgen dürfen nicht generell schlechtgemacht werden; Text 2: psychische Probleme wegen angeborener anatomischer Fehler, Ärzte wollen den Menschen im Allgemeinen helfen.
b schließlich, darüber hinaus, zum einen, ... zum anderen, dazu kommt, außerdem

E
E1 1: Franz Gassner, Psychologin, Moderator, (Pfarrer der Gemeinde der Familie Gassner); 2: gelernte Krankenschwester, verheiratet mit Franz Gassner, Mutter von fünf Kindern, zurzeit in der Dritten Welt tätig.
E2 Die TN sprechen frei.

Anmerkungen zu Einstiegsseite – Arbeitsblatt

1 Bearbeitung erfolgt im Kurs zu Beginn einer Lektion. Im Plenum oder in Kleingruppen.

2 Die Assoziationen zu den Fotos werden in die entsprechenden Kästchen geschrieben (übrige Kästchen mit Buchstaben werden gestrichen).

3 Im Kästchen ohne Buchstaben wird ein eigener Themenvorschlag / eigene Themenvorschläge zu dem Lektionsthema eingetragen. Entweder individuell oder der Kurs einigt sich auf ein Thema.

4 Zum Abschluss der Lektion erarbeitet ein TN, eine Gruppe oder der Kurs Material zu diesem selbst gewählten Interessengebiet. (Hierbei bietet es sich auch an, auf der Extra-CD-ROM nach entsprechenden Aufgaben und Übungen zu suchen).

Einstiegsseite – Arbeitsblatt

A

B

C

D

E

F

Lektion 2 – Arbeitsblatt zu Abschnitt D1b:

Prosatext zum Gedicht S. 131

Das Meer

Wenn man ans Meer kommt,
soll man nichts mehr sagen und
kurz bevor man wirklich am Meer ankommt
soll man an nichts mehr denken.
Man soll die salzige Luft riechen und
den Wind fühlen.
Man soll nur noch atmen.
Wenn man die Geräusche des Meeres hört,
z.B. wenn das Wasser auf den Sand oder die Steine trifft,
dann soll man seine Pflichten – das was man tun muss –
und seine Wünsche vergessen.
Man soll sich nur noch auf das Meer konzentrieren.

Arbeitsblatt – Lektion 3

Ich geh' mit meiner Laterne

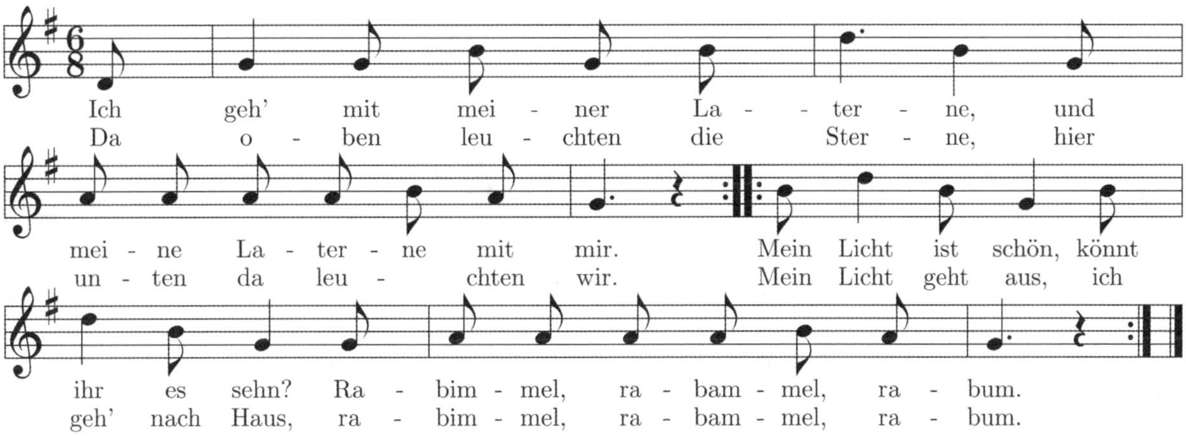

Laterne, Laterne

Arbeitsblatt – Lektion 3

Sankt Martin ritt durch Schnee und Wind

Weckmänner (Stutenkerle)

300 g	Weizenmehl
20 g	Hefe
1 Teelöffel	Salz
80 g	Zucker
1/8 l	lauwarme Milch
80 g	weiche Butter
2	Eigelb

Zum Garnieren: einige Rosinen und Tonpfeifen (evtl. bei der Bäckerei erbitten)

Hefe, Zucker und Milch anrühren und 15 Min. stehen lassen. Mehl in eine Schüssel sieben, in die Mitte die Hefe geben und an den Rand Salz, Zucker, Butter und Eigelb. Nun diese Zutaten von der Mitte aus mit der Hefe gut verrühren. Den Teig gehen lassen, dann ausrollen und „Weckmänner" ausschneiden. Diese auf ein gefettetes Backblech legen und mit verquirltem Eigelb bestreichen. Rosinen als Augen und Knöpfe eindrücken und eine Tonpfeife der Länge nach auf eine Seite des Weckmanns drücken. Die Figuren gehen lassen und dann bei 175° – 200° C 15 – 18 Min. hellbraun backen.

Anmerkungen zum Arbeitsblatt 2

- Projekt für eine Gruppe oder einen Kurs.
- Kann außerhalb der Kurszeit von Kleingruppen oder einzelnen Teilnehmern / Teilnehmerinnen (TN) bearbeitet werden.
- Die Ergebnisse werden im Kurs zusammengetragen oder vorgestellt.
- Internetrecherche, wenn nicht möglich, Recherche in Büchern, Zeitschriften usw.

Hinweise zu den Aufgaben

1 Die TN lesen im Kursbuch den Text auf Seite 22. Klären Sie Textstellen, die die TN nicht verstanden haben.

2 Kopieren Sie das Arbeitsblatt so oft, dass jeder TN eine Kopie davon erhält, und teilen Sie es im Kurs aus. Die TN suchen sich ein Thema, das sie interessiert. Mögliche Themen sind beispielsweise:
Ein Jahrzehnt und ein spezielles Thema wie Mode o. Ä.
Ein Jahrzehnt und alles, was dafür typisch war.
Mode, Musik, Film oder ein anderes Thema über mehrere Jahrzehnte.

3 Die TN recherchieren im Internet (oder ersatzweise in einer Bibliothek) und stellen ihre Ergebnisse im Kurs vor. Klären sie vorher im Kurs, ob die TN ihr Material in Dateien sammeln möchten (das bietet sich an, weil man Lieder, Bilder, Fotos, Textstellen in die Dateien kopieren kann. Außerdem könnte das Material über Beamer oder im Computerraum vorgestellt werden) oder ob die TN ihre Ergebnisse lieber als Plakat oder „Zeitung" vorstellen möchten. Besprechen Sie mit Ihren TN gegebenenfalls, wie sie ihre Suchbegriffe eingeben können: zwanziger Jahre / dreißiger Jahre / sechziger Jahre / dreißiger Jahre Mode etc.

4 Die TN stellen ihre Ergebnisse im Kurs vor.

Hinweis: Hier kann man die TN dazu anregen, eigenständig einen kurzen, interessanten Beitrag für den Unterricht zu erarbeiten. Der Beitrag soll wirklich kurz sein, drei oder vier Minuten nicht überschreiten. Es soll auch keine perfekte Präsentation sein; die diesbezüglichen Arbeitsschritte usw. lernen die TN noch im Verlauf von Ziel B2, Band 1 und Band 2. Es geht hier also darum, dass sie ihre vorhandenen Sprachkenntnisse frei anwenden.

Hinweis

Folgende Internetseiten helfen Ihnen und Ihren TN bei der Suche, verweisen auf weitere Links und geben Anregungen für weitere Suchwörter.*

http://www.zwanziger-jahre.de/
http://de.wikipedia.org/wiki/Goldene_Zwanziger
http://www.zwanzigerjahre.de/
http://www.dhm.de/lemo/html/weimar/kunst/index.html
http://de.wikipedia.org/wiki/1930er
http://www.hairweb.de/historie-frisuren-30er-40er.htm
http://de.wikipedia.org/wiki/Nachkriegszeit
http://de.wikipedia.org/wiki/1960er
http://de.wikipedia.org/wiki/1950er
http://www.sammeln.at/sammler/50er-60er-70er-80er-jahre/60er-jahre.htm
http://www.50er-jahre-museum.de/
http://de.wikipedia.org/wiki/1970er
http://www.achtziger.de/
http://de.wikipedia.org/wiki/1980er
http://de.wikipedia.org/wiki/1990er
http://de.wikipedia.org/wiki/Jahrtausendwende
http://www.dw-world.de/

* Bitte beachten Sie, dass wir für die Inhalte und die Pflege der angegebenen Seiten keine Verantwortung übernehmen können.

Arbeitsblatt 2 Internetrecherche und Präsentation

1 Sehen Sie sich die Fotos im Kursbuch auf Seite 22 und 23 an.
Welche Zeit der deutschen Geschichte interessiert Sie besonders? Die 20er-Jahre? Die Nachkriegszeit? Oder doch eher die 70er-Jahre mit ihren Hippies und ihren Schlaghosen?

2 Entscheiden Sie sich für ein Jahrzehnt und recherchieren Sie im Internet oder in der Bibliothek zu dieser Epoche. Die folgenden Fragen helfen Ihnen, ein Thema zu finden.

- Was bewegte die Menschen dieser Zeit?
- Welche Musik war modern?
- Welche Kleidung trugen die Leute?
- Wie waren die Wohnungen eingerichtet?
- Welche Autos fuhr man?
- ...

Das folgende Arbeitsblatt hilft Ihnen, Ihre Recherche zu organisieren.

Mein / Unser Thema: ....

Wer recherchiert wo? Wer sucht was? Welche Informationen, Bilder?

Person?	Wo?	Was?

Was haben wir gefunden?

Was wollen wir davon zeigen?

Wie wollen wir es zeigen?

Wer zeigt was? Wer erklärt was?

3 Präsentieren Sie im Kurs die Ergebnisse Ihrer Recherche.

weitere siehe www.hueber.de/ziel

Anmerkungen zum Arbeitsblatt 3

- Projekt für Partnerarbeit.
- Im Kurs oder aber als freie, zusätzliche Aufgabe zu Hause.
- Die TN können auch gern recherchieren, es ist aber nicht notwendig (Internet oder Bücher, Zeitschriften).
- Die TN schreiben mithilfe des Arbeitsblattes eine Geschichte. Machen Sie eine Kopie für jeden TN.

Arbeitsblatt 3 Schreiben

Die Zeitmaschine

Sie haben die einmalige Gelegenheit, mit unserer Zeitmaschine in die Vergangenheit oder in die Zukunft zu fliegen. Achtung: Die Reise dauert immer nur 24 Stunden.

1 Entscheiden Sie sich zu zweit für ein historisches Ereignis: ....

Wohin soll Ihre Reise gehen? ....

2 Überlegen Sie dann mit Ihrer Partnerin / Ihrem Partner, was Sie auf Ihrer Zeitreise erlebt haben. Machen Sie zu folgenden Themen Notizen. (Sie müssen nicht zu allen Punkten etwas schreiben. Sie können auch eigene Themen hinzufügen.)

- Wo waren Sie?
- Wann?
- Warum waren Sie da?
- Was haben Sie mitgenommen?
- Was hatten Sie an?
- Welche Sprache haben Sie gesprochen?
- Womit sind sie dort gereist / gefahren?
- Wo haben Sie geschlafen?
- Was haben Sie gegessen oder getrunken?
- Waren Sie eine historische Person oder nur ein „Zuschauer"?
- Was haben Sie erlebt?

3 Schreiben Sie nun gemeinsam Ihre Geschichte auf ein Blatt Papier.

4 Lesen Sie Ihre Geschichte im Kurs vor.

Anmerkungen zum Arbeitsblatt 1

- Einsatz: Im Kurs

- Das Arbeitsblatt bezieht sich auf den Hörtext 1.15–18, Seite 36 im Kursbuch.
  Sie benötigen für jede Teilnehmerin / jeden Teilnehmer (TN) eine Kopie des Arbeitsblatts.
  Sie brauchen außerdem die CD1 der Kursbuch-CDs und ein Abspielgerät.

- Folgen Sie im Unterrichtsverlauf den Aufgaben auf dem Arbeitsblatt.
  Notieren Sie die Vorschläge der TN in Aufgabe E1b und in Aufgabe E3a an der Tafel.

Hinweis: Auf keinen Fall sollten Sie vor dem Hören den TN die Transkription zur Verfügung stellen. Die Geschichte ist frei erzählt und sollte auch so wahrgenommen werden.

Hintergrundinformationen:
Katharina Ritter ist eine hauptberufliche Geschichtenerzählerin. Sie lebt in München. Ihr Motto lautet: *„Menschen lieben Geschichten. Ich erzähle sie ihnen."* Für die Aufnahme haben sich die Autoren des Buches und Katharina Ritter öfter getroffen, immer wieder bekamen sie neue Geschichten zu hören.

Für Katharina Ritter ist es wichtig, dass sie Geschichten frei erzählt und nicht rezitiert.
Sie lernt also nicht Texte auswendig und gibt diese auch nicht wortgetreu wieder.
Die Geschichte taucht in Bildern vor ihrem inneren Auge auf und diese Bilder erzählt sie den Zuhörern – so funktioniert Mündlichkeit.
Mündliches Geschichtenerzählen ist schlichte Kulturtechnik – niemand schreibt auf, was er im Urlaub erlebt hat, um es dann seinen Freunden vorzulesen oder schön auswendig gelernt vorzutragen. Wir Menschen erzählen.

Katharina Ritter erzählt moderne, eigene Geschichten, borgt aber auch in der Tradition und erzählt Märchen, Mythen und Sagen.

In ihren selbst erdachten Geschichten verknüpft sie klassische Erzählelemente und -stoffe mit modernen Gedanken und überraschenden, manchmal sogar absurden Wendungen.

Mehr über Katharina Ritter erfahren Sie im Internet unter:
http://www.geschichtenerzaehlerin.de/home2.html *

* Internetseiten können sich ändern. Für die Richtigkeit der Verweise können wir keine Garantie übernehmen.
Recherchieren Sie gegebenenfalls über Google.

Arbeitsblatt 1 Hören

Tracknummer der Kursbuch-CD 1: 1.15–18

1 Betrachten Sie das Märchen in Bildern.

a Was stellen die Zeichnungen dar? Sprechen Sie.
Hier finden Sie einige Wörter, die zu den Bildern passen, die Sie aber noch nicht kennen.

der Holzfäller ■ das Beil ■ sich grämen ■ griesgrämig ■ der Korken ■ winzig klein ■ der Handwerksbursche

b Wovon könnte das Märchen handeln? Was vermuten Sie? Sammeln Sie im Kurs.

c Erinnern die Bilder Sie vielleicht an ein Ihnen bekanntes Märchen? Wenn ja, sprechen Sie.

2 a Hören Sie nun die Abschnitte 1–3 des Märchens.
Welches Bild passt zu welchem Abschnitt? Ordnen Sie zu.
Abschnitt 1 (Track 15): ....
Abschnitt 2 (Track 16): ....
Abschnitt 3 (Track 17): ....

b Vergleichen Sie: Haben Sie einen oder mehrere Ihrer Vorschläge aus 1b wiederentdeckt?

3 a Was glauben Sie, wie geht die Geschichte weiter? Sammeln Sie Ihre Ideen im Kurs.

b Hören Sie jetzt den Abschnitt 4 (Track 18).
Wie geht die Geschichte aus? Konzentrieren Sie sich. Machen Sie sich Notizen.
Waren Ihre Vermutungen richtig?

c Arbeiten sie zu zweit. Erzählen Sie das Ende der Geschichte, Ihre Partnerin / Ihr Partner vergleicht mit ihren / seinen Notizen.

d Hat die Geschichte Sie überrascht? Haben Sie etwas anderes erwartet? Hat sie Ihnen gefallen?
Sprechen Sie im Kurs.

Anmerkungen zum Arbeitsblatt 4

- Die Bearbeitung des Arbeitsblattes und die Vorbereitung der Ergebnisse erfolgen in Partnerarbeit.

- Die Bearbeitung des Arbeitsblattes bietet die Möglichkeit, einmal ganz frei und ohne Zwänge einen eigenen Text zu schreiben. Die Übung braucht aber ausreichend Zeit, sie kann nicht in einem eng strukturierten Kurs durchgeführt werden.
  In diesem Fall sollte sie eher als freiwillige gemeinsame Aufgabe zu Hause erledigt werden. Allerdings können Sie dann nicht unterstützend eingreifen.

Hinweis: Sie können diesen Bereich des kreativen Schreibens noch genauer steuern.

- Die in Aufgabe 3 ausgewählten Begriffe werden jeweils auf ein DIN-A4-Blatt geschrieben und mit den wichtigsten Eigenschaften und Charakteristika versehen (Name, Tätigkeit, Aussehen, Rolle usw.).
- Die Notizen, die in Aufgabe 3 zusammengestellt worden sind, werden noch einmal auf Kärtchen o. Ä. geschrieben und nummeriert. Beim Schreiben können dann die Kärtchen weggelegt werden, sobald der entsprechende Aspekt erledigt ist.
- Geben Sie den Zweiergruppen jeweils ein großes Blatt (DIN A3) und dicke Stifte, z. B. Marker.

Leiten Sie die Teilnehmerinnen und Teilnehmer an, die Formulierungen auf Schmierpapier zu erarbeiten und dann gemeinsam auf das große Blatt zu übertragen. So werden Sätze bzw. Formulierungen gemeinsam überdacht und eventuell korrigiert.

Arbeitsblatt 4 Kreatives Schreiben

Ein Märchen schreiben

1 Arbeiten Sie zu zweit. Welche Gegenstände oder welche Personen sind typisch für ein Märchen und könnten in Ihrem Märchen vorkommen? Sammeln Sie.

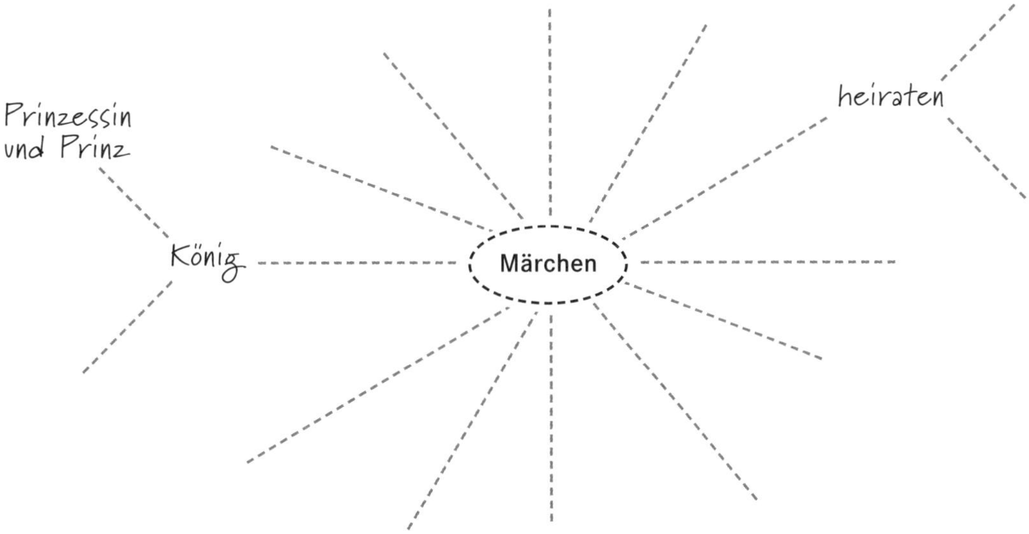

2 Entscheiden Sie sich gemeinsam für acht Begriffe aus Ihrem Wortigel.

3 Erfinden Sie mithilfe dieser Begriffe Ihr eigenes Märchen. Machen Sie sich Notizen.

Es war einmal ……………………………………………………………………

……………………………………………………………………

……………………………………………………………………

……………………………………………………………………

……………………………………………………………………

……………………………………………………………………

……………………………………………………………………

……………………………………………………………………

4 Schreiben Sie nun das Märchen auf.

5 Erzählen Sie dann Ihr Märchen im Kurs.

Anmerkungen zum Arbeitsblatt 1

- Die Bearbeitung des Arbeitsblattes und die Vorbereitung der Ergebnisse erfolgen in Einzelarbeit oder als Partner- bzw. Gruppenarbeit zu Hause.

Hinweis: Hier kann man die Teilnehmerinnen und Teilnehmer (TN) dazu anregen, eigenständig einen kurzen, interessanten Beitrag für den Unterricht zu erarbeiten. Der Beitrag soll wirklich kurz sein, drei oder vier Minuten nicht überschreiten. Es soll auch keine perfekte Präsentation sein; die Arbeitsschritte dazu lernen die TN noch im Verlauf von Ziel B2, Band 1 und Band 2. Es geht hier also darum, dass sie ihre vorhandenen Sprachkenntnisse frei anwenden.
Wenn das Material als Kurszeitung, als Plakataktion oder als Internetmaterial zusammengestellt wird, sollte man die TN nicht einschränken. Aber so ein Projekt sollte auch nicht auf Kosten des übrigen Lernpensums gehen.

- Die Präsentation benötigt einen Teil einer Unterrichtseinheit oder – abhängig davon, wie viele Gruppenbeiträge Sie haben, – mehr. Je nachdem, wie und was die Gruppen präsentieren, sollten Sie einen Computerraum nutzen.

Arbeitsblatt 1 Recherche und Präsentation

Recherche

1 Wenn Sie in Google den Begriff „Kirmes" eingeben, dann finden Sie unter Wikipedia folgende Begriffe: Kirchweih, Zeltkirmes, Jahrmarkt, Volksfest.
Teilen Sie Ihre Gruppe auf und einigen Sie sich, wer unter welchem Begriff recherchiert.

- Wie wird das Fest genannt?
- Wann?/Was?/Wer?/Wo? wird gefeiert?
- Wie und zu welcher Tageszeit feiern die Leute?
- Was braucht man zum Feiern?
- Wie lange dauert das Fest?
- Wann fand das Fest zum ersten Mal statt?
- Was gefällt Ihnen an diesem Fest besonders?
- Haben Sie Filmbeispiele im Netz gefunden?
- Haben Sie Fotos im Netz gefunden?
- Haben Sie einen netten Zeitungsausschnitt gefunden?
- Haben Sie schon mal eine Kirmes besucht?
- Sind diese Feste etwas Besonderes, Einmaliges oder findet sich so etwas auch in anderen Kulturen?

Vorbereitung

2 Setzen Sie sich in Ihrer Arbeitsgruppe zusammen. Sichten Sie Ihr Material. Sortieren Sie aus, was Sie zeigen möchten und was Sie uninteressant finden.

3 Wie möchten Sie Ihr Material präsentieren? Sie haben viele Möglichkeiten. Einigen Sie sich.

- Sie könnten das Material am Computer kopieren und eine Broschüre zusammenstellen: Kirmes in ...
- Sie könnten auch einen gesprochenen Beitrag zusammenstellen und per Mail an die anderen Kursteilnehmerinnen / Kursteilnehmer versenden.
- Sie können natürlich auch traditionell vorgehen und Informationsplakate erstellen.
- Oder Sie erzählen im Kurs kurz, was Sie gefunden haben.
- Vielleicht haben Sie die Möglichkeit, Ihr Filmmaterial zu präsentieren.

4 Verteilen Sie die Aufgaben.

5 Tragen Sie Ihre Ergebnisse zusammen.

Präsentation

6 Präsentieren Sie die Ergebnisse nun so, wie Sie es in **3** festgelegt haben.

Anmerkungen Arbeitsblatt 1 Recherche und Präsentation

Hinweis: Dieses Arbeitsblatt basiert auf dem emotionalen Zugang: Was spricht die Teilnehmerinnen und Teilnehmer (TN) bei einem Angebot spontan an? Andere Recherche-Möglichkeiten finden Sie in den folgenden Arbeitsblättern.

- Recherche und Vorbereitung zu Hause.
  Präsentation im Kurs.

- Folgen Sie im Unterrichtsverlauf den Aufgaben auf dem Arbeitsblatt.

- Fragen sie die TN noch vor dem Präsentationstermin, welche Zeitschrift sie sich ausgesucht haben, und helfen Sie ihnen, sich ein Exemplar zu besorgen (in der Bibliothek ausleihen, am Bahnhofskiosk besorgen, Seiten aus dem Internet ausdrucken).

- Achten Sie darauf, dass sich jeder TN an eine vorher vereinbarte Präsentationszeit von höchstens drei Minuten hält.

Arbeitsblatt 1 Recherche und Präsentation

Zeitschriften zum Anfassen

Recherche

1 Welche deutschsprachigen Zeitschriften könnten Sie lesen? Gehen Sie in eine Bibliothek und sehen Sie sich verschiedene Zeitschriften an.

2 Wählen Sie eine aus, die Ihnen gefällt. Notieren Sie, warum sie Ihnen gefällt und warum Sie sie gern lesen würden.

3 Sehen Sie sich diese Zeitschrift näher an und machen Sie sich Notizen zu folgenden Punkten:

- Worum geht es in dieser Zeitschrift?
- Wie oft erscheint sie?
- Was kostet sie?
- Was glauben Sie, wer liest diese Zeitschrift?
- Was gefällt Ihnen besonders gut / gar nicht an dieser Zeitschrift?

....

....

....

....

....

....

....

....

....

....

Präsentation

3 Stellen Sie „Ihre Zeitschrift“ im Kurs vor.

Anmerkungen zum Arbeitsblatt 3

- Die Recherche- und Vorbereitungsarbeit wird in Einzelarbeit zu Hause geleistet. Das Gespräch im Kurs erfolgt in Partnerarbeit.

- Während des Gesprächs ist es wichtig, die historischen Ereignisse klar und verständlich darzustellen, sodass die Partnerin / der Partner gut mitkommt. Die Zuhörer sollten durchaus nachfragen, wenn sie etwas nicht verstanden haben. Interessanter wird es natürlich, wenn sich in sprachheterogenen Gruppen zwei Partner aus unterschiedlichen Ländern miteinander unterhalten. So sind die Informationen für jeden neu. Geben Sie für das Gespräch ein Zeitlimit von maximal 15 Minuten vor.

- Sie können die Teilnehmerinnen und Teilnehmer (TN) im Plenum auch kurz die historischen Ereignisse mündlich zusammenfassen lassen, die ihnen von ihrer Partnerin / ihrem Partner erzählt wurden.

- Die anschließende schriftliche Produktion kann, je nach verfügbarer Unterrichtszeit, zu Hause oder im Kurs erledigt werden.

Hinweis: Hier kann man die TN dazu anregen, eigenständig einen kurzen, interessanten Beitrag für den Unterricht schriftlich auszuarbeiten. Der Beitrag sollte nicht zu lang sein, etwa eine halbe bis eine Seite. Wenn das Material als Kurszeitung, als Plakataktion oder als Internetmaterial zusammengestellt wird, sollte man die TN nicht einschränken. Aber so ein Projekt darf auch nicht auf Kosten des übrigen Lernpensums gehen.

Arbeitsblatt 3 Thema vorbereiten, Material sammeln, Ergebnis präsentieren

Geschichte in meinem Land

Vorbereitung

1 Wenn Sie an die Geschichte Ihres Heimatlandes denken, fallen Ihnen sicherlich mehrere Ereignisse ein. Sortieren Sie sie in die folgenden Kategorien ein:

☺	😐	☹

2 Entscheiden Sie sich nun für ein geschichtlich interessantes Ereignis aus Aufgabe 1. Sie sollen Ihrer Lernpartnerin/Ihrem Lernpartner davon erzählen. Finden Sie eventuell im Internet oder in einer Bibliothek genauere Informationen über das Ereignis heraus. Machen Sie sich Notizen.
Berichten Sie auch über folgende Punkte:

- Wann und wo passierte dieses Ereignis?
- Welche Personen haben dabei eine wichtige Rolle gespielt?
- Was genau passierte?
- Wie lange dauerte dieses Ereignis?
- Welche Folgen hatte es?
- Warum bedeutet Ihnen dieses Ereignis so viel/wenig?

Gespräch

3 Erzählen Sie nun Ihrer Lernpartnerin / Ihrem Lernpartner von dem historischen Ereignis.

Schriftliche Produktion

4 Schreiben Sie nun über das Ereignis.

....

....

....

....

....

....

....

....

....

....

Anmerkungen zum Arbeitsblatt 1

Hinweis: Vielleicht ist den Teilnehmerinnen und Teilnehmern (TN) nicht immer klar, wozu die einzelnen Haushaltsgeräte dienen. Lassen Sie die TN selbst mittels eines Wörterbuchs oder im Internet zu Hause recherchieren. Die TN vergleichen ihre Ergebnisse vor der Bearbeitung des Arbeitsblattes im Kurs. Helfen Sie, falls nötig.

- Die Vorbereitung des Ratespiels erfolgt in Einzelarbeit im Kurs oder zu Hause. Das Ratespiel selbst wird im Plenum durchgeführt.

- Folgen Sie im Unterrichtsverlauf den Aufgaben auf dem Arbeitsblatt.

Arbeitsblatt 1 Einzelarbeit und Gespräch im Kurs

Der Haushalt

Sehen Sie sich all die verschiedenen Haushaltsgeräte auf Seite 92 und 93 in Ihrem Kursbuch an.

Vorbereitung

1 Ist Ihr Lieblingshaushaltsgerät dabei? Welches ist Ihr Lieblingshaushaltsgerät? Warum? Überlegen Sie.

2 Beschreiben Sie Ihr Lieblingshaushaltsgerät. Machen Sie sich Notizen zu den folgenden Punkten:

- Wie groß ist Ihr Gerät?
- Aus welchem Material ist es gemacht?
- Braucht Ihr Gerät Strom?
- Kann es jeder bedienen?
- Was kann Ihr Gerät?
- Warum mögen Sie es so gern?

....

....

....

....

....

....

....

....

6

Gespräch

3 Erzählen Sie jetzt im Kurs von Ihrem Lieblingsgerät. Sagen Sie aber nicht seinen Namen! Die anderen Kursteilnehmerinnen / Kursteilnehmer sollen seinen Namen erraten.

Anmerkungen zum Arbeitsblatt 3

Hinweis: Dieses Arbeitsblatt bietet den Teilnehmerinnen und Teilnehmern (TN) die Möglichkeit, einmal selbst kreativ zu werden und ihre Fantasie spielen zu lassen. Es lässt sich gut an den C-Teil von Lektion 7 im Kursbuch anschließen.

- Lesen in Einzelarbeit, Besprechung im Plenum, Übersetzung der Wetter-Sprichwörter aus der Muttersprache der TN ins Deutsche in Einzelarbeit, Erfinden eigener Wetter-Sprichwörter in Einzel- oder Partnerarbeit.

Hinweis: Als Verständnishilfe für die Wetter-Sprichwörter dürfen die TN ein Wörterbuch benutzen.

- Wenn Sie befürchten, dass Ihre TN dieselben Sprichwörter haben, verteilen Sie die „ungeliebten" Sprichwörter auf die einzelnen TN.

- Folgen Sie im Unterrichtsverlauf den Aufgaben auf dem Arbeitsblatt.

Arbeitsblatt 3 Kreatives Schreiben

Sprichwörter und Co.

Die deutsche Sprache kennt viele Sprichwörter und Ausdrücke zum Thema Wetter. Hier eine kleine Auswahl.

Lesen

1 Lesen Sie.

A Hab Sonne im Herzen, ob's stürmt oder schneit.

B Ist im Herbst das Wetter hell, bringt es Wind und Wetter schnell.

C April, April, der macht, was er will.

E *Vom Regen in die Traufe kommen.*

D Pfingstregen, Weinsegen.

F Morgenrot mit Regen droht.

G **Dreht mehrmals sich der Wetterhahn, so zeigt er Sturm und Regen an.**

7

Auswahl treffen

2 Wählen Sie für sich drei der oben genannten Sprichwörter aus.
Überlegen Sie sich:

- Was gefällt Ihnen daran?
- Was könnte es bedeuten?
- Gibt es das Sprichwort so ähnlich auch in Ihrer Muttersprache?

Gespräch

3 Tauschen Sie sich über Ihre Ergebnisse aus.

Schreiben

4 Schreiben Sie nun zwei Wetter-Sprichwörter auf, die Sie aus Ihrer Muttersprache kennen.

....

....

....

....

5 Lesen Sie Ihre Sprichwörter vor. Erklären Sie sie.

6 Schreiben Sie allein oder mit einer Partnerin / einem Partner Ihr eigenes Wetter-Sprichwort.
- Sammeln Sie Aktivitäten, die Sie gern machen: Wandern, Blumen pflücken ...
- Sammeln Sie Stimmungen, Gefühlzustände, die Sie wetterbedingt haben, zum Beispiel Traurigkeit, schlechte Laune, fröhlich sein ...
- Sammeln Sie Aussagen über die Natur: schön bunt, alles grün usw.
- Sammeln Sie nun Ausdrücke zum Wetter: es stürmt, es schneit ...

Mithilfe Ihrer Sammlung können Sie nun kleine Wendungen schreiben:
Stürmt der Herbstwind, geht's zum Wandern.
Mit dem Herbstwind fliegt die Traurigkeit.
usw.

Anmerkungen zum Arbeitsblatt 5

Hinweis: Dieses Arbeitsblatt hat die aktuelle Klimadiskussion zum Thema. Nicht alle Teilnehmerinnen / Teilnehmer (TN) haben dafür Interesse, nicht alle TN verfügen über Informationen, nicht in allen Heimatländern ist dieses Thema aktuell.

- Einsatz: Bei Interesse fakultativ in Kleingruppen außerhalb des Unterrichts.
  Im Rahmen der Binnendifferenzierung.
  Nicht im normalen Kursverlauf für alle TN geeignet.

- Sollten Sie die Möglichkeit haben, einen Computerraum mit Internetanschluss oder eine Bibliothek zu nutzen, geben Sie den interessierten TN die Möglichkeit, den Medienzugang selbstständig zu nutzen. Lassen Sie die TN Informationen zu den einzelnen Wetterphänomenen sammeln. Sollte dies nicht möglich sein, so können Sie eventuell selbst Zeitungsausschnitte etc. mitbringen.
  Oder Sie machen die Gruppeneinteilung bereits in der vorhergehenden Stunde und bitten die TN, zu Hause etwas zum Thema in Erfahrung zu bringen.

- Folgen Sie im Unterrichtsverlauf den Aufgaben auf dem Arbeitsblatt.

Arbeitsblatt 5 Recherche, Präsentation

Wetter

Sich mit dem Thema vertraut machen

1 – Betrachten Sie die Fotos auf Seite 106/107. Welche Wetter- oder Klimaphänomene werden dort dargestellt?
– Welche könnten etwas mit dem Klimawandel zu tun haben?
– Sammeln Sie nun Fotos im Internet, die aus Ihrer Sicht besonders gut zu dem Thema passen.

Recherche – aktueller Bezug

2 – Welche Wetterphänomene sind im Augenblick aktuell in den Medien (deutsche Medien, Medien Ihres Heimatlandes), die offensichtlich etwas mit dem Klimawandel zu tun haben? Hier eine Auswahl:
Trockenheit, Dürre, Wasserarmut ☐
Hitze ☐
Tornados ☐
Hochwasser ☐
Überflutungen ☐
Schneemassen, Lawinen ... ☐
... ☐
– Sammeln Sie zu den ausgewählten Phänomenen Informationen, gegebenenfalls auch in Ihrer Muttersprache oder in einer anderen Sprache.

Vorbereitung der Präsentation

3 In der Gruppe gemeinsam

- Sichten und sortieren Sie Ihr Material nach Themen.
- Einigen Sie sich, welches Material interessant ist, wichtige Informationen enthält usw. Die folgenden Fragen könnten Ihnen dabei helfen.
  - Was passiert?
  - Wo passiert es?
  - Wie oft passiert es?
  - Was sind die Folgen?
  - Wie wird den Menschen geholfen?
  - Haben Sie persönlich dieses Phänomen schon miterlebt?
  - Gibt es Gegenmaßnahmen?
  - ...
- Einigen Sie sich, welche Themen Sie präsentieren wollen.
- Einigen Sie sich nun, in welcher Form Sie das Material präsentieren wollen: Kurszeitung, Poster, Internetblog usw.
- Verteilen Sie die Aufgaben in der Gruppe.

4 Einzelarbeit zu Hause oder in der Gruppe: Vorbereitung des eigenen Beitrags

- Machen Sie nicht zu viel. Denken Sie daran, dass die anderen Ihren Beitrag verstehen müssen.
- Notieren Sie sich, was Sie unbedingt zeigen, vortragen oder beschreiben möchten.
- Überlegen Sie sich, wie Sie das machen. Überlegen Sie sich die passenden Wendungen und Ausdrücke. Fragen Sie gegebenenfalls Ihre Kursleiterin / Ihren Kursleiter, wie man etwas formulieren könnte. (Übersetzen Sie auf keinen Fall komplizierte Texte aus Ihrer Muttersprache oder einer anderen Sprache.)

5 Fügen Sie nun die Ergebnisse in Ihrer Gruppe zusammen. Überprüfen Sie noch einmal das Ergebnis. Fehlt noch etwas?

Präsentation

6 Tragen Sie Ihre Ergebnisse im Kurs vor oder verteilen Sie die Kurszeitung. Beantworten Sie gegebenenfalls Fragen.

7

Anmerkungen zum Arbeitsblatt 1

Hinweis: Dieses Arbeitsblatt lässt sich auch an den B-Teil von Lektion 8 im Kursbuch anschließen.

- Wortsammlung und Präsentation in Einzelarbeit im Unterricht, Gespräch im Plenum.

Hinweis: Die Teilnehmerinnen und Teilnehmer sollen die Präsentation ihres Sports nicht schriftlich ausarbeiten, sondern sich zunächst nur Notizen machen. Sie sollen den Sport dann mündlich im Kurs vorstellen und dabei möglichst frei sprechen.

- Folgen Sie im Unterrichtsverlauf den Aufgaben auf dem Arbeitsblatt.

Arbeitsblatt 1 Recherche, Präsentation und Gespräch

Es lebe der Sport!

Vorbereitung

1 Welche Sportarten kennen Sie? Welche Ausrüstung braucht man? Ergänzen Sie.

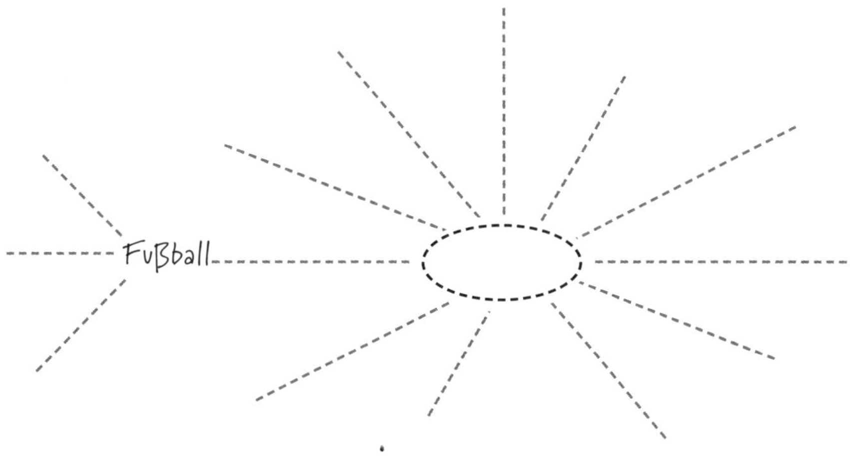

2 Vergleichen Sie mit den Sportarten auf Seite 120/121 im Kursbuch und mit Ihrer Partnerin / Ihrem Partner. Kennen Sie ihre/seine Sportarten?

3 Sie sollen Ihren Lieblingssport im Kurs vorstellen. Machen Sie sich Notizen und beantworten Sie auch folgende Fragen.

- Macht man diesen Sport alleine oder in einer Mannschaft?
- Wo treibt man diesen Sport?
- Welche Ausrüstung braucht man dafür?
- Was ist das Ziel dieses Sports?
- Ist der Sport gefährlich?
- Wie teuer ist der Sport?
- Was gefällt Ihnen an diesem Sport am besten?
- Treiben Sie selbst diesen Sport?

4 Aktueller Bezug: Gibt es gerade irgendwelche nationalen oder internationalen Ereignisse in „Ihrem" Sportbereich? Wenn ja, sammeln Sie dazu informationen.

5 Einigen Sie sich im Kurs darauf, in welcher Form die Präsentation erfolgen soll:
Kurszeitung, Plakate, kleine Kurzvorträge, Internetseite usw.
Verteilen Sie die Aufgaben entsprechend.

Präsentation

6 Präsentieren Sie wie besprochen Ihre Ergebnisse.
Berichten Sie von Ihrem Lieblingssport.

Abschluss

7 Möchten Sie noch etwas wissen? Dann stellen Sie Fragen zu den Sportarten, die Ihnen vorgestellt werden.

Quellenverzeichnis

Seite 117-120	aus: *Gemeinsamer europäischer Referenzrahmen für Sprachen: lernen, lehren, beurteilen,* herausgegeben vom Goethe-Institut, der Ständigen Konferenz der Kultusminister der Länder in der Bundesrepublik Deutschland (KMK), der Schweizerischen Konferenz der Kantonalen Erziehungsdirektoren (EDK) und dem österreichischen Bundesministerium für Bildung, Wissenschaft und Kultur (BMBWK) © Europarat Straßburg, erschienen bei Langenscheidt, 2001
Seite 133	Text von der CD Vom Heben gezeichnet. Ein Sherpa packt aus von Andreas Giebel, WortArt, 2001
Seite 160	Sankt Martin ritt durch Schnee und Wind © www.notendownload.com/ MusikTischler OHG